Karl Marx

马克思主义哲学
经典著作导读

何建华　侯才　主编

人民出版社

责任编辑：王怡石
封面设计：周方亚
版式设计：杜维伟

图书在版编目（CIP）数据

马克思主义哲学经典著作导读／何建华，侯才 主编 . — 北京：人民出版社，2021.7
ISBN 978－7－01－022692－7

I. ①马…　II. ①何…②侯…　III. ①马克思主义哲学－马列著作研究　IV. ① A851.63

中国版本图书馆 CIP 数据核字（2020）第 233040 号

马克思主义哲学经典著作导读
MAKESIZHUYI ZHEXUE JINGDIAN ZHUZUO DAODU

何建华　侯才 主编

人民出版社 出版发行
（100706　北京市东城区隆福寺街 99 号）

北京九州迅驰传媒文化有限公司印刷　新华书店经销

2021 年 7 月第 1 版　2021 年 7 月北京第 1 次印刷
开本：710 毫米 ×1000 毫米 1/16　印张：24.25
字数：400 千字

ISBN 978－7－01－022692－7　定价：99.00 元

邮购地址 100706　北京市东城区隆福寺街 99 号
人民东方图书销售中心　电话（010）65250042　65289539

目　录

前　言

"任何真正的哲学都是自己时代的精神上的精华"①，而承载着现代精神之精华的，正是凝聚了马克思主义思想智慧的哲学经典。这些经典之作，是马克思主义经典作家们在汲取人类既有全部精神文化财富基础上所实现的哲学的创造性转化和创新性发展，是他们不断破解时代课题、揭示社会规律、满足人民需求的生动写照。这些经典著作中蕴含的马克思主义立场、观点和方法，始终是指导中国革命、建设、改革的强大思想武器，始终是中国共产党人的宝贵精神财富。

重视学习马克思主义哲学经典，历来就是中国共产党人的优良传统。早在建党前夕，上海共产党的早期组织就翻译出版了《共产党宣言》、《国家与革命》等马列主义经典著作。自我们党成立之后，就始终将学哲学、用哲学当作广大党员的一项神圣的、伟大的事业。在中国革命和建设的伟大进程中，以毛泽东同志为代表的第一代中国共产党人高度重视用马列主义经典武装全党，他经常告诫广大党员干部，"马列主义的书要经常读……读马克思主义理论在于应用，要应用就要经常读，重点读"②。为了帮助党员干部更好地弄懂弄通马列主义，在中共七大上，毛泽东同志向全党推荐了五本必读的马列著作。在七届二中全会上，他又进一步推荐了十二本必读的马列著作，并强调说："如果在今后三年之内，有三万人读完这十二本书，有三千人读通这十二本书，那就很好。"③在中国社会主义现代化建设和改革开放的伟大进程中，以邓小平同志为主要代表的中国共产党人始终弘扬我们党学哲学、

---

① 《马克思恩格斯全集》第 1 卷，人民出版社 1995 年版，第 220 页。
② 转引自陈晋著：《毛泽东读书笔记解析》上册，广东人民出版社 1996 年版，第 242—243 页。
③ 《毛泽东文集》第 5 卷，人民出版社 1996 年版，第 261 页。

用哲学的优良传统。早在 1981 年 3 月 26 日他就明确指出："现在我们的干部中很多人不懂哲学，很需要从思想方法、工作方法上提高一步。《实践论》、《矛如果在今后三年之内，有三万人读完这十二本书，有三千人读通这十二本书，那就很好盾论》、《论持久战》、《战争和战略问题》、《论联合政府》等著作，选编一下，还要选一些马恩列斯的著作。总之，很需要学习马克思主义哲学就是了。"①在改革开放新的历史条件下，中国共产党人更加重视学习马克思主义哲学经典。为了加深对什么是社会主义、怎样建设社会主义和建设什么样的党，怎样建设党的科学认识，以江泽民同志为主要代表的中国共产党人反复强调领导干部要加强学习马克思主义经典著作。为了适应新的发展要求，深刻认识和回答新形势下实现什么样的发展，怎样发展等重大问题，以胡锦涛同志为主要代表的中国共产党人也曾多次要求各级领导干部必须认真研读马列经典，加强对马克思主义基本理论的掌握和运用。党的十八大以来，中国特色社会主义建设进入新时代，为了从理论和实践结合上系统回答新时代坚持和发展什么样的中国特色社会主义、怎样坚持和发展中国特色社会主义这个重大时代课题，以习近平同志为主要代表的中国共产党人更加高度重视广大党员干部学习马克思主义经典著作，他反复强调："共产党人要把读马克思主义经典、悟马克思主义原理当作一种生活习惯、当作一种精神追求，用经典涵养正气、淬炼思想、升华境界、指导实践"②，不断谱写马克思主义理论发展的新篇章。

为了帮助广大党员干部更加系统地学习和领悟马克思主义哲学发展的脉络与体系，不断汲取马克思主义哲学的智慧滋养，我们组织编写了《马克思主义哲学经典导读》一书。该书所选介的经典著作在马克思主义哲学发展史上都有着极为重要的地位。在《德法年鉴》上发表的两篇文章，标志着青年马克思所实现的由唯心主义向新唯物主义的转变；《1844 年经济学哲学手稿》是马克思新唯物主义哲学的真正起源；在《关于费尔巴哈的提纲》中，包含着马克思主义新世界观的天才萌芽；在《德意志意识形态》中，马克思和恩格斯首次系统阐发了历史唯物主义的基本原理；《共产党宣言》这本被毛泽东读了一百多遍的经典之作，则是马克思主义诞生的鲜明标志，是指导无产

---

① 《邓小平文选》第 2 卷，人民出版社 1983 年版，第 303—304 页。
② 《习近平谈治国理政》第 3 卷，外文出版社 2020 年版，第 75 页。

阶级政党理论和实践的科学纲领；在《〈政治经济学批判〉序言》中，马克思对唯物史观的基本原理作了经典表述；在《资本论》中，马克思用毕生精力揭示资本主义经济运动规律以及资本积累的历史趋势，被誉为工人阶级的圣经；而恩格斯的《反杜林论》则被称为"马克思主义百科全书"；在《家庭、私有制和国家的起源》中，恩格斯对历史唯物主义的发展作出了重要推进；《路德维希·费尔巴哈和德国古典哲学的终结》既阐明了马克思主义哲学所实现的革命变革又论述了马克思主义哲学的基本原理，融历史和理论为一体；《自然辩证法》完成了马克思主义自然哲学的理论奠基；在关于历史唯物主义的重要书信中马克思和恩格斯有针对性地阐明了唯物史观的一系列重要观点；《论个人在历史上的作用问题》讨论了唯物史观中个人的历史地位、作用和价值等问题；《唯物主义和经验批判主义》系统地阐述了唯物主义特别是马克思主义的认识论，明确了辩证唯物主义和历史唯物主义是"一整块钢"；《哲学笔记》汇集着列宁哲学的思想精粹；《国家与革命》集中阐发了马克思主义国家学说；列宁晚年的一系列哲学论著为社会主义建设实践提供了理论指导和活水源头；《实践论》和《矛盾论》是毛泽东对中国革命历史经验的哲学总结，也是对马克思主义认识论和辩证法的重要发展；《论十大关系》和《关于正确处理人民内部矛盾的问题》则是他领导我们党探索社会主义建设道路的理论结晶。系统学习这些哲学经典，不仅可以全面认识马克思主义哲学的一脉相承和与时俱进，还能够深刻把握贯穿于其中的马克思主义的立场、观点和方法。

当然，作为一本导读类教材，本书选介的篇目虽然具有一定的代表性，能够为广大学员与学生深入研读经典提供一些便利，但既不能代表马克思主义哲学的全部，更不能代替这些著作的原典本身。正如恩格斯在谈到学习《资本论》时所强调的，"对于那些希望真正理解它的人来说，最重要的却正好是原著本身"[1]。为了深刻感悟和把握马克思主义真理力量，必须"要原原本本学习和研读经典著作，努力把马克思主义立场、观点、方法学到手，作为自己的看家本领"[2]。

这本教材是由中共中央党校（国家行政学院）哲学教研部马克思主义哲

---

[1] 《马克思恩格斯文集》第 7 卷，人民出版社 2009 年版，第 1005 页。

[2] 习近平：《在全国党校工作会议上的讲话》，人民出版社 2016 年版，第 15 页。

学发展史教研室的同志集体编写，具体的写作分工为：何建华、武潇斐撰写列宁晚年哲学论著导读；侯才撰写《德意志意识形态》（第一卷第一章）导读；孙要良撰写《〈政治经济学批判〉序言》导读、《资本论》（节选）导读、《路德维希·费尔巴哈和德国古典哲学的终结》导读、《唯物主义和经验批判主义》导读、《国家与革命》导读；王晓林撰写《反杜林论》（第一编哲学）导读、马克思恩格斯历史唯物主义重要书信导读、《论十大关系》和《关于正确处理人民内部矛盾的问题》导读；王纵横撰写《〈黑格尔法哲学批判〉导言》导读、《论犹太人问题》导读、《1844年经济学哲学手稿》导读、《关于费尔巴哈的提纲》导读、《实践论》导读、《矛盾论》导读；孙海洋撰写《共产党宣言》导读、《家庭、私有制和国家的起源》导读、《自然辩证法》导读、《论个人在历史上的作用问题》导读、《哲学笔记》导读。

何建华和侯才提出全书总体构思与编写框架，并完成最后的统改定稿工作。在撰写过程中，本书也吸收借鉴了国内外专家学者的研究成果，由于篇幅所限无法一一列出，特此说明，表示感谢。

对马克思主义哲学经典进行解读性阐释，是一项政治性、学理性、专业性很强的工作，各方面要求都比较高。在本书编撰过程中，虽然我们作出了巨大努力，但难免还存在疏漏和不足。希望读者提出宝贵意见和建议，以便我们进一步完善。

编　者
2020年9月10日

《〈黑格尔法哲学批判〉导言》导读

　　《〈黑格尔法哲学批判〉导言》创作于 1843 年 10 月至 12 月期间，最初发表在《德法年鉴》1844 年创刊号（1—2 期合刊，2 月出版）上，它与另一篇文章《论犹太人问题》一样，都是马克思在《莱茵报》后期对德国社会进行激烈批判之后的理论反思之作。

　　在《〈黑格尔法哲学批判〉导言》中，马克思总结并发展了自己通过黑格尔法哲学研究所得出的关键性结论，清晰地阐明了无产阶级的历史地位和阶级使命。这表明，在这一时期，马克思不仅从哲学立场上实现了从唯心主义向唯物主义的转变，在历史理论上也实现了由资产阶级民主主义向社会主义和共产主义及其革命实践的转变。

　　因而，列宁曾旗帜鲜明地评价这两篇文章，标志着马克思从唯心主义向唯物主义、从革命民主主义向共产主义的转变"彻底完成"①。

一、主要内容

　　在这篇导言中，马克思从新唯物主义的基本观点出发，揭示了宗教的本质及其社会根源，论述了批判黑格尔法哲学与批判德国现实社会之间的关系，继而阐发了"政治解放"与"人类解放"的根本区别，最终明确了无产阶级的历史地位和阶级使命。

（一）对宗教的批判是对德国现实世界批判的起点

　　在 19 世纪上叶，与英国和法国相比，德国在经济、政治和社会各方面都处于落后的状况。然而，当时的德国学者对于资产阶级社会的讨论是通过

---

① 《列宁全集》第 26 卷，人民出版社 2017 年版，第 83 页。

意识形态批判的思路进行的，这些现实问题被赋予了一种思辨的哲学形式。这与英国和法国的情况形成了对照：在英国，资产阶级社会问题首先表现为经济问题；在法国，资产阶级社会问题则首先表现为政治问题。

为什么会出现这种不同？事实上，在当时的德国，占统治地位的封建普鲁士专制国家的意识形态是宗教神学。当时，以青年黑格尔派为代表的德国资产阶级思想家在对封建专制的斗争中，自然首先把批判的矛头指向了宗教神学，开展了对宗教的批判。这种批判是从不同的方面展开的。青年黑格尔派对宗教的批判虽然从未走向法国唯物主义者那样坚决的无神论，表现出了明显的阶级和社会的局限，但却在宗教史的研究方面，甚至在对宗教的本质及其社会作用的理解方面独具洞见。他们的功绩是，把宗教问题还原为尘世问题，把上帝还原为人，从而开辟了对现实社会以及现实社会中的人及其本质与历史发展的研究道路。特别是费尔巴哈通过对基督教的批判，把上帝归结为人，把神学归结为"人本学"，得出了"人是人的最高本质"的结论。

但是，包括费尔巴哈在内的整个青年黑格尔派都局限在对宗教的批判，没有真正了解宗教与现实世界的关系问题，从而也没能揭示出宗教的世俗根源。他们都没有注意到，在把宗教归结到它的世俗基础即现实世界以后，认识和改变世界的事情还没有做。

鉴于青年黑格尔派的局限性，马克思在文中一开始就宣布，就德国来说，对宗教本身的批判已经结束①。马克思指出，如果说，费尔巴哈宗教批判的基本前提是合理的，即宗教反映了人的自我的丧失，是人对自己丧失的一种自我意识；那么，人就不是抽象的人，而是现实的人，因而必须在人所生存的现实世界中去寻找宗教的根源。②

立足于现实世界，马克思从社会根源方面对宗教的本质作了一系列深刻的揭示和阐述。在马克思看来，实际上，宗教根源于德国现实世界，它不过是颠倒的现实世界的一种反映，是德国现实世界产生了宗教这种"颠倒的世界意识"③。而它的产生又恰好反过来证明，它所反映的德国现实世界不过是"颠倒的世界"。进而，马克思借鉴和发挥了费尔巴哈在《基督教的本质》一

① 《马克思恩格斯文集》第1卷，人民出版社2009年版，第3页。
② 《马克思恩格斯文集》第1卷，人民出版社2009年版，第3页。
③ 《马克思恩格斯文集》第1卷，人民出版社2009年版，第3页。

书中阐释的思想，鲜明地提出"宗教里的苦难既是现实的苦难的表现，又是对这种现实的苦难的抗议。宗教是被压迫生灵的叹息，是无情世界的情感，正像它是无精神活力的制度的精神一样。宗教是人民的鸦片"①。

在马克思看来，正是因为宗教根源于现实世界，所以，对宗教的批判才显示出其作用和意义。当然，宗教批判也并非一无是处，相反，它是解决德国现实问题的一个起点。反宗教的斗争实际上就是反对以宗教为精神慰藉的那个世界的斗争，对宗教的批判实际上就是对苦难的现实世界批判的胚胎。

（二）对哲学的批判是对德国现实世界批判的合理路径

青年黑格尔派用哲学的方式批判了宗教，妄以为哲学批判本身就是终点，哲学是最完美的武器；而马克思却认为，在对宗教进行批判之后，必须对哲学本身进行批判，揭露这个武器自身的狭隘与抽象。

由于宗教源于现实世界，而对宗教的批判在德国又已完成，所以，马克思在文章中直接提出，当前所面临的新的现实任务和时代课题，即由对宗教的批判转向人对现实世界的批判。正如他所说："真理的彼岸世界消逝以后，历史的任务就是确立此岸世界的真理。人的自我异化的神圣形象被揭穿以后，揭露具有非神圣形象的自我异化，就成了为历史服务的哲学的迫切任务。于是，对天国的批判变成对尘世的批判，对宗教的批判变成对法的批判，对神学的批判变成对政治的批判。"②

然而，对现实世界的批判从何处着手呢？初看上去，似乎应是从德国的现状着手，对其进行批判甚至否定。但是，马克思指出，如果人们简单地从德国的现状出发，就问题谈问题，那么很难从根本上解决问题，会发生"时代错乱"③。原因在于，德国的现状已经落后于时代的发展水平，它现存的问题，其他国家早已经历过，并不新鲜，反而早已是英法等国的"历史储藏室中布满灰尘的史实"④。这样，即便是直接批判了德国现实，也不会使这种批判超越时代，更不会使德国赶超世界，相反，这种批判终将落后于时代，因

---

① 《马克思恩格斯文集》第 1 卷，人民出版社 2009 年版，第 4 页。
② 《马克思恩格斯文集》第 1 卷，人民出版社 2009 年版，第 4 页。
③ 《马克思恩格斯文集》第 1 卷，人民出版社 2009 年版，第 4 页。
④ 《马克思恩格斯文集》第 1 卷，人民出版社 2009 年版，第 4 页。

为德国还是在重复别国走过的路。

毋庸置疑，德国的现状尤其是德国的制度应该受到彻底的批判和否定，因为这一制度实在是太卑鄙、太应该受到蔑视，是德国人民真正的敌人。马克思明确指出："不是要驳倒这个敌人，而是要消灭这个敌人。"① 甚至说，反对和否定德国的现实，不仅具有民族的意义，而且还具有世界的意义。因为德国制度本身就是一个落后的政治形态的苟延残喘，它和这个时代脱节，却还自命不凡，尽显丑态。用马克思的话来说，德国制度只是一个"丑角"，那些先进的国家"如果看到，在它们那里经历过自己的悲剧的旧制度，现在又作为德国的幽灵在演自己的喜剧"②，自然也是有益处的，至少能够帮助这些国家更加清晰地认识自己的过去。进而，马克思对德国的可鄙现实进行了精辟的总结："德国式的现代问题，说明我们的历史就像一个不谙操练的新兵一样，到现在为止只承担着一项任务，那就是补习操练陈旧的历史。"③

然而，尽管德国的现实应该受到彻底批判，但是真正的哲学批判毕竟不能停留于德国现实的水平，而应该具有世界性的时代高度。实际上，一旦德国的现实受到批判，也就是说，一旦理论批判提升到现实的人的高度，那么，这种批判必然超过德国现实的水平。

马克思认为，德国的现实特别是德国的经济和政治状况虽然落后于当时时代的发展，但是德国的思想观念特别是德国的哲学却没有落后。由于德国哲学通过思想的形式伴随了时代的发展，因此它处在时代的水平上，具有时代的水准。也就是说，德国人虽然没有在现实中经历英法等国走过的历史，但他们却在思想观念中经历了英法等国走过的历史；德国人虽然没有成为该世纪历史的同时代人，却是该世纪哲学的同时代人。正是这一事实决定了：对德国的批判的真正的对象应该是德国哲学，对德国的批判应从德国哲学着手。马克思认为，只有批判德国哲学，批判才能够真正触及时代问题的中心。

作为补充，马克思还对当时以费尔巴哈为代表的"实践派"和以鲍威尔为代表的"理论派"都给予了批评。在马克思看来，实践派提出了否定哲学

---

① 《马克思恩格斯文集》第 1 卷，人民出版社 2009 年版，第 6 页。
② 《马克思恩格斯文集》第 1 卷，人民出版社 2009 年版，第 7 页。
③ 《马克思恩格斯文集》第 1 卷，人民出版社 2009 年版，第 8 页。

的合理要求，但却不懂得不在现实中实现哲学就不能消灭哲学①，与此相反，理论派却错误地认为，不消灭哲学本身就可以使哲学变成现实。②

继而，在充分揭示真实的批判对象的基础上，马克思明确地指出，黑格尔哲学是德国哲学的典型代表，它实际上是资产阶级国家的一般理论表现，更是对当时的德国现实问题最为深刻的理论反思。因此，对德国现实的合理批判，归根结底就是对黑格尔的法哲学或国家哲学的批判。

这样，马克思将问题一步步地进行了还原：从开始的宗教批判，转向了现实批判，又转向了对哲学的批判，尤其是对黑格尔法哲学的批判，使得整个问题的脉络得以清晰地展开，并且揭示了他在早前创作《黑格尔法哲学批判》的原因，呼应了"导言"的文本定位。

那么，对黑格尔哲学的批判的根基是什么呢？马克思的回答是："实践"③。

(三)"人的解放"的头脑是哲学，心脏是无产阶级

在马克思看来，哲学批判终将转化为现实，批判黑格尔法哲学的目的显然不是停留在理论自身的范围之内，而是最终指向社会的实践课题。而当时德国的最大社会实践课题就是：德国有无可能实现一个具有时代高度的、以人的彻底解放为尺度的彻底革命？④ 马克思所指谓的这个革命，其实就是无产阶级革命。

马克思首先肯定，理论批判虽然不能代替物质变革，但是对于德国来说却具有特殊的实际意义。他指出："批判的武器当然不能代替武器的批判，物质力量只能用物质力量来摧毁；但是理论一经掌握群众，也会变成物质力量。理论只要说服人，就能掌握群众；而理论只要彻底，就能说服人。所谓彻底，就是抓住事物的根本。而人的根本就是人本身。"⑤ 这就是说，就一般而论，真正彻底的理论必然会通过实践转化为物质力量；就特殊而论，在德国，资产阶级社会问题是以意识形态的形式出现的，这就使得思想革命、理

---

① 《马克思恩格斯文集》第 1 卷，人民出版社 2009 年版，第 10 页。

② 《马克思恩格斯文集》第 1 卷，人民出版社 2009 年版，第 10 页。

③ 《马克思恩格斯文集》第 1 卷，人民出版社 2009 年版，第 11 页。

④ 《马克思恩格斯文集》第 1 卷，人民出版社 2009 年版，第 11 页。

⑤ 《马克思恩格斯文集》第 1 卷，人民出版社 2009 年版，第 11 页。

论革命成为一种直接的社会实践。因此，德国革命必然首先"从哲学家的头脑开始"①。

同时，马克思也清晰地看到，尽管理论批判能够转化为物质力量，但实现彻底的德国革命还面临着重大困难。因为彻底的德国革命缺乏必要的物质基础和前提条件，特别是德国还没有完成资产阶级革命这一"政治解放"的任务，在实践上还没有达到英法等国已经达到的"政治解放"这一"中间阶梯"②。在马克思看来，"彻底的革命只能是彻底需要的革命"③。而这些彻底需要的产生，在当时的德国看来既没有任何前提，也没有必要的基础。

随后，马克思分析了由于德国经济和社会发展状况落后所带来的一系列矛盾。在精神方面，德国只是用抽象的思维活动伴随了英法等国的发展，而并没有参加这种发展的实际斗争，这使它只分担了这一发展的痛苦，而没有分享这一发展的成果。在制度方面，德国各邦政府试图在封建旧制度基础上建设资产阶级国家，结果并不成功，反而把封建制度的缺陷和资产阶级国家的缺陷杂糅并放大，用马克思的比喻，正像罗马的百神庙一样，在德意志民族的神圣罗马帝国可以看到一切国家的罪恶形式。简而言之，当时的德国是一个矛盾的综合体，聚集了新旧社会形态的各种缺陷，要想真正解决德国的问题，必须全面而彻底地批判这些缺陷。因而，马克思才得出结论："如果不摧毁当代政治的普遍障碍，就不可能摧毁德国特有的障碍。"④

进而，马克思强调："对德国来说，彻底的革命、普遍的人的解放，不是乌托邦式的梦想，相反，局部的纯政治的革命，毫不触犯大厦支柱的革命，才是乌托邦式的梦想。"⑤也就是说，在德国，只有无产阶级革命和全人类的解放才是有可能的，而局部的资产阶级改良，或者资产阶级的所谓政治革命，则是行不通的。对此，马克思进行了详尽的阐述。

首先，从理论上分析，所谓资产阶级政治革命，其基础"就是市民社会的一部分解放自己，取得普遍统治，就是一定的阶级从自己的特殊地位

---

① 《马克思恩格斯文集》第 1 卷，人民出版社 2009 年版，第 12 页。
② 《马克思恩格斯文集》第 1 卷，人民出版社 2009 年版，第 13 页。
③ 《马克思恩格斯文集》第 1 卷，人民出版社 2009 年版，第 13 页。
④ 《马克思恩格斯文集》第 1 卷，人民出版社 2009 年版，第 14 页。
⑤ 《马克思恩格斯文集》第 1 卷，人民出版社 2009 年版，第 14 页。

出发，从事社会的普遍解放。"① 也就是说，从假设资产阶级革命是彻底的革命，意味着要使整个社会的各阶级都变成资产阶级，这样才能够做到解放整个社会，即"要使人民革命同市民社会特殊阶级的解放完全一致，要使一个等级被承认为整个社会的等级"②。然而，这显然是与资产阶级的本质属性相背离的，因而也是不可能的。这样，马克思就解释了资产阶级革命的局限性和狭隘性。

其次，从现实上分析，当时德国的整体文化基调是"有节制的利己主义"，这与普遍的解放精神相违背，德国的资产阶级即便去参与革命，也是出于个人考虑，而非出于普遍解放的考虑。同时，由于革命目的上的先天缺陷，资产阶级发动的革命实践屡屡受挫，并且从未受到德国广大无产者的普遍认同，错过了承担这一历史任务的机会。其结果是，资产阶级革命一方面受到封建势力的压制，另一方面也引起了无产阶级的不满。正如马克思所说："当诸侯同君王斗争，官僚同贵族斗争，资产者同所有这些人斗争的时候，无产者已经开始了反对资产者的斗争。"③

马克思通过上述两方面分析，论证了资产阶级政治革命在德国行不通的结果，并指出：在德国"普遍解放是任何部分解放的必要条件"④，革命路径必须走向彻底的推翻与重建。这同时也就解释了为什么德国的革命进程不同于法国，法国的进程则是"部分解放是普遍解放的基础"⑤，毕竟法国革命力量更加强势，可以实现革命的逐步扩张。

至此，马克思走向了最终的问题："德国解放的实际可能性到底在哪里呢？"⑥ 而他的答案是：无产阶级。

在马克思看来，除了构建适应"人的解放"的新的哲学这一精神条件，德国解放的实际可能性的关键就在于形成一个无产阶级。因为无产阶级是这样一个阶级：它是"一个若不从其他一切社会领域解放出来从而解放其他一

---

① 《马克思恩格斯文集》第1卷，人民出版社2009年版，第14页。
② 《马克思恩格斯文集》第1卷，人民出版社2009年版，第15页。
③ 《马克思恩格斯文集》第1卷，人民出版社2009年版，第16页。
④ 《马克思恩格斯文集》第1卷，人民出版社2009年版，第16页。
⑤ 《马克思恩格斯文集》第1卷，人民出版社2009年版，第16页。
⑥ 《马克思恩格斯文集》第1卷，人民出版社2009年版，第16页。

切社会领域就不能解放自己的领域"①。无产者是一个具有最彻底的革命意志与革命目的的阶级;无产者要想解放自己,必须要解放全人类。

马克思指出,德国无产阶级才刚刚形成。它并不是自发产生的贫民,而是从中间等级解体过程中产生的群众。但自发产生的贫民和农奴等级将不断地充实无产阶级的队伍。当无产阶级日益强烈地要求废除私有财产的时候,它所要求的实际上只是把体现在它身上的原则,即否定私有财产的原则,推广到一切人身上。无产阶级将通过否定私有财产来废除旧的社会秩序。

正是这个阶级能使哲学最终实现自身,能使哲学真正改变世界,即"哲学把无产阶级当做自己的物质武器,同样,无产阶级也把哲学当做自己的精神武器"②。当然,一旦无产阶级成功地解放了自身,也就意味着哲学成为了现实,改变了世界,更意味着无产者实现了人的本质回归,阶级本身也就随之消失。因而马克思强调:"德国人的解放就是人的解放。这个解放的头脑是哲学,它的心脏是无产阶级。哲学不消灭无产阶级,就不能成为现实;无产阶级不把哲学变成现实,就不可能消灭自身。"③

在文章的最后,马克思隐晦地表达了一种期望:虽然在当时,德国的革命条件尚不具备,但他强调,如果"一切内在条件一旦成熟,德国的复活日就会由高卢雄鸡的高鸣来宣布"④。

二、延伸阅读

(一) 写作背景

1837 年,马克思在柏林大学就读期间,接触并熟悉了黑格尔本人及其弟子的大部分著作,受到了黑格尔哲学的影响,成为一个黑格尔哲学的信奉者。也正是在此期间,他结识了以布鲁诺·鲍威尔为首的柏林"博士俱乐部"(它是由几个大学讲师、中学教师和文学家组成的)的成员,与属于黑格尔

---

① 《马克思恩格斯文集》第 1 卷,人民出版社 2009 年版,第 17 页。
② 《马克思恩格斯文集》第 1 卷,人民出版社 2009 年版,第 17—18 页。
③ 《马克思恩格斯文集》第 1 卷,人民出版社 2009 年版,第 18 页。
④ 《马克思恩格斯文集》第 1 卷,人民出版社 2009 年版,第 18 页。

学派左翼的青年黑格尔派建立了联系。在鲍威尔等人的影响下，马克思开始站在激进的资产阶级民主主义立场去参与德国资产阶级社会问题的解决，这使他首先站到了鲍威尔的唯心主义的"自我意识哲学"的旗帜之下。

1839—1841 年，通过博士论文《德谟克利特的自然哲学和伊壁鸠鲁的自然哲学的差别》的写作，马克思从哲学史方面参与了"自我意识哲学"的制定和宣传工作。"自我意识"是黑格尔哲学体系中的一个重要的要素。按照黑格尔的看法，古希腊的斯多葛派、伊壁鸠鲁派和怀疑派这几派哲学是体现"自我意识"概念的哲学史阶段，在它们中蕴含着有关主体的自由和独立性的要求。马克思的博士论文就以这几派哲学特别是伊壁鸠鲁的哲学为对象，把体现资产阶级"平等"要求的"自我意识"作为原则和武器，来反对当时德国的封建专制制度。尽管这时马克思以黑格尔的唯心主义哲学作为自己的激进的民主主义倾向的哲学基础，但是在运用辩证法方面他已脱离黑格尔而完全独立。

1842 年初，马克思通过为《莱茵报》撰稿以及担任该报主编开始直接参与社会的政治生活。在此期间，他有机会第一次接触到一系列重要的社会问题和经济问题，并对无产者群众的状况和利益、摩塞尔农民的贫困与破产、地产同其政治利益代表之间的联系等问题展开了深入的研究。通过对社会现实状况的研究以及对社会问题的逐渐深入了解，马克思日益觉察到经济因素、物质利益的作用和社会关系的客观性。这样，就促使和推动马克思将其视域由政治、法的观念转向物质利益、经济关系，并从而走向对人类历史的唯物主义的理解。

马克思转向唯物主义的关键一步是通过对黑格尔法哲学的批判实现的，这体现在他在 1843 年夏撰写的长篇巨著《黑格尔法哲学批判》之中。在撰写《黑格尔法哲学批判》以后，马克思离开德国前往巴黎，并在那里接触到了法国先进的政治思想和工人运动。在此基础上，他撰写了《〈黑格尔法哲学批判〉导言》，并于 1844 年 2 月发表在《德法年鉴》上。

（二）《黑格尔法哲学批判》的基本情况

《黑格尔法哲学批判》是马克思 1843 年写作的一部手稿，他生前并未发表。

当时，马克思被迫从《莱茵报》编辑部离职并流亡国外，在到达巴黎之前，他曾在克罗茨纳赫短暂居住了一段时期。在这里，他系统地研究了欧美一些国家的历史，尤其是法国大革命的历史，并阅读了费尔巴哈的《关于哲学改造的临时纲要》，还记下了五本世界史笔记，即《克罗茨纳赫笔记》。随后，他有感而发，开始着手对黑格尔哲学进行批判，并撰写了《黑格尔法哲学批判》的手稿，因而它通常又被称为《克罗茨纳赫手稿》或《1843 年手稿》。这五本笔记和《黑格尔法哲学批判》之间的关系十分密切，且讨论的主题和核心观点相互印证，因而共同代表了马克思在这一时期的理论主旨。

《黑格尔法哲学批判》的原稿共 39 个印张，没有标题，内容上主要是对黑格尔《法哲学原理》一书"伦理篇"中的"第三章国家"之"第一节国内法"的批判，但是没有完成。文中，马克思一面摘录黑格尔著作中的文字，一面逐字逐句地进行评注，这种风格在他后来的很多作品中也多次出现，以至于有很多学者据此来区分马克思和恩格斯在一些共同作品（如《德意志意识形态》）中的写作分工。

在这部著作中，马克思通过对黑格尔法哲学的分析，揭示了"市民社会"即人的物质生活关系对国家与法的决定性作用。在黑格尔的法哲学中，家庭、市民社会、国家三个共同体形式，构成了"伦理"的全部内容。这其中，家庭和市民社会都是片面的伦理共同体，而只有国家是社会发展的至高形式和起推动作用的因素，是家庭、市民社会之中存在的一切矛盾、缺陷的最终解决。因而，黑格尔认为，在三者的关系问题上，国家决定着家庭和市民社会。相反，马克思则把黑格尔的思辨体系头足倒置地颠倒了过来，他指出：实际上，家庭和市民社会是国家存在的前提，它们才是真正的活动者和原动力；国家看似用政治的方式弥补了家庭的不足与市民社会的片面，但其实是用抽象的方式把矛盾转化成另一种形式，反而掩盖了问题的关键。因此，马克思认为不是国家决定家庭和市民社会，而恰恰是家庭和市民社会决定国家。以此为基础，马克思开始从市民社会的本质——资本逻辑之中去寻找答案。

这一结论蕴含了历史唯物主义的萌芽，构成了马克思主义创立的发端。在 1859 年《〈政治经济学批判〉序言》中，马克思回忆这段历史并指出："为了解决使我苦恼的疑问，我写的第一部著作是对黑格尔法哲学的批判性分析……我的研究得出这样一个结果：法的关系正像国家的形式一样，既不能从它们本身来理解，也不能从所谓人类精神的一般发展来理解，相反，它们根源于物质的生活关系，这种物质的生活关系的总和……概括为'市民社会'，而对市民社会的解剖应该到政治经济学中去寻找。"① 而后来的《〈黑格尔法哲学批判〉导言》正是对这一思想的精炼与提升。

（三）对《〈黑格尔法哲学批判〉导言》的思想史定位

《〈黑格尔法哲学批判〉导言》之所以特别，很大程度上是因为它代表着马克思思想的激烈转折。正如列宁在《卡尔·马克思》一文的"书目"中指出的："马克思在这个杂志上发表的文章表明他已经是一个革命家，他主张'对现存的一切进行无情的批判'，尤其是'武器的批判'；他诉诸群众，诉诸无产阶级。"② 他还明确表示："1844 年在巴黎出版了马克思和阿尔诺德·卢格主编的《德法年鉴》，上述的转变在这里彻底完成。"③ 因此，可以说这部著作象征着马克思从唯心主义向唯物主义、从革命民主主义向共产主义的转变。具体来说，这种转变体现为三个方面：

第一，开创了用唯物主义立场解决社会历史问题的先河。在《〈黑格尔法哲学批判〉导言》中，马克思提出市民社会决定国家的观点，表面上是对当时主流法哲学的批评，其实也是对思辨哲学体系进行批评的一个缩影。马克思认为，黑格尔的法哲学虽然也具有较强的现实意味，但最终还是陷入了抽象的法权而无法自拔，其根本原因在于黑格尔"不是从对象中发展自己的思想，而是按照做完了自己的事情并且是在抽象的逻辑领域中做完了自己的事情的思维的样式来制造自己的对象"④。也就是说，黑格尔所信奉的法，其实是法的理念，是一种在头脑中充分论证合理的完美体系，并以此要求现实屈从于法，而不是法屈从于现实。因而，黑格尔"不是发展政治制度的现成的特定的理念，而是使政治制度和抽象理念发生关系，使政治制度成为理念发展链条上的一个环节"⑤。而马克思则从"现实"入手，试图用现实的方案解决现实的问题——从人的物质生活关系出发，去解决国家与法的难题。毫无疑问，这是一种巨大的进步。同时，他也打破了既有唯物主义者在历史问

---

① 《马克思恩格斯文集》第 2 卷，人民出版社 2009 年版，第 591 页。
② 《列宁全集》第 26 卷，人民出版社 2017 年版，第 49 页。
③ 《列宁全集》第 26 卷，人民出版社 2017 年版，第 83 页。
④ 《马克思恩格斯全集》第 1 卷，人民出版社 1956 年版，第 259 页。
⑤ 《马克思恩格斯全集》第 1 卷，人民出版社 1956 年版，第 259 页。

题上的"不彻底"传统，开创了用唯物主义的立场去解决社会历史问题的先河，因而意义重大。

第二，实现了从民主政治解放向人类普遍解放的革命性转向。对于政治解放，马克思首先肯定了它的积极意义，它虽不彻底，却是人类历史发展中不可磨灭的一环。正如他所言："政治解放当然是一大进步，尽管它不是普遍的人的解放的最后形式，但在迄今为止的世界制度内，它是人的解放的最后形式。"①如果没有政治解放，资产阶级就不会成为当时历史的主角，最具革命意义的无产阶级甚至不会诞生。因而，政治解放本身也是马克思革命性转向的重要基础。然而，马克思并未向同时代的其他青年学者一样停留至此，把酒言欢，反而继续追问资本主义本身的内在矛盾，寻找国家与市民社会的困境根源，最终发现了问题的所在："整个人类奴役制就包含在工人同生产的关系中，而一切奴役关系只不过是这种关系的变形和后果罢了"②。也正是在这个意义上，马克思进一步跳出了资本主义本身的意识形态局限，从世界历史的高度思考人类普遍解放的问题，最终完成了这一转向。

第三，第一次试图去思考无产阶级革命的重大历史命题。在《〈黑格尔法哲学批判〉导言》之前，欧洲大陆上的工人运动已经持续了很长一段时间，对于阶级与阶级意识的启蒙工作也基本完成，但是对于无产阶级革命的理论论证则是完全空缺的。而马克思在《〈黑格尔法哲学批判〉导言》中开始触及并思考这个问题，虽然在理论深度上还有所不足，但这一尝试却从源头上奠定了马克思主义作为一种革命理论的底蕴。对于革命意识的觉醒问题，马克思鲜明地指出："……如果不是由于自己的直接地位、由于物质需要、由于自己的锁链本身的强迫，是不会有普遍解放的需要和能力的。"③对于革命阶级本身，马克思用辩证逻辑将其描述为"一个并非市民社会的阶级的市民社会阶级，形成一个表明一切等级解体的等级，形成一个由于自己遭受普遍苦难而具有普遍性质的领域……若不从其他一切社会领域解放出来从而解放其他一切社会领域就不能解放自己的领域"④，并得出了著名的"无产阶级要

---

① 《马克思恩格斯文集》第1卷，人民出版社2009年版，第32页。
② 《马克思恩格斯文集》第1卷，人民出版社2009年版，第167页。
③ 《马克思恩格斯文集》第1卷，人民出版社2009年版，第16页。
④ 《马克思恩格斯文集》第1卷，人民出版社2009年版，第17页。

消灭自身"①的结论，将无产阶级革命与人类普遍解放联系在一起，为无产阶级赋予了世界历史的使命，可以说，这为马克思一生的革命事业塑造了完美的起点。

三、思考题

1. 如何理解在《〈黑格尔法哲学批判〉导言》中马克思关于国家与市民社会之间关系的观点。

2. 如何理解在《〈黑格尔法哲学批判〉导言》中"哲学不消灭无产阶级，就不能成为现实；无产阶级不把哲学变成现实，就不可能消灭自身"这个观点。

---

① 《马克思恩格斯文集》第1卷，人民出版社2009年版，第18页。

《论犹太人问题》导读

《论犹太人问题》是马克思发表在《德法年鉴》上的两篇文章之一，它与另一篇文章《〈黑格尔法哲学批判〉导言》一样，都是马克思在《莱茵报》后期对德国社会进行激烈批判之后的理论反思之作。列宁曾评价这两篇文章，标志着马克思从唯心主义向唯物主义、从革命民主主义向共产主义的转变"彻底完成"①。

在《论犹太人问题》中，马克思驳斥了鲍威尔把犹太人的解放这一社会政治问题归结为纯粹宗教问题的观点，批判了鲍威尔的哲学唯心主义立场，阐明了"政治解放"与"人类解放"，即资产阶级革命与共产主义革命的本质区别。马克思还把对宗教异化的批判引申到经济领域，揭示了作为资本主义生产关系象征的金钱是人的本质的异化。这些都使得《论犹太人问题》一文在马克思主义哲学的发展史中具有特殊的地位。

一、主要内容

《论犹太人问题》实为马克思针对鲍威尔撰写的两篇文章的批判，因而文章也相应分为两个部分。

在第一部分，马克思批判了鲍威尔的《犹太人问题》一文。马克思依据他在《黑格尔法哲学批判》中表述的关于政治国家、市民社会以及二者相互关系的新见解，批驳了鲍威尔混淆"政治解放"与"普遍的人的解放"的错误观点，阐明了二者质的区别。在马克思看来，只有在弄清楚人的解放的本质这一根本问题以后，才有可能正确地解决和回答犹太人的解放问题。

在第二部分，马克思批判了鲍威尔的《现代犹太人和基督徒获得自由的

---

① 《列宁全集》第26卷，人民出版社2017年版，第83页。

能力》一文，把对异化现象的批判由宗教领域和政治领域引申到经济领域，提出了"金钱是人的本质的异化"的著名观点。

（一）政治解放并不能实现人的宗教解放

19世纪前期，德国的犹太人处境不佳，他们在政治上处处遭受不公，并且犹太人与基督徒、犹太教群体与基督教国家之间产生了非常尖锐的矛盾。当时很多的激进知识分子站出来对犹太人问题发表意见。这其中，鲍威尔是影响力较大的一位。

鲍威尔认为："犹太人问题是一个不以德国的特殊状况为转移的、具有普遍意义的问题。这就是宗教对国家的关系问题、宗教束缚和政治解放的矛盾问题。"[1] 可见，鲍威尔在《犹太人问题》这部著作中，虽然分析了犹太教和基督教的尖锐对立，阐明了基督教国家的本质，却撇开德国的特殊状况，抽象地谈论宗教和国家的关系，而没有具体考察政治国家对宗教的各种不同立场。因此，鲍威尔对于犹太人问题的解决方案也就不难理解——"废除宗教"[2]。

马克思认为，鲍威尔用政治解放来解决宗教对立问题，是一种"片面理解"[3]，因为他并没有对"政治解放"本身给予足够的反思。实际上，鲍威尔未能把问题提升到对政治解放，即资产阶级革命进行批判的高度，反而认为政治解放就是解决一切问题的根本，是最终的胜利。

对此，马克思首先列举大量事实说明，被鲍威尔看作根本问题的宗教解放与政治解放的关系，实际上依各个国家的发展程度不同而有所不同。例如，在还是基督教国家的德国，犹太人问题是纯粹神学的问题；在法国，犹太人问题是宪政问题，是政治解放不彻底的问题；而在美国，犹太人则成了真正的世俗的问题，即失去了宗教的色彩而具有纯政治的意义。因而，马克思得出结论："……我们看到，甚至在政治解放已经完成了的国家，宗教不仅仅存在，而且是生气勃勃的、富有生命力的存在，那么这就证明，宗教

---

① 《马克思恩格斯文集》第1卷，人民出版社2009年版，第23页。
② 《马克思恩格斯文集》第1卷，人民出版社2009年版，第23页。
③ 《马克思恩格斯文集》第1卷，人民出版社2009年版，第25页。

的定在和国家的完成是不矛盾的。"① 这就说明，在已经完成政治解放的国家中，宗教不仅继续存在，反而表现出了新的生命力和社会价值。这意味着，资产阶级的政治解放并不能使人从宗教的桎梏中解放出来。

随后，马克思指出："我们不把世俗问题化为神学问题。我们要把神学问题化为世俗问题。"② 在他看来，宗教产生于世俗社会，不过是世俗社会狭隘性的表现。如果说国家和宗教看起来有矛盾，那么这个矛盾的本质，其实就是国家和世俗社会的矛盾。继而，马克思强调："国家和某一特定宗教例如和犹太教的矛盾，就是国家和特定世俗要素的矛盾；而国家和一般宗教的矛盾，也就是国家和它的一般前提的矛盾。"③ 这样，马克思把鲍威尔提出的问题进行了还原，将其转变为"政治国家的世俗结构"④ 的问题——对宗教的批判实际上就变成了对政治国家的批判，资产阶级的政治解放问题就变成了人的解放的问题。

在马克思看来，宗教所代表的世俗结构是政治国家的前提，从国家层面上去废除宗教，解决的只是封建制国家政教合一的问题，但无法真正解决宗教背后的世俗问题。换句话说，政治解放的结果，解放的是国家，而不是人。因而，他指出政治解放并不是彻底的没有矛盾的解放，而只是一种有限度的解放。政治解放的限度表现在："即使人还没有真正摆脱某种限制，国家也可以摆脱这种限制，即使人还不是自由人，国家也可以成为自由国家。"⑤ 这就是说，在大多数人仍然信奉宗教、受宗教束缚的情况下，国家也可以摆脱宗教、从宗教中获得解放。反过来看，单纯靠政治解放去解决犹太人问题，很显然是不彻底的。

从更深层的意义上说，政治解放还有一个严重缺陷，它要求人的解放必须通过国家这一中介，通过国家这一中介物来承认自己。因而，这种解放仍是抽象的、间接的、不彻底的，反倒与真正的彻底的解放相背离。因而，马克思耐人寻味地指出："人即使已经通过国家的中介作用宣布自己是无神论者，就是说，他宣布国家是无神论者，这时他总还是受到宗教的束缚，这

① 《马克思恩格斯文集》第 1 卷，人民出版社 2009 年版，第 27 页。
② 《马克思恩格斯文集》第 1 卷，人民出版社 2009 年版，第 27 页。
③ 《马克思恩格斯文集》第 1 卷，人民出版社 2009 年版，第 27 页。
④ 《马克思恩格斯文集》第 1 卷，人民出版社 2009 年版，第 27 页。
⑤ 《马克思恩格斯文集》第 1 卷，人民出版社 2009 年版，第 28 页。

正是因为他仅仅以间接的方法承认自己……国家是人和人的自由之间的中介者。"①作为类比，这种情形正像国家可以宣布从政治上废除私有财产，即无论贫富贵贱，所有人都享有相同的政治权利，但在实际上，人们的生活依然受到私有财产的限制，而且整个国家的政治生活也是依据私有财产的秩序。因而，正如马克思所言："从政治上宣布私有财产无效不仅没有废除私有财产，反而以私有财产为前提。"②

（二）犹太人解放的实质是"人的解放"

政治解放的局限性有着深刻的社会根源。马克思指出，在实行资产阶级政治解放的国家，政治国家与市民社会发生了分裂或分离。人们生活在政治国家和市民社会两个领域，过着双重的生活。政治国家和市民社会是两个完全不同的生活领域。就政治国家而言，它是社会政治生活的领域。在这里，人们的社会生活体现的是类生活，以及政治共同体中的生活，人体现为社会存在物，人作为主权的虚构成员具有一种非实在的普遍性。就市民社会而言，它是人的物质生活领域。在这里，人们作为私人活动，人是世俗存在物，具有实在的个人生活，但由于受异己力量的支配而作为一种不真实的现象而存在。

在马克思看来，"人作为特殊宗教的信徒，同自己的公民身份，同作为共同体成员的他人所发生的冲突，归结为政治国家和市民社会之间的世俗分裂。……犹太人问题最终归结成的这种世俗冲突"③。换句话说，所谓犹太人问题，就根源于这种政治国家与市民社会的分裂。正是政治国家与市民社会的分裂导致了私人与公民的矛盾，决定了人的二重化。而这也正是鲍威尔在考察犹太人问题时所未能看到的。当然，不可否认，政治国家和市民社会的分离是资产阶级政治解放的功绩和完成，但同时也是它的限度和局限。马克思肯定，资产阶级政治解放"是一大进步"，"在迄今为止的世界制度内，它是人的解放的最后形式"，④但是，它还"不是普遍的人的解放的最后形式"⑤。

---

① 《马克思恩格斯文集》第 1 卷，人民出版社 2009 年版，第 29 页。
② 《马克思恩格斯文集》第 1 卷，人民出版社 2009 年版，第 29 页。
③ 《马克思恩格斯文集》第 1 卷，人民出版社 2009 年版，第 31 页。
④ 《马克思恩格斯文集》第 1 卷，人民出版社 2009 年版，第 32 页。
⑤ 《马克思恩格斯文集》第 1 卷，人民出版社 2009 年版，第 32 页。

那么，世俗生活的难题要从哪里着手去解决呢？马克思认为，需要从物质生活领域去考察，继而将批判的主题转向了私有财产。马克思指出，资产阶级政治解放可以做到使人在政治上从宗教中解放出来，即将宗教从国家领域转移到市民社会领域，使它具有纯粹私人事务的形式。但是，要真正达到废除宗教、消灭宗教的目的，必须废除私有财产。而这对于政治国家来说无异于自我革命、自我毁灭。因此，资产阶级政治解放必然"要以宗教、私有财产和市民社会一切要素的恢复而告终"①。

此外，马克思还从宗教与基督教国家和民主国家的关系方面进一步论述了资产阶级政治解放的局限。他指出，封建的基督教国家其实并不是真正的或完备的基督教国家。在基督教国家，实际上起作用的是人的异化，占统治地位的关系是宗教关系，宗教精神并没有成为真正的世俗精神。与基督教国家不同，资产阶级民主国家才是真正的或完备的基督教国家，因为民主国家把宗教变成了市民社会的一个因素，不再需要宗教从政治上来补充自己，实现了宗教的人的基础。在民主国家，实际上宗教成为市民社会的精神，基督教的幻象、幻梦和基本要求成为感性的现实、现代性和世俗准则。然而，这一情况也正说明，资产阶级的政治解放虽然能够把国家从宗教中解放出来，但并不能把现实的人从宗教中解放出来。②因此，犹太人的解放目标，显然不应该是有局限性的资产阶级政治解放，而只能是超出政治解放要求的人类解放。

马克思还批评了鲍威尔将宗教和人权对立起来的观点。鲍威尔在其著作中认为："人为了能够获得普遍人权，就必须牺牲'信仰的特权'。"③言外之意，不管是犹太人还是基督徒，只有放弃自己的宗教以及由此决定的特殊本质，才能获得他们所要求的人权。马克思指出，实际上，资产阶级政治解放在没有废除宗教的前提下同样使人们获得了人权。所谓人权，包括人的公民权利和市民社会成员的权利两部分。④前者是政治权利和公共权利，体现为参与政治共同体或国家活动之中，属于政治自由范畴。后者则是个人权利，

---

① 《马克思恩格斯文集》第 1 卷，人民出版社 2009 年版，第 33 页。
② 《马克思恩格斯文集》第 1 卷，人民出版社 2009 年版，第 38 页。
③ 《马克思恩格斯文集》第 1 卷，人民出版社 2009 年版，第 39 页。
④ 《马克思恩格斯文集》第 1 卷，人民出版社 2009 年版，第 40 页。

是一种利己主义的人权，即"每个人能够不损害他人而进行活动"①，体现为市民的自由、平等、安全等权利以及由此决定的信仰权、私有财产权等。

因而，资产阶级政治解放的真正意义在于，它推翻了封建的专制权利，使国家事务、公共事务提升为一种普遍事务，使政治国家、政治职能与市民社会彻底分离，同时也使社会成员二重化为公民与私人、政治人与自然人或利己人，使利己人成为现实的、真正的人。在这个过程中，政治生活表征着人的社会属性，而市民生活表征着人的利己属性，两者之间的本质对立，构成了一切问题的根源。并且，由于市民生活的物质属性，它成为决定政治生活的现实的前提。因而，马克思强调，在这意义上，政治国家的真正前提才得以暴露，世俗问题的根源才得以凸显——"利己的人"②。

在此基础上，马克思明确了彻底的人的解放的内涵，即在政治生活与经验生活中，对人的这种二重化分裂的扬弃和超越："只有当现实的个人把抽象的公民复归于自身，并且作为个人，在自己的经验生活、自己的个体劳动、自己的个体关系中间，成为类存在物的时候，只有当人认识到自身'固有的力量'是社会力量，并把这种力量组织起来因而不再是把社会力量以政治力量的形式同自身分离的时候，只有到了那个时候，人的解放才能完成"③。

（三）"人的解放"是对人的本质的异化的扬弃

马克思在文章的第二部分批判鲍威尔关于犹太人和基督徒获得自由的能力的观点时，进一步论述了"人的解放"的本质和特点。

鲍威尔把犹太人的本质归结为宗教的本质④，把犹太人的解放归结为从宗教中获得解放，而把犹太人获得解放的能力归结为从宗教中获得解放的能力。这样一来，在鲍威尔的笔下，犹太人的解放就变成了一种哲学兼神学的行为。相反，马克思认为，犹太人的本质并非源自犹太教，而是源自一种普遍的世俗要素，因而犹太人获得解放的能力实际上是"犹太教和现代世界解

---

① 《马克思恩格斯文集》第 1 卷，人民出版社 2009 年版，第 40 页。
② 《马克思恩格斯文集》第 1 卷，人民出版社 2009 年版，第 45 页。
③ 《马克思恩格斯文集》第 1 卷，人民出版社 2009 年版，第 46 页。
④ 《马克思恩格斯文集》第 1 卷，人民出版社 2009 年版，第 49 页。

放的关系"①问题，所以，正确的提法应该是："必须克服什么样的特殊社会要素才能废除犹太教"②。按照这一思路，人们就不应到犹太人的宗教中去寻找犹太人的秘密，而是应到现实的犹太人中、到犹太教的世俗基础中去寻找犹太人的秘密。

马克思指出，犹太教的世俗基础是实际需要、自私自利，犹太人的世俗礼拜是经商牟利，他们的世俗上帝是金钱。因此，犹太人的现代的自我解放，实际上是从经商牟利和金钱中获得解放。他指出："如果有一种社会组织消除了经商牟利的前提，从而消除经商牟利的可能性，那么这种社会组织也就会使犹太人不可能存在。……如果犹太人承认自己这个实际本质毫无价值，并为消除它而工作，那么他就会从自己以前的发展中解脱出来，直接为人的解放工作，并转而反对人的自我异化的最高实际表现。"③

不仅如此，在马克思看来，犹太人从经商牟利和金钱中获得解放，不仅对于犹太人具有意义，是犹太人的事业，而且对于全人类都有意义，是全人类的事业。在此意义上，"犹太人的解放，就其终极意义来说，就是人类从犹太精神中解放出来"④。

遗憾的是，犹太人虽然试图去解放自身，但并没有扬弃这种逐利精神，而是让每个人都成了逐利的人。犹太人与他人一起，把自己的唯利是图、追逐金钱的思想和习气，变成了整个市民社会即资产阶级社会的精神。即便是基督徒也毫无例外。因而马克思讽刺道："基督徒在多大程度上成为犹太人，犹太人就在多大程度上解放了自己。"⑤

那么，金钱的本质是什么呢？马克思在文章中把费尔巴哈已经表述过的宗教异化和马克思自己在《黑格尔法哲学批判》中已经论及的政治异化的思想第一次引申到经济领域，提出作为资本主义社会原则体现的金钱不过是人的劳动和存在的本质的异化："金钱是人的劳动和人的存在的同人相异化的本质；这种异己的本质统治了人，而人则向它顶礼膜拜"⑥。在资本主义社会，

① 《马克思恩格斯文集》第1卷，人民出版社2009年版，第49页。
② 《马克思恩格斯文集》第1卷，人民出版社2009年版，第49页。
③ 《马克思恩格斯文集》第1卷，人民出版社2009年版，第49页。
④ 《马克思恩格斯文集》第1卷，人民出版社2009年版，第50页。
⑤ 《马克思恩格斯文集》第1卷，人民出版社2009年版，第50页。
⑥ 《马克思恩格斯文集》第1卷，人民出版社2009年版，第52页。

金钱统治了一切，成为世界的神。在这种异己的力量的统治下，不仅自然界受到蔑视和贬低，就是连作为自我目的的人本身也受到蔑视，甚至连男女关系和妇女也成了买卖的对象。即使是法律及其规定在这里也毫无效用。

马克思认为，自私自利的犹太精神通过基督教的作用在资本主义社会发展到它的顶点。基督教把一切民族的、自然的、伦理的等各种关系变成对人来说外在的关系，使市民社会完全从国家生活中分离出来，使人变成互相敌对的利己主义的个人。相对于犹太教而言，基督教是犹太教的思想升华，而犹太教则是基督教的功利应用。犹太教只有通过基督教的作用才能获得和实现自己的普遍性。

随之而来的问题是，为什么人的本质会发生异化并异化为金钱？马克思的回答是"利己的需要的统治"①。他指出："让渡是外化的实践。正像一个受宗教束缚的人，只有使自己的本质成为异己的幻想的本质，才能把这种本质对象化，同样，在利己的需要的统治下，人只有使自己的产品和自己的活动处于异己本质的支配之下，使其具有异己本质——金钱——的作用，才能实际进行活动，才能实际生产出物品。"②这就是说，金钱作为异化物与宗教具有类似的异化结构，人只有先虚构一个神的形象，才能去崇拜他，才能借由他满足自己虚幻的欲求；同样，人只有设定一个追逐的目标，例如金钱，才能给自己的逐利行为寻找一个现实的基点。无论是上帝还是金钱，两者相同之处在于"满足私欲"，而不同之处在于，一个是神圣的承诺，一个是现实的占有。这就是马克思所谓"利己的需要的统治"的内涵。

既然作为犹太人本质的自私自利的犹太精神在资本主义社会中得到普遍的实现，那么，犹太人的解放问题就变成了社会从犹太精神中解放出来的问题，也就是说，变成了从资本主义社会中解放出来的问题。所以，马克思在文末宣布："犹太人的社会解放就是社会从犹太精神中解放出来。"③

---

①　《马克思恩格斯文集》第 1 卷，人民出版社 2009 年版，第 54 页。

②　《马克思恩格斯文集》第 1 卷，人民出版社 2009 年版，第 54 页。

③　《马克思恩格斯文集》第 1 卷，人民出版社 2009 年版，第 55 页。

二、延伸阅读

（一）写作背景

《论犹太人问题》写于 1843 年 10 月中旬至 12 月中旬，是马克思针对布鲁诺·鲍威尔讨论犹太人问题的两篇文章所作出的反驳性作品。

事实上，在当时的德国，犹太人问题是被人们讨论的一个热门话题。自 1816 年 5 月 4 日普鲁士政府发布关于犹太人不得担任公职而只能在国家中居于从属地位的命令以来，犹太人一直要求与基督徒享受平等的权利。尽管在当时这一要求比以往任何时候都更加强烈，而且德国的自由派都强烈地支持犹太人的平等要求，但是却遭到了政府的拒绝。1841 年 12 月 13 日，刚即位一年的普鲁士国王弗里德里希·威尔海姆四世颁行 "内阁敕令"，提议恢复中世纪的同业公会制度，拒绝犹太人服兵役和参与公职，其目的在于把犹太人与基督教社会隔绝。当时，法国大革命的精神已经深入人心，在知识分子普遍向往政治自由、权利平等的状态下，该命令引发了社会上关于 "犹太人问题" 的大讨论。当时的 "犹太人问题" 的实质是一个政治问题，即支持还是拒绝犹太人融入基督教社会并获得与基督徒平等的权利。

对于犹太人问题，马克思很早就有所反思。1842 年八九月份，时为《莱茵报》编辑的马克思致信达哥贝尔特·奥本海姆，请他 "把海尔梅斯所有反对犹太人的文章都寄来"，表示要尽快写一篇文章，"即使不能彻底解决这后一个问题，也要把它纳入另一条轨道"[①]。这里所谓 "另一条道路" 已经表明了马克思有了新的批判思路。在后来马克思写给卢格的信中，他指出："不是从自由的、也就是独立的和深刻的内容上看待自由，而是从无拘无束的、长裤汉式的、且又随意的形式上看待自由。……我还要求他们更多地在批判政治状况当中来批判宗教，而不是在宗教当中来批判政治状况，因为这样做才更符合报纸的本质和读者的教育水平，因为宗教本身是没有内容的，它的根源不是在天上，而是在人间，随着以宗教为理论的被歪曲了的现实的消失，宗教也将自行消灭。"[②]

---

① 《马克思恩格斯全集》第 47 卷，人民出版社 2004 年版，第 34 页。
② 《马克思恩格斯全集》第 47 卷，人民出版社 2004 年版，第 42—43 页。

在马克思看来，宗教并不是"政治状况"的根基，虽然宗教信仰有助于维护封建王权，但是不合理性的"政治状况"却不是由宗教造成的。毋宁说，政治上的不公平加速了宗教信仰的传播和蔓延。因此，马克思主张以对政治状况的批判来批判宗教。加上后来通过对世界史与黑格尔法哲学的研究，使得马克思对于市民社会的物质基础有了更加深刻的把握。这些思想融入了《黑格尔法哲学批判》对"政治国家"和"市民社会"二元对立格局的颠覆中，共同为马克思在《论犹太人问题》中思考"犹太人问题"构建了一个坚实的思想基础。

（二）鲍威尔的自我意识哲学与宗教批判

鲍威尔和马克思之间的关系曾经十分密切，前者甚至是后者过往的思想导师。从1837年到1846年，他们之间从接触交往、密切合作，到发生分歧、公开论战，直到最终决裂。与鲍威尔长达十年的思想交流和交锋，见证了马克思从青涩到成熟的思想变革。

鲍威尔的哲学体系被马克思概括为"自我意识"哲学，这就表明了鲍威尔本质上依然是一个黑格尔主义者。鲍威尔自己认为他的"自我意识"虽然起源于黑格尔，但却是对黑格尔的超越。他坚信黑格尔的"绝对精神"只有在人的精神中才有真正的现实性，单个的人看似狭隘，却能够通过自身的行动获得普遍性的自我确证，而这个行动就是批判。在批判中，自我意识证明一切外在于、超越于自我意识的实体都不外乎是自我意识的创造物，只有自我意识才是真正普遍的。因而，"批判意识"是鲍威尔哲学的主要特征，他一生的活动也主要是在进行社会批判，其中最为著名的工作就是宗教批判。

在1843年出版《犹太人问题》之前，鲍威尔以宗教批判为主题的著作就有9本。这些著作的主题思想并不完全一致，展现了鲍威尔宗教批判逐步深入的过程。但总的来说，贯穿其中的观点包括：第一，宗教的本质是排他性和特殊性，每一个宗教都认为自己的神是独一无二的真神，背离了这一点，宗教信仰就不再是纯粹的虔诚的信仰。第二，这种排他性的宗教信仰既是自我意识发展的必经阶段，又是自我意识自由的桎梏；自由意味着放弃宗教的排他性特权，并达到真正普遍的自我意识，这是任何一种宗教都无法满足并竭力阻止的；获得自由必须消灭宗教。

以此为基础，布鲁诺·鲍威尔在《犹太人问题》和《现代犹太人和基督徒获得自由的能力》这两篇文章中也发表了自己的见解。他认为，犹太教的教义与基督教相比尚属于人类精神普遍发展的较低阶段，而基督教则超越了犹太民族主义的狭隘性，是一种崭新的宗教。因此，只有当犹太人和基督徒一起放弃使他们分离的宗教和特殊本质，承认人的普遍本质并把它看成是自己的真正本质的时候，犹太人才能得到解放。从犹太教低于基督教的理解出发，鲍威尔还藐视犹太人获得解放的能力。他认为，基督教要比犹太教高明得多，基督徒要比犹太人高超得多，而基督徒获得自由的能力也比犹太人大得多。鲍威尔的这些观点，从客观上间接地支持了普鲁士政府的反动政策。

在《论犹太人问题》一文中，马克思直接批判了鲍威尔的宗教和哲学观点，但还没有直接将这种批判同批判鲍威尔的自我意识哲学直接联系起来。但是，该文已经昭示了马克思与鲍威尔的思想分歧，从而成为马克思同自我意识哲学及其代表决裂的一个先兆和标志。对鲍威尔的自我意识哲学的批判是后来马克思通过与恩格斯一起撰写《神圣家族》与《德意志意识形态》实现的。

（三）《论犹太人问题》中的市民社会

"市民社会"是马克思思想体系中一个非常重要的概念。

由于我们今天所讨论的"资本主义"一词直到19世纪中后期才开始被普遍使用，因而在马克思的主要作品中，他极少使用"资本主义"（der Kapitalismus）这个词，大多时候他在讨论资本主义社会的问题时，使用的是"资本家的社会"（Kapitalist Gesellschaft）或"（近代）市民社会"（die[modern] Bürgerliche Gesellschaft）。所谓市民社会，就是人直接作为市民进行社会交往的形态，在近代，它主要表现为以私有财产为基础的"近代市民社会"。在这种社会中，生产资料逐渐集中在私有者手中，个体劳动也转化为私人的雇佣劳动，其结果是：近代市民社会自动转变成了资本主义社会。因而在马克思的时代，两者几乎就是同义词。

马克思的"市民社会"概念是在对黑格尔的批判中继承而来的，其不仅肩负着德国的历史，具有错综复杂的"市民"形象，而且还是黑格尔的"需要的体系"与普鲁士历史现实的产物。尤其是在巴黎的经历，马克思接触到了法国社会主义运动的新气象，还亲眼看到了法国的"市民社会"优先于政治国家这一活生生的现实，这些见闻直接推动他去填补法国市民社会和普鲁士市民社会之间的鸿沟，开始去构建自己的市民社会原象。于是，我们看到，被黑格尔轻视和贬低的"市民社会"，马克思则试图恢复它的权威，并认为最终要靠市民社会来克服和瓦解"政治国家"。

如果说在《〈黑格尔法哲学批判〉导言》中，马克思对市民社会的讨论还是内涵式的，那么在《论犹太人问题》中，他对市民社会的本质精神的挖掘则显得更为具体，也更具深度。马克思认为，市民社会的内核其实是"实际的欲望、利己主义"，市民社会不断地从自身中产生政治国家的同时，还创造出了"自身纯粹的形象"——货币，并且坐拥着神一样的地位。从这个角度看，市民社会的本质精神与犹太人在商业活动中所表现出来的犹太精神是同质的，后者作为一种民族精神在现代社会反而成为一种普遍状况，被所有人推崇。而造成这一现象的根本原因在于，人只有借助于货币这个交往的中介，才能实现个体活动和社会活动之间的转变。而人的个体活动和社会活动分裂开来，正是近代市民社会的产物。

至此，马克思整理出了自己的"市民社会"概念——政治国家（类的共同本质）和货币（原子式孤立人欲望的异化形式）是市民社会的两极分裂。货币是异化了的共同本质即市民社会的纽带，它以流通手段的方式来发挥"中介"作用，构成市民关系的基础。

犹太教作为实际上的基督教之所以能够把外化了的人和自然都看成是可转让的商品，是因为基督教作为理论化的犹太教推动了市民社会中的人的自我异化。马克思在《论犹太人问题》中，正是以这一市民社会认识为基础，提出了"转让（Veräußerung）是外化（Entäußerung）的实践"这一命题。在此，马克思也回到了《〈黑格尔法哲学批判〉导言》的母题，即在"人的自我异化的神圣形象被揭穿以后，揭露具有非神圣形象的自我异化"[1]，并把它设定为当前亟待解决的历史课题。从这个角度看，《〈黑格尔法哲学批判〉导言》中的"市民社会"跟德国的现状密切相关，其实也是"货币异化"这一逻辑的现实映照。

然而，马克思在挖掘市民社会理论的过程中却遭遇了二律背反。本来"市民社会"概念的基础来自黑格尔，如果不彻底清除附着于其中的思辨杂物，"市民社会"概念就经不起理论的分析。但是，如果拘泥于哲学本身，

---

[1]《马克思恩格斯文集》第1卷，人民出版社2009年版，第4页。

又如何能够彻底超越黑格尔式的思辨？正在此时，青年恩格斯的论文《国民经济学批判大纲》给了马克思一个巨大启示。通过《国民经济学批判大纲》（成稿于1844年1月），马克思认识到，要想从内部来突破黑格尔市民社会理论，关键在于对斯密眼中所谓经济社会的理解，这也正是马克思从哲学转向经济学研究的重大动因之一。

三、思考题

1. 如何理解在《论犹太人问题》中，马克思关于政治解放和人类解放之间关系的观点。

2. 如何理解在《论犹太人问题》中，马克思对资本主义社会的世俗基础与犹太精神的批判。

《1844年经济学哲学手稿》导读

　　《1844年经济学哲学手稿》(以下简称《手稿》)写于1844年4月至8月，由3个未完成的手稿组成。《手稿》是马克思系统地构建自己学说的准备，标志着马克思思想形成过程中的一次重大飞跃。《手稿》是马克思新唯物主义的真正发源地，即通过对"劳动"概念的深入探索、分析和阐释，初步系统地创制了自己的新实践观，并较为系统地阐释了哲学共产主义的思想，从而为整个"新唯物主义"体系大厦奠定了最初且最重要的基础。

　　在《手稿》中，马克思在研究和批判资产阶级政治经济学、黑格尔等人哲学和空想共产主义理论的基础上，第一次把政治经济学、哲学和共产主义理论有机地结合起来，初步地对自己所获得的新观点进行了综合性的阐述。可以说，《手稿》是马克思构建其思想体系的重要酝酿和准备，也是其"新唯物主义"哲学的真正诞生地和秘密之所在，标志着马克思哲学思想发展过程中的一次重大的飞跃。

一、主要内容

　　《1844年经济学哲学手稿》由写在三个笔记本中的手稿组成。笔记本Ⅰ主要对亚当·斯密等国民经济学著作中的工资、资本的利润和地租这三个经济学范畴作了比较分析，揭示国民经济学的内在矛盾，以此阐发资本主义社会的异化劳动。笔记本Ⅱ只保留下4页手稿，主要是有关私有财产的论述片段。笔记本Ⅲ主要对私有财产和共产主义进行了讨论，此外，还包括对黑格尔哲学的批判、一篇《序言》以及一些片段。

（一）关于《序言》

　　手稿的《序言》是马克思几近最后完成的，原载于笔记本Ⅲ的第39—

40页①，穿插在《分工》和《货币》两个片段之间。

从内容上看，《序言》并非正式的序言，仅仅是序言的思路，其中也没有对整部手稿的核心观点进行概括②，但是简要说明了一下自己的写作计划，以及相关的批判原则。

首先，马克思计划要系统写作一部批判思辨哲学的著作，在形式上"用不同的、独立的小册子来相继批判法、道德、政治等等，最后再以一本专门的著作来说明整体的联系、各部分的关系，并对这一切材料的思辨加工进行批判"③。但是考虑到马克思后来学术转向，他似乎发现，从经济学视角对资本主义的生产方式进行彻底批判之前，对思辨哲学的任何批判都是狭隘的，因而并未将这个写作计划继续下去。

其次，马克思对国民经济学的批判原则进行了简单介绍。其中，第一个原则是经验与现实主义原则，即"通过完全经验的、以对国民经济学进行认真的批判研究为基础的分析得出"④，而不是乌托邦式的设定蓝图。显然，马克思不愿做空想家或文学家，而要从资产阶级经济学内部找到突破口，批判它的内在矛盾。

第二个原则是唯物主义原则，即"对国民经济学的批判，以及整个实证的批判，全靠费尔巴哈的发现给它打下真正的基础"⑤。针对当时社会上的有些学者对费尔巴哈的著作进行了歪曲解读，马克思在此明确他的个人立场，肯定了费尔巴哈的学术贡献。虽然在手稿中，马克思也对费尔巴哈的观点进行了大量批判，但显然这些批判是有所保留的扬弃，而非主观臆断。

第三个原则是黑格尔的辩证法原则。当时在青年黑格尔派成员中，批判黑格尔已经成为一种时髦，他们将黑格尔哲学视为一种神学，将它彻底抛弃

---

① 本文中所使用的页码均是马克思在写作时自己标注的罗马数字页码，为了阅读方便将其简化为阿拉伯数字。

② 由于马克思并未明确表示这是《1844年经济学哲学手稿》的"序言"，也没有对手稿中的观点进行任何概括，甚至整部手稿也未按着"序言"中的写作计划进行，因而有学者（如约根·罗扬等）认为，这个"序言"其实是马克思另一个更加庞大的写作计划的"序言"，而手稿仅仅是这个计划的前期铺垫。

③ 《马克思恩格斯文集》第1卷，人民出版社2009年版，第111页。

④ 《马克思恩格斯文集》第1卷，人民出版社2009年版，第111页。

⑤ 《马克思恩格斯文集》第1卷，人民出版社2009年版，第112页。

之后，再用一种新的自我意识哲学取而代之。而马克思并不认同这种批判思路，不仅和青年黑格尔派分道扬镳，甚至还在后来的《神圣家族》和《德意志意识形态》中对他们的观点进行了逐一清算。在"序言"中，马克思将青年黑格尔派比喻为"当代批判的神学家"，就此讽刺他们的批判其实是用新神学否定旧神学——用新的抽象哲学取代旧的抽象哲学。反之，马克思的立场则是，一方面，要彻底否定神学，与既有的思辨抽象哲学划清界限；另一方面，对黑格尔哲学中的辩证法的批判的继承，还将其应用于经济学批判之中。

正是因为对黑格尔哲学的特殊评价，马克思意识到"即对黑格尔的辩证法和整个哲学的剖析，是完全必要的"①，于是我们看到手稿的笔记本Ⅲ中，马克思特意撰写了"对黑格尔的辩证法和整个哲学的批判"，穿插在了经济学批判之中。

（二）对国民经济学中"工资"、"利润"与"地租"理论的批判

在笔记本Ⅰ的第1—21页，马克思分工资、资本的利润、地租三个主题，对国民经济学的著作②进行了摘录与评注。在此，马克思对国民经济学理论进行了直接批判，其主要方法是寻找这些理论的自相矛盾之处，试图证明它们的内在缺陷。

从主题上看，马克思之所以选择从工资、利润与地租三个主题入手，是因为当时资本主义社会的一个社会事实，即"资本、地租和劳动的分离"③。这个分离的结果是，造成了经济关系中的三种既有主体，即工人、资本家与地主。工人在社会中靠工资生存，资本家靠利润生存，地主靠地租生存。对此，国民经济学认为，只要社会财富整体增加了，那么工人、资本家、地主都会受益，都会获得幸福。因而，他们都与资本主义这个全新的社会制度构成利益相关体。马克思在文中对这个观点进行了批判。

---

① 《马克思恩格斯文集》第 1 卷，人民出版社 2009 年版，第 112 页。

② 包括亚当·斯密的《国民财富的性质和原因的研究》，威·舒尔茨的《生产运动》，贝魁尔的《社会经济［和政治经济］的新理论》，让·巴·萨伊的《论政治经济学》，大卫·李嘉图的《政治经济学和赋税原理》，德·西斯蒙第的《政治经济学新原理》等。

③ 《马克思恩格斯文集》第 1 卷，人民出版社 2009 年版，第 115 页。

1. 工资

国民经济学家认为，工资是工人的劳动所得，工人可以通过辛勤劳动提高工资，积累财富，获得幸福。相反，马克思认为，无论工人怎样工作，都不可能变得富裕，工人注定贫穷。

对于工资，马克思认为，它不是劳动所得那么简单，反而"工资决定于资本家和工人之间的敌对的斗争"①，但胜利一定是属于资本家。虽然工人和资本家实际上无法离开对方，但是资本家没有工人比工人离开资本家活得更久。这里有两个原因：第一，资本家的联合是常见的和有效的，工人的联合则遭到禁止并会给他们招来恶果；第二，地主和资本家可以把产业收益加进自己的收入，而工人除了劳动所得，没有其他收入。

这就意味着，不劳动的话，资本家和地主至少还有其他收入，但工人则无法生存。即便如此，工人依然没有劳动自主的权利，他们能否劳动，能否活下去，完全取决于资本家。对此，马克思指出："工人的生活取决于需求，而需求取决于富人和资本家的兴致。"②

进一步说，既然工人的工资取决于需求，那么就受到供需关系的约束。工人越多，市场供给越强，工资就会越低。当工资跌到自然价格时——也就是"使工人能够养家糊口并使工人种族不致死绝的费用"③——工人遭到的损失最大，并且贫穷的工人反而会更加依赖于资本家，不得不屈从于资本家的一切要求，因而陷入恶性循环，被彻底奴役。

当然，马克思也承认，如果资本家的工厂效益不错，会给工人提高工资，但这个情况是相对的或偶然的。真实的情况是，市场价格的偶然的和突然的波动对工资的影响是最大的，这就是说，"当资本家赢利时工人不一定有利可得，而当资本家亏损时工人就一定跟着吃亏"④。另外，就算工人的工资提高了，那也是因为市场的物价水平整体提高了，这样看来，工资提高其实并不会提升工人的生活质量。⑤同时，由于不同行业的工人工资不同，有的行业工资本来就很低，这样如果市场环境不好，这些工人的生存困境就会

① 《马克思恩格斯文集》第1卷，人民出版社2009年版，第116页。
② 《马克思恩格斯文集》第1卷，人民出版社2009年版，第116页。
③ 《马克思恩格斯文集》第1卷，人民出版社2009年版，第115页。
④ 《马克思恩格斯文集》第1卷，人民出版社2009年版，第116页。
⑤ 《马克思恩格斯文集》第1卷，人民出版社2009年版，第116页。

立刻暴露出来。①

这样，马克思根据上面的分析，列举了工人的三种状态。

第一，当社会经济发展较差，社会财富处于衰落状态，工人遭受的痛苦最大②。这是毋庸置疑的。

第二，当社会经济发展稳定，社会财富正在稳定增长，那么工人工资的确会暂时提高。但是依然会有相应的负面效应：一方面，工人总是想多挣钱，工资的提高会引起工人的过度劳动，在挣钱欲望的驱使下从事更多劳动，这就缩短了工人寿命。③另一方面，经济发展稳定，意味着资本大量积累，社会分工增加，对工人的需求提高，工人数量也会增加。同时，资本家之间的竞争加剧，大资本家使小资本家破产，小资本家成为工人，最终资本家的数量会减少。④既然工人持续增加，资本家持续减少，那么根据供需关系，工资自然会持续下降。

第三，当上述状态走向顶点，就会出现这样的现象：社会财富极大丰富，但只是集中在少数资本家手中，而工人工资会缩减到仅够维持现有工人人数的程度。

因此，正如马克思所总结的："在社会的衰落状态中，工人的贫困日益加剧；在增长的状态中，贫困具有错综复杂的形式；在达到完满的状态中，贫困持续不变。"⑤

至此，国民经济学的矛盾就展现出来了——（1）国民经济学家（亚当·斯密）说，经济学是让人幸福的科学，但工人们永远得不到幸福；（2）国民经济学家说，劳动的全部产品属于劳动者，但他们同时又说，实际上工人只是得到了产品中最小的那部分；（3）国民经济学家说，一切东西都可以用劳动购买，但他们又说，工人不但不能购买任何东西，反而要被迫出卖自己和人性；（4）国民经济学家说，劳动是产品价值的来源，但他们又认同，资本家和地主可以坐享其成；（5）国民经济学家说，劳动是唯一不变的物价，但事实上，劳动价格是最容易剧烈波动的东西；（6）国民经济学家说，工人的利

---

① 《马克思恩格斯文集》第 1 卷，人民出版社 2009 年版，第 119 页。
② 《马克思恩格斯文集》第 1 卷，人民出版社 2009 年版，第 119 页。
③ 《马克思恩格斯文集》第 1 卷，人民出版社 2009 年版，第 119 页。
④ 《马克思恩格斯文集》第 1 卷，人民出版社 2009 年版，第 120 页。
⑤ 《马克思恩格斯文集》第 1 卷，人民出版社 2009 年版，第 122 页。

益与社会的利益相一致，但事实是，社会财富越丰富，工人越贫穷。①

马克思返回主题，国民经济学中蕴含的一切矛盾的根源就在于，资本家从未把工人当作真正的人，而是把他们当作制造劳动力的肉体机器，所以，"劳动在国民经济学中仅仅以谋生活动的形式出现"②。因而，所谓"工资"，名义上是工人劳动所得，但它指向的并不是工人获得幸福，而是让工人生存不死。

2. 资本的利润

在这一节，马克思首先对资本的本质进行说明："资本，即对他人劳动产品的私有权"③。那么，马克思产生质疑：国民经济学为何崇尚资本？这种对他人劳动占有的行为为何在资本主义社会中是合法的？自问自答，马克思引用萨伊的话，因为"实在法"④——资本家的特权不是因为其他什么，而"只是由于他是资本的所有者"⑤，这就是资本与生俱来的特权。

资本的特权，源于它对于一切产品具有至高无上的购买力，源于它能够给自己的所有者带来收入或利润。资本之所以具有这种功能，是由于资本家始终要求利润和资本之间保持一定的比例，在此基础上，他们就实现了"双重获利"⑥。一方面，通过分工获利：资本的积累越多，分工就会越细，工人数量或劳动生产率也会提升，最终推动资本总量进一步增加，利润成比例增加。另一方面，通过对自然产品加工时人的劳动的增加：人工参与产品的程度越高，利润越高，因为给工人的工资并不会由于劳动的增加而提高。

同时，资本追求利润的本性也决定了它必然与社会利益相敌对⑦。从事实上看，资本的利润率不像地租和工资一样，随社会的繁荣而上升，随社会的衰退而下降，利润率的控制完全取决于资本家。那么，这些资本家把资本投入农业还是投入工业，还是投入零售商业的某一部门，其唯一动机就是最高的利润。至于社会需要发展哪个行业，国家需要拓展某个领域，资本从来

---

① 《马克思恩格斯文集》第 1 卷，人民出版社 2009 年版，第 122—124 页。
② 《马克思恩格斯文集》第 1 卷，人民出版社 2009 年版，第 124 页。
③ 《马克思恩格斯文集》第 1 卷，人民出版社 2009 年版，第 129 页。
④ 《马克思恩格斯文集》第 1 卷，人民出版社 2009 年版，第 129 页。
⑤ 《马克思恩格斯文集》第 1 卷，人民出版社 2009 年版，第 130 页。
⑥ 《马克思恩格斯文集》第 1 卷，人民出版社 2009 年版，第 132 页。
⑦ 《马克思恩格斯文集》第 1 卷，人民出版社 2009 年版，第 134 页。

不会去计算。

在这个意义上，如果要让资本为社会总体财富的增加服务，必须要通过"竞争"，这也正是国民经济学非常推崇竞争的原因。然而，马克思却对这个观点表示质疑，在他看来"竞争"非但不是遏制资本的良药，相反"资本的这种自然使命恰恰是通过竞争来为自己开辟自由的道路的。"①

马克思认为，只有当资本增加而且分散在许多人手中的时候，竞争才有可能。但由于大资本的积累比小资本的积累快得多，资本家之间的竞争必然走向这个结果：小资产家在竞争中持续不久陷于破产，大资本家吸收了小资本家的利润进一步扩大。这个现象会出现在任何行业，马克思分别考察了银行业、工业甚至土地市场，发现资本将成为各个行业的统治者，资本庞大到"能够把各种生产部门联合起来的时候，资本的积累日益增长，而资本间的竞争日益减少"②。最终，资本的马太效应导致社会财富高度集中，垄断出现，竞争消失。

这就回应了马克思在本节最初的提问，国民经济学崇尚资本，因为他们认为资本可以使社会的整体财富增加，而且资本的缺陷也可以通过竞争的方式去解决。但马克思却揭示，资本追求的是利润，绝非社会财富本身，而所谓竞争，无异于国民经济学的空想。

3. 地租

按国民经济学的观点，土地所有者与社会的繁荣密切相关。如果社会普遍贫穷，房租也会降低，土地所有者就会贫穷。这就是直接证明。对此，马克思却认为，所谓地租，其实是"通过租地农场主和土地所有者之间的斗争确定的"③。也就是说，土地所有者和社会上的大部分人并非是利益共融的关系，而是彼此争夺利益的关系。

这种敌对表现为：租地农场主（或资本家）把工人工资压榨得越低，他获得的利润就越高，而土地所有者为了从他们手中争夺这些利润，也会收取更高地租④。这样来说，土地所有者，与资本家、工人、租地农场主，以及

---

① 《马克思恩格斯文集》第 1 卷，人民出版社 2009 年版，第 134 页。
② 《马克思恩格斯文集》第 1 卷，人民出版社 2009 年版，第 141 页。
③ 《马克思恩格斯文集》第 1 卷，人民出版社 2009 年版，第 144 页。
④ 《马克思恩格斯文集》第 1 卷，人民出版社 2009 年版，第 147 页。

整个工业的发展，都处于利益争夺关系，是相互敌对的。

与此同时，土地所有者之间也存在着竞争，他们的竞争关系和大资本家吞并小资本家一样，最终会走向土地垄断。对此马克思认为：第一，大地产和小地产相比，它们的工人和劳动工具之间的差异并没有它们面积差异那么大，而大地产能够获得更大的资本规模，小地产获得的资本规模相对有限，那么从利润上看差距就进一步凸显，小地产的所有者比较吃亏。第二，大地产把租地农场主用来改良土地的那笔资本的利息用于自己的积累，小地产则不得不把自己的资本投入这方面。第三，每一项社会改良都对大地产有利而对小地产有害，因为这种改良总是需要更大的资本投入，小地产支付不起。第四，只有大地产才有余力生产家畜之类的食物，因此其他形式的地产逐渐走向灭亡。最终的结果是：一部分土地所有者破产，大地产进一步集中。①

此外，马克思预测到另一个趋势，由于地租与货币利息基本持平，而货币利息又一定少于资本的利润。久而久之，资本家一定比地主更有优势。这时，真正有实力的大地主会转身成为资本家，而小地主则被资本家和大地主吃掉，成为无产者。马克思指出："最终的结果是资本家和土地所有者之间的差别消失，以致在居民中大体上只剩下两个阶级：工人阶级和资本家阶级。"②

对此，有些浪漫主义者感到悲伤，但马克思却没有。因为他看到了封建时代的土地买卖充满了"卑鄙行为"，相比较而言，在资本主义社会的土地私有权买卖反倒是"完全合理的、在私有制范围内必然的和值得期待的"③。因为封建土地除了资本的统治之外，还有政治统治的因素，有的封建领主甚至对农民抱有温情，这也是浪漫主义者为之哭泣的原因。④ 但资本主义带来的政治解放将土地所有者的政治面具撕破，使他们在激烈的竞争中顾不得扮演温情的地主，只能暴露唯利是图的本性。从而，中世纪的俗语"没有无领主的土地"被现代俗语"金钱没有主人"所代替。后一俗语清楚地表明了"死

① 《马克思恩格斯文集》第1卷，人民出版社2009年版，第148—149页。
② 《马克思恩格斯文集》第1卷，人民出版社2009年版，第150页。
③ 《马克思恩格斯文集》第1卷，人民出版社2009年版，第150页。
④ 《马克思恩格斯文集》第1卷，人民出版社2009年版，第151页。

的物质对人的完全统治"①。

此后,马克思有感而发,插入了一段对于土地分割问题的讨论。所谓土地分割,是指当时德国一些自由派政治家认为应该允许对土地进行自由交换。土地分割的必然结果是封建制土地最终被资本家占有。即便如此,马克思依然赞同进行土地分割,因为这意味着历史的进步。他认为,允许地产分割最终必将成为"私有制规律的牺牲品"②,凡是进行地产分割买卖的地方,只能回到更具丑态的"垄断",这本身就是对"分割"的否定(扬弃)。但马克思也强调,这不是回到了封建的土地占有,而是扬弃了土地私有制本身,使它彻底进入市场,变成服从于资本的一种商品。这是一种趋势,封建地产一定会被分割,最终落到资本家手中。从更普遍的形式上看,"私有财产是以分割为基础的"③。尤其在参考了英国的具体情况之后,马克思认为大地产必然会推动整个社会向自己对手——资本家和工业发展。

同时,工业的强势发展还会挤压地产的生存空间。为了维护自己的封建性质,地产不得不转向国外,与国外地产进行竞争。一旦纳入竞争体系,那么地产就成了商品,封建地产也就不可能再被少数人垄断,它的封建性质也就会逐渐消退,工业的性质却日益增强。即便有人提出,在保持封建权威的基础上发展工业的折中方式,但这种折中注定不能持久,一方面,封建领主用土地获得高额利润;另一方面,他们有没有资本家那样组织生产的能力,这种矛盾必然导致土地经营不善,继而引发部分领主破产或底层民众倒戈,"这就必然导致革命"④。

对于工业化的历史进程问题,马克思在笔记本Ⅲ还进行了更深层次的讨论。

(三) 分析资本主义私有制条件下的"异化劳动"

在笔记本Ⅰ的第 22—27 页,马克思在揭示国民经济学理论困境的基础上,将问题的根源归结为一个错误的前提——私有财产,进而对私有财产展

---

① 《马克思恩格斯文集》第 1 卷,人民出版社 2009 年版,第 152 页。
② 《马克思恩格斯文集》第 1 卷,人民出版社 2009 年版,第 152 页。
③ 《马克思恩格斯文集》第 1 卷,人民出版社 2009 年版,第 153 页。
④ 《马克思恩格斯文集》第 1 卷,人民出版社 2009 年版,第 154 页。

开批判，挖掘它与异化劳动的关系。

在《手稿》的第22页，马克思开篇就指出了问题的关键："国民经济学从私有财产的事实出发。它没有给我们说明这个事实。它把私有财产在现实中所经历的物质过程，放进一般的、抽象的公式，然后把这些公式当作规律。它不理解这些规律，就是说，它没有指明这些规律是怎样从私有财产的本质中产生出来的。"① 简而言之，国民经济学把一个有待阐明的结论当作了前提，并导致整个理论体系的缺陷。这其中包含两个层面：

第一，抽象的人性设定。国民经济学家认为："贪欲以及贪欲者之间的战争即竞争，是国民经济学家所推动的仅有的车轮。"② 他们看到的只是对私有财产的争夺，每个人都是利己的个体，其他人都是自己的工具和手段。马克思认为，这是将抽象的人性设定当作了历史的虚假起点。

第二，抽象的理论设定。国民经济学家"想说明什么的时候，总是置身于一种虚构的原始状态。这样的原始状态什么问题也说明不了"③。国民经济学一开始就把工资、地租、利润的分离当作既定事实，没有考察这个事实究竟是不是合理，需不需要被扬弃。甚至，国民经济学的理论落脚点也是维护私有财产，它的目的也是让人们获得更多的私有财产。

那么，建立在两个抽象的逻辑起点上，国民经济学得出的结论是，劳动能够让工人富有。

但马克思紧接着指出，情况则完全相反："工人生产的财富越多，他的产品的力量和数量越大，他就越贫穷。工人创造的商品越多，他就越变成廉价的商品。物的世界的增值同人的世界的贬值成正比。"④ 更为深刻的是，马克思洞悉了一种不正常的现象："劳动所生产的对象，即劳动的产品，作为一种异己的存在物，作为不依赖于生产者的力量，同劳动相对立。"⑤ 这里，"对象化表现为对象的丧失和被对象奴役"⑥，即"异化劳动"。

在此，马克思明确指出，包括私有财产的起源、工人境遇、国民经济学

① 《马克思恩格斯文集》第1卷，人民出版社2009年版，第155页。
② 《马克思恩格斯文集》第1卷，人民出版社2009年版，第155—156页。
③ 《马克思恩格斯文集》第1卷，人民出版社2009年版，第156页。
④ 《马克思恩格斯文集》第1卷，人民出版社2009年版，第156页。
⑤ 《马克思恩格斯文集》第1卷，人民出版社2009年版，第156页。
⑥ 《马克思恩格斯文集》第1卷，人民出版社2009年版，第157页。

的失败等问题，"这一切后果包含在这样一个规定中：工人对自己的劳动的产品的关系就是对一个异己的对象的关系"[1]。

随后，马克思依托于经济事实，对异化劳动给出了四个规定：

第一，人与他的劳动产品相异化。

这种异化背后的经济事实是，工人没有生产资料，他的劳动产品也不归他所有，工人的劳动与他的产品之间不存在直接关系。

马克思认为，对人而言，自然界（或"感性的外部世界"）对工人来说有两方面的意义，一是生存资料，即维持肉体生存所需；二是生活资料，即劳动创造的资料，也就是劳动加工的对象。前者对应的劳动结果是生存产品，后者对应的劳动结果是劳动产品，并且前者是后者的基础和前提。

但是在资本主义社会，工人在这两方面成为自己的对象的奴隶。一方面，他没有生产资料，没有劳动权利，同时他的劳动产品也不归他所有，而是被资本家占有。另一方面，感性世界"不给他直接意义的生活资料"，工人得到的是工资，他必须通过交换才能获得生存产品，让自己活下去。这个过程包含两个阶段：首先，他需要得到劳动的对象，也就是得到工作；其次，他得到生存资料，即工资，才能生存下去。[2] 在这个意义上，他必须首先成为一个工人，然后才能成为一个人。

马克思在此揭露了一个事实：虽然从劳动资料来说，人可以是无产的，但从生存资料来说，人不能是无产的，因为他将死去。而国民经济学家恰恰就是模糊了这两者。这样做只有一个好处，资本家在占有工人劳动产品的同时，其实也就占有了工人的生存资料，因而，工人为了活下去则不得不依赖于资本家。

第二，人与他的劳动行为相异化。

这种异化背后的经济事实是，工人被迫从事劳动，他的劳动本身不属于自己。

马克思认为，劳动是人的本质，人在劳动中确认自己是谁，自己能做什么，自己能创造怎样的产品，满足自己的需要；人在劳动中自由发挥体力和智力，探寻自己能够创造的可能与极限；在此过程中，人的本质充分而全面

---

① 《马克思恩格斯文集》第 1 卷，人民出版社 2009 年版，第 157 页。
② 《马克思恩格斯文集》第 1 卷，人民出版社 2009 年版，第 157 页。

地展现，并因而获得自由和幸福。

然而在资本主义社会中：其一，工人"在自己的劳动中不是肯定自己，而是否定自己，不是感到幸福，而是感到不幸，不是自由地发挥自己的体力和智力，而是使自己的肉体受折磨、精神遭摧残"①。人在劳动中感受不到任何精神的愉悦。其二，劳动成了强制劳动，不是出于自愿的行为。以至于一旦人们不再为生存生活而烦恼，他们就会"像逃避瘟疫那样逃避劳动"。劳动不再是自我本质的展现，而是一种"自我牺牲、自我折磨"。其三，工人的劳动不属于他自己，他没有自由劳动的权利；即使在劳动之中，工人的劳动行为也不属于他自己，而是属于资本家。

这一事实也颇具讽刺，因为人在劳动的时候是被迫的，因而是不自由的，而只有在动物机能（吃、喝、生殖）的层面上，人才享有那么一点点自由。在此，马克思也嘲笑了资本家的两面性：一方面他们崇尚人的自由；另一方面，工人看似是自由的，但这仅仅是动物的自由，而不是作为人的自由。在这个意义上，如果说人在真正的劳动中才认识到自己是一个人，将自身规定为人，那么人在异化劳动中只能将自己规定为动物。人的所有生活意义与最终目的，就是成为一个自由的动物。②

在上述两个规定的基础上，马克思继而得出了异化的后两个规定：类本质异化与社会的异化。这里马克思借用了费尔巴哈的"类"与"社会"两个概念，把异化的讨论高度推至人的本质层面。

第三，人与类本质相异化。

"类"原本是费尔巴哈用来区分人与动物的概念。费尔巴哈认为，人能够意识到，"我"既不是自然界中的植物，也不是其他的动物，而是独一无二的一个类——"人"，从而得出："我是人"这种类意识。"类意识"的产生依托于两个条件：一个是对象性，即人必须依赖于世界才能活着，并且意识到我与世界的不同；另一个是将类本身作为对象，即人可以将另一个人作为对象，并且意识到我与他是相同的。在《手稿》中，马克思将"类"的概念引入，并且进行了彻底的唯物主义改造。他极少使用类意识、对象性意识，而是使用类存在物、类生活、对象性活动等概念。

---

① 《马克思恩格斯文集》第1卷，人民出版社2009年版，第159页。

② 《马克思恩格斯文集》第1卷，人民出版社2009年版，第160页。

马克思认为，人是一种类存在物，这种类的本质是通过对象性活动展现的，而这种对象性活动就是自由自觉的劳动。他指出："通过实践创造对象世界，改造无机界，人证明自己是有意识的类存在物，就是说是这样一种存在物，它把类看作自己的本质，或者说把自身看作类存在物。"①"正是在改造对象世界中，人才真正地证明自己是类存在物。这种生产是人的能动的类生活。通过这种生产，自然界才表现为他的作品和他的现实。"②

可以发现，这里两个非常关键的要素是"改造"与"对象世界"。

关于"对象世界"，马克思强调，"人靠自然界生活"③，自然界一方面是人的意识基础，即科学、艺术的对象，构成人的精神食粮；另一方面也是人的肉体基础，即满足生活所需的对象，构成人的物质食粮。并且，人本来就是自然界的一部分。

关于"改造"，马克思强调，劳动是一种"生命活动"④，并且是有意识的生命活动。而正是"有意识的生命活动把人同动物的生命活动直接区别开来"⑤。言外之意，动物的生命活动就是为了活着，仅仅是生物本能，而人能够意识到自己劳动的意义，从而反思自我。

"改造"与"对象世界"两个概念缺一不可，这也是马克思的唯物主义立场决定的。马克思认为，只有在自由自觉的劳动中，人才能够"在他所创造的世界中直观自身"⑥，这就是类本质的展现。所以，他拒绝讨论抽象的劳动和抽象的产品，在他看来，国民经济学家恰恰是将劳动、劳动对象、劳动产品割裂开来，才导致一系列抽象不合理的结论。进而马克思指出，在异化劳动中，人既失去了他的劳动对象，也失去了劳动本身，"对象世界"和"改造"都不再属于他自己，那么人之所以为人的两个要素就被彻底消解了。⑦

对此，他用十分讽刺的语调说，异化劳动"把人对动物所具有的优点

---

① 《马克思恩格斯文集》第 1 卷，人民出版社 2009 年版，第 162 页。
② 《马克思恩格斯文集》第 1 卷，人民出版社 2009 年版，第 163 页。
③ 《马克思恩格斯文集》第 1 卷，人民出版社 2009 年版，第 161 页。
④ 《马克思恩格斯文集》第 1 卷，人民出版社 2009 年版，第 162 页。
⑤ 《马克思恩格斯文集》第 1 卷，人民出版社 2009 年版，第 162 页。
⑥ 《马克思恩格斯文集》第 1 卷，人民出版社 2009 年版，第 163 页。
⑦ 《马克思恩格斯文集》第 1 卷，人民出版社 2009 年版，第 163 页。

变成缺点"①。原本，人对于动物的优点是能动地改造世界，但在资本主义社会，这种活动却让人成为奴隶。大多数动物至少能够自由地占有自然而满足生存所需，而工人甚至连这种权利都被剥夺，工人不工作根本无法生存。这个意义上，工人甚至还不如动物。

归根结底，工人的悲剧在于，他在异化劳动中为了像人一样活着，反而丧失了人之为人的自由，这意味着他将"自主活动、自由活动贬低为手段"②。也正是在此基础上，马克思指出这就是异化的第三个规定——人与类本质相异化。

第四，人与人相异化。

异化的第四层规定，实为前三个规定的自然推论——当每个人都是异化的人，那么人与人的关系，也就成了异化的人和异化的人的关系。马克思在此特意提及人与人相异化，其理论目的在于，只有从社会关系异化的角度，才能推导出"异化劳动"向"私有财产"的转化。

首先，马克思强调："一般地说，人对自身的任何关系，只有通过人对他人的关系才得到实现和表现。"③这里的潜台词是，既然工人的劳动和产品都异化了，那么这些异化的东西终究要被其他人所占有，即资本家。从社会关系的角度，工人的异化需要通过资本家来完整呈现。

其次，马克思强调："还必须注意上面提到的这个命题：人对自身的关系只有通过他对他人的关系，才成为对他来说是对象性的、现实的关系。"④正是由于资本家的存在，才确证了工人的异化事实，并且也说明工人的悲惨境遇不是可以依靠自身解决的，这是一个社会问题。

综上，所谓人与人的异化，即资本家利用工人获得私有财产，积累财富；工人从资本家那里获得工资（私有财产），艰难生存。资本家和工人，彼此成为对方的手段，他们的目的都是私有财产。

通过两次强调，马克思也揭示了异化的最高形式就隐藏在异化的人与人的关系中——工人的"异化劳动"及其产物，变成了资本家手中的"私有财

---

① 《马克思恩格斯文集》第 1 卷，人民出版社 2009 年版，第 163 页。
② 《马克思恩格斯文集》第 1 卷，人民出版社 2009 年版，第 163 页。
③ 《马克思恩格斯文集》第 1 卷，人民出版社 2009 年版，第 164 页。
④ 《马克思恩格斯文集》第 1 卷，人民出版社 2009 年版，第 165 页。

产"。因此，马克思总结道："私有财产是外化劳动即工人对自然界和对自身的外在关系的产物、结果和必然后果。"①

到了这里，一切问题就豁然开朗。马克思兴奋地说："这些论述使至今没有解决的各种矛盾立刻得到阐明。"②简言之，国民经济学的错误根源就在于颠倒了私有财产和异化劳动之间的关系。国民经济学以私有财产为起点，系统讨论如何让社会创造更多财富，以便给工人更多的工资。但马克思则指出，工人拿到再多的工资也无法改变异化的事实，因为异化本身才是根源。所以，国民经济学揭示的经济规律，并不是让人获得幸福的规律，而是"异化劳动的规律"③。因而，如果要改变异化的悲剧事实，只能从根源上改变社会的生产关系，改变这个社会的私有制基础，而这就要求一种彻底的解放。

在此，马克思也为自己的后续研究设定了一个计划与两个任务。

所谓"一个计划"，即从异化劳动和私有财产出发，"借助这两个因素来阐明国民经济学的一切范畴，而且我们将重新发现，每一个范畴……不过是这两个基本因素的特定的、展开了的表现而已"④。显然，这个工作就是马克思一生最伟大的成果——《资本论》。

所谓"两个任务"⑤，第一个任务就是要解决"私有财产的普遍本质以及私有财产对真正人的财产的关系"⑥。这个观点为马克思的共产主义理论做了铺垫，也就是马克思要求私有财产的扬弃，并不是彻底消灭财产，而是把私有财产转变成真正的财产。这个观点在笔记本Ⅲ中有所展开。第二个任务就是要梳理私有财产的发源史，或者说人的异化劳动发生史。

笔记本Ⅰ到此结束。

（四）对私有财产的普遍本质的研究

在笔记本Ⅰ的结尾，马克思对笔记本Ⅱ的写作内容作了一个框架，即分析私有财产的普遍本质，以及它与财产主体的"三种关系"，即私有财产与

---

① 《马克思恩格斯文集》第 1 卷，人民出版社 2009 年版，第 166 页。
② 《马克思恩格斯文集》第 1 卷，人民出版社 2009 年版，第 166 页。
③ 《马克思恩格斯文集》第 1 卷，人民出版社 2009 年版，第 166 页。
④ 《马克思恩格斯文集》第 1 卷，人民出版社 2009 年版，第 167 页。
⑤ 《马克思恩格斯文集》第 1 卷，人民出版社 2009 年版，第 167 页。
⑥ 《马克思恩格斯文集》第 1 卷，人民出版社 2009 年版，第 168 页。

工人、劳动和劳动对象的关系。但遗憾的是，马克思的笔记本Ⅱ的绝大部分已经遗失①，残存的只有笔记本Ⅱ的第40—43页，以及笔记本Ⅲ开篇对笔记本Ⅱ的36页和39页的两个补入片段。

在笔记本Ⅱ残存的部分，马克思主要讨论的是工人与资本家之间的关系，揭示了私有财产中包含的劳动与资本的对立。

笔记本Ⅲ的第1—3页（补入笔记本Ⅱ的第36页）的部分，马克思讨论了不同学派对于私有财产与劳动的关系观点。例如，传统的重商主义，强调财富的根源在于商品流动，核心观点是国力基于通过贸易的顺差，即出口额大于进口额，所能获得的财富。而到了重农主义，他们看到了财富的根源是劳动，是农业生产，但他们所理解的劳动，其实指的是土地。最后到了亚当·斯密的经济学，他看到了重农学派的狭隘，指出财富的根源是劳动，而不是土地，但他所指的劳动也是私有财产的产物，是异化的劳动，而不是真正的劳动。在这个意义上，马克思实际上认同斯密的观点，即劳动是财富之源。但他同时认为斯密的错误就在于没有抓住真正的劳动概念，而在抽象劳动或异化劳动之上建构整个理论体系。

在笔记本Ⅲ的第3页（补入笔记本Ⅱ的第39页）的部分，马克思谈到了私有财产关系的现代形式，即"有产和无产的对立"发展到了"劳动和资本的对立"。马克思指出，只有在这个时候，有产和无产的对立才是"从能动关系上……内在关系上理解的对立"，才是"作为矛盾来理解的对立"②。马克思指出，有产和无产的对立在其古罗马、土耳其的形式中并不表现为矛盾。因为在当时的所有制中，每一个人都是所有者，辛勤的劳动者丰衣足食，好吃懒做者一无所有。有产和无产描述的只是人的对立的生存境况，它们并不构成矛盾。这种情况在"劳动"和"资本"的对立中发生了根本性的变化。在这种对立中，劳动者没有财产，必须靠出卖劳动力来挣取生活资料；资本家不必从事劳动，就可以从工人那里剥夺大量的产品；他们每一方的地位都是由对方造成的。因此，马克思提出，有产和无产的对立在"劳动"

---

① 从第一、第三笔记本的页码逻辑来看，笔记本Ⅱ丢失了至少39页。但是马克思作为一个十分谨慎的学者，这种遗失似乎不好理解。因此，有学者猜测，笔记本Ⅱ的页码和笔记本Ⅰ其实是连续的，马克思没有重新编码；笔记本Ⅱ遗失的部分被马克思用到了其他著作中。值得注意的是，这种猜测没有得到证实，也有很多争议。

② 《马克思恩格斯文集》第1卷，人民出版社2009年版，第182页。

和"资本"的对立中发展成了矛盾关系。

而后，马克思从私有财产的扬弃运动这个视角，试图从哲学上阐述共产主义。按照马克思的原意，整个关于共产主义的论述都是应该补充到笔记本Ⅱ的第 39 页的内容。但是由于这一部分的主题已经非常独立，我们还是将其作为笔记本Ⅲ的主体来探讨。

（五）在哲学上论证和阐释共产主义

《手稿》的笔记本Ⅲ是非常琐碎的思想集合，其中既有对前文的补充，又有特定主题的讨论，还有零散的增补片段，但总体上看，它的主体是对共产主义的论证与阐述。对此，马克思打算分 7 点①来讨论，并且亲自做了标注。其中，第 1—5 点集中讨论了共产主义的相关内容，第 6 点是对黑格尔哲学的批判，第 7 点是私有财产和需要的关系。由于后两点对共产主义的外延阐释做了过多的拓展，因而一般单独进行考察。

在笔记本Ⅲ的第 3—11 页，马克思讨论了共产主义的第 1—5 点论证。

接续上文，马克思首先明确了私有财产的本质是异化劳动，并通常以资本的形式存在。因此，他讲到要将私有财产的存在形式"消灭"，其实要消灭的是资本及其背后的异化劳动，最终让它复归到本真劳动中去，成为普遍化的财产。而这正是共产主义中私有财产的存在方式，即"共产主义是被扬弃了的私有财产的积极表现"②。接着，马克思展开对共产主义的详细阐述。

第 1 点：共产主义最初表现为财产的平均主义

共产主义的最初形态是"粗陋的共产主义"，这种共产主义实际上是"私有财产关系的普遍化和完成"③，它只是追求狭义的共产，却没有意识到私有财产的本质，以及隐藏在其背后的异化的社会关系。因而，这种共产主义的结果是财富的平均主义。有些粗俗的平均主义者甚至支持公妻制，把人当成赤裸裸的财产，反而是"私有财产的彻底表现"。马克思认为，人应该首先意识到人与人的自然关系，意识到自己是一个类存在物——意识到女性不是财产或附属物，这本身也是对私有财产认识的进步——然后才有资格去讨论

---

① 《马克思恩格斯文集》第 1 卷中，马克思亲笔标注用"（1）（2）……（7）"表示。

② 《马克思恩格斯文集》第 1 卷，人民出版社 2009 年版，第 183 页。

③ 《马克思恩格斯文集》第 1 卷，人民出版社 2009 年版，第 183 页。

私有财产的扬弃。

第2点：共产主义继而表现为空想的共产主义

这里马克思批判的是政治的空想共产主义。这种观点在历史上有进步之处，因为它看到了私有财产带来了社会的不平等，以及工人的悲惨生活，并且试图回归到真正的人的生活。但在实践上，空想的共产主义者试图彻底抛弃财产，以美好的政治蓝图建设全新社会形式，最终结果则是乌托邦的空想。马克思认为，他们的错误在于："没有理解私有财产的积极的本质，也还不了解需要所具有的人的本性"①。也就是说，私有财产本身具有其积极的一面，脱离了这个物质基础，共产主义依然不能成功。

第3点：真正的共产主义是人与自然、人与人矛盾的真正解决

如果说粗陋的平均主义是一种原始自然主义，而政治的共产主义是一种空想人道主义，那么真正的共产主义则是自然主义和人道主义的统一，是对之前两种共产主义的扬弃。

在此，马克思作出了对共产主义的最为著名的论断："共产主义是对私有财产即人的自我异化的积极的扬弃，因而是通过人并且为了人而对人的本质的真正占有；因此，它是人向自身、也就是向社会的即合乎人性的人的复归，这种复归是完全的归复，是自觉实现并在以往发展的全部财富的范围内实现的复归。这种共产主义，作为完成了的自然主义，等于人道主义，而作为完成了的人道主义，等于自然主义，它是人和自然界之间、人和人之间的矛盾的真正解决，是存在和本质、对象化和自我确证、自由和必然、个体和类之间的斗争的真正解决。它是历史之谜的解答，而且知道自己就是这种解答。"②

马克思这里对共产主义作出三个说明：

其一，共产主义是"通过人"（手段）"为了人"（目的）而对"人的本质的真正占有"（社会化劳动与共有产品）。这意味着手段与目的在社会关系与类本质意义上的高度统一。

其二，共产主义的生成史、私有财产的扬弃史、人的本质的复归史，三者是人类历史发展过程的三个方面。

---

① 《马克思恩格斯文集》第1卷，人民出版社2009年版，第185页。

② 《马克思恩格斯文集》第1卷，人民出版社2009年版，第185—186页。

其三，共产主义是对人与自然的、人与人的矛盾的真正解决。就私有财产而言，它作为社会物质基础的作用被完全释放出来，这是在自然主义上对人与自然矛盾的解决；同时，它作为私有制与资本压迫的内容被扬弃，阶级对立不复存在，工人获得幸福生活，这是在人道主义上人与人矛盾的解决。从这两个方面，共产主义是自然主义和人道主义的双重完成，并实现最终的统一。

可见，共产主义的现实生成和私有财产的运动是密切相关的。所以马克思才强调："整个革命运动必然在私有财产的运动中，即在经济的运动中，为自己既找到经验的基础，也找到理论的基础。"[①]

第一，对私有财产的积极的扬弃，使人直接实现人的本质。马克思认为，宗教、家庭、国家这些意识形态产品之所以产生，是因为人们受制于私有财产遭受了不公正与不幸福，因而期待从宗教得到慰藉、从家庭得到支持、从国家得到正义，等等。人必须通过这些"中介"才能实现本质。但是如果私有财产的问题被解决，那么这些意识形态中介物也就失去了存在的意义，即"人从宗教、家庭、国家等等向自己的合乎人性的存在即社会的存在的复归"[②]。人们可以在劳动之中直接实现本质，不需要上帝，也不需要国家。从这个意义上，马克思说共产主义是一种彻底的"无神论"[③]。

第二，对私有财产的积极的扬弃，使人与人的关系回归社会。在异化社会中，人与人的关系是间接的，需要通过"货币"的中介才能实现，人与社会反倒成了货币的奴隶。然而，在扬弃私有财产的基础上，人通过劳动既满足了自己也满足了别人，别人的劳动也具有相同特性，那么，人与人的关系就还原到了通过劳动直接联系的本质上——这才是"社会"的直接实现。马克思指出："只有在社会中，自然界对人来说才是人与人联系的纽带……只有在社会中，自然界才是人自己的合乎人性的存在的基础。"[④] 而"社会"正是自然主义与人道主义的统一的体现。

第三，对私有财产的积极的扬弃，使个人与社会的对立得到解决。在笔

---

① 《马克思恩格斯文集》第 1 卷，人民出版社 2009 年版，第 186 页。
② 《马克思恩格斯文集》第 1 卷，人民出版社 2009 年版，第 186 页。
③ 《马克思恩格斯文集》第 1 卷，人民出版社 2009 年版，第 186 页。
④ 《马克思恩格斯文集》第 1 卷，人民出版社 2009 年版，第 187 页。

记本Ⅲ的第6页，马克思反复把"直接"、"共同"这几个词重点标记，意图也是十分明显的，就是要通过扬弃私有财产，把人与人之间的异化中介也一起扬弃掉，从而实现直接的社会关系，即人与人的统一。在此意义上，人与社会的对立也就不复存在，因为人、人的存在、人的所有生命活动直接都是社会的，两者是一体的。

第四，对私有财产的积极的扬弃，使思维与存在的对立得到解决。马克思从类的高度总结说："人是特殊的个体，并且正是人的特殊性使人成为个体，成为现实的、单个的社会存在物，同样，人也是总体，是观念的总体，是被思考和被感知的社会的自为的主体存在。"①在马克思看来，人具有双重特性，个体的人是现实的存在，总体的人是观念的存在，在真正的社会中，人意识到自己的社会本性，所以"思维和存在虽有区别，但同时彼此又处于统一中"②。至此，思维与存在的对立也就得到了解决。

第4点：共产主义与人的感性的解放

马克思认为，共产主义作为对私有财产的积极的扬弃，它是为了人并且通过人而对"人的本质和人的生命、对象性的人和人的产品的感性的占有"③。但是，由于私有制使人们变得狭隘和片面，让人们误以为感性就是享乐，就是生存手段，就是物质需求的满足，因而，人的丰富的感性被粗暴地简化为"拥有"④。所以，马克思必须要澄清，在共产主义中对私有财产的占有，并不是"直接的、片面的享受"，而是以一种全面的方式占有自己的对象，即"作为一个完整的人，占有自己的全面的本质"⑤。因此，马克思强调："对私有财产的扬弃，是人的一切感觉和特性的彻底解放。"⑥

首先，马克思认为人的感性本来就是社会的产物。人的感性既包含视、听、触、味、嗅的感官，还包括触觉、思维、直观、情感、活动、爱等。从一个方面看，人不仅感受世界，同时还理解世界。人看到一件艺术品，不仅仅感知它的颜色和形状，还试图理解它的意义，并且两个过程是同时存在

---

① 《马克思恩格斯文集》第1卷，人民出版社2009年版，第188页。

② 《马克思恩格斯文集》第1卷，人民出版社2009年版，第189页。

③ 《马克思恩格斯文集》第1卷，人民出版社2009年版，第189页。

④ 《马克思恩格斯文集》第1卷，人民出版社2009年版，第190页。

⑤ 《马克思恩格斯文集》第1卷，人民出版社2009年版，第189页。

⑥ 《马克思恩格斯文集》第1卷，人民出版社2009年版，第190页。

的。从另一个方面，人与人之间的彼此交往、劳动产品的交换等活动，都是在感性的基础上进行的，在社会的意义上，个体的感性体验也得到了巨大的丰富。因而，总的来说，个体的感性除了直观的一面，还有社会的一面，即"在形式上直接是社会的器官"①。

第二，马克思认为人的感性是由对象性实践来决定的，即"通过自己同对象的关系而对对象的占有，对人的现实的占有"②。没有对象，人的感性就是空洞与抽象的东西，没有任何意义；并且，缺乏了这个认识起点，人也就无法走向理性，无法正确认识事物。从感性到理性的进步必须通过对象性实践来完成。所以，马克思指出："感觉在自己的实践中直接成为理论家"③。

第三，马克思认为人与感性对象的关系，本质上都是人与人的关系。一方面，如果对象是自然界，那么自然界需要被"人化"之后才能变成认识对象，即"当物按人的方式同人发生关系时，我才能在实践上按人的方式同物发生关系"④，这个对象性认识的结果是人与自然的统一，自然变成了"人"的自然。另一方面，如果对象是其他人，那么其他人需要被"我化"之后才能变成我的对象，即"别人的感觉和精神也为我自己所占有……成为我的生命表现的器官和对人的生命的一种占有方式"⑤，其结果是"我"与其他人的统一，在社会上表现为人与人的统一。

这样看来，人的感性功能与动物之间有着很大不同——人的感性是一个将对象人化、社会化的过程，所以，动物在感性中只是获得满足和享受，表现为自然界的"有用性"⑥；而人在感性中，却能够认识自我，认识到我是社会中的个体。

第四，马克思认为人的感性在对象性世界中肯定自己，反之，对象性世界也塑造了人的感性。对这个问题，马克思从两个方面分开讨论：其一，一切对象都是人"自身的对象化"⑦，在这个过程中，人也证明自己的感性能力，

---

① 《马克思恩格斯文集》第 1 卷，人民出版社 2009 年版，第 189 页。
② 《马克思恩格斯文集》第 1 卷，人民出版社 2009 年版，第 189 页。
③ 《马克思恩格斯文集》第 1 卷，人民出版社 2009 年版，第 190 页。
④ 《马克思恩格斯文集》第 1 卷，人民出版社 2009 年版，第 190 页。
⑤ 《马克思恩格斯文集》第 1 卷，人民出版社 2009 年版，第 190 页。
⑥ 《马克思恩格斯文集》第 1 卷，人民出版社 2009 年版，第 190 页。
⑦ 《马克思恩格斯文集》第 1 卷，人民出版社 2009 年版，第 191 页。

例如，人能够看到某些波段的光，能够听到某些频率的声音，并不是说世界仅仅是如此，而是人的感觉器官只能感受特定波段光谱或频率声音的功能，所以人看到的世界才呈现如此，并且人能够确证自己的感觉特性，所以马克思指出："全部感觉在对象世界中肯定自己"①。反过来，从主体的角度，马克思举例说："只有音乐才激起人的音乐感；对于没有音乐感的耳朵来说，最美的音乐也毫无意义。"②从个体的角度，人的感性总是受限于个体的感觉极限的，因而总是片面且特殊，即"任何一个对象对我的意义……都以我的感觉所及的程度为限"③；然而，随着人的社会化程度逐渐提高，人的感性认识在社会交往中得到丰富，变得全面且普遍，即"社会的人的感觉不同于非社会的人的感觉。只是由于……人的感性的丰富性……才一部分发展起来，一部分产生出来"④。

在此，马克思用历史的观点考察了人的感性发展——人的感性是通过人化自然界产生的，但是"人化"本身也是不断发展的历史过程，随着人的能力和社会化程度逐渐提升，人类对自然的认识也不断丰富，反过来人的感性也在不断发展。于是，马克思断言："一句话，人的感觉、感觉的人性，都是由于它的对象的存在，由于人化的自然界，才产生出来的。……五官感觉的形成是迄今为止全部世界历史的产物。"⑤言外之意，世界历史在发展，人的感觉和感性的发展依然没有中断。

在这个意义上，通过私有财产的历史运动，同时也是共产主义的历史运动，"创造着具有丰富的、全面而深刻的感觉的人作为这个社会的恒久的现实。"⑥ 这就是马克思在前文提出的"人的感性解放"的内涵。

第五，接续上述私有财产运动的讨论，马克思详细阐述了这种感性解放的基础：工业与自然科学——二者都是在私有财产运动（早期资本主义）中所生成的结果。对于工业，马克思称它"是一本打开了的关于人的本质力量的书，是感性地摆在我们面前的人的心理学"；但资本主义工业的缺陷在于：

① 《马克思恩格斯文集》第 1 卷，人民出版社 2009 年版，第 191 页。
② 《马克思恩格斯文集》第 1 卷，人民出版社 2009 年版，第 191 页。
③ 《马克思恩格斯文集》第 1 卷，人民出版社 2009 年版，第 191 页。
④ 《马克思恩格斯文集》第 1 卷，人民出版社 2009 年版，第 191 页。
⑤ 《马克思恩格斯文集》第 1 卷，人民出版社 2009 年版，第 191 页。
⑥ 《马克思恩格斯文集》第 1 卷，人民出版社 2009 年版，第 192 页。

"这种心理学人们至今还没有从它同人的本质的联系，而总是仅仅从外在的有用性这种关系来理解"①。即便如此，工业的出现依然是人类历史的巨大进步，因为它推动了现代自然科学的诞生，并以此改变了人们的思维方式，即从自然的角度理解人的本质，所以马克思强调："自然科学将……抛弃唯心主义方向，从而成为人的科学的基础。……通过工业——尽管以异化的形式——形成的自然界，是真正的、人本学的自然界"②。自然科学从感性的角度来理解自然，其实也就是从感性的角度来理解人，因而人的历史与自然史、人的科学与自然科学最终也是统一的："历史本身是自然史的一个现实部分，即自然界生成为人这一过程的一个现实部分。自然科学往后将包括关于人的科学，正像关于人的科学包括自然科学一样"③。

第 5 点：共产主义是人的现实的自我生成运动

在这一部分，马克思对讨论的主题做了比较大的调整，他并没有沿着私有财产的运动、人的感性、人与自然和社会的矛盾等思路继续讨论，而是讨论了一种固化的思维谬误。

马克思从"创造"这个概念开始。他认为，对于一个人而言，他自己依靠自己生存，本来是一个自然而然的事情。但是在资本主义社会，这种依靠自己生存的情况已经完全看不到了，人们需要依靠救赎、恩典、工资才能生存下去，久而久之，"自然界的和人的通过自身的存在，对人民意识来说是不能理解的"④。反过来，一旦人民无法理解独立生存，自己创造自己，那么他们就会开始追问另一个问题：是谁创造了我们？是谁创造了我们的生活？为了回答这个问题，人们普遍使用亚里士多德追问"第一因"的逻辑，即你是你父亲和你母亲所生，你的父母又由他们的父母所生，那么究竟是谁生出了第一人和自然界？

马克思随后戳穿了这个问题的本质：当你去问谁生出了第一个人，这里已经预设了答案必定是一个"非人"生出了"第一个人"，在这个思维陷阱中的任何回答都只是一种宗教回答。在马克思看来，人或自然界并不是被一

---

① 《马克思恩格斯文集》第 1 卷，人民出版社 2009 年版，第 192 页。
② 《马克思恩格斯文集》第 1 卷，人民出版社 2009 年版，第 193 页。
③ 《马克思恩格斯文集》第 1 卷，人民出版社 2009 年版，第 194 页。
④ 《马克思恩格斯文集》第 1 卷，人民出版社 2009 年版，第 195 页。

种神圣力量从无到有创造出来的，而是其自我生成的历史过程，整个世界历史都是人通过劳动不断创造生成的结果。因而，这种历史观否定了一切历史的起点（神创论）与历史的终点（天堂地狱），从而否定一切"神"，是一种彻底的"无神论"①。在这个意义上，共产主义既没有一个超验的起点，也没有一个明确的终点，它只是私有财产不断扬弃自己否定性的运动，正如马克思所言，"共产主义是作为否定的否定的肯定……是最近将来的必然的形态和有效的原则……共产主义并不是人类发展的目标，并不是人类社会的形态"②。

在此，马克思对共产主义的论述并不充分，因为这些论述仅仅是为了回应这个思维谬误而延伸出来的，即：对于一个绝对运动的东西，非要给它寻找一个绝对静止的起点或终点。正是为了批判这个形而上学观点，马克思调转视角，开始了对黑格尔的辩证法和整个哲学的批判。

（六）对黑格尔的辩证法和整个哲学的批判

关于共产主义的第6点论证，其主体是对黑格尔哲学的批判。我们今天看到的这一小节，实为马克思在进行经济学批判过程中有感而发分三次写就的，后来编者将其拼为一节并拟题发表。

第一部分，为笔记本Ⅲ的第11—13页。马克思之前对共产主义的历史生成观点进行阐述，为了批判形而上学的历史观，就此展开了对黑格尔辩证法的讨论。写完这部分之后，马克思继续回到对共产主义的第7点的讨论。

第二部分，为笔记本Ⅲ的第17—18页。马克思在共产主义的第7点中讨论了私有财产和需要之间的关系，随后对黑格尔辩证法的批判进行了简短补充。之后，马克思又对之前的经济学批判作了3页手稿的增补。

第三部分，为笔记本Ⅲ的第22—34页③。马克思在增补中谈到了存在的东西确证自己的对立面，而后开始集中批判了黑格尔的《现象学》，并从此出发批判了整个黑格尔哲学体系。遗憾的是，马克思在内容上和逻辑上都没

---

① 《马克思恩格斯文集》第1卷，人民出版社2009年版，第197页。
② 《马克思恩格斯文集》第1卷，人民出版社2009年版，第197页。
③ 其中无23页、25页，并非手稿遗失，而是马克思本人漏编了页码，因而内容上是连续的。

有把批判完成，最后以《哲学全书》的两段引文匆忙结束。

首先，马克思批评了施特劳斯和鲍威尔对黑格尔哲学采取的非批判态度，肯定并推进了费尔巴哈对黑格尔哲学的批判。马克思认为："费尔巴哈是唯一对黑格尔辩证法采取严肃的、批判的态度的人；只有他在这个领域内作出了真正的发现，总之他真正克服了旧哲学。"① 马克思指出，费尔巴哈的主要功绩在于：第一，证明了黑格尔哲学不过是哲学化了的宗教，不过是人的本质的异化的另一种形式和存在方式。第二，把人与人之间的社会关系当作理论的基本原则，创立了进步的唯物主义和现实的科学。第三，把感性确定物，即现实的自然界和人同黑格尔的"绝对精神"对立起来。但与此同时，马克思也表明，费尔巴哈实际上只是解释了黑格尔哲学的神学性质，只是以感性确定性作为根据来肯定人和自然界的实在性，而并没有真正扬弃黑格尔哲学特别是黑格尔的辩证法。

因此，马克思清晰地阐明他的观点："我们既要说明这一运动在黑格尔那里所采取的抽象形式，也要说明这一……非批判的运动所具有的批判的形式。"②

第二，费尔巴哈把黑格尔的辩证法表述为"绝对精神"，外化为自然界和人类社会然后又复归"绝对精神"自身的"否定之否定"，认为这个过程是黑格尔哲学自身的矛盾，归结为黑格尔先否定神学又肯定神学的表现，从而把黑格尔哲学归结为"思辨神学"。与此相反，马克思通过考察黑格尔哲学体系（它首先体现在作为黑格尔哲学发源地的《精神现象学》一书的结构中③）认为，黑格尔所描述的这一"绝对精神"的否定之否定运动，实际上是"为历史的运动找到抽象的、逻辑的、思辨的表达"④，这是值得肯定的。但是，黑格尔错误地把现实的人的历史描述成了逻辑的、思辨的"思维的生产史"⑤。这样一来，异化就成为抽象思维同感性现实在思想本身范围内的对立，而异化的扬弃，即人对自己的已经成为异己对象的本质的重新占有，就成了纯粹的思维活动，成了在纯思维中实现的占有。

① 《马克思恩格斯文集》第 1 卷，人民出版社 2009 年版，第 199 页。
② 《马克思恩格斯文集》第 1 卷，人民出版社 2009 年版，第 201 页。
③ 《马克思恩格斯文集》第 1 卷，人民出版社 2009 年版，第 201 页。
④ 《马克思恩格斯文集》第 1 卷，人民出版社 2009 年版，第 201 页。
⑤ 《马克思恩格斯文集》第 1 卷，人民出版社 2009 年版，第 203 页。

第三，即便如此，马克思依然认为，由于黑格尔紧紧抓住人的异化，他的哲学中已"潜在地包含着批判的一切要素"①。黑格尔哲学的功绩就体现在：把人的自我产生看作一个过程，把对象化看作外化及其扬弃，因而，它"抓住了劳动的本质，把对象性的人、现实的因而是真正的人理解为人自己的劳动的结果"②。当然，黑格尔的这些合理的理解同时又是与他的哲学的局限性联系在一起的，即它把人的劳动仅仅理解为"抽象的精神的劳动"，把人和"自我意识"完全等同起来。由于黑格尔哲学把人同自我意识等同起来，因此，"人的本质的全部异化不过是自我意识的异化。自我意识的异化没有被看作人的本质的现实异化的表现，……相反，现实的即真实地出现的异化，……本质来说，不过是现实的人的本质即自我意识的异化现象。"③此外，黑格尔哲学的局限性还表现在：它把对象化即外化同异化混淆起来。在黑格尔那里，"对象性本身被认为是人的异化了的、同人的本质即自我意识不相适应的关系。因此，重新占有在异化规定内作为异己的东西产生的人的对象性本质，不仅具有扬弃异化的意义，而且具有扬弃对象性的意义"④。

第四，在此基础上，马克思从"彻底的自然主义或人道主义"⑤的立场出发来理解人。马克思首先承认"人直接地是自然存在物"。人作为自然存在物，一方面具有能动性，另一方面又具有受动性。正是这种双重性决定人是一种对象性的存在物，也就是说，"人有现实的、感性的对象作为自己本质的即自己生命表现的对象；或者说，人只有凭借现实的、感性的对象才能表现自己的生命。"⑥同时，正因为人是一种能动性的、对象性的存在，马克思进一步补充和强调："人不仅仅是自然存在物，而且是人的自然存在物，就是说，是自为地存在着的存在物，因而是类存在物。他必须既在自己的存在中也在自己的知识中确证并表现自身。"⑦由此，马克思就把人的自然性与人的社会性统一起来。

_____

① 《马克思恩格斯文集》第1卷，人民出版社2009年版，第204页。
② 《马克思恩格斯文集》第1卷，人民出版社2009年版，第205页。
③ 《马克思恩格斯文集》第1卷，人民出版社2009年版，第207页。
④ 《马克思恩格斯文集》第1卷，人民出版社2009年版，第206页。
⑤ 《马克思恩格斯文集》第1卷，人民出版社2009年版，第209页。
⑥ 《马克思恩格斯文集》第1卷，人民出版社2009年版，第210页。
⑦ 《马克思恩格斯文集》第1卷，人民出版社2009年版，第211页。

总的来说,在《手稿》中,马克思对黑格尔辩证法和一般哲学的扬弃是从劳动概念开始的。他把黑格尔的"自我意识"的人归结为"现实的人",把黑格尔的精神劳动归结为物质生产实践,把黑格尔的自我意识的异化归结为现实的人的异化,从而建立起自己的,既源于费尔巴哈又超越费尔巴哈的"彻底的自然主义或人道主义"的理论。虽然马克思当时在对"唯物主义"概念的理解上还受着费尔巴哈的某种影响,即由于庸俗唯物主义者对"唯物主义"一词的滥用而没有接受和使用这一术语,但其哲学的新唯物主义立场和基本倾向却是十分明显和明晰的。

(七) 对私有财产与需要之间关系的批判

在笔记本 III 第 14—17 前半页,马克思之前通过对共产主义运动和黑格尔辩证法两个论题的讨论,对"异化"的理解有了进一步深入,因而在最后,他重新回到经济视域,对共产主义做了第 7 点论证。马克思认为,共产主义在扬弃私有财产的运动中,必须继承私有制创造的一切物质财富和精神财富,这为人的需要和本质力量进一步发展创造了条件。

马克思首先明确,在社会主义①的前提下,社会上的物质财富逐渐丰富,人的需要及其满足体系逐渐完善,人的本质在内容上得到丰富,在力量上得到提高。与社会主义相反,马克思指出了私有制之下的社会需要体系是异化的:"每个人都指望使别人产生某种新的需要,以便迫使他作出新的牺牲,以便使他处于一种新的依赖地位并且诱使他追求一种新的享受,从而陷入一种新的经济破产。"② 在这个过程中,对于需要的满足意味着一种权力,而这种权力的最高形态就是"货币"。

在现实层面,马克思看到私有制社会培养了人的"幻想出来的欲望",并想方设法去满足这些精致化的欲望。但异化的地方却在于:"一方面出现的需要的精致化和满足需要的资料的精致化,却在另一方面造成需要的牲畜般的野蛮化和彻底的、粗陋的、抽象的简单化,或者毋宁说这种精致化只

---

① 《马克思恩格斯文集》第 1 卷,人民出版社 2009 年版,第 223 页。在《1844 年经济学哲学手稿》中,马克思对"共产主义"与"社会主义"两个概念并未做明确区分,一般认为共产主义运动所指向的那个社会形态就是社会主义。

② 《马克思恩格斯文集》第 1 卷,人民出版社 2009 年版,第 223 页。

是再生出相反意义上的自身。"①对工人来说，在需要的社会中，任何东西都可以堂而皇之地成为消费的对象。马克思用激进的笔触描绘，空气是一种需要，呼吸新鲜空气就要付钱；明亮的卧室是一种需要，如果不想住在地下室，只能付钱。一个工人可能辛苦工作了一生，到头来只是获得了一个明亮的居所和新鲜的空气，这些对动物来说都是自然而言的生存前提；如果工人没有货币，那么"人不仅没有了人的需要，他甚至连动物的需要也不再有了"②。

因而，在私有制中，衡量人的权力和力量的唯一标准就是他占有的财富的数量。人的生活被物质财富控制着，并且由于货币是通行的流通中介，它成了人间新的上帝，所有人对它顶礼膜拜。"货币的量越来越成为货币的唯一强有力的属性；正像货币把任何存在物都归结为它的抽象一样，货币也在它自己的运动中把自身归结为量的存在物。无度和无节制成了货币的真正尺度。"③最终，一切社会欲望和生命活动都淹没在了一个最高的欲望之中——"贪财欲"④。

有趣的是，在国民经济学内部对于这一问题却呈现出两个对立派别：一面支持奢侈而咒骂节约，另一面支持节约而咒骂奢侈。但在马克思看来，两个派别的核心立场是一致的，他们都崇拜货币。奢侈的目的是通过消费促进生产，从而赚取更多的财富；节约的目的是通过节约开支来积累更多的财富。⑤两者的目的是一致的。所以，国民经济学再一次给工人制造了矛盾：财富的创造毫无疑问需要激发人的欲望，需要奢侈的生活方式作支撑；然而财富积累却又不得不克制欲望，让人过一种节约的生活。马克思指出：国民经济学家是在为一少部分人积累财富出谋划策，他们的策略必然会导致另一部分人的堕落。积累财富的人需要节约、克制，普通民众则要放纵、奢侈，在他们看来这才是最有利于财富积累的。而颇具讽刺的是，私有制社会用一套道德、宗教体系来统摄资本家和工人，试图用统一的社会价值系统来约束所有人。但事实是，所谓的道德良心或宗教美德本身都是充满矛盾的，甚至

---

① 《马克思恩格斯文集》第 1 卷，人民出版社 2009 年版，第 225 页。

② 《马克思恩格斯文集》第 1 卷，人民出版社 2009 年版，第 225 页。

③ 《马克思恩格斯文集》第 1 卷，人民出版社 2009 年版，第 224 页。

④ 《马克思恩格斯文集》第 1 卷，人民出版社 2009 年版，第 227 页。

⑤ 《马克思恩格斯文集》第 1 卷，人民出版社 2009 年版，第 227 页。

与国民经济学的财富理论也存在冲突。在这个意义上，道德和宗教在货币面前就变得一文不值了。

笔记本Ⅲ的第 18—21 页、第 34—43 页，是马克思对前文的两份增补，而且是非常重要的补充。在"私有财产与需要"中，马克思强调的是私有制创造了人的物质欲望，社会关系被彻底异化，是一种否定性批判，但在"增补"中，马克思又强调了私有制的这种否定性也是必要的，因为只有在私有制走向了统治的完成，异化的扬弃才得能得到彻底的实现。

第一，马克思指出："异化的扬弃总是从作为统治力量的异化形式出发。"[1]正如对货币的崇拜，在古希腊时期就已经存在，但是发展到私有制社会，它的意义已经发生了极大的变化，甚至已经成为社会的基础；正如政治平等，在德国和法国只是抽象政治权利的产物，但是发展完善之后，却是共产主义的政治基础。在马克思看来，异化的形式需要走向顶点，在此基础上的异化扬弃才是历史必然。

第二，共产主义的运动和私有财产的扬弃是一体的，但在私有财产的否定性完全暴露之后，共产主义的运动就要体现为共产主义的行动。对此，马克思强调："要扬弃私有财产的思想，有思想上的共产主义就完全够了。而要扬弃现实的私有财产，则必须有现实的共产主义行动。"[2]然而，正是由于私有财产的运动过程是漫长且曲折，对工人来说更是压迫与强制的，所以他才提醒道："我们在思想中已经认识到的那正在进行自我扬弃的运动，在现实中将经历一个极其艰难而漫长的过程。"[3]也就是说，马克思清醒地认识到在理论层次上论证共产主义和在现实生活中推行共产主义是有相当大的距离的，因此希望革命者要有所准备。

第三，马克思在"增补"中回到之前讨论的"需要"主题，指出"需要"不仅让工人走向异化，而资本家本身也无法逃离异化的宿命。事实上，国民经济学对于奢侈和节约的另一个争论焦点，在于如何理解"享受"。而马克思却证明，在私有制社会，"享受"终归是服务于资本的。那些反工业时代的地主们的守财奴式做派在资本时代无法维系，要么被迫转型，要么被资本

---

① 《马克思恩格斯文集》第 1 卷，人民出版社 2009 年版，第 231 页。

② 《马克思恩格斯文集》第 1 卷，人民出版社 2009 年版，第 231—232 页。

③ 《马克思恩格斯文集》第 1 卷，人民出版社 2009 年版，第 232 页。

消灭。在资本的时代，资本必须不辞辛苦地反复进入社会生产，从而实现资本的增值。在这个意义上，马克思强调，即便是富有的资本家也没有权利去"享受"，所有的人都在不间断地获取财富。这再次说明了国民经济学的内在矛盾以及争论的虚伪。

二、延伸阅读

（一）写作背景

马克思 1837 年在柏林大学就读期间开始熟悉黑格尔本人及其弟子的大部分著作，克服了他认为过于脱离现实的康德和费希特的理想主义而转向黑格尔哲学。1839 年至 1841 年，他通过博士论文《德谟克利特的自然哲学和伊壁鸠鲁的自然哲学的差别》的写作，从哲学史的方面参与了青年黑格尔派关于"自我意识哲学"的制定和宣传工作。1842 年初，马克思通过为《莱茵报》撰稿以及担任该报主编开始直接参与社会的政治生活，并在对社会现实状况和社会问题的深入研究过程中，逐渐觉察到社会经济因素、社会物质关系的客观性。1843 年他通过对黑格尔法哲学进行系统的批判（这是以撰写《黑格尔法哲学批判》一书的形式完成的），初步确立了对社会历史现象的唯物主义理解，并摆脱了黑格尔哲学。随后，在 1843 年年底，马克思就开始从政治经济学中寻求对"市民社会"即社会物质关系领域的解剖，着手系统地研究政治经济学，大量研读英、法、德各国主要经济学家们的著作，甚至包括法国社会主义者和德国政论家们的有关著作，深化自己已经取得的有关历史的新见解。

也正是在这一年，费尔巴哈出版了他的几本最有影响力的著作，即《基督教的本质》第二版、《关于哲学改造的临时纲要》以及《未来哲学原理》。在这些著作中，费尔巴哈进一步批判了黑格尔的哲学唯心主义，把神学归结为人类学，并系统阐述了他的人本学唯物主义的主要原理。此外，也正是在这一年。赫斯撰写了《金钱的本质》一文，并将其提交到了由马克思和卢格担任主编的《德法年鉴》编辑部。在这篇文章中，赫斯已表述出这一核心观点：生产和交往规定了人的本质，而金钱不外是人的本质的异化。费尔巴哈和赫斯的著作的问世，无疑给马克思以很大的启迪和推动力，促使马克思进一步深化和详细论证自己的观点。它们与英国古典政治经济学的著作以及法国社会主义者的思想一起，构成了马克思思想创作的重要思想理论来源。

（二）文献学背景

马克思于 1843 年 10 月下旬被迫离开德国到达巴黎，并在此生活了一年多的时间，直到 1845 年 2 月移居布鲁塞尔。马克思初次到达巴黎时仅有 25 岁，但却为世界留下了极其丰富的学术遗产，因而后来学界将这一时期称作"巴黎时期"。

马克思在巴黎期间的学术成果主要有两类：第一类，是对当时英法两国的国民经济学著作的摘录和抄写，这其间他很少做评论或批注，即使有也是篇幅极短，多为几句话的注释。摘抄的笔记本共有 9 册，前 5 册是 1843 年 10 月至 1844 年 8 月间写成的，后 4 册是 1844 年 12 月到 1845 年初写成的，这 9 本笔记通常被称为"巴黎笔记"。第二类，是我们通常论及的《1844 年经济学哲学手稿》，《手稿》写作于 1844 年 4—8 月，与其他经济学笔记不同，《手稿》中既有对国民经济学的摘抄，又有大量直接阐述观点与思想的评注，而这些马克思本人的原创内容占据了《手稿》的大部分篇幅。

这其中有一个文本比较特别。在 9 册经济学笔记中，马克思对詹姆斯·穆勒《政治经济学原理》摘抄时一反常态，穿插了大量的个人论述，占比超过全部文本三分之一以上，因而这个文本后来多被学者单独提及，简称《穆勒评注》。加之，《穆勒评注》的成文时间大约是 1844 年的夏秋之际，正好与《1844 年经济学哲学手稿》的写作时间十分接近，因而很多学者直接将两个文本视为一体，以作辅助研究之用，并统称为"巴黎手稿"。

《1844 年经济学哲学手稿》，是 MEGA1 编者给马克思的手稿加上的名字。《手稿》包括三个大部分、一篇"序言"以及关于黑格尔《精神现象学》的摘录。根据各部分手稿的写作时间和马克思所做的提示，MEGA1 编者将三个主体部分分别命名为第一手稿、第二手稿和第三手稿。后来，MEGA2 编者又将其改称为笔记本Ⅰ、笔记本Ⅱ、笔记本Ⅲ。马克思在写作手稿时，将大约 62 厘米 ×40 厘米的纸两次对折后在正反面共四页上书写，而后将多张大纸重叠后在中缝装订而成为一个笔记本。

笔记本Ⅰ共 27 页，马克思将稿纸横向分为三个纵栏，每一栏上分别写下："工资"、"资本的利润"与"地租"①。在笔记本的前 16 页，马克思同时在三个标题下摘录批注，因而这三个小节的创作是不分先后、相互交叉的。而从 22—27 这 6 页，马克思不再顾及之前的标题，而是贯通起来完整记录自己的思想，这就是"异化劳动"部分。

笔记本 Ⅱ 按逻辑推测应为 43 页，但大部分已经遗失，目前仅存最后 4 页（第 40—43 页）手稿。

笔记本 Ⅲ 则是页码并不连贯的散张，内容包括：对笔记本 Ⅱ 的第 36 页和第 39 页内容的补充（共产主义部分）、一篇"序言"、对黑格尔哲学的批判以及一些零碎片段，其中对黑格尔哲学的批判又是分三部分穿插在经济学批判之中的。

《1844 年经济学哲学手稿》在马克思生前没有发表。1927 年苏联出版的《马克思恩格斯文库》在第三卷附录中摘要发表了这部手稿中的笔记本 Ⅲ 的俄译文，但这部分手稿被误认为是《神圣家族》的准备材料。1932 年出版的《马克思恩格斯全集》历史考证版（MEGA1）第一部分第三卷以德文原文发表了全部手稿，并加了标题《1844 年经济学哲学手稿》，1982 年新出版的《马克思恩格斯全集》历史考证版（MEGA2）第一部分第二卷在发表时采用了两种编排方式：第一种按《手稿》的写作时间和写作阶段编排，第二种按《手稿》的逻辑结构和思想内容编排，并加了标题。

（三）关于《手稿》中的"劳动"概念

在《手稿》中，"劳动"概念居于中心地位。它既是一个经济学概念，同时也是一个哲学概念。作为经济学概念，它体现"劳动一般"，是创造财富的手段，是一个现代的范畴，被马克思后来在《〈政治经济学批判〉导论》中称为"现代经济学的起点"，并且只是到了资本主义社会的最现代的存在形式才具有了最成熟和完善的形态。作为哲学概念，它实际上是人们的物质生产实践活动的表述，具有它作为经济学概念所具有的类似"劳动一般"的特点。对劳动的地位、作用的肯定和对异化劳动的详细分析，构成了《手稿》的一个中心内容。马克思提出，劳动、生产是人的根本性的实践活动，

---

① 整部手稿中，除了笔记本 Ⅰ 的"工资"、"资本的利润"、"地租"以及笔记本 Ⅲ 的"序言"外，其他所有标题都是编者根据文本内容后加的。

是人的社会本质的规定，也是人类社会和历史过程的基础。但是，在资本主义条件下，劳动表现为奴役劳动者的异化劳动。马克思分析了异化劳动的实质，揭示了异化劳动的根源，指出了异化劳动的历史合理性和扬弃的历史必然性，为理想社会的产生提出了必要的哲学上的论证。

第一，在论述异化劳动范畴过程中，马克思阐明了一系列重要的哲学思想。马克思全面地探讨了劳动、物质生产在人们的社会生活和历史发展过程中的地位和作用，并且得出如下一些重要结论：（1）劳动是人和动物相区别的本质属性，和动物相比，人的生产的特点是全面的、不受直接的肉体需要支配、再生产整个自然界的、可以运用任何物种尺度的和按照美的规律进行的；（2）劳动是人类自我认识的中介和手段，通过劳动"人不仅像在意识中那样在精神上使自己二重化，而且能动地、现实地使自己二重化，从而在他所创造的世界中直观自身"①；（3）劳动是宗教、家庭、国家、法、道德、科学和艺术等社会诸现象的本质，后者都是前者的"一些特殊的方式"，并且受前者普遍规律的支配；（4）劳动是整个人类历史过程的基础，人类历史是劳动史，"整个所谓世界历史不外是人通过人的劳动而诞生的过程"②；（5）劳动也是人和自然相统一的基础，劳动一方面使人成为"类存在物"或"人的自然存在物"，另一方面使自然成为人的"作品"和"现实"，成为"人化的"或"人类学的自然"，等等。马克思通过全面地揭示劳动或物质生产在人们社会生活和历史发展中的地位和作用，为其"彻底的自然主义或人道主义"提供和奠定了重要的实践观基础。

第二，马克思的"劳动"概念是对费尔巴哈唯物主义哲学的批判性超越。需要承认，马克思的劳动概念借鉴和吸取了费尔巴哈的人学研究中的某些合理成果，但又超出了费尔巴哈对人的狭隘的、自然主义的理解，深刻地论述了人的社会性，并进而初步地提出了对于人的本质的新理解。马克思反复强调，"个人是社会存在物"，"他的生命表现，即使不采取共同的、同他人一起完成的生命表现这种直接形式，也是社会生活的表现和确证"③。这是因为，"社会性质是整个运动的普遍性质；正像社会本身生产作为人的人一样，

① 《马克思恩格斯文集》第 1 卷，人民出版社 2009 年版，第 163 页。
② 《马克思恩格斯文集》第 1 卷，人民出版社 2009 年版，第 196 页。
③ 《马克思恩格斯文集》第 1 卷，人民出版社 2009 年版，第 188 页。

社会也是由人生产的。活动和享受，无论就其内容或就其存在方式来说，都是社会的活动和社会的享受。"①基于对人的社会性的理解，马克思对人作为社会存在物的实质、对人的本质作了规定，他认为人的本质就是人的"自由的自觉的活动"，就是他的生产。根据马克思的理解，人是社会存在物的实质，在于他首先是实践的存在物。马克思所以将劳动、生产称为"自由自觉的活动"，是因为人能够将自己的这种生命活动同自己区分开来，并将其变成自己的意识和意志的对象。

第三，从对人的本质的新的理解出发，马克思对历史过程中的主、客体的关系从而也对人们所面对的整体感性世界或经验世界作了与以往传统哲学根本不同的解释。马克思在《手稿》中把主体理解为人，把客体理解为现实的自然界，而把这两者的中介理解为人的实践。在他那里，作为主体的人，是通过他的活动被自然化了的人，作为客体的自然，则是通过人的活动而被"人化的"自然（或"人类学的自然"）。而作为自然与人的中介的人的实践活动——首先是劳动，也不是黑格尔唯一知道并承认的抽象的精神劳动，而是物质生产活动，是物质生产的现实表现形式——工业。工业就是"人的本质力量的公开的展开"，是理解"自然界的人的本质"和"人的自然的本质"的钥匙。

第四，由于马克思把人的实践活动理解为人与自然相统一的现实基础，从而也就把人的实践活动理解为整个感性世界的现实基础。这样，就从根本上扬弃了传统的形而上学，扬弃了在感性世界之外乃至在感性世界之上寻找整体世界之终极的、最高的统一性的思维传统，这种思维传统曾从柏拉图的"理念世界"一直延伸到黑格尔的"绝对精神"之中。正如马克思在《手稿》中所阐明的："因为对社会主义的人来说，整个所谓世界历史不外是人通过人的劳动而诞生的过程，是自然界对人来说的生成过程，所以关于他通过自身而诞生、关于他的形成过程，他有直观的、无可辩驳的证明。因为人和自然的实在性，即人对人来说作为自然界的存在以及自然界对人来说作为人的存在，已经成为实际的、可以通过感觉直观的，所以关于某种异己的存在物关于凌驾于自然界和人之上的存在物的问题，即包含着对自然界的和人的非

---

① 《马克思恩格斯文集》第1卷，人民出版社2009年版，第187页。

实在性的承认的问题，实际上已经成为不可能的了。"①

（四）关于《手稿》中的"异化"概念

在《手稿》中，马克思对"异化劳动"的具体分析是以资本主义条件下工人与其产品的关系这一经济事实为基础的。在此，马克思引进了曾被德国古典哲学家广泛采用过的哲学术语"异化"一词来进行描述，把"劳动的对象化"在资本主义私有制条件下的特殊表现概括为"劳动异化"。

德语 Entfremdung 一词译自希腊文 allotriŏsis，意为分离、疏远、陌生化。它是由马丁·路德于 1522 年在翻译圣经时从希腊文《新约全书》移植到新高地德语中的，用来意指疏远上帝、不信神、无知。此外，Entfremdung 一词在德语中的非宗教的、世俗的使用中还融汇了拉丁语 abalienare 和 alienatio 两词的内涵。abalienare 一词在中古高地德语中为 entfremeden，意为陌生化、剥夺、取走。alienatio 一词意为陌生、脱离、转让，指谓权利和财产的转予、让渡。它在"权利转让"的意义上被运用于古典的自然法。所以，该词与作为哲学概念的异化一词有着更为密切的联系。

把异化真正提升为一个哲学概念来运用始于黑格尔。黑格尔用它来描述"绝对精神"的外化。然而，黑格尔仍是在该词固有的基本含义上、在外化和分离的意义上来使用它的。例如，他在《精神现象学》中说："抽象物，无论属于感性存在的或属于单纯的思想事物的，只有先将自己异化，然后从这个异化中返回自身，才体现为它的现实性和真理，才是意识的财产。"②

到了费尔巴哈那里，异化第一次被赋予这样的引申的哲学含义：主体所产生的对象物、客体，不仅同主体本身相脱离，成为主体的异在，而且，反客为主，反转过来束缚、支配乃至压抑主体。这是一个双重对象化的过程：首先是主体将自己的本质对象化，尔后是主体沦为这一对象化的对象。费尔巴哈认为，宗教的隐秘就在于此："人使他自己的本质对象化，然后，又使自己成为这个对象化了的、转化成为主体、人格的本质的对象。这就是宗教

---

① 《马克思恩格斯文集》第 1 卷，人民出版社 2009 年版，第 196 页。

② 黑格尔：《精神现象学》（上卷），贺麟、王玖兴译，商务印书馆 1979 年版，第 23 页。

的秘密。"① 费尔巴哈还认为，黑格尔哲学也具有完全相同的性质："绝对哲学就是这样将人固有的本质和固有的活动外化了和异化（entfremden）了，这就产生出这个哲学加给我们精神的压迫和束缚。"② 从中可见，费尔巴哈主要是在批判宗教和黑格尔哲学的意义上来使用异化一词的。

马克思对异化概念的使用和对异化现象的研究大体经历了由自然的异化到政治的异化再到经济的异化的过程。早在其博士论文中，马克思就已谈到了自然和自然现象的异化。他认为："对自然的任何关系本身同时也就是自然的异化。"③ 他还谈到，在伊壁鸠鲁那里，现象被理解为本质的"异化"。这里，"异化"一词是在黑格尔哲学的意义上，即作为外化的同义语被使用的。当然，这时马克思还站在黑格尔唯心主义哲学的立场上。但是，到了《黑格尔法哲学批判》，马克思已经把异化概念的蕴含及对异化现象的批判引申到了现实的政治领域。该书提出了"市民社会"（物质生活关系）决定政治国家的思想，这可以视为马克思确立有关社会历史现象的唯物主义观点的开端。正是在这本书中，马克思提出了政治国家、政治制度像宗教一样也是一种"类"的异化的观点。在文中，马克思强调："政治国家的彼岸存在无非是要肯定这些特殊领域自身的异化（Entfremdung）。"④ 在与《〈黑格尔法哲学批判〉导言》同时撰写和发表的《论犹太人问题》一文中，马克思拟定了其经济异化理论的要点，明确提出"金钱是人的劳动和人的存在的同人相异化的本质"⑤。这一要点尔后在他的《詹姆斯·穆勒〈政治经济学原理〉一书摘要》和本文中得到了详尽的阐述，并且一直延伸到他的《资本论》中。

事实上，对异化概念的理解也是区分马克思与黑格尔、费尔巴哈的一把钥匙。黑格尔从未区分异化（Entfremdung）与外化（Entaeusserung）。黑格尔所描述的"绝对观念"的异化，也就是"绝对观念"的外化。费尔巴哈也从未区分异化与外化。费尔巴哈所讲的上帝是人的本质的外化，也就是上帝

① 费尔巴哈：《基督教的本质》，《费尔巴哈哲学著作选集》下卷，商务印书馆1984年版，第56页。
② 费尔巴哈：《未来哲学原理》，《费尔巴哈哲学著作选集》上卷，商务印书馆1984年版，第152—153页。
③ 《马克思恩格斯全集》第40卷，人民出版社1982年版，第174页。
④ 《马克思恩格斯全集》第3卷，人民出版社2002年版，第42页。
⑤ 《马克思恩格斯文集》第1卷，人民出版社2009年版，第52页。

是人的本质的异化。换言之，在黑格尔那里，异化实际上就是外化。在费尔巴哈那里，外化实际上就是异化。与黑格尔和费尔巴哈不同，马克思将异化与外化严格区分开来。在《1844 年经济学哲学手稿》中，他批判了黑格尔将外化等同于异化的错误。值得注意的是，马克思不仅明确区分了异化与外化，而且还明确区分了异化与对象化（Vergegenstaendlichung）、转让（Veraeusserung）等概念。

从现代性的角度来解读，马克思对"异化劳动"的分析，是对资本主义生产方式内在矛盾的分析，同时也是对资本主义现代性内在矛盾的分析。马克思将这种矛盾概括为"物的世界的增值同人的世界的贬值"，深刻地揭示了资本主义现代化过程中进步与退步、创造与毁灭、发展与代价的矛盾的对抗性质。这种对资本主义现代性特殊性的分析蕴含着对现代性一般性的理解。它深刻地反映了人在资本主义乃至一般现代化条件下的生存状况和生存矛盾。

（五）关于《穆勒评注》中的货币

1821 年，詹姆斯·穆勒了发表《政治经济学原理》一书，这部著作在当时的经济学领域所造成的影响中规中矩，穆勒的经济学体系在核心上与李嘉图经济学并无二致，他的工作更强调对李嘉图经济学的整理与完善。马克思在阅读穆勒著作的同时还对李嘉图等很多国民经济学家的作品进行了交叉阅读和摘录，因此，他对穆勒的批判基本上都可以适用于其他国民经济学家，但对穆勒的褒奖则是独树一帜，甚至到《政治经济学批判》时，马克思依然评价穆勒"是李嘉图同时代人中创立学派来崇奉他的政治经济学原理的最重要的人物"[1]，足见他始终对穆勒保持较高程度的关注。

穆勒是第一个将政治经济学划分为生产、分配、交换、消费四个部分的经济学家，马克思也是从这四大部分对其著作进行摘注的。其中，马克思对生产与分配部分仅仅是摘抄，并未评注，在"论分配"中，穆勒与其他国民经济学家一样从地租、工资、资本利润三个角度来谈，这些东西对马克思来说已不再新鲜，因此他时而抱怨"看一看以下各页继续唠叨的无聊话"[2]。但

---

[1] 《马克思恩格斯全集》第 13 卷，人民出版社 1962 年版，第 169 页。

[2] 《马克思恩格斯全集》第 42 卷，人民出版社 1979 年版，第 9 页。

是到了"论交换"的部分，穆勒对交换、分工与中介的论述触动了马克思的神经，导致他直接创作了大量评注。马克思在这一部分所引用的文本主要来自以下几个部分：《政治经济学原理》第三章"交换"的第8节"什么决定货币的数量"，第9—13节涉及货币、纸币、贵金属等内容的部分，以及第16节"汇票"。

具体来说，对于交换，穆勒认为决定商品之间的交换比例即商品交换价值的，是供求关系，而供求关系归根结底取决于劳动量，那么，就可以从劳动量造成的生产费用这个角度考察交换价值。对穆勒来说，劳动有两种，其一是直接劳动，其二是资本的积累劳动，两种劳动都创造价值，那么一件商品最后的价值高低，直接受到这两种劳动所创造的价值的比例的影响。更为详细地，马克思摘入了大段的讨论两种劳动组合如何改变商品的价值。对于国家之间来说，应该用相同的原理，用本国的低价值商品交换他国的高价值商品，从而获利。总之，穆勒阐述支配商品交换的价值规律，一方面认为，一切商品的交换价值或价值都是由劳动量决定的，另一方面又强调资本即物化劳动或蓄积劳动也在创造价值。

随后对于交换中介，穆勒详谈的只是货币："交换的媒介是这样一种商品：为了实现其他两种商品之间的交换，首先在同其中一种商品交换时获得它，随后在同另外一种商品交换时把它付出去。"①"货币的价值等于货币同另外的商品进行交换的比例，或者在同一定量的其他东西交换时付出的货币量。"②这里说的是，货币的价值来自它的交换价值，货币的交换价值取决于其作为一种商品的价值。后面穆勒又谈到以交换价值实现的货币购买力，货币购买力直接由国家现有的货币总量与货币的购买次数即流通速率共同决定。穆勒认为，在经济较为平稳的时期，货币流通速率保持稳定，调节货币总量是控制货币价值的最直接手段。而政府理论上可以随意控制货币的总量，那么为了制约这种随意性，可以通过用金属制造货币来控制货币总量，如黄金白银这种总量有限的金属不可能制造出无限的货币，于是，货币的购买力也就得到了控制。然而，金属本身也是商品，那根据前面的观点，其价值也是由生产费用决定的，那么，货币也就因此受到劳动量的影响，这同时

---

① 《马克思恩格斯全集》第42卷，人民出版社1979年版，第16页。
② 《马克思恩格斯全集》第42卷，人民出版社1979年版，第16页。

意味着，货币价值也是可以通过生产费用的控制来进行调节的。

针对以上论述，马克思作出自己的评价，他看到穆勒将商品价值以及货币价值的基础建立在生产费用之上，而生产费用却是由动态的经济事实所决定的。他用讽刺的口吻批判："这种现实的运动……被现代的国民经济学家歪曲成偶性、非本质的东西。为什么？……国民经济学的真正规律是偶然性，我们这些学者可以从这种偶然性的运动中任意地把某些因素固定在规律的形式中。"①

然而在另一方面，马克思却从哲学角度考察了作为交换中介的货币。他接着写道："穆勒把货币称为交换的媒介，这就非常成功地用一个概念表达了事情的本质。货币的本质，首先不在于财产通过它转让，而在于人的产品赖以互相补充的中介活动或中介运动。"②马克思赞同也肯定了穆勒的这个观点。

从表面上看，作为交换中介的货币并不会带来人的本质丧失，毕竟人可以通过等价交换的途径创造出货币的同等功能物。然而马克思却看到了货币中介的危险，他说："由于这种异己的媒介——并非人本身是人的媒介，——人把自己的愿望、活动以及同他人的关系看作是一种不依赖于他和他人的力量。这样，他的奴隶地位就达到极端。"③这就意味着，人与人的社会交往中，货币中介这个原本的工具因为在私有制社会中被赋予了最高的普遍性（购买一切），反而成了交往的目的，那么中介的本质也就取代了人的本质，影响了整个对象化活动的性质。因而，货币代表了一种权力，它能够让人类劳动产品的价值显示出来。没有货币，这种价值就是被遮蔽的，而劳动产品恰恰又是人的间接表现，这就意味着，中介也有权决定人的本质是否能够显示出来。在宗教传统中，赋予人的本质是上帝的工作，这样，中介不知不觉之中就成了上帝，人也像崇拜上帝一样崇拜货币。他们只有通过上帝或货币，才能够展现其自身，甚至货币已经取代上帝，成为人的现实的与直接的神。马克思觉察到，这种情况与最初的事实是倒置的，货币本应因为人才具有价值，而现在，人却需要货币才具有价值。

---

① 《马克思恩格斯全集》第 42 卷，人民出版社 1979 年版，第 18 页。
② 《马克思恩格斯全集》第 42 卷，人民出版社 1979 年版，第 18 页。
③ 《马克思恩格斯全集》第 42 卷，人民出版社 1979 年版，第 19 页。

于是，马克思接着用上帝的比喻写道：

"基督最初代表：（1）上帝面前的人；（2）人面前的上帝；（3）人面前的人。同样，货币按照自己的概念最初代表：（1）为了私有财产的私有财产；（2）为了私有财产的社会；（3）为了社会的私有财产。但是，基督是外化的上帝和外化的人。上帝只有在它代表基督时才有价值；人也只有在他代表基督时才有价值。货币的情况也是一样。"①

这个比喻十分精妙，马克思用"基督"隐喻了货币。在基督教中，耶稣基督扮演着人与神的中介角色，他在神面前是人，他在人面前是神，人信仰上帝，人也信仰耶稣。甚至，如果上帝没有耶稣展现神迹，他对人来说也就毫无意义，因而在基督教的发展中，耶稣基督代替上帝成了直接信仰对象，正是由于他的中介权力形成了神学中三位一体的基础。因而，耶稣·基督的权力在于其既是人（外化的上帝），又是神（外化的人）。

同理，马克思指出，在（1）中，货币只是作为一种私有财产形式，是人为了交换他人的劳动产品所需要的中介（单纯的交换中介）；在（2）中，货币代表着交换本身，为了实现抽象的交换而存在的东西，例如工人与资本家的交往是为了获得工资（抽象的交换中介）而活下去；在（3）中，货币已经作为了交换的目的，它再次获得私有财产的形式，但内涵已经不再是作为中介，而是人所追求的目的（货币成为财产本身，而不是中介）。这样，我们看到马克思用三个关系描述了这样一个过程，人逐步迷失了自我，逐渐丧失了其作为人的本质。

直到这个比喻的完成，马克思已经基本完成了以下论证：

第一，货币的本质是外化的私有财产，而私有财产的本质是外化的人类劳动，因此货币的本质也是外化的人类劳动，甚至是外化的人的本质的象征。第二，货币作为中介成为交往的目的，人格完整性与生存需求完整性的交往目的（非异化的交往）被彻底遗失。第三，人与人的直接交往由于货币的参与而间接化，货币作为中介的交换活动成为人的异化了的交往活动。

马克思在这里对货币的讨论，实际上将货币与私有财产做了区分，这与他在《手稿》中往往将两者混用，或者将货币作为私有财产的一种形式的观点是不同的。

---

① 《马克思恩格斯全集》第 42 卷，人民出版社 1979 年版，第 19 页。

接下来，马克思回到经济学领域，抓住了国民经济学家与货币主义的对立这个问题。

首先，货币主义是早期的重商主义，斯密开创国民经济学的目的也是反对早期的重商主义与重农主义。货币主义主张所有财富都蕴藏在货币中，货币是由贵金属制造，用货币与其他商品进行交换，是因为货币与商品等值，它们之间的交换完全是等值交换，而不是由于货币是交换中介。毫无疑问，货币主义的结论必然是通过货币囤积来积累财富。

然而，马克思却认为，国民经济学虽然与货币主义相对立，但两者其实并没有太大分歧。一方面，现代国民经济学是在货币本质的抽象性和普遍性中把握货币本质的，因此，它就摆脱了那种认为货币本质只存在于贵金属之中这种盲目信仰的感性形式，而用精致的盲目信仰代替粗糙的盲目信仰①。另一方面，虽然国民经济学也肯定了货币作为交换中介的职能，但同时它也坚持货币之所以能够成为交换中介，是由于其本身是具有一定价值的商品。

这也就意味着，国民经济学家看到了货币作为中介的一面，却没有搞清楚货币为什么能够成为中介，国民经济学家用贵金属的商品价值来解释货币的本质依然没有摆脱重商主义的那种对"粗糙的感性形式"的"盲目信仰"，只是用"精致的""抽象性与普遍性"把这种盲目包装起来而已，因此，国民经济学对货币主义的批判，也仅仅是对"盲目信仰"的形式的批判，而不是对其本质的批判。用马克思的话说，国民经济学家将货币的交换价值作为其价值之源，只是看到了货币作为"私有财产的外化"的商品，只是看到货币作为物与物交换的中介，却没有意识到它也是"外化了的人"，他们把"社会交往的异化形式作为本质的和最初的、作为同人的规定相适应的形式确定下来了"②，颠倒了这种源流关系。国民经济学家天真地认为如果货币不是商品，又怎么可能与其他商品进行交换呢，然而他们却没有想到这种交换背后实际上是异化了的人与人之间的关系。归根结底，货币的价值源于人，而不是源于它是一种商品。

---

① 《马克思恩格斯全集》第 42 卷，人民出版社 1979 年版，第 21 页。
② 《马克思恩格斯全集》第 42 卷，人民出版社 1979 年版，第 25 页。

三、思考题

1. 如何理解在《1844 年经济学哲学手稿》中，马克思关于共产主义是"通过人并且为了人而对人的本质的真正占有"这个观点。

2. 如何理解在《1844 年经济学哲学手稿》中，马克思指出共产主义"作为完成了的自然主义，等于人道主义，而作为完成了的人道主义，等于自然主义，它是人和自然界之间、人和人之间的矛盾的真正解决"这个论断。

《关于费尔巴哈的提纲》导读

《关于费尔巴哈的提纲》是一篇重要的马克思主义哲学文献，在马克思主义哲学著作中有着十分特殊的地位和意义。马克思首次系统地论述了他所创立的科学的实践观，并以此为基础，对包括费尔巴哈哲学在内的旧唯物主义以及以往的一切旧哲学进行了批判，同时制定了"新唯物主义"，即马克思主义哲学这一新的哲学世界观的要点。恩格斯对于《关于费尔巴哈的提纲》（以下简称《提纲》）给予高度评价，认为它是"包含着新世界观的天才萌芽的第一个文件"①。

一、主要内容

《提纲》是马克思 1845 年春在布鲁塞尔写的笔记，《提纲》计 11 条，各条在形式上相互独立，但在内容上却彼此关联，构成一个有机的整体。

（一）对包括费尔巴哈哲学在内的旧唯物主义的批判

1. 批判旧唯物主义的主要缺陷，阐明实践是感性的、客观的物质活动

马克思在《提纲》第一条中揭示了旧唯物主义的主要缺陷。他指出："从前的一切唯物主义（包括费尔巴哈的唯物主义）的主要缺点是：对对象、现实、感性，只是从客体的或者直观的形式去理解，而不是把它们当作感性的人的活动，当作实践去理解，不是从主体方面去理解。"②其结果是，和唯物主义相反，作为主体的人的能动的方面却被唯心主义抽象地发展了，尽管唯心主义并不了解人的现实的、感性的活动。

---

① 《马克思恩格斯文集》第 4 卷，人民出版社 2009 年版，第 266 页。

② 《马克思恩格斯文集》第 1 卷，人民出版社 2009 年版，第 499 页。

在这里，马克思明确地把是否从物质实践出发来理解客观对象作为区分他的"新唯物主义"与一切旧唯物主义的主要标准或根本标准。根据马克思的观点，事物、现实世界、人生活在其中的构成人现实生活基础的那部分自然界，都不是孤立存在的，而是通过社会实践与人这一实践主体构成一种互相作用的关系，即作为实践的客体而出现。作为实践的客体，它们是打上人的活动的烙印的，是经过"人化的"。它们对于主体的人来说，首先是实践的对象，然后才是认识的对象。人们不是被动地接受外界事物的刺激而认识客观对象的，不是以"直观的形式"反映客体的，而是在实践的基础上，即作为主体，在意识的支配下，通过能动地改造客体来反映客体和认识外界事物的。因此，只有从实践的观点出发，才能够真正认识和理解外界事物和客观对象。由于旧唯物主义忽视了人的社会实践活动，忽视了人的主体的能动性，人的主体的能动作用特别是意识的能动作用方面就被唯心主义抽象地加以发展了。唯心主义肯定人的意识具有能动的作用，但却将意识的能动作用无限地加以夸大，以致否认意识产生的物质根源以及意识产生作用的物质前提条件，又走向了另一极端。

马克思在《提纲》第一条中还对费尔巴哈的哲学缺陷进行了批判。他指出："费尔巴哈想要研究跟思想、客体确实不同的感性客体，但是他没有把人的活动本身理解为对象性的活动。因此，他在《基督教的本质》中仅仅把理论的活动看作是真正人的活动，而对于实践则只是从它的卑污的犹太人的表现形式去理解和确定。因此，他不了解'革命的'、'实践批判的'活动的意义。"①

马克思指出，费尔巴哈同一切旧唯物主义者一样，没有把人的活动、人的社会实践本身理解为一种现实的和感性的客观活动。他只是把人的理论活动看作真正的人的活动，而对于人的物质实践活动，则把它褊狭地理解为犹太人的利己主义的日常生活行为，并加以否定。因此，费尔巴哈也明确诉诸"感性直观"，仅仅把客观对象、感性客体视作直观的对象，并且认为在认识活动的过程中，客观对象是主动的，而人是被动的。

通过对包括费尔巴哈哲学在内的旧唯物主义主要缺陷的批判，马克思表述了自己对实践的本质的理解。在马克思看来，实践是一种"现实的、感性

---

① 《马克思恩格斯文集》第 1 卷，人民出版社 2009 年版，第 499 页。

的"活动，即客观的、物质的活动。由于它构成人所存在的现实世界的基础，因此必须把它纳入对事物、现实和感性客体等诸种客观对象的本质的理解中去。

2. 批判旧唯物主义在真理标准问题上的错误观点，阐明实践是检验人的思维的真理性的标准

马克思在《提纲》第二条中指出："人的思维是否具有客观的真理性，这不是一个理论的问题，而是一个实践的问题。人应该在实践中证明自己思维的真理性，即自己思维的现实性和力量，自己思维的此岸性。关于思维——离开实践的思维——的现实性或非现实性的争论，是一个纯粹经院哲学的问题。"[①]

马克思认为，旧唯物主义不能从实践的观点去认识和理解客观对象，去认识和理解事物、现实、感性，也就不能把作为认识的来源和基础的实践当作检验人的认识和思维的真理性的标准。

费尔巴哈曾经对黑格尔的主观的、唯心主义的真理观进行过批判。他认为，由于黑格尔把自然与社会看作"绝对观念"的外化，所以，黑格尔主张的思维与存在的同一，实际上是思维与思维自设的同一。因此，在黑格尔那里，思维也就不可能有别的真理标准，只能以"理念"这一形式的、主观的标准为标准。但是很明显，"这个标准是不能决定思维中的真理也就是实际上的真理的"[②]。那么，能决定思维真理性的标准是什么呢？费尔巴哈认为，"能决定这一点的唯一标准，乃是直观"[③]。然而，感性直观依然是一种认识活动，未能超出思想、精神的范围。这样，费尔巴哈同黑格尔关于真理标准的争论，实际上依然是一种"离开实践的思维"是否具有现实性的争论，是一种"纯粹经院哲学"的争论。

正是针对费尔巴哈以及以往一切旧哲学的这种真理标准上的失误，马克思鲜明地提出了马克思主义哲学关于真理标准的观点，指出人的思维是否具有客观的真理性，这是一个实践的问题。人应该在实践中证明自己思维的真理性。在这里，马克思第一次把实践引入认识论，作为检验人的思维真理性

---

① 《马克思恩格斯文集》第 1 卷，人民出版社 2009 年版，第 500 页。

② 《费尔巴哈哲学著作选集》（中文本）上卷，商务印书馆 1984 年版，第 179 页。

③ 《费尔巴哈哲学著作选集》（中文本）上卷，商务印书馆 1984 年版，第 179 页。

的客观标准。所谓真理，是人们的主观意识对客观事物及其规律的正确反映，是主观同客观相符合、相一致。实践之所以能够成为检验思维的真理性的客观标准，是因为实践是思维与存在、主观与客观相统一的现实基础。实践既是在人的意识支配下的活动，具有主观能动性，又是能产生物质效果的活动，具有客观现实性，它不仅具有理性的普遍性，而且具有感性的直接性，是主观见之于客观的东西。因此，它能把主观和客观联系起来，通过它所产生的物质效果，反过来检验支配它的思想认识是否正确，是否和客观相符合、相一致。

3. 批判旧唯物主义的历史观，阐明实践是人与环境、主体与客体相统一的现实基础

马克思在《提纲》第三条中指出："关于环境和教育起改变作用的唯物主义学说忘记了：环境是由人来改变的，而教育者本人一定是受教育的。因此，这种学说必然会把社会分成两部分，其中一部分凌驾于社会之上。环境的改变和人的活动或自我改变的一致，只能被看作是并合理地理解为革命的实践。"①

旧唯物主义对客观对象、对事物、现实和感性等只从客体或直观的形式去理解，表现在历史观方面，是对人与社会环境相互关系的不正确的理解，即只看到了社会环境决定人，而忽视了人也作用于社会环境。

18 世纪的法国唯物主义者在批判宗教的天赋道德观时，曾主张人是社会环境和教育制度的产物，提出了"人是环境的产物"这一著名命题。这是一个唯物主义的命题，对于当时反对封建神学起到了重要的作用。但是，这种学说只片面强调了社会环境和教育制度对人的作用和影响的一面，却忘记了环境是由人来改变的，而教育者本人一定是受教育的。实际上，社会环境和教育制度不仅决定和影响人，而且它们本身也是在人们的社会实践中形成和建立起来的，是社会实践的产物；人不仅是社会环境和教育制度的产物，而且也是社会环境和教育制度的主体。

费尔巴哈在人与社会环境的关系问题上也持有类似的见解。他认为，人性本来是善的，"人的一切本能就起源来说是善的本能"②，但是，由于后天

---

① 《马克思恩格斯文集》第 1 卷，人民出版社 2009 年版，第 500 页。
② 《费尔巴哈哲学著作选集》（中文本）上卷，商务印书馆 1984 年版，第 179 页。

环境和教育的作用，使这种善的本能"经常遭到破坏"，以至"转换为坏的本能"。因此，费尔巴哈也强调教育的作用，强调"爱"的道德感化。

以 18 世纪法国唯物主义为代表的这种片面强调社会环境、教育对人的决定作用的学说所导致的消极后果是，把社会分成两部分人，一部分是天生的统治者和教育者，另一部分则是天生的被统治者和被教育者，从而在实际上为资本主义制度的合理性作了论证。另外，由于它不了解人们的社会实践活动的意义，无法把人与社会环境两者有机地统一起来，在解释社会环境变动和历史发展的原因时只能诉诸少数的伟大天才人物和理论家的"意见"，因此，最终仍没有逃脱"意见支配世界"的唯心主义历史观。

其实，社会环境的改变与人自身的改变是统一的。在《提纲》中，马克思从科学的实践观出发，揭示了人与社会环境相统一的现实基础，科学地阐明了人与社会环境、人的改变与社会环境的改变的相互关系。他提出了这样一个重要论断："环境的改变和人的活动或自我改变的一致，只能被看作是并合理地理解为革命的实践。"① 这一论断意味着，社会环境的改变与人的自身的改变不过是统一的实践过程的两个不同的方面，人在改造环境的同时也改变着自己。

（二）对费尔巴哈历史唯心主义的批判

1. 批判费尔巴哈唯心主义的宗教观，阐明革命实践是消除宗教的根本途径

马克思在《提纲》第四条指出："费尔巴哈是从宗教上的自我异化，从世界被二重化为宗教世界和世俗世界这一事实出发的。他做的工作是把宗教世界归结于它的世俗基础。但是，世俗基础使自己从自身中分离出去，并在云霄中固定为一个独立王国，这只能用这个世俗基础的自我分裂和自我矛盾来说明。因此，对于这个世俗基础本身应当在自身中、从它的矛盾中去理解，并且在实践中使之发生革命。因此，例如，自从发现神圣家族的秘密在于世俗家庭之后，世俗家庭本身就应当在理论上和实践中被消灭。"②

费尔巴哈对宗教、对神的信仰和崇拜，特别是对基督教、对上帝的信仰

---

① 《马克思恩格斯文集》第 1 卷，人民出版社 2009 年版，第 500 页。
② 《马克思恩格斯文集》第 1 卷，人民出版社 2009 年版，第 500 页。

和崇拜进行了尖锐的批判，是很有功绩的。在费尔巴哈看来，人与人之间的感情关系、心灵关系，特别是男女之间的性爱关系就是人的本质，就是宗教。而作为有神的宗教，却把世俗的人与人之间的感情关系、人的本质"异化"了。人们设想出一个虚幻的神，一个虚幻的上帝，把一切感情、一切爱都交付给他，这是颠倒的。因此，应该恢复人们之间感情关系的本来面目，应该抛弃这种对神的信仰的宗教。费尔巴哈宗教批判的核心是，上帝是人的本质的"自我异化"，即人先把自己的本质异化出去，然后再把它尊奉为神，对它顶礼膜拜。这表明，在费尔巴哈看来，宗教源于世俗世界，是世俗世界的虚幻反映。因此，费尔巴哈宗教批判的目的，就是把上帝的本质归还给世俗世界的人，确立"人是人的最高本质"。

费尔巴哈对宗教本质的这种揭示无疑是很深刻的。但是，费尔巴哈仅停留在这种有关宗教的本质的认识上，而没有进一步追问"人的本质为什么会异化"，"怎样消除人的本质异化的根源"等问题，从而暴露出其宗教批判的根本局限。在马克思看来，宗教的本质不过是"支配着人们日常生活的外部力量在人们头脑中的幻想的反映，在这种反映中，人间的力量采取了超人间的力量的形式"①。宗教的产生既有认识论的原因，也有社会的、阶级的根源。宗教产生和存在的一个重要条件和根源在于阶级社会中阶级对立的存在。要消除宗教，首先就必须通过革命实践，消除宗教存在的阶级基础，推翻剥削阶级作为统治阶级的阶级社会，进而消灭阶级，消除宗教赖以存在的社会阶级根源。费尔巴哈对社会历史的了解同一切旧唯物主义者一样，仍然是唯心主义的，所以，他既不能科学地了解宗教的本质及其产生和存在的根源，也不能找到消除宗教的途径，从而也就不能彻底地批判宗教。正因为如此，马克思指出，费尔巴哈没有注意到，在他把宗教世界归结为世俗基础以后，主要的事情还没有做。而正确的做法即彻底的宗教批判只能是，对于世俗基础不仅应当"从它的矛盾中去理解"②，同时，还应当用排除这种矛盾的方法"在实践中使之发生革命"，即使其通过实践得到革命改造。

这样，马克思通过对费尔巴哈宗教批判局限性的揭示，把宗教问题的解决与社会制度的变革即革命实践联系起来，指明了解决宗教问题的正确

---

① 《马克思恩格斯文集》第9卷，人民出版社2009年版，第333页。
② 《马克思恩格斯文集》第1卷，人民出版社2009年版，第500页。

途径。

2. 批判费尔巴哈对感性的抽象理解，阐明感性是实践的人类感性的活动。

马克思在《提纲》第五条中指出："费尔巴哈不满意抽象的思维而喜欢直观，但是他把感性不是看做实践的、人的感性的活动。"①

费尔巴哈在批判黑格尔哲学的过程中，正确地把感性作为自己的哲学的出发点，来同黑格尔的抽象的"理念"相对立。他强调不仅要从理性来理解人，而且更要从感性来理解人，把感性视为人的存在方式。可是，费尔巴哈没有看到实践是人类感性赖以存在和发展的基础，没有能够把感性看作实践的人的感性活动。其实，人的感性也是实践的产物，它是伴随人类的社会实践在漫长的历史过程中发展和完善起来的。正如马克思说过的，"正像人的对象不是直接呈现出来的自然对象一样，直接地存在着的、客观地存在着的人的感觉，也不是人的感性"②，人的感性的形成"是以往全部世界历史的产物"。费尔巴哈脱离人的社会实践去理解、看待感性，实际上，这样的感性只能是抽象的人的感性，与黑格尔的抽象的"理念"在本质上并没有什么不同。

3. 批判费尔巴哈的抽象的人的学说，阐明人的本质是实践的产物和社会关系的总和

马克思在《提纲》第六条中指出："费尔巴哈把宗教的本质归结于人的本质。但是，人的本质不是单个人所固有的抽象物，在其现实性上，它是一切社会关系的总和。费尔巴哈没有对这种现实的本质进行批判。"③

费尔巴哈把宗教的本质归结为人的本质，剥掉了宗教的神秘外衣。但是，费尔巴哈没有继续前进，进一步研究决定人的本质的社会关系，更没有对扭曲人的本质的社会关系进行批判。这样，就导致了他的下述错误：

"（1）撇开历史的进程，把宗教感情固定为独立的东西，并假定有一种抽象的——孤立的——人的个体。"④也就是说，停留在纯粹的感情或精神领域内，离开人类实践的发展，离开一定的生产力发展水平，离开一定的生产

① 《马克思恩格斯文集》第1卷，人民出版社2009年版，第501页。
② 《马克思恩格斯文集》第1卷，人民出版社2009年版，第211页。
③ 《马克思恩格斯文集》第1卷，人民出版社2009年版，第501页。
④ 《马克思恩格斯文集》第1卷，人民出版社2009年版，第501页。

关系和社会关系，来对人进行抽象的考察，从而把人理解为抽象的、孤立的单个个人，而非现实的、处在一定社会关系体系中的个人。

"（2）因此，本质只能被理解为'类'，理解为一种内在的、无声的、把许多个人自然地联系起来的普遍性。"① 在费尔巴哈看来，人的"类本质"主要体现在人的自然本质。当然，费尔巴哈也说过："人的本质只是包含在团体之中，包含在人与人的统一之中。"② 但是，他所说的共同体，实际上主要是指人们之间的自然关系，他所说的人与人的统一，实际上也主要是指男女两性之间的统一。

总之，正如马克思在《提纲》第七条中指出的："费尔巴哈没有看到，'宗教感情'本身是社会的产物，而他所分析的抽象的个人，是属于一定的社会形式的。"③

马克思在批判费尔巴哈抽象的人的学说的同时，明确提出了人的本质在其现实性上"是一切社会关系的总和"这一著名命题。根据马克思的理解，具体的、现实的人是处在一定社会关系中的、以一定方式从事物质生产的个人，因此，社会关系就成为人的本质的现实规定。在诸种社会关系中，物质的或经济的即生产关系是最基本的关系，所以，它对规定人的本质有着特殊的重要意义。诸种社会关系都是现实的个人在从事物质实践的过程中建立和发展起来的，是适应人们的社会实践的发展变化而发展变化的。因而，人的本质也是处在不断发展变化过程中的，在现实生活中没有什么永恒不变的、抽象的人的本质。

（三）阐明新唯物主义同旧唯物主义的对立

1.阐明新旧唯物主义不同的认识功能

马克思在《提纲》第八条中指出："全部社会生活在本质上是实践的。凡是把理论引向神秘主义的神秘东西，都能在人的实践中以及对这种实践的理解中得到合理的解决。"④

---

① 《马克思恩格斯文集》第 1 卷，人民出版社 2009 年版，第 501 页。
② 《费尔巴哈哲学著作选集》（中文本）上卷，商务印书馆 1984 年版，第 185 页。
③ 《马克思恩格斯文集》第 1 卷，人民出版社 2009 年版，第 501 页。
④ 《马克思恩格斯文集》第 1 卷，人民出版社 2009 年版，第 501 页。

这一深刻道理，指出了新旧唯物主义在实践观这一根本问题上的本质区别以及它们在认识社会生活方面所起到的完全不同的作用。

马克思之所以把实践确认为社会生活的本质，是因为人类最基本的社会实践活动——物质生产是人类社会存在和发展的基础，物质生产、物质生产方式规定了社会的性质以及进一步发展的方向，是历史发展的根本动力。

因此，物质生产是理解人类社会历史的关键性因素。马克思创立的新唯物主义正是在生产劳动中找到了理解全部人类社会历史的钥匙。马克思揭示了实践、物质生产在社会历史中的意义，使它能够把社会中的物质的关系、经济的关系同其他的关系区分开来，科学地阐明人们的社会存在对他们的意识、人们的社会实践对他们的思想理论的决定作用。根据马克思的观点，由于实践、物质生产规定了包括社会精神生活在内的全部社会生活的本质，所以，不仅一切理论问题，而且一切与理论有关的神秘主义的东西，最终都可以归结到实践方面去，都可以通过实践以及通过对实践的理解得到合理的说明和解释。

马克思在《提纲》第九条中指出："直观的唯物主义，即不是把感性理解为实践活动的唯物主义，至多也只能达到对单个人和市民社会的直观。"①

旧唯物主义不理解实践在社会发展中的意义和社会生活的实践本质，因此，它对社会现象的认识就受到了根本的局限。马克思指出：这种"直观的唯物主义"至多也只能做到对"市民社会"即资本主义社会及其单个个人的直观。旧唯物主义不能从社会生产实践来了解人，不能从社会关系中来了解人，就只能把人了解为如同一般生物个体一样。而人是社会关系中的人，它不仅具有自然性，更具有社会性。旧唯物主义不能看到人的社会本质，因而不能正确认识人和社会。

2.阐明新旧唯物主义不同的阶级基础，指明新唯物主义同旧唯物主义的对立不仅表现在认识功能上，而且表现在阶级基础上

马克思在《提纲》第十条中指出："旧唯物主义的立脚点是市民社会，新唯物主义的立脚点则是人类社会或社会的人类。"②

马克思揭示了新旧唯物主义的不同阶级基础：旧唯物主义的立脚点是

---

① 《马克思恩格斯文集》第1卷，人民出版社2009年版，第502页。
② 《马克思恩格斯文集》第1卷，人民出版社2009年版，第502页。

"市民社会"，即资本主义社会；而新唯物主义的立脚点则是"人类社会或社会的人类"，即共产主义社会。

总的来说，旧唯物主义，这里主要是指 17—18 世纪的英法唯物主义以及费尔巴哈的唯物主义，在社会基础方面未能超脱资产阶级的局限。它根源于资本主义社会的经济关系，是资产阶级利益的理论表现和在意识形态上的反映。与此相反，马克思创立的新唯物主义一开始就是面向无产阶级的，是无产阶级的根本利益和要求的理论表现。由于无产阶级的根本利益和社会发展的客观规律是一致的，所以，新唯物主义才能够成为科学的、彻底的唯物主义，才能够实现哲学的阶级性和科学性的有机的统一。

3. 阐明新旧唯物主义的不同的历史使命

马克思在《提纲》第十一条，从哲学所担负的历史任务的角度，对新旧唯物主义的本质区别作了一个最后归结："哲学家们只是用不同的方式解释世界，问题在于改变世界"①。

由于以往的哲学家们不懂得实践在人类社会发展中的地位和作用，不懂得"全部社会生活在本质上是实践的"，由于他们的阶级局限性，等等，决定了他们只能停留在思想领域，"用不同的方式解释世界"，而不可能提出将理论转变为革命实践的要求。这在费尔巴哈那里得到明显的体现。马克思和恩格斯指出：费尔巴哈"和其他的理论家一样，只是希望确立对存在的事实的正确理解，然而一个真正的共产主义者的任务却在于推翻这种存在的东西"②。

与旧的、直观的唯物主义相反，马克思创立的新唯物主义，是一种具有实践性的唯物主义，它服从和服务于无产阶级改造现实的斗争。因此，"对实践的唯物主义者，即共产主义者说来，全部问题都在于使现存世界革命化，实际地反对和改变事物的现状。"③正如毛泽东同志所说："马克思主义哲学认为十分重要的问题，不在于懂得了客观世界的规律性，因而能够解释世界，而在于令这种对于客观规律性的认识去能动地改造世界。"④

---

① 《马克思恩格斯文集》第 1 卷，人民出版社 2009 年版，第 502 页。

② 《马克思恩格斯文集》第 1 卷，人民出版社 2009 年版，第 549 页。

③ 《马克思恩格斯文集》第 1 卷，人民出版社 2009 年版，第 527 页。

④ 《毛泽东选集》第一卷，人民出版社 1991 年版，第 292 页。

二、延伸阅读

（一）写作背景

《提纲》是马克思于 1845 春在布鲁塞尔写下的一份笔记。这份笔记载于马克思 1844—1847 年的笔记本中，当时是供马克思自己进一步研究使用的，没有打算付印。1888 年，恩格斯把它作为《路德维希·费尔巴哈和德国古典哲学的终结》一书的附录第一次予以发表。

首先，《提纲》是马克思"新唯物主义"哲学世界观成熟的结晶，是马克思系统构建"新唯物主义"的起点。在马克思撰写《提纲》时，其思想发展已经历了两次重大的飞跃。第一次飞跃是从 1842 年初至 1844 年初，马克思初步完成了由唯心主义到唯物主义、由革命民主主义到共产主义的转变。第二次飞跃是从 1844 年年初至 1844 年年底，马克思通过经济学的系统研究以及对鲍威尔唯心主义哲学的批判，论证和发挥了自己的唯物主义历史理论。《关于费尔巴哈的提纲》概括和推进了《手稿》和《神圣家族》中的主要成果，实际上形成了马克思系统构建新唯物主义世界观的标志。

第二，《提纲》是马克思同包括费尔巴哈哲学在内的一切旧唯物主义彻底划清界限的标志。费尔巴哈哲学曾对马克思的思想发展产生过重要影响，尽管马克思从未成为真正意义上的费尔巴哈派。在 1842 年从事政治评论活动期间，马克思开始受到费尔巴哈哲学的影响。在 1843 年夏撰写的手稿《黑格尔法哲学批判》中，马克思充分吸取了费尔巴哈所取得的唯物主义成果，该书在一定程度上是以费尔巴哈对黑格尔一般哲学的批判作为前提和基础的。在其后撰写的《1844 年经济学哲学手稿》中，仍然明显保留了费尔巴哈哲学影响的痕迹。在以后的思想发展中，伴随对经济和社会问题的深入研究，马克思日益从根本上超越了费尔巴哈的人本主义唯物论。1844 年下半年以后，马克思与恩格斯一起已基本上完成了唯物主义历史理论的发挥工作。同时，与费尔巴哈哲学中消极因素有着某种渊源关系的"真正的社会主义"已开始流行并对社会主义运动发生影响。这就把批判费尔巴哈哲学、进一步清理德国古典哲学遗产的任务提到马克思的面前。促使马克思批判费尔巴哈哲学的另一个因素是，1844 年 10 月，青年黑格尔派分子施蒂纳出版了他的著作《唯一者及其所有物》，率先对费尔巴哈哲学进行了前所未有的抨击，并给马克思以一定的启迪。这成为马克思批判费尔巴哈哲学的一个重要契机。

在《提纲》中，马克思第一次对费尔巴哈哲学进行了批判。通过这一批判，马克思不仅最终克服了包括费尔巴哈哲学在内的一切旧唯物主义，而且也借此最终扬弃了以往的一切传统哲学。

（二）《提纲》两个版本的比较

《提纲》原本是马克思在布鲁塞尔匆匆写成的供以后研究用的笔记，根本没有打算付印。1888年，恩格斯把它首次公开发表时，对提纲的每一条都做了一定的修改。这些修改有些是正字法和标点符号方面的改动，有些是内容上的改动。恩格斯加以修改后，以《马克思论费尔巴哈》为题发表了这份提纲。

于是，我们今天看到的提纲其实有两个不同版本，一个是马克思写作于1844—1845年的原始稿，题名为《关于费尔巴哈》；另一个是作为1888年恩格斯出版的《费尔巴哈论》一书附录的《马克思论费尔巴哈》，即《提纲》的修改稿。这两个版本之间的差异甚至引发过关于马克思恩格斯两者之间学术关系的争论。具体来说，恩格斯对马克思原稿的修改集中在以下几个方面：

对于第一条，在讨论实践概念时，马克思使用的是"感性的人的活动"，而恩格斯使用的是"人的感性活动"。

对于第三条，恩格斯进行了两处改动：第一，在马克思批评旧唯物主义的环境决定论时，恩格斯加了一个补充："（例如，在罗伯特·欧文那里就是如此）"。第二，马克思指明："环境的改变和人的活动或自我改变的一致，只能被看做是并合理地理解为革命的实践。"恩格斯删掉了"或自我改变"，并将句末改为"实践的革命"。

对于第四条，马克思指出世俗家庭的秘密被揭开后，就要"在理论和实践中被消灭"，而恩格斯将其修改为世俗家庭要被"从理论上进行批判，并在实践中加以变革"。

对于第八条，马克思指出"全部社会生活在本质上是实践的"。恩格斯删除了"全部"一词。

对于第九条，马克思指出："直观的唯物主义……至多也只能达到对单个人和市民社会的直观。"恩格斯将后半句调整为："至多也只能做到对市民社会中的单个人的直观。"

对于第十条，马克思讲道："旧唯物主义的立脚点是市民社会，新唯物主义的立脚点则是人类社会或社会的人类。"恩格斯将前半句的"市民"一词加粗强调，将后半句结尾调整为"社会化的人类"。

在其他条目中，恩格斯仅在语义连贯上微作调整，对内容影响不大。

对于修改是否合理，这里无意详细分析。但希望读者注意以下事实：

首先，马克思在创作《提纲》时，恩格斯并不知晓，但是两人对于其中的核心观点并无分歧。1885 年恩格斯在追述他们的思想发展过程时指出："当我 1844 年夏天在巴黎拜访马克思时，我们在一切理论领域中都显出意见完全一致，从此就开始了我们共同的工作。1845 年春天当我们在布鲁塞尔再次会见时，马克思已经从上述基本原理出发大致完成了阐发他的唯物主义历史理论的工作，于是我们就着手在各个极为不同的方面详细制定这种新形成的世界观了。"① 这说明当时他们两人在"一切理论领域中"意见是"完全一致"的。

第二，1888 年恩格斯把《提纲》作为《路德维希·费尔巴哈与德国古典哲学的终结》一书的附录，是在他重读过《德意志意识形态》之后作出的决定。恩格斯从未试图将《提纲》作为一个成熟的作品来发表，相反恩格斯评价它为"萌芽"。这就意味着，如果把《提纲》理解为是经过恩格斯晚年成熟思想刻意修正后的产物，很显然是不合适的。

第三，恩格斯对自己身为"第二提琴手"的角色定位非常明确。马克思去世后恩格斯负责整理马克思的手稿，其态度也是非常严谨。他在负责编辑《资本论》第三卷时就一再声明："尽可能用马克思自己的话来表述马克思得出的各种新成果"，"我没有任何权力""为了读者的方便而牺牲原文的真实性"，"像马克思这样的人有权要求人们听到他的原话，让他的科学发现原原本本按照他自己的叙述传给后世"。他还认为，改写原文是"擅自侵犯这样一位卓越的人的遗著"，是"失信"。因而"只是在绝对不可避免的地方，并且在读者一点也不会怀疑是谁在向他说话的地方，我才加进自己的话"②。

---

① 《马克思恩格斯文集》第 4 卷，人民出版社 2009 年版，第 232 页。
② 《马克思恩格斯文集》第 7 卷，人民出版社 2009 年版，第 1005 页。

总而言之，作为马克思坚定的革命战友，恩格斯的工作非常值得尊重。但毕竟他们并非一人，指望马克思恩格斯的思想完全一致也并不现实。如果以此把马克思和恩格斯分隔开来，甚至对立起来，那更是不符合马克思恩格斯思想发展进程的。因而，对于《提纲》两个版本的差异问题，既不应置之不理，又不宜矫枉过正，这点尤其需要注意。

（三）《提纲》中的"人的本质"

从人类思想史上，人的本质问题一直是思想家们争论不休的问题。一些唯心主义思想家赋予人的本质以种种宗教神秘的色彩。

马克思首先肯定了费尔巴哈把宗教的本质归结于人的本质的论断。费尔巴哈从唯物主义的观点出发，认为人是自然的产物，不是上帝创造的，也不是某种精神的产物，宗教的本质是被异化了的人的本质，并且人们被自己创造的上帝所束缚、所主宰。但是马克思进一步指出，费尔巴哈仅仅立足于"市民社会"对人的本质作出揭示，因此他只能把握到人的"自然属性"这一规定性。尽管表面看来费尔巴哈所把握的人是最具体、最感性、最现实的，但在"人"的本质层面上来看，却只能说是"抽象的个人"。

马克思在《提纲》中对"抽象的个人"所做的批判，充分显示了马克思实践唯物主义的历史性的维度。从历史主义角度来看，"抽象的个人观"是伴随着近代资本主义的兴起而形成的，伴随生产力的发展，个人逐渐从氏族、部落等圈子中解放出来，表现为独立，不再因血缘、地域、语言、习惯等缘故而必须从属于某个整体，取而代之的是渐趋萌芽与发展的"市民社会"。马克思指出，费尔巴哈之所以得出了"抽象的个人"的结论，就是由于他立足于并局限于市民社会条件下的人的存在方式。马克思在 1843 年秋所写的《论犹太人问题》中就揭示了市民社会条件下人的特点，"在市民社会中，是尘世存在物"[①]。在市民社会，人在"个体"和"类"两个方面都丧失了自我存在的真实性，因为个体和类由于分裂而变成了互为外在的对立关系。

在对费尔巴哈"抽象的个人"进行彻底批判的基础上，马克思正面表达了自己对于人的本质的理解——一切社会关系的总和。这里的一切社会关

---

① 《马克思恩格斯文集》第 1 卷，人民出版社 2009 年版，第 31 页。

系，泛指个人在表现和确证自己生命的过程中所结成的一切社会关系，包括家庭、地域、业缘、生产、阶级、民族、历史、道德、宗教等。马克思认为人的本质不是支配他自身的一种天然本性，而是他自身，是他在自己的对象性活动（即生命表现）中所创造和展现的人的特性，包括他的视觉、听觉、嗅觉、味觉、触觉、思维、直观、情感、愿望、活动、爱等。

马克思的这个观点，第一次从人的社会属性上来理解人的本质，使之建立在唯物史观的基础之上，也标志着马克思同费尔巴哈的哲学关系发生了重大区别。马克思强调，不能把人归结为某种"普遍的本质"而把人抽象化，进而导致人的现实性和"个性"的丧失。而要基于人的现实生存境遇，特别是从人与人的社会存在关系视角去理解和规定人的本质。只有从具体的、历史的社会关系出发，立足于"有生命的个体的存在"，使人特有的生存特性得到充分的显现，才能够准确把握人的本质。而人的物质生产实践是人区别于动物的最基本的社会生活方式，人的物质生产实践作为人的"本源性"的生存方式，也是个体与他人"结缘"形成社会关系的纽带，构成了人进入和形成社会关系的根据。

马克思将费尔巴哈的"类"概念置换成了"社会关系"概念，指出人的本质是人在社会活动中形成和创造的，个体是在社会性的实践生活和社会交往中塑造了人本身，是自我生成的。如果说人的现实性就在于感性的生命活动，那么人的社会关系乃是生命活动的产物，所以说人的本质在其现实性上就是一切社会关系的总和。随着社会生产力的发展，人们的各种社会关系也在不断变化发展。伴随着个人在既定物质生活条件下的自我超越、自我发展，人的本质也会相应地变化与发展。社会关系的差别必然构成人的本质的差别，因而不同时代的人的本质具有不同的具体的历史特点。马克思用人们的社会关系来说明人的本质，已经包含了用社会存在来说明社会意识的思想。强调一切社会意识，包括神秘的宗教意识，都是可以从人的社会生活实践中找到根源，进而得到具体说明的。

三、思考题

1. 如何理解在《关于费尔巴哈的提纲》中，马克思对费尔巴哈关于人的本质错误观点的批判。

2. 如何理解在《关于费尔巴哈的提纲》中，马克思提出的"全部社会生活在本质上是实践的"观点。

《德意志意识形态》(第一卷第一章) 导读

　　《德意志意识形态》是马克思恩格斯在创立和系统构建他们自己的哲学理论即"新唯物主义"时期所撰写的一部最重要的著作。在这部著作中,马克思恩格斯通过批判以鲍威尔、费尔巴哈和施蒂纳等人为代表的青年黑格尔派哲学,系统地论证和阐发了唯物主义历史观的基本原理。特别是该著作的第一卷第一章("费尔巴哈"部分),实际上是全书的导论,集中了全书的主要内容和思想精华。因此,学习这部著作特别是第一卷第一章,对于了解本真和原生意义上的马克思主义哲学,掌握科学的世界观和方法论,具有重要的意义。

　　《德意志意识形态》全书的绝大部分约写于 1845 年夏至 1846 年秋①。1842 年以前,马克思和恩格斯受到黑格尔哲学的影响,站在黑格尔唯心主义哲学的立场。1842 年至 1844 年年初,马克思和恩格斯通过参加社会实践,几乎同时完成了从唯心主义向唯物主义的转变。从 1844 年至 1845 年年初,他们通过《1844 年经济学哲学手稿》(1844 年 4—8 月)、《神圣家族》(1844 年 9—11 月)和《关于费尔巴哈的提纲》(1844 年年底或 1845 年年初)等文的写作,大致完成了唯物主义历史观的初创工作。此后,面临的主要任务是从各方面详细制定和论证有关这一理论的新观点。这一任务通过《德意志意识形态》一书的完成得到了实现。马克思在 1859 年撰写的《政治经济学批判》序言中曾这样回顾这本书的写作:当 1845 年年初恩格斯也住在布鲁塞尔时,"我们决定共同阐明我们的见解与德国哲学的意识形态的见解的对立,实际上是把我们从前的哲学信仰清算一下。这个心愿是以批判黑格尔以后的哲学的形式来实现的"②。因此,可以说,《德意志意识形态》集马克思

---

① 开始写作时间和最后完成时间依据作者本人的考证。

② 《马克思恩格斯选集》第 2 卷,人民出版社 1995 年版,第 34 页。

恩格斯早期哲学思想之大成，是马克思主义哲学创立的标志。

《德意志意识形态》的写作主旨是清算青年黑格尔派的哲学乃至马克思恩格斯本人以前所持有的唯心主义哲学立场，批判唯心主义历史观，论证和构建唯物主义历史观。青年黑格尔派又称黑格尔左派，是黑格尔哲学解体以后从黑格尔学派中分化出来的一个重要哲学派别，其主要人物有施特劳斯、鲍威尔、费尔巴哈和施蒂纳等。青年黑格尔派哲学是德国古典哲学的重要组成部分和当时德国资产阶级意识形态的主要代表，作为德国资产阶级民主革命的理论准备和理论先导，曾在 1835—1845 年期间在德国思想界和社会上产生了重要的影响和作用。马克思恩格斯曾经和鲍威尔、费尔巴哈、施蒂纳有过密切的接触和交往，并受到过他们哲学思想的启示和影响。由于研究对象的复杂性和重要性以及创立新世界观的需要，马克思和恩格斯在《德意志意识形态》中深入和彻底地探讨了历史观的诸种基本理论问题，在全面清理德国古典哲学特别是青年黑格尔派哲学的同时，极为详尽地论证和阐发了他们有关唯物主义历史观的新见解。因此，在马克思和恩格斯的著作中，《德意志意识形态》是阐释唯物主义历史观基本原理最详尽、最系统的一部著作。通过阅读该书，人们不仅可以系统地了解唯物主义历史观的基本原理，而且还可以深入地了解这些基本原理赖以形成和确立的基本前提、依据和路径，以及其中所体现和蕴含的方法论原则。

在马克思恩格斯生前，《德意志意识形态》全书未能出版，只有极个别章节以论文的形式在杂志上发表过。该书第一卷第一章首次发表是在苏联，由苏共中央马克思恩格斯研究院于 1924 年用俄文发表，1926 年用原文即德文发表。全书首次发表是在 1932 年，以原文即德文形式发表于《马克思恩格斯全集》历史考订版第一部第五卷。由于该书问世时间较晚，列宁生前未能读到此书。在我国，由于受苏联哲学界教条主义的影响，该书曾长期为哲学界、理论界所忽视。

《德意志意识形态》第一卷第一章是全书中最为核心和重要的部分。由于现已无法查明第一章遗存各部分手稿的顺序，在手稿的编辑乃至理解上存有较大的分歧，故既有的该章的版本较多，主要有：梁赞诺夫版（Marx-Engels Archiv, Bd.I, 1926 年）；阿多拉茨基版（MEGA1 I/5, 1932 年）；巴加图利亚版（《哲学问题》杂志第 10—11 期，1965 年）；新德文版（Deutsche Zeitschriftfuer Philosophie, 1966 年）；《马克思恩格斯全集》历史考订版第二版《德意志意识形态》第一卷第一章试行版（MEGA2 I/5, Probeband, 1972 年）；
广松涉版（《文献学语境中的〈德意志意识形态〉》，河出书房新社，1974 年）；
涩谷正版（《草稿完全复原版〈德意志意识形态〉·序文、第一卷第一章》，
新日本出版社，1998 年）；《马克思恩格斯全集》历史考订版第二版《德意志
意识形态》第一卷第一、二章先行版（MEGA2 I/5, 2004 年）；《马克思恩格
斯全集》历史考订版第二版第一部第 5 卷（MEGA2 I/5,《德意志意识形态》
正式版，2017 年）等。《德意志意识形态》第一卷第一章的第一个中文译本
是由郭沫若翻译并于 1938 年在上海言行出版社出版的。

一、主要内容

收入《马克思恩格斯文集》第一卷（中央编译局编辑，2009 年版）的《德
意志意识形态》第一卷第一章现存遗稿的中文本系以巴加图利亚所编版本为
底本，根据 1985 年德文单行本译校，全文分为四个部分。在该章中，马克
思恩格斯对他们所创立的唯物主义历史观进行了系统的论证和阐发。

贯穿于《德意志意识形态》第一卷第一章全文的逻辑主线是：以现实的
人（"现实的个体"）为出发点，以实践活动为人的基本存在和发展方式，以
人的自由全面发展为归宿和目标。

（一）唯物主义历史观的现实出发点

马克思恩格斯在阐述人类历史的现实前提的基础上，阐明了唯物主义历
史观的现实出发点。

马克思恩格斯在考察历史时，不是运用思辨的方法，从任意的前提出
发，而是运用经验的方法，从现实的前提出发。他们把这种现实的前提表述
为"现实的个体"（Individumm），"他们的活动"，以及"他们的物质的生活
条件"①。其中，首要的前提是现实的个体或有生命的个体。

马克思恩格斯认为，"全部人类历史的第一个前提无疑是有生命的个体

---

① 《马克思恩格斯文集》第 1 卷，人民出版社 2009 年版，第 518—519 页。"个体"
（Individumm）一词现几乎均被译成"个人"，有误。详见本篇作者《马克思的"个
体"与"共同体"概念》一文中的相关考证，载《哲学研究》2012 年第 1 期。

的存在"①。而个体的肉体组织决定着人们必须进行自己的物质生活资料的生产，从而发生人们与自然之间的关系。人们用以生产自己的生活资料的方式，不仅是他们的肉体存在的再生产，而且在更大程度上是他们的"活动方式"和"生活方式"，是决定他们的本质的东西，因为人们生产自己的生活资料，同时也就间接地生产着自己的物质生活本身。因此，物质生产是人的本质规定，当人一开始生产自己的生活资料，人就开始把自己和动物区别开来。

那么，人们的意识、精神与他们的存在又是什么关系？以往的历史观把人的精神、意识作为人的存在和社会历史的决定力量以及自己的哲学的出发点。马克思恩格斯坚持从物质实践的观点出发，把意识、精神看作"人们物质行动的直接产物"，认为"意识在任何时候都只能是被意识到了的存在，而人们的存在就是他们的现实生活过程"②。按照这一理解，意识、意识形态自身不具有自己的独立性及独立发展的历史，而是依附于它们所产生的社会物质条件，是由人们的社会存在所决定的一种历史的产物："道德、宗教、形而上学和其他意识形态，以及与它们相适应的意识形式便不再保留独立性的外观了。它们没有历史，没有发展，而发展着自己的物质生产和物质交往的人们，在改变自己的这个现实的同时也改变着自己的思维和思维的产物。"③

在揭示人类历史的现实前提以及人类物质实践活动对于人类自身存在意义的基础上，马克思恩格斯确定了唯物主义历史观的出发点。唯物主义历史观的出发点就是"现实的个体"："我们的出发点是从事实际活动的人"④。

由此出发，马克思恩格斯进一步从哲学对象的角度对唯物主义历史观进行了界定，提出它是"描述人们实践活动和实际发展过程的真正的实证科学"⑤。这一规定，肯定了人在唯物主义历史观中的中心地位，同时也内含和体现了唯物主义历史观的科学性和价值性的双重本性：既肯定人是历史主体，也肯定人是价值主体。前者体现客观的历史事实，后者体现主体的价值

① 《马克思恩格斯文集》第 1 卷，人民出版社 2009 年版，第 519 页。
② 《马克思恩格斯文集》第 1 卷，人民出版社 2009 年版，第 525 页。
③ 《马克思恩格斯文集》第 1 卷，人民出版社 2009 年版，第 525 页。
④ 《马克思恩格斯文集》第 1 卷，人民出版社 2009 年版，第 525 页。
⑤ 《马克思恩格斯文集》第 1 卷，人民出版社 2009 年版，第 526 页。

取向。

（二）唯物主义历史观的实践观

从人类历史的现实前提出发，马克思恩格斯对在《关于费尔巴哈的提纲》中已经确立的实践观进行了具体展开，进一步揭示了实践在人类历史发展过程中的地位和作用。他们指出，实践是整个现存感性世界的基础，是人与自然相统一的基础，而费尔巴哈的局限性就在于，没能把感性世界理解为构成这一感性世界的个人的实践活动。而且，实践、物质生活资料的生产，是人类生存的第一个前提，是人们仅仅为了生活就必须每日每时从事的历史活动，因此，它"是一切历史的基本条件"。正是通过物质生活资料的生产，人类满足自身生命生产的需要，并为意识和精神的生产提供源泉和动力。

出于对实践的这种理解，与以往的哲学家们停留于哲学的思辨不同，马克思恩格斯关注和重视哲学向实践的转化，即哲学的现实化。他们强调："对实践的唯物主义者即共产主义者来说，全部问题都在于使现存世界革命化，实际地反对并改变现存的事物。"① 这样，马克思恩格斯就进一步把自己的哲学表述为一种"实践的唯物主义"。这一概念表明，在马克思恩格斯那里，实践的观点与唯物主义的观点是统一的。只有坚持实践的观点，才能坚持彻底唯物主义的观点。此外，唯物主义的观点与共产主义的理论也是统一的。共产主义就是唯物主义在社会实践中的运用和体现。

从实践的观点来理解唯物主义历史观的本质，马克思恩格斯认为："这种历史观就在于：从直接生活的物质生产出发阐述现实的生产过程，把同这种生产方式相联系的、它所产生的交往形式即各个不同阶段上的市民社会理解为整个历史的基础，从市民社会作为国家的活动描述市民社会，同时从市民社会出发阐明意识的所有各种不同理论的产物和形式，如宗教、哲学、道德等等，而且追溯它们产生的过程。"② 它和唯心主义历史观的区别在于："不是从观念出发来解释实践，而是从物质实践出发来解释各种观念形态。"③

---

① 《马克思恩格斯文集》第 1 卷，人民出版社 2009 年版，第 527 页。
② 《马克思恩格斯文集》第 1 卷，人民出版社 2009 年版，第 544 页。
③ 《马克思恩格斯文集》第 1 卷，人民出版社 2009 年版，第 544 页。

（三）唯物主义历史观的意识形态理论

马克思恩格斯在系统阐述实践观的基础上，专门研究了意识形态与统治阶级、与占统治地位的物质关系即经济基础的关系，集中阐述了意识形态的本质。

"意识形态"一词为希腊语 idea 和 graphein 构成，意为"观念的学说"。德文语词为 Ideologie，"观念体系"或"思想体系"之意。"意识形态"这一汉语语词为日本学者枛田在翻译《德意志意识形态》一书中 Bewusstseins-form（"意识形式"）一词时所使用。郭沫若在翻译《德意志意识形态》第一章时用枛田使用的这一语词来翻译 Ideologie，并用于该书的书名。据有关考证，法国哲学家孔狄亚克首先赋予该词以哲学含义，将其解释为一种通过对生理和心理的认识来确定有关教育、伦理和政治的实用规则的学说。在《德意志意识形态》中，马克思恩格斯首先是在这一概念的德语语词所具有的通常含义即"观念体系"的意义上来使用这一概念的。他们区分了"一般意识形态"和"德国意识形态"。前者指以往的一切意识形态，后者则专指青年黑格尔派哲学。

马克思恩格斯认为，意识形态实质上是统治阶级的思想体系。"统治阶级的思想在每一时代都是占统治地位的思想"①，因为统治阶级是社会上占统治地位的物质力量，支配着物质生产资料，这就决定它必然同时也是社会上占统治地位的精神力量，支配着精神生产资料。这意味着，统治阶级的统治，不仅表现在社会物质领域和政治领域中，而且，也必然表现在思想领域中。也就是说，统治阶级不仅作为物质生产的管理者进行统治，而且，还作为思想的生产者和调节者进行统治。统治阶级之所以需要思想、意识形态，是因为他们不仅需要支配物质生产资料，还需要支配精神生产资料。

一定的意识形态虽然是一定的统治阶级的思想，但是统治阶级往往赋予自己的思想以普遍的形式，把它们描述成唯一合理的、具有普遍意义的思想。马克思恩格斯指出，这种做法其实只是在统治阶级的利益与其余一切非统治阶级的共同利益还有较多的联系、还没有发展为特殊利益时才有其合理性。

---

① 《马克思恩格斯文集》第 1 卷，人民出版社 2009 年版，第 550 页。

在指出意识形态是社会上占统治地位的思想、是统治阶级的思想的基础上，马克思恩格斯进一步揭示了意识形态的根源，认为意识形态作为在社会上占统治地位的统治阶级的思想，是统治阶级的物质关系的在观念上的反映和表现。马克思恩格斯强调，占统治地位的思想之所以是统治阶级的思想，说到底，是因为统治阶级在社会物质关系领域居统治地位，统治阶级的物质关系是社会上占统治地位的物质关系，而"占统治地位的思想不过是占统治地位的物质关系在观念上的表现，不过是以思想的形式表现出来的占统治地位的物质关系"①。可见，在意识形态问题上，马克思恩格斯也彻底坚持和贯彻了"不是人们的意识决定他们的存在、而是他们的社会存在决定他们的意识"的观点。由于意识形态是统治阶级物质关系的反映和表现，所以，它为统治阶级物质关系的存在和发展服务，是维持和巩固统治阶级的阶级统治的必要条件。

马克思恩格斯认为，意识形态作为占统治地位的思想，主要是统治阶级中有概括能力的思想家的产物，因为分工也以精神劳动和物质劳动的分工形式出现在统治阶级中间。也就是说，在统治阶级内部，有一部分人是专门作为该阶级的思想家出现的，他们因为具有概括能力而扮演了该阶级思想家的角色，并因此成为该阶级的意识形态家。

马克思恩格斯还从意识的根源性的角度来定义意识形态，将其界定为人们的存在，即人们的物质生活过程的反映和升华物："意识在任何时候都只能是被意识到了的存在，而人们的存在就是他们的现实生活过程。如果在全部意识形态中，人们和他们的关系就像在照相机中一样是倒立成像的，那么这种现象也是从人们生活的历史过程中产生的，正如物体在视网膜上的倒影是直接从人们的生理过程中产生的一样。""甚至人们头脑中的模糊幻象也是他们的可以通过经验确认的、与物质前提相联系的物质生活过程的必然升华物。"②

据此，马克思恩格斯得出的一个极为重要的结论是，意识形态具有依存性的特征，它没有自身独立的发展历史："道德、宗教、形而上学和其他意识形态，以及与它们相适应的意识形式便不再保留独立性的外观了。它们没

---

① 《马克思恩格斯文集》第 1 卷，人民出版社 2009 年版，第 550—551 页。

② 《马克思恩格斯文集》第 1 卷，人民出版社 2009 年版，第 525 页。

有历史，没有发展，而发展着自己的物质生产和物质交往的人们，在改变自己的这个现实的同时也改变着自己的思维和思维的产物。"①

这意味着，每一历史时期都需要也必然会产生与该时期的特定的物质生活过程相适应的特殊的意识形态，用以反映和借以解决该时期生产力与生产关系之间的矛盾以及由此产生的各种社会矛盾。任何意识形态及其社会作用都是具体的、历史的。

（四）唯物主义历史观的社会结构理论

在《德意志意识形态》中，马克思恩格斯以人们的社会实践活动为基础，对社会形态的结构作了较为系统的分析和描述。

1. 现实的个人与物质生产

与青年黑格尔派哲学和以往的一切唯心主义历史观不同，马克思恩格斯在考察历史时，不是运用思辨的方法，从任意的前提出发，而是运用经验的方法，从现实的前提出发。马克思恩格斯把这种现实的前提表述为"现实的个体"，"他们的活动"，以及"他们的物质的生活条件"②。

马克思恩格斯着重揭示的是处在一定的物质生活条件下的个体与这些个体的活动的关系。他们认为，全部人类历史的第一个前提无疑是有生命的个体的存在，因而，第一个需要确定的事实就是这些个体的肉体组织以及他们与自然界的关系。个体的肉体组织决定着人们必须进行自己的物质生活资料的生产，这使生活资料的生产成为人类的"第一个历史活动"，并从而成为一切历史的"基本条件"。同时，人们用以生产自己的生活资料的方式，不仅是他们的肉体存在的再生产，而且在更大程度上是他们的"活动方式"和"生活方式"，是决定他们的本质的东西，因为人们生产自己的生活资料，同时也就间接地生产着自己的物质生活本身。因此，人类的物质生活资料的生产是任何科学的历史观所必须给予充分重视的基本事实。

这样，通过对人类历史的现实前提的揭示，马克思恩格斯阐明了人类的物质实践活动对于历史认识的意义，论证了唯物主义历史观赖以建立的经验基础。

---

① 《马克思恩格斯文集》第 1 卷，人民出版社 2009 年版，第 525 页。

② 《马克思恩格斯文集》第 1 卷，人民出版社 2009 年版，第 519 页。

2. 人们的社会存在与社会意识

从社会关系中划分出"交往关系"即生产关系，找到社会领域中的物质关系的表现形式，使马克思恩格斯能够对人们的存在与他们的意识即社会存在与社会意识的关系问题作出科学的说明，从而不仅在对自然的认识方面，而且也在对历史的认识方面彻底解决存在与思维的关系问题。

马克思恩格斯指出，思想、观念、意识的生产最初是直接与人们的物质活动，与人们的物质交往，与现实生活的语言交织在一起的。人们的想象、思维、精神交往在这里还是人们物质活动的直接产物。表现在某一民族的政治、法律、道德、宗教、形而上学等的语言中的精神生产也是这样。"意识在任何时候都只能是被意识到了的存在，而人们的存在就是他们的现实生活过程。"因此，意识是随着人们的现实生活的改变而不断变化的，"不是意识决定生活，而是生活决定意识"①。

马克思恩格斯阐述了意识的社会性。意识产生于个人之间的交往的迫切需要。交往关系是人的社会实践活动的一个组成部分，为人而存在并且是人这一主体所专有的。动物不存在这种关系的问题。对于动物来说，它对他物的关系不是作为关系而存在的。因而，"意识一开始就是社会的产物，而且只要人们存在着，它就仍然是这种产物。"②意识的社会性在原始意识中仅具有低级的、萌芽的形态。原始意识只是对直接的可感知的环境的一种意识，是对处于开始意识到个体自身之外的其他人和其他事物的狭隘联系的一种意识，以及对自然界的一种纯粹动物式的意识。但即使如此，原始意识也已经是对人们的交往和社会性的某种反映。以后，由于生产效率的提高，需要的增长以及人口的增多，意识获得了进一步的发展和提高。特别是由于脑力劳动与体力劳动分离的发生，意识就获得了相对的独立性和真正的社会意义。从这时起，意识能够摆脱世界而去构造"纯粹的"理论、神学、哲学、道德等各种形式。但是，这并不意味着意识失去了社会的现实基础，相反，马克思恩格斯强调，如果意识的诸种形式与现存的社会关系发生了矛盾，那么，必须从现存的社会关系和现存的生产力之间的矛盾中得到解释和说明。

---

① 《马克思恩格斯文集》第 1 卷，人民出版社 2009 年版，第 525 页。
② 《马克思恩格斯文集》第 1 卷，人民出版社 2009 年版，第 533 页。

3. 生产力与交往形式（生产关系）

在手稿中，马克思恩格斯通过对人的实践活动的分析，第一次阐明了一定社会的生产力与生产关系的辩证关系。

马克思恩格斯分析了人的社会活动的若干方面或若干因素，即物质生活资料的生产，新的需要的产生以及与种的繁衍相关的家庭等。这些因素作为人的生命的生产活动，包含了双重关系：一方面是人与自然的关系，另一方面是人们之间的社会关系。两者是密不可分的，一定的生产方式或工业阶段始终与一定的合作方式和社会阶段相联系。由此出发，他们就把生产力与生产关系的矛盾从诸种社会现象中划分出来，生产关系在多数场合又被称为"交往形式"或"交往关系"。

马克思恩格斯考察了生产力与交往关系的矛盾发展的历史，特别是生产力与作为劳动组织形式和分工结果的所有制的矛盾发展的历史。通过考察，他们得出这样的结论："一切历史冲突都根源于生产力和交往形式之间的矛盾"①，它们都不过是生产力和交往形式这一矛盾所造成的附带形式。

按照马克思恩格斯的理解，生产力与交往形式的关系就是交往形式与个体的物质活动的关系。交往形式受制于生产力，它在历史的每一阶段上都与同一时期的生产力发展相适应，因此也就伴随生产力的发展不断由个体的活动条件转化为它的桎梏，从而在整个历史发展过程中构成一个新旧交替的有联系的交往形式的序列。交往形式迄今为止的几个历史发展阶段是：部落所有制、古代公社所有制、封建的或等级的所有制以及资本主义所有制。

4. 分工与所有制

在手稿中，马克思恩格斯给予了分工以特殊的重视。在他们看来，分工既是生产力发展的结果，同时又是交往关系或生产关系的前提和基础。分工决定于生产力。分工的发展程度是生产力发展水平的客观标尺。分工的发展阶段依赖于当时生产力的发展水平。同时，分工决定了生产方式的演变。民族内部的分工引起工业同农业的分离，然后引起商业同工业的分离。

分工和所有制是同义语，分工是就活动而言，所有制是就活动的结果而言。分工发展的不同阶段就是所有制的不同形式。在分工还很不发达、自然分工占统治地位的情况下，所有制形式是部落所有制。在分工已经很发达、

---

① 《马克思恩格斯文集》第 1 卷，人民出版社 2009 年版，第 567—568 页。

城乡对立已经产生的情况下,所有制形式是古代公社所有制和国家所有制。在封建制繁荣时代,分工因小块土地的耕作而受阻,各城市间交往有限,以及居民稀少和需求有限,因此分工很少,所有制形式是封建的或等级的所有制。

分工决定阶级和国家的产生。阶级划分直接以分工和生产工具为基础。分工使精神活动和物质活动、享受和劳动、生产和消费由不同的人来分担成为可能和现实。分工产生了普遍利益和特殊利益的对立,这种普遍利益以国家这种虚幻的共同体形式出现。分工是劳动异化的根源。要扬弃异化,必须消灭分工。而消灭分工的前提,是生产力的巨大增长和高度发展。

分工的发展经历了不同的历史阶段:性别分工、自然分工、真正的分工(脑体劳动的分离)。在野蛮社会,自然形成的生产工具,人受自然支配,地产统治,个人通过家庭、部落、土地而联合,人与自然交换,脑体劳动未完全分工,统治形式是个人关系或共同体,没有不同个人间的分工;在文明社会,文明创造的生产工具,人受劳动产品支配,资本统治,个人通过交换而联合,人与人交换,脑体劳动已实现分工,统治形式是货币,以分工为基础。

5."市民社会"(经济基础)与政治和观念的上层建筑

马克思恩格斯将交往关系(生产关系)从各种社会关系中划分出来作为社会结构中具有决定性的因素,并沿袭传统社会学的术语将其称为"市民社会"。

按照他们的理解,市民社会包括各个人在生产力发展的一定阶段上的一切物质交往,包括该阶段上的整个商业生活和工业生活,也标志着直接从生产和交往中发展起来的社会组织。马克思恩格斯指出:正是市民社会,"在一切时代都构成国家的基础以及任何其他的观念的上层建筑的基础"[1],因此,"这个市民社会是全部历史的真正发源地和舞台"[2]。

在揭示交往关系或市民社会的作用的基础上,马克思恩格斯阐明了作为政治上层建筑的国家以及作为观念上层建筑的意识形态。他们认为,国家是交往关系发展到一定阶段产生的,是分工和私有制的产物。国家作为阶级统

---

① 《马克思恩格斯文集》第1卷,人民出版社2009年版,第582—583页。

② 《马克思恩格斯文集》第1卷,人民出版社2009年版,第540页。

治的工具，"是统治阶级的各个人借以实现其共同利益的形式"①。现代资本主义国家则是与现代资本主义私有制相适应的，尽管它具有以前的国家所不曾具有的普遍形式和独立性，但它不过是"资产者为了在国内外相互保障各自的财产和利益所必然要采取的一种组织形式"②。国家是政治上层建筑的核心，一切共同的规章制度都以国家为中介并获得自己的政治形式。而法作为一种规章制度，无非是统治阶级意志的普遍表现，是一定的所有制关系的表达。

关于观念的上层建筑即意识形态，如前已述，马克思恩格斯认为，它作为统治阶级的思想体系，实际上是统治阶级的物质关系的反映。因为统治阶级是社会上占统治地位的物质力量，支配着物质生产资料，这就决定它必然同时也是社会上占统治地位的精神力量，支配着精神生产资料。说到底，"占统治地位的思想不过是占统治地位的物质关系在观念上的表现"③。

6. 个体与共同体

马克思恩格斯论述了个体与阶级、个体与社会、个体与共同体的关系，并区别了真正的共同体与"虚幻的共同体"，即共产主义社会与以往的剥削阶级社会。

虚假的共同体是指，共同体中的个体没有社会地位，他们的个体发展是由阶级决定的，他们隶属于阶级。以一定的方式进行生产活动的一定个体，发生一定的社会关系和政治关系，而社会结构和国家是从一定的个体的生活过程中产生的。真正的共同体即共产主义，它是异化扬弃的形式。只有在这一共同体中，个体才能获得全面发展自己才能的手段，才能有个体的自由。

真正的共同体与虚幻的共同体的区别在于：在虚幻的共同体中，个体不是作为个体而是作为阶级的成员处在这种共同体的关系中；在真正的共同体中，各个个体是作为个体参与的。在虚幻的共同体中，个体的发展和运动的条件受偶然性的支配，并作为某种独立的东西同单个个体相对立，联合对于个体来说是异己的联系，是个体有可能利用偶然性的一些条件的联合；在真正的共同体中，联合则是把个体的自由发展和运动的条件置于他们的控制之

---

① 《马克思恩格斯文集》第 1 卷，人民出版社 2009 年版，第 584 页。
② 《马克思恩格斯文集》第 1 卷，人民出版社 2009 年版，第 584 页。
③ 《马克思恩格斯文集》第 1 卷，人民出版社 2009 年版，第 550 页。

下。在虚幻的共同体中，个体自由只是对于那些统治阶级的成员来说是存在的；在真正的共同体中，各个个体在自己的联合中并通过这种联合获得自己的自由。

7. 民族历史与世界历史

在手稿中，马克思恩格斯提出了他们的"世界历史"思想，这实际上也就是今天被称之为"全球化"的理论。确切地说，是对全球化的一种哲学表述。他们认为，是资本主义大工业创造了交通工具和现代的世界市场，从而开创了世界历史。世界市场是世界历史赖以形成的重要物质基础，而世界历史的发展，将导致共产主义的实现。世界历史的开启，其重要意义在于：首先，它使地域性的生产力成为一种国际化的生产力，为生产力的保存和进一步发展提供了保障。某一个地域创造出来的生产力，特别是科学技术或发明，在以后的发展中是否会失传，完全取决于交往扩展的情况。只有当交往已成为世界历史交往和以大工业为基础的时候，只有当一切民族都卷入竞争斗争的时候，保持已创造出来的生产力才有了保障。其次，世界历史为共产主义创造条件。共产主义的建立以生产力的普遍发展和与此相联系的人们之间的世界交往为前提，因此，它"只有作为'世界历史性的'存在才有可能实现"①。最后，世界历史也为个人的解放创造前提。个人只有能够摆脱民族和地域的界限而同世界生产发生联系，才能获得利用全球生产的能力，才能由地域性的个人转变为世界历史的个人。总之，"每一个单个人的解放的程度是与历史完全转变为世界历史的程度一致的。"②

（五）唯物主义历史观的价值观及理想社会构想

在《德意志意识形态》第一卷第一章中，马克思恩格斯对唯物主义历史观的未来社会构想——共产主义及其价值目标进行了明晰、详尽的论述。在这里，共产主义是被作为唯物主义历史观的价值观的具体体现和实践结果而提出的。

在马克思恩格斯看来，人的自由全面发展或"自由个性"的实现既是唯物主义历史观的价值观，同时也是共产主义的实质和最高价值目标。它建立

---

① 《马克思恩格斯文集》第1卷，人民出版社2009年版，第539页。
② 《马克思恩格斯文集》第1卷，人民出版社2009年版，第541页。

在人的真正的"自主活动"基础之上。所谓自主活动是指主体按照自身的意愿自我决定，并且能够自由支配所需的各种外部社会条件从而能够付诸现实的实践活动。自主活动是"自由个性"的承担者和现实规定，而"自由个性"则是"自主活动"的主体表现。在资本主义条件下，劳动已失去了任何"自主活动"的假象，成为摧残生命的方式，成为"自主活动"的否定方式，成为手段。只有在共产主义条件下，才能实现"自主活动"同物质生活的一致，实现强制劳动向"自主活动"的转化，从而也才能实现个体"对生产工具总和的占有以及由此而来的才能总和的发挥"①，即实现人的自由全面发展或"自由个性"。在此意义上，所谓共产主义就是使个体的才能得到全面发展，使个体的自由得到真正实现的自由人联合体："在真正的共同体的条件下，各个个体在自己的联合中并通过这种联合获得自己的自由。"②

马克思恩格斯指出，共产主义是资本主义社会生产力和交往形式或生产关系矛盾运动的必然产物。他们认为，共产主义并不是主观人为设定的、现实必须与其相适应的一种社会理想或目标，而是"一种消灭现存状况的现实的运动"。这个运动的条件是由现有的前提产生的。也就是说，是现存的资本主义生产力和生产关系矛盾运动的必然结果。

马克思恩格斯强调，共产主义的建立首先需要以生产力的巨大增长和高度发展为前提。因为只有这种增长和发展，才能扬弃人的活动的异化，才能消除贫困、极端贫穷的普遍化，才能随着生产力的普遍发展建立起人们之间的普遍交往，才能使地域性的个体转变为世界历史性的个体。因此，"建立共产主义实质上具有经济的性质"③，这就是推翻一切旧的生产关系的基础，消灭私有制，为自由个体的联合创造各种物质条件，把现存的条件变成联合的条件。另外，共产主义只有作为世界历史性的存在才有可能实现。马克思恩格斯认为，人类历史是由民族历史向世界历史的转变过程。生产力越发展，各民族的原始封闭状态被日益完善的生产方式、交往和民族间的分工消灭得越彻底，历史越成为世界历史。"无产阶级只有在世界历史意义上才能

---

① 《马克思恩格斯文集》第 1 卷，人民出版社 2009 年版，第 581 页。
② 《马克思恩格斯文集》第 1 卷，人民出版社 2009 年版，第 571 页。译文有修订。
③ 《马克思恩格斯文集》第 1 卷，人民出版社 2009 年版，第 574 页。

存在"。共产主义也"只有作为'世界历史性的'存在才有可能实现"①。按照马克思恩格斯的构想,资本主义大工业开创了世界历史,而共产主义则是世界历史发展的必然趋势和结果。

二、延伸阅读

在撰写《德意志意识形态》一书之前,马克思写下了含《1844 年经济学哲学手稿》和《詹姆斯·穆勒〈政治经济学原理〉一书摘要》等在内的"巴黎手稿"以及一份重要的札记,即著名的《关于费尔巴哈的提纲》。《1844年经济学哲学手稿》作为马克思哲学思想的真正发源地,是马克思第一次系统构建其理论体系的尝试,蕴含了其后来思想多方面发展的萌芽。特别是其中的劳动观、人的理论、感性观、自然观以及对共产主义的论证等与《詹姆斯·穆勒〈政治经济学原理〉一书摘要》中的交往理论一起,均在《德意志意识形态》中特别是第一卷第一章中得到系统的体现、升华和展开。而《关于费尔巴哈的提纲》作为马克思"新唯物主义"哲学的纲要,在一定意义上则构成了《德意志意识形态》的直接理论前提乃至逻辑主线。一般认为,《关于费尔巴哈的提纲》写于 1845 年春,但也有一些学者认为,写于 1844年 12 月,即在马克思刚刚研读完施蒂纳的《唯一者及其所有物》一书之后,也就是说,它同时体现了马克思对施蒂纳哲学的借鉴和超越。

在既有的《德意志意识形态》第一卷第一章诸种版本中,梁赞诺夫版作为首个版本,尽管存在许多不足,但有其不可抹杀的历史功绩和特殊的地位。《马克思恩格斯全集》历史考订版第二版第一部第 5 卷(MEGA2 I/5,《德意志意识形态》正式版,2017 年)无疑是迄今为止最新的、在一定意义上也是最具有权威性的版本。同时,也应注意到,由于种种原因这一版本也仍然存有某些不足、失误和缺陷,需要在使用时加以甄别。

需要加以研究和澄清的关于《德意志意识形态》第一卷及其第一章的主要文献学问题是:第一卷第一章的主要作者,第一卷的主要论战对象和主题,以及第一卷第一章的文本构成、结构及其编序。

---

① 《马克思恩格斯文集》第 1 卷,人民出版社 2009 年版,第 539 页。

（一）关于《形态》第一卷第一章的主要作者

众所周知，迈耶、梁赞诺夫和巴纳等人都主张马克思是该章的主要作者。至于遗留下来的手稿大部分是恩格斯的手迹，迈耶率先提出了恩格斯同时主动承担了文稿"誊写"工作以及记录"事先商量过的某种成熟的想法"这一设想①。梁赞诺夫也认为，手稿可能是由恩格斯记录马克思口述内容的结果。梁赞诺夫和迈耶的猜测特别是迈耶的设想得到了巴纳的肯定，同时也得到了国际学术界较为广泛的认可。与此相反，广松涉在研究和编辑《德意志意识形态》第一卷第一章手稿的过程中，却断然否定了迈耶、梁赞诺夫和巴纳的推断，不仅认为该章的原创者是恩格斯，甚至还进而得出恩格斯在"合奏的初期""拉响第一小提琴"以及"历史唯物主义主要是出自恩格斯的独创性见解"这一结论②。对于绝大多数研究者来说，广松涉的这种主张的荒谬性是无须待言的。然而，陶伯特和佩尔格在其 2004 年出版的该卷第一、二章的先行版中却对此采取了一种甚为含糊和折中的立场。他们认为，应予"确定马克思和恩格斯作为同等地位的作者"③。然而，这种"同等地位"的说法如果仅仅是指马克思和恩格斯两者都享有作者的资格，那么显然没有多大意义；如果是指马克思和恩格斯彼此担负了完全对等的写作任务或在写作中扮演了完全对等的角色，没有主次之分，那么则显然不符合历史事实。MEGA2 第一部第五卷的编辑者对陶伯特的表态有所修正，认为"与恩格斯相比，马克思赋予青年黑格尔派哲学批判以更重大的意义并且起草了较大的部分"④。但是，这一笼统的判定是就第一卷整体而言的，而且并没有提出具体的论证和证据。

其实，马克思于 1846 年 8 月 1 日致卡·威·列斯凯的信以及于 1847 年

---

① Gustav Mayer, Friedrich Engels. Eine Biographie.Bd.1：Friedrich Engelsinseiner Fruehzeit.1820-1851, berlin.1932, S.226.

② 见广松涉：《青年恩格斯的思想形成》，载《文献学语境中的〈德意志意识形态〉》，南京大学出版社 2005 年版，第 358、366 页。

③ 李乾坤、毛亚斌、鲁婷婷等译：《MEGA：陶伯特版〈德意志意识形态·费尔巴哈〉》，南京大学出版社 2014 年版，第 127 页。

④ 见 Karl Marx/Friedrich Engels, Gesamtausgabe（MEGA），erste Abteilung, Werke. Artikel. Entwuerfe, Bd.5, S.749。

12 月 9 日致安年柯夫的信都能够说明马克思是该章的主要作者。首先是马克思于 1846 年致列斯凯的信。在这封信中，马克思在详细陈述自己对该书的出版意见时写下了这样一段文字："我的著作第一卷（指《德意志意识形态》第一卷——引者注）快要完成的手稿在这里已经放了很长时间，如果不从内容和文字上再修改一次，我是不会把它付印的。一个继续写作的作者不会在六个月以后原封不动地把他在六个月以前写的东西拿去付印，这是可以理解的。"[①] 在这段文字中，马克思完全以个人著作的口吻来谈论《德意志意识形态》第一卷，把它说成是他自己个人的著作。在该信中，马克思还表示，如果该书能够出版，他将于本年 11 月以前把这部分文稿再修改一遍，以便以更理想的形态付印。这段文字清晰地表明，《德意志意识形态》一书第一卷从内容到文字的最后表述实际上均是由马克思来全权负责的。与此相类似，马克思在 1847 年年底致安年柯夫的信中，也完全是以个人著作的口吻来谈论《德意志意识形态》一书手稿的："我的德文手稿（指《德意志意识形态》一书手稿——引者注）没有全部印出来。已印出来那部分，只是为了能够问世，我答应不拿报酬。"[②]

（二）关于《形态》第一卷的主要论战对象和主题

最初，巴加图利亚和陶伯特等学者认为马克思恩格斯撰写《德意志意识形态》的基本动因有两个：一是载有鲍威尔《评路德维希·费尔巴哈》一文的《维干德季刊》第 3 卷的出版；二是与鲍威尔继续论战的理论需要。陶伯特据此将关于第一卷的"原始论题"明确地概括为"与布鲁诺·鲍威尔的论战"，并以马克思于 1845 年 11 月 20 日所撰写的《答布鲁诺·鲍威尔》作为《德意志意识形态》第一卷第一章先行版的开篇。而后，MEGA2 第一部第五卷的编辑者意识到陶伯特的判断有误，并确认"应该是施蒂纳构成了马克思和

---

① 《马克思致卡威·列凯特》（1846 年 8 月 1 日），《马克思恩格斯全集》第 27 卷，人民出版社 1972 年版，第 474—475 页。

② 《马克思致巴·瓦·安年柯夫》（1847 年 12 月 9 日），《马克思恩格斯全集》第 27 卷，第 479 页。

恩格斯论战以及批判青年黑格尔派的中心"①，然而这个修正却未能贯彻到文本的编辑和阐释中，反而在第一部第 5 卷中依然沿袭了先行版关于《维干德季刊》第 3 卷的出版以及同鲍威尔继续论战的需要是马克思恩格斯撰写《德意志意识形态》的最初动因这一说法②。

实际上，马克思和恩格斯撰写《德意志意识形态》的最初动因和主要动因是为了回应和批判施蒂纳的《唯一者及其所有物》一书，而《德意志意识形态》第一卷的所谓"原始论题"或主题也是与施蒂纳的论战或对施蒂纳的批判。施蒂纳《唯一者及其所有物》一书于 1844 年 10 月底在莱比锡出版，比《维干德季刊》1845 年第 3 卷的出版时间整整早了一年。在《唯一者及其所有物》中，施蒂纳将批判的锋芒直接指向费尔巴哈、鲍威尔和赫斯乃至马克思，尤其是指向费尔巴哈的代表作《基督教的本质》和《未来哲学原理》，率先对费尔巴哈哲学进行了具有实质性的甚至是根本性的批判。不仅如此，施蒂纳在批判包括马克思在内的社会主义者的一些重要的主张的同时，还径直批评了马克思在《论犹太人问题》中沿用费尔巴哈的术语所表述的人应该成为"真正的类存在物（wirkliches Gattungswesen）"的观点，并且通过注释的形式直接点了马克思的名字③。仅上述这两点就足以想象施蒂纳的《唯一者及其所有物》给马克思和恩格斯所带来的震撼和冲击力。正因为如此，《唯一者及其所有物》一书 1844 年 10 月底一出版，就引起马克思和恩格斯的极大关注。恩格斯当时从维干德那里获得该书的校样匆匆阅读后立即就写信向马克思推荐该书。而马克思接到恩格斯的信后，很可能在同年 11 月底以前，就认真地通读和研究了施蒂纳的这部著作，并随即答应为亨利希·伯恩施太

---

① Gerald Hubmann, Die Entstehung des historishen Materialismus aus dem Geiste der Philosophiekritik.Zur Edition der "DeutschenIdeologie" in der MEGA，载中国人民大学编辑：《马克思与现时代——纪念马克思诞辰 200 周年国际高端论坛》论文集，2018 年 4 月，第 41 页。

② 参 见 Karl Marx / Friedrich Engels, Gesamtausgabe（MEGA）, erste Abteilung, Werke. Artikel. Entwuerfe, Bd.5, pp.737-740。

③ Max Stirner, Der Einzigeundsein Eigentum, Stuttgart:Philipp Reclamjun, 1972, p.192.

因主持的《前进！》杂志撰写批判施蒂纳的文字①。与此同时，马克思还复信给恩格斯，明确地阐述他对施蒂纳著作的基本看法。尽管马克思这封重要的复信没有保留下来，但是，从恩格斯 1845 年 1 月 20 日致马克思的信中可以看出，马克思的观点不仅获得了恩格斯的"完全同意"，而且也说服了赫斯，得到了赫斯的完全肯定和认可②。有理由认为，马克思在准备给亨利希·伯恩施太因的文章以及致恩格斯关于评论施蒂纳著作的复信中，实际上已经制定和提出了后来在《德意志意识形态》第一卷第三章得以展开的批判施蒂纳的基本要点。

马克思本人对施蒂纳的《唯一者及其所有物》一书何等重视，可以从这一事实中看出：他不仅承担了批判该书的任务③，而且几乎是对其进行逐章逐节的批判。遗留下来的德文手稿总计达 425 页④，占《德意志意识形态》全书书稿 650 页的近 70%，其文字量甚至超过了施蒂纳的《唯一者及其所有物》。有理由认为，对施蒂纳《唯一者及其所有物》一书批判的手稿即我们

---

① 见《马克思致亨利希·伯恩施太因》（1844 年 12 月 2 日），《马克思恩格斯全集》第 27 卷，第 455 页："我不能在下星期以前把对施蒂纳的批判寄给你了。"马克思的这一计划后因《前进！》的停刊似乎未能实现，但不能排除马克思已经开始撰写批判施蒂纳的文稿。同时参见 Ergaenzende Materialien zum Biefwechse lvon Marx und Engelsbis, April 1846. In:Marx-Engels-Jahrbuch 3. Berlin 1980. pp.299-300。

② 见《恩格斯致马克思》（1845 年 1 月 20 日于巴门）："说到施蒂纳的书，我完全同意你的看法。……赫斯……动摇一阵之后，也同你的结论一致了。"载《马克思恩格斯全集》第 27 卷，第 16 页。同时参见赫斯 1845 年 1 月 17 日致马克思的信："当恩格斯给我看您的信时我刚好最终对施蒂纳做出判断，……您对唯一者也完全是从同一视域来看的。"载 Moses Hess, Briefwechsel, Herg.von Edmund Silberner, Printed in the netherlands by Mouton & co, 1959, S-Gravenhage，p.105。

③ 关于马克思是《Ⅲ.圣麦克斯》部分的主要作者这一事实可以参见魏德迈 1846 年 4 月 30 日致马克思的信："我和路易斯一道通读了你的唯一者的大部分，她对此很喜欢。另外顺便说一句，完全重写的那部分是写得最好的部分。"见 Joseph Weydemeyer an Karl Marx, 30. April 1846, in:Karl Marx, Friedrich Engels, Gesamtausgabe（MEGA），Dritte Abteilung, Briefwechsel, Bd.1, Berlin:Dietz Verlag, 1975, p.533。

④ Inge Taubert, Die Ueberlieferungsgeschichte der Manuskripte der "Deutschen Ideologie" und die Erstveroeffentlichungen in der Originalsprach, MEGA Studien, Hrsg.von der Internationalen Marx-Engels-Stiftung, Amsterdam:IMES 1997/2, p.36.

今天所见到的《Ⅲ.圣麦克斯》部分，实际上就是《德意志意识形态》第一卷的初始形态。1845 年 11 月《维干德季刊》第 3 卷问世后，马克思和恩格斯正是以此手稿为基础构思和形成了新的写作计划，并最终将《德意志意识形态》第一卷划分和扩展成《Ⅰ.费尔巴哈》、《Ⅱ.圣布鲁诺》和《Ⅲ.圣麦克斯》三个组成部分。

有必要指出的是，马克思和恩格斯对施蒂纳哲学进行批判的重要意义显然不仅限于批判施蒂纳哲学本身。由于施蒂纳哲学已然是对费尔巴哈哲学的批判和某种超越，所以马克思和恩格斯对施蒂纳哲学的批判必然内含对费尔巴哈哲学的批判，从而是对施蒂纳哲学和费尔巴哈哲学的双重批判和扬弃。

（三）关于《德意志意识形态》第一卷第一章的文本构成、结构及其编序

陶伯特在编辑《德意志意识形态》第一卷第一章先行版时，否定《德意志意识形态》是一部著作，进而也否定各文本之间的内在逻辑联系以及无视文本各印张上带有的原始编码，而采取所谓按照文本撰写时间顺序编辑的原则，将《德意志意识形态》第一卷第一章编辑成每份文本各自独立的文集形式。其文本构成和编序如下：

I/5-1 马克思：《答布鲁诺·鲍威尔》；

I/5-3 马克思恩格斯：《费尔巴哈和历史。草稿和笔记》；

I/5-4 马克思恩格斯：《费尔巴哈》；

I/5-5 马克思恩格斯：《Ⅰ.费尔巴哈 A.一般意识形态，特别是德意志的》；

I/5-6 马克思恩格斯：《Ⅰ.费尔巴哈 1.一般意识形态，特别是德国哲学》；

I/5-7 马克思恩格斯：《Ⅰ.费尔巴哈导言》（"正如德国意识形态家们所宣告的……"）；

I/5-8 马克思恩格斯：《Ⅰ.费尔巴哈残篇1》（"各民族之间的相互关系……"）；

I/5-9 马克思恩格斯：《Ⅰ.费尔巴哈残篇2》（"由此可见，事情是这样的……"）；

I/5-10 马克思恩格斯：《莱比锡宗教会议》；

I/5-11 马克思恩格斯：《Ⅱ.圣布鲁诺》；

附录：约瑟夫·魏德迈和马克思：《布鲁诺·鲍威尔及其辩护士》。

MEGA2 第一部第五卷的编辑者完全认可陶伯特的这种所谓"开创性做法"，在无视文本各印张上带有的原始编码的同时，也断言"马克思和恩格斯根本没有计划要写一部著作，而是原本打算出版一种期刊"[①]。于是，MEGA2 第一部第五卷编辑者在对先行版的排序稍作改良以后，对第一卷第一章作出了如下编排：

H1. 全书前言（"人们迄今总是为自己造出关于自己本身……种种虚假观念。"）

H2. 马克思恩格斯：《Ⅰ. 费尔巴哈 A. 一般意识形态，特别是德意志的》

H3. 马克思恩格斯：《Ⅰ. 费尔巴哈 1. 一般意识形态，特别是德国哲学》

H4. 马克思恩格斯：《Ⅰ. 费尔巴哈导言》（"正如德国意识形态家们所宣告的……"）

H5. 马克思恩格斯：论费尔巴哈的大束手稿（"主手稿"）

H6. 马克思恩格斯：摘要《费尔巴哈》

H7. 马克思恩格斯：《残篇 1，编页 3)》（"各民族之间的相互关系……"）

H8. 马克思恩格斯：《残篇 2，编页 5)》（"由此可见，事情是这样的……"）

H9.《莱比锡宗教会议》

将其与先行版对比不难看出，MEGA2 第一部第五卷对先行版所作出的修正，除了排除马克思的短评《答布鲁诺·鲍威尔》于第一卷第一章正文之外，还把论费尔巴哈的大束手稿（"主手稿"）和摘要《费尔巴哈》这两篇文本由原来第一和第二的位置移置到了《Ⅰ. 费尔巴哈导言》（"正如德国意识形态家们所宣告的……"）这篇文本之后。

MEGA2 第一部第五卷和 MEGA2 第一卷第二章先行版的共同特点，是彻底否定了文本手稿各印张上所带有的重要的原始编码及其意义。在原始手稿遗留下来的既有四种编码中，马克思和恩格斯本人的编序无疑最为重要。马克思具体标注了"主手稿"的页码，这早已为人们所公认，但恩格斯所标

---

① Gerald Hubmann, Die Entstehung des historishen Materialismus aus dem Geiste der Philosophiekritik.Zur Edition der "DeutschenIdeologie" in der MEGA，载中国人民大学编辑：《马克思与现时代——纪念马克思诞辰 200 周年国际高端论坛》论文集，2018 年 4 月，第 40 页。

注的印张序号却始终没有得到应有的完整确认。迄今为止人们所能辨认和认同的被马克思改写过的恩格斯的标注数码主要是 6—11、21、84—92 这样三组。笔者认为，分别标记在《导论》、《A. 一般意识形态，特别是德意志的》、《残篇 1》和《残篇 2》这四篇原始文稿上带有下划线数字的 1—5 印张的数码，即"1/""2/""3/""4/""5/"，同样为恩格斯所标记，是出自恩格斯的手笔，而且直接承接恩格斯所标记的印张"6/"，即马克思所标记的"主手稿"的第 8 页。

由此出发，我们就得到了恩格斯对《德意志意识形态》第一卷第一章正文文本几乎全部印张的编码，从而也得到了被恩格斯列入《德意志意识形态》第一卷第一章的全部正文文本以及恩格斯对这些文本所进行的排序，这就是：

印张数序"1/"：《导言》（"正如德国意识形态家们所宣告的……"）；

印张数序"2/"：《I. 费尔巴哈 A. 一般意识形态，特别是德意志的》；

印张数序"3/"、"4/"：《残篇 1》（"各民族之间的相互关系……"）；

印张数序"5/"：《残篇 2》（"由此可见，事情是这样的……"）；

印张数序"6/"—"11"、"21"、"84"—"92"："主手稿"，即恩格斯标记的"I. 费尔巴哈唯物主义与唯心主义观点的对立"（分别对应马克思标记的第 8—29 页、30—35 页、40—72 页）。

应该说，这就是马克思恩格斯生前所亲自编定的《德意志意识形态》第一卷第一章正文的文本构成及其内在结构的原貌，当然，它也应是我们今天编辑和研究《德意志意识形态》第一卷第一章所应该遵循的客观的方案和文本逻辑。

（四）关于《德意志意识形态》第一卷第一章的理论意义

马克思恩格斯在《德意志意识形态》第一卷第一章中提出的思想和原理，全面展现了马克思主义哲学的理论内容及其深度和广度，为我们认识中国特色社会主义的发展和现代化建设的实践以及当代社会的全球化趋势提供了根本的思想武器。

1. 从物质生产实践出发来观察与认识人类社会和历史

揭示物质生产实践在人类社会发展中的基础和决定作用以及由此出发揭示人类历史发展的一般规律，是马克思主义哲学所实现的哲学变革的实质和核心，也是唯物主义历史观的本质所在。在《德意志意识形态》中，马克思恩格斯也正是这样来说明他们所创立的唯物主义历史理论的："这种历史观就在于：从直接生活的物质生产出发阐述现实的生产过程，把同这种生产方式相联系的、它所产生的交往形式即各个不同阶段上的市民社会理解为整个历史的基础。"①

从物质生产出发来观察和认识人类社会和人类历史，乃至认识人所生存于其中的周围的感性世界，也就是把实践提升为一种真正的思维方式，即实践思维。根据马克思的论述，实践思维的基本要求，是不仅要从客体方面去认识和把握客观对象，而且更重要的是要从实践活动、从主体的方面去认识和把握客观对象，把客观对象作为人的实践对象来理解，从而把人的社会实践活动纳入对客观对象的本质理解之中。列宁对此发挥说："必须把人的全部实践——作为真理的标准，也作为事物同人所需要它的那一点联系的实际确定者——包括到事物的完整，定义，中去。"②

2. 自觉地将现实的个体作为社会认识和实践的出发点

在马克思恩格斯那里，从现实的个体出发与从物质生产出发来观察、认识人类社会和人类历史是一致的，只不过一个是就活动的主体而言，一个是就主体的活动而言。马克思恩格斯所说的"现实的个体"，是处在物质生产实践过程中的、经验的个体，或者说，是作为物质生产实践主体的个体。这样的现实的个体既是人类历史的现实前提，是社会关系、社会结构的主体，同时，又是人类历史的产物，是社会关系、社会结构的产物；这样，处在一定历史条件下的人既是历史的剧作者，同时又是历史的剧中人。而这两者均统一于现实的个体的实践活动。这表明，对物质生产实践活动的重视和地位的提升同对现实的个体的重视和地位的提升是一致的，它们不过是同一件事情的不可分割的两个方面。因此，人——不是抽象的人，而是现实中的处在一定历史条件之下的从事社会实践的个体，在马克思主义哲学中有着中心的地位。可是在传统的马克思主义哲学的诠释中，现实的个体的这种中心地位却被有意无意地遮蔽和抹杀了。

承认现实的个体是人的认识和实践活动的出发点，是坚持人的自由全面

---

① 《马克思恩格斯文集》第1卷，人民出版社2009年版，第544页。

② 《列宁选集》第4卷，人民出版社2012年版，第419页。

发展这一价值目标的前提，也是坚持"以人为本"的哲学根据，以及坚持"以人民为中心"的哲学根据，因为"人民"不是一个抽象的概念，而是由无数现实的个体构成的。

3. 运用社会基本矛盾分析方法来认识和解决我国现阶段全面深化改革过程中所遇到的各种社会矛盾

在《德意志意识形态》第一卷第一章中，马克思恩格斯从人们的物质生产实践出发，揭示出其所内含的生产力与交往关系即生产关系的矛盾，并把交往关系或生产关系作为整个社会赖以建立的经济基础，由此去追溯和研究建立在这个基础之上的以国家权力为中心的政治上层建筑和以意识形态为主体部分的观念上层建筑，从而揭示了社会形态的一般结构和基本矛盾，即生产力与生产关系、经济基础与上层建筑的矛盾，为人们观察和分析各种社会关系、社会现象提供了基本的方法。这一方法，显然也是我国社会现阶段进行全面深化改革所必须遵循的基本方法。

值得注意的是，马克思恩格斯在分析生产力与交往关系或生产关系的矛盾时，除了强调这一矛盾从根本上决定一切社会矛盾和社会冲突，还把社会分工看作联系生产力与生产关系的现实环节。马克思恩格斯在书中用大量的篇幅对分工问题进行了考察和研究。根据他们的论述，在生产力与生产关系的有机统一中，分工具有重要的作用。它一方面直接决定于生产力，是生产力发展的结果，另一方面又是人们之间社会物质交往的前提和基础。就分工决定于生产力而言，分工的发展程度是生产力发展水平的客观标尺。就分工是人们之间社会物质交往的前提而言，分工和所有制是同一件事情，一个是就活动而言，另一个是就活动的产品而言。分工发展的不同阶段，就是所有制发展的不同形式。因此，随着根源于生产力的分工的发展，人们也就改变他们的生产关系和生产方式。鉴于马克思恩格斯对分工在社会结构中的地位的这种界定，在考察生产力和生产关系的具体矛盾状况时是不能撇弃分工这一环节或要素。

4. 坚持人的自由全面发展是中国特色社会主义的本质要求和价值目标

人的自由全面发展或"自由人格"的实现，是马克思恩格斯所构想的个体和人类发展的价值目标，也是包括社会主义社会在内的共产主义社会的本质规定和本质特征。它像一条红线贯穿在马克思恩格斯的整个理论体系和思想发展过程之中，并被恩格斯称作能够"概括未来新时代精神"的基本思想①。

通常人们认为,所谓人的自由全面发展是在马克思所设想的未来共产主义社会才能够实现的一种价值目标,它即使将来能够实现,也距离今天十分遥远。其实,这种观点割裂了理想与现实、结果与过程的关系,本质上是一种反辩证法的形而上学的观点。显然,如果理想脱离了现实,结果脱离了过程,就变成了抽象和空洞的东西。正因如此,马克思恩格斯在《德意志意识形态》第一卷第一章中才特别强调:共产主义不是应当确立的状况,不是现实应当与之相适应的理想,它是那种消灭现存状况的现实的运动。应该看到,理想就存在于现实之中,结果就存在于过程之中。只有坚持理想与现实、结果与过程的辩证统一,才能真正坚定理想信念,从而才能坚定对中国特色社会主义的道路自信、制度自信、理论自信和文化自信。

5. 深刻认识世界历史对于国家和个体发展的意义

马克思恩格斯在书中较为系统地提出了他们的"世界历史"理论,表达了他们对全球化趋向的关注和前瞻。他们特别肯定了资本主义在开创世界历史过程中所起的作用以及世界历史形成的必要性和积极意义。在马克思恩格斯看来,世界历史的形成不仅使地域性的生产力成为一种国际化的生产力,从而使其得到保存和进一步的发展,而且也为共产主义这一世界历史性的存在创造前提,以及为每个个体的自由全面发展和解放创造前提。尔后,在《共产党宣言》中,马克思恩格斯进一步发挥了他们的世界历史理论,从经济、政治、文化诸方面对那时已经凸显和展示的全球化趋势作了全面的描述。马克思恩格斯的这些论述,为我们认识今天的全球化过程提供了重要的理论依据和思想资源。

三、思考题

1. 如何理解在《德意志意识形态》中,马克思恩格斯关于"共产主义是消灭现存状况的现实运动"的观点。

---

① 《马克思恩格斯选集》第4卷,人民出版社1995年版,第731页。1894年1月3日卡内帕请求恩格斯为其周刊《新纪元》题词,恩格斯在其1月9日的回信中作了这样的表述。

2.如何理解在《德意志意识形态》中，马克思恩格斯关于"'解放'是一种历史活动，而不是思想活动"的观点。

3.结合《德意志意识形态》，谈谈你对马克思恩格斯的"现实的个人"观点的认识。

4.马克思和恩格斯在《德意志意识形态》中指出："当费尔巴哈是一个唯物主义者的时候，历史在他的视野之外；当他去探讨历史的时候，他不是一个唯物主义者。在他那里，唯物主义和历史是彼此完全脱离的。"谈谈你对这段话的理解。

《共产党宣言》导读

　　《共产党宣言》（下文简称《宣言》）是马克思和恩格斯为第一个国际性的无产阶级政党——"共产主义者同盟"起草的政治纲领，是科学社会主义的第一个纲领性文献。原作写于 1847 年 12 月至 1848 年 1 月底，1848 年 2 月以小册子形式在伦敦首次出版，它的发表标志着马克思主义的诞生，也标志着马克思主义与国际工人运动相结合的开端。《宣言》是在资本主义大工业迅速发展、经济危机不断加剧、资产阶级对工人残酷剥削、阶级斗争日益激化的时代条件下产生的，马克思和恩格斯适应时代的呼唤和无产阶级革命斗争的需要，在总结工人运动经验的基础上，批判地吸收人类思想文化的优秀成果，坚决地反对各种非科学的社会主义思潮，从而为国际工人运动提供科学的指导思想。可以说，《宣言》正是马克思主义理论与工人运动实践相结合的产物。

　　在《宣言》中，马克思和恩格斯将新世界观的各组成部分——马克思主义哲学、政治经济学和科学社会主义——融为一个有机的整体，全面系统地阐述了马克思主义的世界观和方法论。正如列宁所言："这部著作以天才的透彻而鲜明的语言描述了新的世界观，即把社会生活领域也包括在内的彻底的唯物主义、作为最全面最深刻的发展学说的辩证法以及关于阶级斗争和共产主义新社会创造者无产阶级肩负的世界历史性的革命使命的理论。"[1]《宣言》不仅对马克思主义哲学的基本原理作了科学的表述，奠定了无产阶级政党学说的基础，为全世界无产阶级和劳动群众争取自由解放提供了强大思想武器，而且实现了人类思想史和社会发展史上的伟大革命，深刻影响了人类历史的发展进程，在世界上产生了巨大而深远的影响。

---

[1]　《列宁选集》第 2 卷，人民出版社 2012 年版，第 416 页。

一、主要内容

《宣言》由七篇序言和四章正文组成。这篇著作阐发的基本观点有：第一，社会存在决定社会意识的历史唯物主义原理，阐述了生产力决定生产关系，经济基础决定政治、精神等上层建筑是人类社会运动发展演变的基本规律；第二，用历史唯物主义观点阐明了原始土地公有制解体以来的全部历史都是阶级斗争的历史，指出了阶级斗争在阶级社会中推动历史发展的重要作用；第三，对资本主义作了深刻而系统的分析，科学评价了资产阶级的历史作用，揭示了资本主义的内在矛盾及其发展趋势，论证了资本主义必然灭亡和共产主义必然胜利的客观规律；第四，系统地论述了无产阶级的形成和工人运动的发展过程，揭示了无产阶级的阶级特点和历史使命，概括了未来新社会的根本特征；第五，论述了共产党的性质、特点、基本纲领和策略原则，为无产阶级政党的建设奠定了坚实的理论基础。

（一）概括阐述唯物史观的基本思想

《宣言》收录了马克思和恩格斯在不同时期为其各种版本撰写的七篇序言，这些序言阐明了贯穿《宣言》的基本思想是唯物史观，强调《宣言》的基本任务就是宣告现代资产阶级所有制必然灭亡；回顾了《宣言》在各国的传播史，总结了国际共产主义运动的历史经验，并结合各个国家的不同条件，指明了无产阶级革命和民族解放运动的前进方向；论述了对待马克思主义理论的科学态度，指明不管情况发生多大变化，"《宣言》中所阐述的一般原理整个说来直到现在还是完全正确的"，而这些原理的实际运用，"随时随地都要以当时的历史条件为转移"①。这七篇序言对于我们全面准确深刻地把握《宣言》的理论精髓具有极其重要的意义。

需要特别强调的是，在1883年德文版"序言"中，恩格斯明确指出："贯穿《宣言》的基本思想：每一历史时代的经济生产以及必然由此产生的社会结构，是该时代政治的和精神的历史的基础；因此（从原始土地公有制解体以来）全部历史都是阶级斗争的历史，即社会发展各个阶段上被剥削阶级和剥削阶级之间、被统治阶级和统治阶级之间斗争的历史；而这个斗争现在已

---

① 《马克思恩格斯选集》第1卷，人民出版社2012年版，第376页。

经达到这样一个阶段，即被剥削被压迫的阶级（无产阶级），如果不同时使整个社会永远摆脱剥削、压迫和阶级斗争，就不再能使自己从剥削它压迫它的那个阶级（资产阶级）下解放出来。"① 这个概括强调了唯物史观的基本原理是科学共产主义学说的根本理论基础，既突出了阶级斗争在人类历史上的作用，又依据19世纪六七十年代以来原始社会史研究所提供的新史料，给《宣言》关于"至今一切社会的历史都是阶级斗争的历史"的论断，加上了"从原始土地公有制解体以来"的限定，使《宣言》关于阶级斗争思想的表述更为准确，充分体现了马克思发现人类历史发展规律的伟大贡献。

（二）科学论证"两个必然"的重要结论

《宣言》第一章从历史的视角考察了资产阶级的形成、发展及其历史作用，揭示了资本主义生产方式的内在矛盾，科学论证了这种矛盾不断激化的最终结局只能是"两个必然"，即资产阶级的必然灭亡和无产阶级的必然胜利。

第一，在批判资本主义的同时，全面认识资产阶级的革命作用。马克思和恩格斯是资本主义制度和资产阶级社会的批判者，但是谁都没有像他们那样给了资产阶级如此高的历史评价。他们写道："资产阶级在历史上曾经起过非常革命的作用。"② 具体而言，首先，资产阶级创造了巨大的生产力。"资产阶级在它的不到一百年的阶级统治中所创造的生产力，比过去一切世代创造的全部生产力还要多，还要大。"③ 其次，资产阶级变革了社会关系。"资产阶级在它已经取得了统治的地方把一切封建的、宗法的和田园诗般的关系都破坏了。它无情地斩断了把人们束缚于天然尊长的形形色色的封建羁绊，它使人和人之间除了赤裸裸的利害关系，除了冷酷无情的'现金交易'，就再也没有任何别的联系了。"④ 再次，资产阶级改变了人们的观念。"一切固定的僵化的关系以及与之相适应的素被尊崇的观念和见解都被消除了，一切新形成的关系等不到固定下来就陈旧了。一切等级的和固定的东西都烟消云

---

① 《马克思恩格斯选集》第1卷，人民出版社2012年版，第380页。
② 《马克思恩格斯选集》第1卷，人民出版社2012年版，第402页。
③ 《马克思恩格斯选集》第1卷，人民出版社2012年版，第405页。
④ 《马克思恩格斯选集》第1卷，人民出版社2012年版，第402—403页。

散了，一切神圣的东西都被亵渎了。"①最后，资产阶级开辟了世界历史。"资产阶级，由于开拓了世界市场，使一切国家的生产和消费都成为世界性的了。……过去那种地方的和民族的自给自足和闭关自守状态，被各民族的各方面的互相往来和各方面的互相依赖所代替了。"②

第二，从历史辩证法的视角，明确指出资产阶级生产关系已经开始阻碍生产力的发展。资产阶级在反对封建主义的斗争中曾经充当过社会规律的执行者，但在资本主义生产关系下发展起来的生产力，最终必然同这一生产关系发生矛盾和冲突。他们指出："几十年来的工业和商业的历史，只不过是现代生产力反抗现代生产关系、反抗作为资产阶级及其统治的存在条件的所有制关系的历史。"③周期性的经济危机，表明一种以现代生产力发展为条件的、消除资本主义生产关系的社会要求已经产生。"资产阶级用来推翻封建制度的武器，现在却对准资产阶级自己了"④，这就是历史的辩证法。

第三，在对斗争经验的历史总结中，系统考察了无产阶级斗争的发展阶段。马克思和恩格斯指出："无产阶级经历了各个不同的发展阶段。它反对资产阶级的斗争是和它的存在同时开始的。"⑤在马克思和恩格斯看来，消除资本主义生产关系的要求必须通过一种社会力量才能实现，这就是无产阶级。他们历史地考察了无产阶级反对资产阶级斗争的不同阶段，从个人的反抗发展为有组织的工人运动；从最初的捣毁机器发展到对资本主义生产关系的反抗；从同专制残余、地主、非工业资产者和小资产者作斗争发展到同资产阶级的阶级对抗；从经济斗争发展到组织成政党的政治斗争；从地方性的分散斗争发展到全国和国际性的斗争。马克思和恩格斯系统地总结了无产阶级从自在阶级到自为阶级、从自发斗争到自觉斗争的历史经验。

第四，在对不同阶级的对比中，明确指认只有现代工人阶级才是真正的革命阶级。马克思和恩格斯通过对比各个阶级对待现代生产力和资本主义私有制的态度时指出，资本主义经济危机的周期性重复发生，必然导致资产阶级同其他阶级矛盾的激化。但是，"在当前同资产阶级对立的一切阶级中，

① 《马克思恩格斯选集》第1卷，人民出版社2012年版，第403页。
② 《马克思恩格斯选集》第1卷，人民出版社2012年版，第404页。
③ 《马克思恩格斯选集》第1卷，人民出版社2012年版，第406页。
④ 《马克思恩格斯选集》第1卷，人民出版社2012年版，第406页。
⑤ 《马克思恩格斯选集》第1卷，人民出版社2012年版，第408页。

只有无产阶级是真正革命的阶级。其余的阶级都随着大工业的发展而日趋没落和灭亡，无产阶级却是大工业本身的产物。"①因为中间等级，即小工业家、小商人、手工业者、农民，他们同资产阶级作斗争，都是为了维护他们这种中间等级的生存，以免于灭亡。所以，他们不是革命的，而是保守的。不仅如此，他们甚至是反动的，因为他们力图使历史的车轮倒转。流氓无产阶级是旧社会最下层中消极的腐化的部分，他们在一些地方也被无产阶级革命卷到运动里来，但是，由于他们的整个生活状况，他们更甘心于被人收买，去干反动的勾当。"无产者没有什么自己的东西必须加以保护，他们必须摧毁至今保护和保障私有财产的一切。"②这也就意味着，只有现代无产阶级，才能成为旧世界的埋葬者和新社会的建设者。

第五，基于唯物史观的社会发展规律，科学论证了资产阶级的必然灭亡和无产阶级的必然胜利。《宣言》从生产力的社会化和无产阶级的壮大两方面论证了资本主义社会的发展趋势。马克思和恩格斯认为，资产阶级对财富的占有必然推动生产力的不断扩张，加剧其同资本主义私有制的矛盾；而现代生产力的无限扩张，又必然导致无产阶级队伍不断扩大和集中，使工人通过结社而达到的革命联合代替了他们由于竞争而造成的分散状态。于是，随着大工业的发展，资产阶级赖以生产和占有产品的基础本身也就从它的脚下被挖掉了，"资产阶级不仅锻造了置自身于死地的武器；它还产生了将要运用这种武器的人——现代的工人，即无产者"③。于是，他们得出结论："资产阶级的灭亡和无产阶级的胜利是同样不可避免的。"④这一结论的根据就是资本主义自身矛盾的历史发展，"历史本身就是审判官，而无产阶级就是执刑者"⑤。这就揭示了资本主义社会的发展规律。

（三）明确提出无产阶级的伟大使命

《宣言》第二章从讨论"无产者和共产党人"之间的关系入手，进一步论证了无产阶级的伟大使命，宏观勾勒了共产主义的未来图景，具体阐述了

① 《马克思恩格斯选集》第1卷，人民出版社2012年版，第410—411页。
② 《马克思恩格斯选集》第1卷，人民出版社2012年版，第411页。
③ 《马克思恩格斯选集》第1卷，人民出版社2012年版，第406页。
④ 《马克思恩格斯选集》第1卷，人民出版社2012年版，第413页。
⑤ 《马克思恩格斯选集》第1卷，人民出版社2012年版，第777页。

无产阶级实现自身使命的条件和途径，从而为无产阶级实现肩负的伟大历史使命奠定了理论基础。

第一，强调指出了共产党的本质特征，即无产阶级根本利益的代表。《宣言》强调，建立自己独立的、以科学的共产主义为指导的政党，是无产阶级实现自己历史使命的首要条件和组织保证。马克思和恩格斯特别强调了共产党的阶级性和先进性，在他们看来，共产党之所以能够领导无产阶级的革命运动，首先是因为共产党人代表了无产阶级的根本利益："一方面，在无产者不同的民族的斗争中，共产党人强调和坚持整个无产阶级共同的不分民族的利益；另一方面，在无产阶级和资产阶级的斗争所经历的各个发展阶段上，共产党人始终代表整个运动的利益"[1]。其次是因为共产党人在理论和实践上的先进性："在理论方面，他们胜过其余无产阶级群众的地方在于他们了解无产阶级运动的条件、进程和一般结果"；"在实践方面，共产党人是各国工人政党中最坚决的、始终起推动作用的部分"[2]。

第二，明确厘定了共产党人的最近目的和最终目标，即无产阶级夺取政权和消灭私有制。《宣言》指出，确定正确的行动目标和纲领，是无产阶级实现自己伟大历史使命的实践前提。只有将《宣言》的基本思想同不同民族、不同发展阶段的现实状况结合起来，才能制定既富有远见、又冷静现实的行动目标，才能把最低纲领和最高纲领辩证地统一起来。马克思和恩格斯认为："共产党人的最近目的是和其他一切无产阶级政党的最近目的一样的：使无产阶级形成为阶级，推翻资产阶级的统治，由无产阶级夺取政权。"而共产党人的最终目标则是消灭私有制，"共产党人可以把自己的理论概括为一句话：消灭私有制"[3]。当然，这里所说的消灭私有制，并不是要废除一般的所有制，而是要废除资产阶级的所有制，"共产主义并不剥夺任何人占有社会产品的权力，它只剥夺利用这种占有去奴役他人劳动的权力"[4]。

第三，科学揭示了无产阶级夺取政权后的基本任务，即迅速发展生产力。《宣言》阐述了无产阶级夺取政权后的基本任务，揭示了无产阶级实现

---

① 《马克思恩格斯选集》第 1 卷，人民出版社 2012 年版，第 413 页。

② 《马克思恩格斯选集》第 1 卷，人民出版社 2012 年版，第 413 页。

③ 《马克思恩格斯选集》第 1 卷，人民出版社 2012 年版，第 413—414 页。

④ 《马克思恩格斯选集》第 1 卷，人民出版社 2012 年版，第 416 页。

自己伟大历史使命的根本途径和政治保证。"工人革命的第一步就是使无产阶级上升为统治阶级，争得民主。"① 不过，夺取政权是无产阶级解放的决定性前提，但并不是最终目的，"无产阶级将利用自己的政治统治，一步一步地夺取资产阶级的全部资本，把一切生产工具集中在国家即组织成为统治阶级的无产阶级手里，并且尽可能快地增加生产力的总量"②。这段论述体现了马克思主义在国家问题上最重要的思想，即发展生产，搞好建设，是无产阶级夺取政权后的根本任务。后来，马克思和恩格斯依据 1848 年欧洲革命和 1871 年巴黎公社革命的历史经验作了更加深刻的论证。

第四，鲜明昭示了无产阶级的历史使命，即消灭阶级统治，走向无阶级社会。马克思和恩格斯明确提出，无产阶级要不间断地进行革命，直到把一切大大小小的有产阶级的统治全都消灭，直到无产阶级夺得国家政权，直到无产者的联合不仅在一个国家内，而且在世界一切举足轻重的国家内，都发展到使这些国家的无产者之间的竞争停止，至少发展到使那些有决定意义的生产力集中到了无产者手中。"如果说无产阶级在反对资产阶级的斗争中一定要联合为阶级，通过革命使自己成为统治阶级，并以统治阶级的资格用暴力消灭旧的生产关系，那么它在消灭这种生产关系的同时，也就消灭了阶级对立的存在条件，消灭了阶级本身的存在条件，从而消灭了它自己这个阶级的统治。"③ 这也就是说，无产阶级进行这一切革命变革的实质，就是要消灭阶级，实现向无阶级社会的过渡。

第五，高度概括了共产主义的崇高目标，即自由人联合体。马克思和恩格斯在《宣言》中用极为凝练的语言概括了共产主义社会的本质特征："代替那存在着阶级和阶级对立的资产阶级旧社会的，将是这样一个联合体，在那里，每个人的自由发展是一切人的自由发展的条件。"④ 后来，马克思在《资本论》中将这一重要思想表述为"自由人联合体"⑤。1894 年 1 月 3 日，意大利的卡内帕请恩格斯为即将在日内瓦出版的周刊《新纪元》找一段题词，用来描述未来的社会主义纪元，以区别于但丁所说的"一些人统治，另一些

① 《马克思恩格斯选集》第 1 卷，人民出版社 2012 年版，第 421 页。
② 《马克思恩格斯选集》第 1 卷，人民出版社 2012 年版，第 421 页。
③ 《马克思恩格斯选集》第 1 卷，人民出版社 2012 年版，第 422 页。
④ 《马克思恩格斯选集》第 1 卷，人民出版社 2012 年版，第 422 页。
⑤ 《马克思恩格斯选集》第 2 卷，人民出版社 2012 年版，第 126 页。

人受苦难"的旧纪元。恩格斯在回信中原封不动地重复了《宣言》中的这段话①。恩格斯对上述思想的重申，清楚地表明人的自由发展是共产主义运动的崇高目标。当然，人的自由发展既是崇高目标，也是一个发展过程，它是与生产力的发展状况和社会历史条件紧密联系在一起的，是逐步发展和完善的过程。

（四）坚定批判形形色色的错误思潮

《宣言》第三章和第四章揭露和批判了当时流行的形形色色的社会主义流派，划清了科学社会主义与这些流派的界限，在明确对各种反对党派的态度基础上，提出了无产阶级的斗争策略，即"全世界无产者，联合起来"。

第一，批判了反动的社会主义。在马克思和恩格斯看来，封建的社会主义"由于完全不能理解现代历史的进程而总是令人感到可笑"；小资产阶级的社会主义尽管"非常透彻地分析了现代生产关系中的矛盾"，但是按其实际内容来说，"或者是企图恢复旧的生产资料和交换手段，从而恢复旧的所有制关系和旧的社会，或者是企图重新把现代的生产资料和交换手段硬塞到已被它们突破而且必然被突破的旧的所有制关系的框子里去。它在这两种场合都是反动的，同时又是空想的"②；德国的或"真正的"社会主义则直接代表了德国小市民的利益，是"政府用来镇压德国工人起义的毒辣的皮鞭和枪弹的甜蜜的补充"③。他们的共同特点是，批判资产阶级的目的不是为了社会前进，而是为了停止不前或者把历史拉回到过去，这是违背历史发展潮流的，因此是反动的。

第二，批判了保守的或资产阶级的社会主义。《宣言》中指出，资产阶级中的一部分人打着"社会主义"的旗号，"想要消除社会的弊病，以便保障资产阶级社会的生存"④。他们或者认为资产阶级"所统治的世界自然是最美好的世界"⑤，因而排除一切使这个社会革命化和瓦解的因素，或者企图在维持现存生产关系的基础上进行某种"行政上的改良"，同时，资产阶级的

---

① 《马克思恩格斯文集》第 10 卷，人民出版社 2009 年版，第 827 页。
② 《马克思恩格斯选集》第 1 卷，人民出版社 2012 年版，第 423—426 页。
③ 《马克思恩格斯选集》第 1 卷，人民出版社 2012 年版，第 428 页。
④ 《马克思恩格斯选集》第 1 卷，人民出版社 2012 年版，第 429 页。
⑤ 《马克思恩格斯选集》第 1 卷，人民出版社 2012 年版，第 429 页。

社会主义者还把资产阶级谋利的一切主张和活动欺骗性地说成是"为了工人阶级的利益"。

第三，批判了空想的社会主义和共产主义。《宣言》强调，尽管这种社会主义含有批判的成分，他们的著作也抨击现存社会的全部基础，但是"由于当时无产阶级本身还不够发展，由于无产阶级解放的物质条件还没有具备"①，"因此，这些主张本身还带有纯粹空想的性质"②。他们认识到资本主义社会的弊病，对资本主义制度进行了无情的揭露和批判，但是不了解资本主义发展和灭亡的规律，没有意识到无产阶级是最伟大的社会变革力量；他们拒绝一切政治行动，寄希望于诉诸和平的途径实现其社会理想。随着历史的发展，"这种反对阶级斗争的幻想，就越失去任何实践意义和任何理论根据。"③

第四，《宣言》最后一章从共产党人对待各种反对党的态度上，阐明了无产阶级政治斗争的基本策略："共产党人为工人阶级的最近的目的和利益而斗争，但是他们在当前的运动中同时代表运动的未来。"④马克思和恩格斯在这里提出，共产党人在反对现存社会制度的斗争中，必须把眼前利益和长远考量、当前斗争和最终目标结合起来，要坚持不断革命论与革命阶段论、原则坚定性与策略灵活性的有机统一。于是，他们指出："共产党人不屑于隐瞒自己的观点和意图。他们公开宣布：他们的目的只有用暴力推翻全部现存的社会制度才能达到。让统治阶级在共产主义革命面前发抖吧。无产者在这个革命中失去的只是锁链。他们获得的将是整个世界。"⑤《宣言》最后提出了充满无产阶级国际主义精神的伟大战斗口号："全世界无产者，联合起来！"⑥

① 《马克思恩格斯选集》第1卷，人民出版社2012年版，第430—431页。
② 《马克思恩格斯选集》第1卷，人民出版社2012年版，第432页。
③ 《马克思恩格斯选集》第1卷，人民出版社2012年版，第432—433页。
④ 《马克思恩格斯选集》第1卷，人民出版社2012年版，第434页。
⑤ 《马克思恩格斯选集》第1卷，人民出版社2012年版，第435页。
⑥ 《马克思恩格斯选集》第1卷，人民出版社2012年版，第435页。

二、延伸阅读

（一）《宣言》的创作、出版及其在中国的传播

《宣言》是马克思和恩格斯为共产主义者同盟起草的纲领。共产主义者同盟的前身是 1836 年成立的正义者同盟，1847 年 1 月，正义者同盟领导人邀请马克思和恩格斯加入同盟，明确表示赞同马克思和恩格斯的观点，并诚恳希望他们帮助同盟进行改组。马克思和恩格斯接受请求，对同盟的改组工作进行了积极引导和支持。1847 年 6 月，同盟在伦敦召开代表大会，恩格斯出席并指导大会的工作。大会决定把"正义者同盟"改名为"共产主义者同盟"，用马克思和恩格斯提出的"全世界无产者，联合起来!"这一战斗口号代替"人人皆兄弟"的旧口号。大会讨论并初步通过了《共产主义者同盟章程》草案。恩格斯在会议期间为同盟起草了第一个纲领草本，即《共产主义信条草案》。

会议结束后，恩格斯于同年 10 月底至 11 月受同盟巴黎区部委托，在《共产主义信条草案》的基础上撰写了新的纲领草案《共产主义原理》，准备提交同盟第二次代表大会讨论。1847 年 11 月 29 日至 12 月 8 日，共产主义者同盟在伦敦召开第二次代表大会，马克思和恩格斯出席会议，并牢牢掌握会议的方向。与会代表认真讨论了恩格斯拟定的纲领草案《共产主义原理》，同时在马克思和恩格斯的指导和参与下，进一步修订并正式通过了《共产主义者同盟章程》。这个章程对第一次代表大会通过的章程草案作了重要修订，特别是根据科学社会主义的基本理论，对同盟的革命目标作了更加确切的表述。大会一致赞同马克思和恩格斯的理论观点和策略思想，并委托他们起草一个准备公布的详细的理论和实践的党纲。

1847 年 12 月 9 日至 1848 年 1 月底，马克思和恩格斯经过一个多月的努力，写成了《宣言》。《宣言》吸收了《共产主义原理》的基本思想，并且按照恩格斯的建议，采用了内容连贯、逻辑严谨的论述方式，不再采用陈旧的教义问答形式。1848 年 2 月底，《宣言》第一个德文单行本在伦敦出版。《宣言》一问世便被译成欧洲多种文字。在最初出版的《宣言》各种版本中，马克思和恩格斯没有署名。1850 年，英国宪章派机关刊物《红色共和党人》杂志刊载了《宣言》的英译文，编辑乔·哈尼在"序言"中第一次指出，这

篇重要文献的作者是马克思和恩格斯。1872 年,《宣言》出版了新的德文版,这一版以及后来出版的 1883 年德文版和 1990 年德文版,书名均为"共产党宣言"。

《宣言》的理论思想在中国传播和运用的历史,是马克思主义中国化历程的一个缩影。近百年来,中国理论工作者为编译出版《宣言》的中文译本进行了不懈努力,为这部经典著作的广泛传播作出了宝贵贡献。

20 世纪初,中国资产阶级启蒙学者、资产阶级民主派以及无政府主义团体曾经零星地介绍过马克思恩格斯的学说和部分论著,其中也包括《宣言》的片段。但他们的译介文字在理论上显得相当肤浅和片面,在表述上也不够准确和畅达。1917 年俄国十月革命的伟大胜利,迅速引起了中国工人阶级先进分子对马克思主义的热烈向往。以李大钊为代表的革命先驱在极其艰难的条件下以各种方式宣传马克思主义理论,包括译介《宣言》的有关章节,为马克思主义在中国的传播事业做了筚路蓝缕的开创性工作。1920 年 8 月,陈望道翻译的《宣言》由上海社会主义研究社正式出版发行。这是《宣言》在中国出版的第一个全译本,也是马克思恩格斯著作在中国出版的第一个单行本,标志着中国的马克思主义经典著作编译史揭开了崭新的一页。这个译本在革命队伍和进步人士中引起强烈的反响,为中国共产党的诞生作了思想上、理论上的重要准备。

1921 年 9 月,中国共产党成立后不久就在上海成立了党的第一个出版机构——人民出版社。该社把《宣言》作为计划出版的《马克思全书》15 本著作中的第一本,重印了陈望道译本,此后这个译本不断再版。

新中国成立以前,还有一些马克思主义理论工作者和进步学者也积极投身于《宣言》的翻译工作。在白色恐怖笼罩下的中国,相继出现过《宣言》的多种中文译本。这个事实说明,马克思主义真理的力量是不可阻挡的。《宣言》在这一历史时期的译本主要有:华岗翻译的中文本(1930 年上海华兴书局出版);成仿吾、徐冰翻译的中文本(1938 年延安解放社出版);博古校译的中文本(1943 年延安解放社出版);陈瘦石翻译的中文本(最初作为附录刊于商务印书馆 1945 年出版的《比较经济制度》一书下册,后来以单行本形式印行);乔冠华校译的中文本(1947 年中国出版社出版,香港印刷合作社承印)。此外,1949 年莫斯科外国文书籍出版局还出版了《宣言》"百周年纪念版",即由唯真译校的《宣言》中文本。上述译本为中国共产党加强理论武装作出了历史性贡献，同时也为后人进一步修订和完善《宣言》的译文奠定了基础。

新中国成立后，在社会主义建设和改革时期，《宣言》成为广大干部群众学习马克思主义的最重要的教材之一。中央编译局高度重视先驱者们积累的经验和成果，以严谨负责的态度进一步提高《宣言》译文的质量，努力使中文译本更加准确地反映原著的思想精髓和语言风格。五十多年来，中央编译局按照博采众长、集思广益、一丝不苟、精益求精的要求，对已有的译文进行了多次修改，先后编入 1958 年出版的《马克思恩格斯全集》中文第一版第 4 卷，1964 年出版的《宣言》单行本，1972 年出版的《马克思恩格斯选集》第一版第 1 卷，1978 年中共中央党校纂辑的《马列著作毛泽东著作选读·科学社会主义部分》，1995 年出版的《马克思恩格斯选集》第二版第 1 卷并出版单行本，同时还对相关注释和索引进行了增补、勘正和完善。特别地，从 2004 年起，在中央组织实施的马克思主义理论研究和建设工程支持下，经过校订的《宣言》译文编入 2009 年出版的十卷本《马克思恩格斯文集》第 2 卷，此后又编入 2012 年出版的《马克思恩格斯选集》第三版第 1 卷。

（二）《宣言》与当代西方左翼的"新共产主义"

2008 年全球金融危机的爆发引起了一系列的社会政治后果，同时也导致了西方左翼理论的激进化态势，其典型表现就是共产主义观念的复兴。阿兰·巴迪欧、斯拉沃热·齐泽克、安东尼·奈格里、迈克尔·哈特、雅克·朗西埃等左翼激进哲学家围绕"共产主义的观念"这一主题先后在伦敦、柏林、纽约、首尔召开国际性会议，一股"新共产主义"思潮蓬勃兴起[①]，试图在 21 世纪的今天重写《宣言》。

巴迪欧、齐泽克等人之所以在当前金融危机的背景下重提共产主义，原因有二。第一，西方激进左翼认为，在全球资本主义统治话语的规训之下，许多曾经和革命、进步相联系的概念，如民主、正义、权利、社会主义等已

---

① 关于"新共产主义"思潮的研究，参考范春燕：《一种新的共产主义？——当代西方左翼学者论"共产主义观念"》，载《马克思主义研究》2014 年第 5 期；范春燕：《当代西方激进左翼学者的"新共产主义"》，载《理论探索》2015 年第 4 期；谭桂娟：《"新共产主义"思潮研究述评》，载《新视野》2017 年第 4 期。

经丧失效用而无法为激进政治代言。齐泽克就认为，社会主义不仅不再作为革命的话语和激进政治相联系，反而作为一种保守的话语被全球金融资本主义所收编。哈特也认为，金融危机重新调整了关于资本主义和社会主义的主导性话语，就连主流媒体《新闻周刊》也在其封面严肃地宣称："我们现在都是社会主义者了"①。于是，他们放弃这些概念的使用权，另外寻找新的革命政治概念。第二，西方左翼认为，现实的共产主义实践尽管有其失败的历史，但共产主义作为一种观念却仍然保有一种幽灵般的力量，能够和当前的全球资本主义相抗衡。针对萨科齐提出要一劳永逸地革除"六八遗产"，巴迪欧重新提出了"共产主义观念"，强调共产主义是贯穿整个革命序列的调节性观念，作为一种永恒的观念和"不变量"，共产主义本身就是"解放政治领域或革命政治领域中观念的代名词"，左翼当前仍然要对共产主义观念保持忠诚。②由此，众多左翼哲学家纷纷接受这个概念并加入相关讨论，试图以此促进共产主义运动的当代复兴。

当代西方左翼的"新共产主义"观主要体现在对20世纪共产主义的超越上，换言之，他们试图与20世纪共产主义实践划清界限，"从头开始"。一方面，西方激进左翼认为，20世纪共产主义的实践首先是一种探索超越国家形式的政治实践，但这种实践并未直接遏制由资本主导的国家权力的回归和强化，使共产主义走向了它的反面（特指苏联），即国家对经济和社会的全面控制。因此，要想恢复共产主义观念，首先要将共产主义与国家主义区分开来。巴迪欧强调，当代以共产主义观念为指导的整治行动所要遵循的首要原则就是"和国家保持距离"。具体而言，就是"拒绝被国家纳入，不向国家索要资助，拒绝参与选举等带有国家印记的政治行动"③。齐泽克主张拒绝和国家对话，因为一旦对话，就要使用被国家征用的语言，就要把国家本身当作目的和手段。④事实上，欧洲左翼近年来的历史表明，一旦左翼进

① Costas Douzinas, Slavoj Zizek. The Idea of Communism. London and New York:Verso, 2010, p.131.

② Costas Douzinas, Slavoj Zizek. The Idea of Communism. London and New York:Verso, 2010, p.3.

③ Costas Douzinas, Slavoj Zizek. The Idea of Communism. London and New York:Verso, 2010, p.13.

④ Slavoj Zizek.The Idea of Communism.Volume2.London and NewYork:Verso, 2013, p.200.

入政权，就会不可避免地丧失变革能力，最终只能沦为权力的共谋。另一方面，巴迪欧认为，20世纪的共产主义在实践上遵循了一种经济主义假设。他认为，苏联共产主义的失败就在于它将资本主义视作经济上的标杆，过度追求经济上的目标，而一旦共产主义政治和既定统治秩序展开竞赛，就会导致二者之间的结构性趋同。巴迪欧指出，共产主义必须要和各种经济目标断开连接，"社会主义国家工厂里的工人需要节奏缓慢的工作，这本身就是对世界资本主义的一种抵抗，因为他们的工作时间不再用剩余价值的生产来衡量。和资本主义展开竞争只会摧毁以人民生活为度量的解放时间，而不会摧毁建立在市场利润基础上的资本时间，人民也会发现极度需要被自己所设想的敌人所承认，而对于处于这种情势下的人民而言，共产主义观念就会失去其意义。"①

在与20世纪共产主义划清界限之后，巴迪欧等人认为共产主义还要立足于21世纪的社会历史现实，并在新的经济基础和阶级基础之上重塑新的政治经济批判、新的主体理论和新的组织理论。

第一，建立知识经济背景下新的政治经济学批判。哈特等学者认为，当前知识经济背景下，非物质生产已经逐渐取代了传统的工业生产成为主要的社会生产形式，新共产主义的重塑必须考虑到这一新的生产条件，并由此出发提出新的政治经济学批判和共产主义的内在可能性。奈格里指出："由于今天资本主义生产的产品不是可供私人占有的商品，而是可供人类沟通交流的网络，其中生产、消费和交换不再相互分离而是在同一个过程中相互配合，因此可以说，资本主义生产的内容已经打破了资本主义生产的形式，并不断转变为非物质生产劳动合作的共产主义权力。"②但是，一旦资本强行侵入本性是共有的非物质生产领域，就会带来生产率的大幅降低。面对这一矛盾，资本便不再依靠赚取利润而是依靠攫取租金的方式进行财富积累。哈特和奈格里认为，对于今天的智识工人（intellectual worker）而言，仍旧要受资本的剥削和控制，但却是通过相对外在的机制，因为非物质生产的发展使得工作场所的工业化集中控制变得相对松散和灵活，而新共产主义的可能性

---

① Slavoj Zizek.The Idea of Communism.Volume2.London and NewYork:Verso, 2013, p.10.

② Costas Douzinas, Slavoj Zizek. The Idea of Communism. London and New York:Verso, 2010, p.174.

就在于由智识劳动主导的生命政治跃出资本限制并诉诸共有的这一道路。①

第二，建立新的革命主体。关于新共产主义的可能性主体，哈特和奈格里主要是从内生性原则出发指出了智识工人的革命性。在他们看来，共产主义因素是在资本主义内部生成的，我们生活的世界并没有外部，资本主义自身生产出了它的掘墓人。在知识经济条件下，非物质生产所造就的智识工人将作为潜在的革命主体领导诸众进行抗争，从而使"维持着帝国的芸芸众生的创造力自主地构造成一个反帝国，一个可供替代的芸芸众生的创造力也能够自主地构造一个反帝国，一个可供替代的全球流动和交流的政治组织"②。另一些左翼学者则将革命的潜在主体归结为全球资本主义态势下的剩余人口。所谓"剩余人口"，就是被全球资本主义所排除的那部分人口，他们既不是传统的工人阶级，也不是新的非物质生产者，而是生活在社会认证之外和公共空间缝隙之中的人。朗西埃称之为"无分之分"，主要包括难民、移民、无国籍者、流浪者、棚户区住民、收容中心住民等，他们主要由全球资本主义的病态发展所造就。③ 由于这些人的共同特征就是处于社会建立的登记簿之外，处于可见的团体、位置和功能之外，因此也被称为社会的"被排除者"，和"被纳入者"相对。齐泽克认为，在当前全球资本主义统治之下，只有"被排除者"和"被纳入者"之间的对抗才能够发展成为一种新的激进政治。革命主体性的生成，只有在"被排除者"联合智识工人和产业工人进行共同反抗才有可能。

第三，建立新的政治组织。无论是基于劳资矛盾的从事非物质生产的智识工人，还是和整个社会相对抗的那些"被排除者"，如果要使之成为新共产主义的积极主体，必然会涉及政治组织问题。尤其是在巴迪欧等激进左翼理论家解构了传统的政党概念之后，如何找到替代性的政治组织形式也是新共产主义实践的一个无法回避的问题。奈格里认为，新的革命组织要能够把剩余人口的反抗转变为"人民建制权"的主张。剩余人口在反对现存的各种

---

① Costas Douzinas, Slavoj Zizek. The Idea of Communism. London and New York:Verso, 2010, p.137-140.
② 迈克尔·哈特、安东尼奥·奈格里：《帝国》，杨建国等译，江苏人民出版社 2008 年版，第 5 页。
③ Costas Douzinas, Slavoj Zizek. The Idea of Communism. London and New York:Verso, 2010, p.83.

典章制度的同时，也必须具备以新知识创造新权力的能力。目前，这种新的人民建制权的雏形只能从一些"被排除者"的有组织的暴动、骚乱中去辨认，从拉美的贫民窟、法国的移民区和雅典的街道上去寻找。①博斯特尔斯认为，新的共产主义的组织形式可以从评价当代最激进的政治试验出发，他以拉美的激进左翼政治为例指出一种建立在混杂之上的平民主义战略和灵活的政党实践形式。②

由此可见，巴迪欧、齐泽克等西方左翼学者在当前全球资本主义的普遍统治下试图重新激活共产主义的目的，一是扭转苏东剧变后弥漫在西方左派中的忧郁、迷茫甚至是背叛；二是借共产主义之名提出一种替代方案，一种异于当前的改良方案和折中方案，具有彻底激进性和革命性的替代方案；三是在解构之后重新建构，在疏离国家之地重建政治。但是，当共产主义观念被赋予了一种改变世界的绝对和永恒的能力的同时，共产主义实践也失去了和个体、世界、历史相连接的通道。在最好的情况下，这种新共产主义也只具有乔迪·迪恩所说的一种"地平线"的意义。需要指出，尽管这些左翼学者不都是严格意义上的马克思主义者，但他们的理论基础和研究路径或多或少都和马克思主义有交集，他们也没有完全脱离马克思主义的话语体系。因此，从另一个角度看，他们总是试图激活经典马克思主义的一些基本概念并将其应用到当前的批判和建构中去。正如哈特所言："我们当然可以抛弃这些概念去发明新的概念，但与此同时，和这些概念相联系的斗争、梦想和令人鼓舞的漫长历史也将会被抛弃。我想，夺回这些概念并恢复或更新其含义的做法要更好一些。"③对于这些激进左翼哲学家而言，恢复共产主义的观念本身也就是对新共产主义的建构。

需要指出的是，这些激进左翼学者所反对的社会主义主要针对的是20世纪苏联模式的社会主义，但据此将社会主义与共产主义对立起来，则违背了马克思主义经典作家的基本观点。我们不能把社会主义与共产主义对立起

---

① Costas Douzinas, Slavoj Zizek. The Idea of Communism. London and New York:Verso, 2010, p.161.

② Costas Douzinas, Slavoj Zizek. The Idea of Communism. London and New York:Verso, 2010, p.480-488.

③ Costas Douzinas, Slavoj Zizek. The Idea of Communism. London and New York:Verso, 2010, p.131.

来，并以所谓的新共产主义来否定社会主义，因为 20 世纪以来的社会主义运动正是在马克思共产主义理想的影响之下展开的，即便在个别国家和地区的实践中出现失误，也不能否认这种理论和历史的联系。当然，我们也应该看到，在马克思那里，相比社会主义而言，共产主义具有理论上的优先性，没有共产主义的引导，社会主义将失去其灵魂，而沦为犬儒主义的附庸。①

三、思考题

1. 为什么恩格斯说唯物史观是《宣言》的基本思想？

2. 如何认识《宣言》提出的"两个必然"及其与"两个决不会"的关系？

3. 如何理解阶级规律与历史发展规律的内在关系？

4. 马克思是如何论证无产阶级历史使命的？

5. 如何看待当代西方激进左翼的"新共产主义"思潮？

---

① 汪行福：《为什么是共产主义？——激进左派政治话语的新发明》，载《当代国外马克思主义评论（8）》，人民出版社 2010 年版，第 27 页。

《〈政治经济学批判〉序言》导读

在马克思的墓前，恩格斯曾将马克思一生的成果归结为两大发现，第一个发现是"人类历史的发展规律"①，即历史唯物主义，第二个发现是"现代资本主义的生产方式及其所产生的资产阶级社会的特殊的运动规律"②，即剩余价值理论。其中后一个发现是在前一个基础上得到的，唯物史观作为马克思一经发现就用于指导他研究工作的总的方法论，是马克思主义的重要组成部分。《〈政治经济学批判〉序言》（以下简称《序言》）是马克思直接论述自己唯物史观的经典性著作，在马克思主义哲学史上具有独特的文本价值和理论意义。1859年6月《政治经济学批判》第一分册在柏林出版，是马克思研究政治经济学十五年的研究成果，标志着马克思研究政治经济学进入了一个重要阶段。马克思在《序言》中围绕自己研究政治经济学的过程展开叙述，重点论述了历史唯物主义的基本原理，《序言》曾发表在伦敦的德文报纸《人民报》上。

一、主要内容

（一）研究政治经济学的过程

马克思于1835年进入大学学习，马克思的父亲是一名律师，他遵从父亲的愿望选择了法律专业，然而他却把主要精力放在哲学和历史学上。在大学期间，马克思阅读了黑格尔及其弟子的大部分著作。他关心时事，加入博士俱乐部，结识了布鲁诺·鲍威尔、埃德加尔·鲍威尔、卡尔·弗里德

---

① 《马克思恩格斯文集》第3卷，人民出版社2009年版，第601页。
② 《马克思恩格斯文集》第3卷，人民出版社2009年版，第601页。

里希·科本等青年黑格尔派成员。这时马克思在世界观上还是一个唯心主义者。

大学毕业后，马克思担任《莱茵报》编辑。在此期间，他针砭时弊，关心时事政治，为劳苦大众伸张正义。但是过去的知识体系使他无法对现实困境发表意见，他"第一次遇到要对所谓物质利益发表意见的难事"①。正是这些"难事"促使马克思去研究政治经济学。马克思遇见的难事主要有三件，第一件是"莱茵省议会关于林木盗窃和地产分析的讨论"②，第二件是"当时的莱茵省总督冯·沙培尔先生就摩泽尔农民状况同《莱茵报》展开的官方论战"③，第三件是"关于自由贸易和保护关税的辩论"④。这些难事构成马克思研究政治经济学的最初动因。除此之外，促使马克思研究政治经济学的第二个原因是，马克思为了获得对法国社会主义和共产主义的更多了解。当时马克思本人对这些思潮还缺乏深入了解，以往的研究还不足以让马克思对法兰西思潮妄加批判。

马克思在《德法年鉴》时期，发表了《〈黑格尔法哲学批判〉导言》。他通过研究得出："法的关系正像国家的形式一样，既不能从它们本身来理解，也不能从所谓人类精神的一般发展来理解，相反，它们根源于物质的生活关系，这种物质的生活关系的总和，黑格尔按照 18 世纪的英国人和法国人的先例，概括为'市民社会'，而对市民社会的解剖应该到政治经济学中去寻找。"⑤ 后来，恩格斯发表了《国民经济学批判大纲》，这部被马克思誉为"批判经济学范畴的天才大纲"⑥，以另一种方式得出了和马克思一样的结果。恩格斯在这部著作中批判了资本主义私有制，开始从唯心主义转向唯物主义，从革命民主主义者转向共产主义者。到1845 年，马克思和恩格斯在布鲁塞尔共同撰写了《德意志意识形态》，实际上是把他们从前的哲学信仰清算一下。尽管这部著作由于种种原因没能出版，但是它已经达到了弄清问题

① 《马克思恩格斯文集》第 2 卷，人民出版社 2009 年版，第 588 页。
② 《马克思恩格斯文集》第 2 卷，人民出版社 2009 年版，第 588 页。
③ 《马克思恩格斯文集》第 2 卷，人民出版社 2009 年版，第 588 页。
④ 《马克思恩格斯文集》第 2 卷，人民出版社 2009 年版，第 588 页。
⑤ 《马克思恩格斯文集》第 2 卷，人民出版社 2009 年版，第 591 页。
⑥ 《马克思恩格斯文集》第 2 卷，人民出版社 2009 年版，第 592 页。

的目的。所以马克思说"我们就情愿让原稿留给老鼠的牙齿去批判"①。1848年欧洲爆发工人革命，马克思恩格斯共同撰写了享誉世界的《共产党宣言》。正是这次革命暂时中断了马克思的研究工作。

直到1850年，马克思才又重新回到政治经济学研究上。马克思选择伦敦展开自己的研究，因为英国当时是世界最发达的资本主义国家，在英国博物馆中有大量的政治经济学史的资料，这些有利条件都有助于马克思从事政治经济学研究。八年中，马克思尽管迫于生计不得不为美国英文报纸《纽约每日论坛报》撰稿，但是马克思的研究和写作是极其认真的。以至于马克思说："我的见解，不管人们对它怎样评价，不管它多么不合乎统治阶级的自私的偏见，却是多年诚实研究的结果。"②

（二）阐释历史唯物主义基本原理

在《序言》中，马克思以十分精练的语言对自己发现的唯物史观作了概述。主要包括：社会有机体理论，社会存在决定社会意识，社会基本矛盾运动，"两个决不会"，社会主义必然取代资本主义。

1. 社会有机体理论

马克思指出："人们在自己生活的社会生产中发生一定的、必然的，不以他们的意志为转移的关系，即同他们的物质生产力的一定发展阶段相适应的生产关系。这些生产关系的总和构成社会的经济结构，即有法律的和政治的上层建筑竖立其上并有一定的社会意识形式与之相适应的现实基础。"③ 在马克思看来，社会是一个复杂的有机体，可以划分为生产力、生产关系（其总和构成经济基础）和上层建筑。上层建筑有法律的和政治的上层建筑，也有意识形态的上层建筑。其中，生产力和生产关系、经济基础和上层建筑相互依存、相互作用。

2. 社会存在决定社会意识，而不是相反

马克思指出："物质生活的生产方式制约着整个社会生活、政治生活和

---

① 《马克思恩格斯文集》第2卷，人民出版社2009年版，第593页。
② 《马克思恩格斯文集》第2卷，人民出版社2009年版，第594页。
③ 《马克思恩格斯文集》第2卷，人民出版社2009年版，第591页。

精神生活的过程。"①物质生活是人类为了发展所必备的基础需求，任何人都不能脱离衣食住行，这些物质生活构成人类社会的基础领域。正是如此，历史上的哲学家将其看成是人的动物功能的满足，忽略其在社会发展中的决定性作用，将这种物质生活的生产看成是人类精神生活的附属物。在这些人看来，只有社会意识是推动人类前进的动力，而物质生活的生产方式只不过是被人类意识操纵的机器，它尽管创造了人类的物质生活，却是社会意识的功劳。实际上，事情的本来面目恰恰相反，"不是人们的意识决定人们的存在，相反，是人们的社会存在决定人们的意识"②。社会存在和社会意识，是社会历史领域的两个基本的哲学范畴。社会存在是指社会的物质生活方面，是社会物质生活条件。它包括：地理环境、人口和物质资料的生产方式，最主要的是生产方式。社会意识是指社会生活的精神方面，它包括政治、道德、法律、艺术、哲学和宗教等观点和思想。

3. 社会基本矛盾运动的理论

人类社会作为一个复杂的有机体，其发展不是一成不变的。人类社会形态的更替离不开生产力的更新换代，生产力领域的根本性变革往往会使社会生产关系进而使上层建筑也发生某种程度的变革。当生产关系适应生产力发展时，生产力就能在这一生产关系的调控下获得正常发展。但是，当生产力发生根本性变革时，生产关系也应随之发生相应变动。经济基础和上层建筑之间的运动也是如此。"在考察这些变革时，必须时刻把下面两者区别开来：一种是生产的经济条件方面所发生的物质的、可以用自然科学的精确性指明的变革，一种是人们借以意识到这个冲突并力求把它克服的那些法律的、政治的、宗教的、艺术的或哲学的，简言之，意识形态的形式。"③经济基础是政治上层建筑的根源，经济基础决定上层建筑，上层建筑是经济基础的派生物，这是两者之间的基本关系。但是上层建筑不是单一静止的，它对经济基础又具有能动的反作用。

4. "两个决不会"理论

基于社会基本矛盾运动的论述，马克思提出了"两个决不会"的思想，

---

① 《马克思恩格斯文集》第 2 卷，人民出版社 2009 年版，第 591 页。

② 《马克思恩格斯文集》第 2 卷，人民出版社 2009 年版，第 591 页。

③ 《马克思恩格斯文集》第 2 卷，人民出版社 2009 年版，第 591 页。

即"无论哪一个社会形态，在它所能容纳的全部生产力发挥出来以前，是决不会灭亡的；而新的更高的生产关系，在它的物质存在条件在旧社会的胎胞里成熟以前，是决不会出现的"①。一种社会形态不会平白无故地消失，而新的更高的生产关系，也不会随意产生。这里涉及生产力发展的渐进性和质变性，生产力发展是一个积累的过程，且具有继承性。每个时代，人们都是在前人已有的生产条件下进行生产，不是任意选择的。社会形态的变更也是这样，在它适应生产力发展时，是不会变动的。只要它还适应生产力发展需求，它就能发挥作用。同理，新的更高的生产关系的出现也需要新的更高的生产力的出现，即旧的社会形态所能容纳的生产力已经全部发挥出来了。这就是说，一种生产关系，当它还能促进一定生产力从而还能促进生产力向前发展时，它是决不会灭亡的；即使人为地把它"消灭"了，它也还会以各种形式顽强地复活。一种新的生产关系，在没有具备一定程度的生产力发展水平以前，是建立不起来的；即使在某种情况下人为地强行建立起来，也是不巩固的，难以持久存在的。

5. 资本主义必然被社会主义取代

人类社会的经济形态是一个由低级向高级不断推进的过程，"大体说来，亚细亚的、古希腊罗马的、封建的和现代资产阶级的生产方式可以看作是经济的社会形态演进的几个时代。资产阶级的生产关系是社会生产过程的最后一个对抗形式。这里所说的对抗，不是指个人的对抗，而是指从个人的社会生活条件中生长出来的对抗；但是，在资产阶级社会的胎胞里发展的生产力，同时又创造着解决这种对抗的物质条件。因此，人类社会的史前时期就以这种社会形态而告终"②。资本主义社会的对抗性表现为生产的社会化与资本主义私人占有之间的矛盾，生产的社会化为解决这一矛盾创造了条件。无产阶级由于社会化生产被组织起来，生产资料的被剥夺，发展权利的消失。这些条件都是无产阶级实现政治联合的现实因素，同时资本主义不可避免的经济危机反映了其制度的劣根性，因此社会主义必然取代资本主义，这样才能实现生产资料全体化，生产成果由全体劳苦大众共同占有，这是历史发展的大势所趋。

---

① 《马克思恩格斯文集》第 2 卷，人民出版社 2009 年版，第 592 页。
② 《马克思恩格斯文集》第 2 卷，人民出版社 2009 年版，第 592 页。

二、延伸阅读

（一）关于"两个决不会"与"两个必然"

《〈政治经济学批判〉序言》作为马克思主义经典著作，是世人学习和研究唯物史观的基本依据。它的问世，为在全世界宣传和普及马克思主义唯物史观作出了重要贡献。时至今日，其中所包括的"两个决不会"与"两个必然"等思想仍是人们关注的焦点问题。

"两个决不会"是马克思和恩格斯对社会形态更替与社会基本矛盾运动的条件性表述，"两个必然"是在揭示资本主义社会基本矛盾运动的基础上提出的资本主义必然灭亡和社会主义必然胜利的著名论断。围绕二者关系问题，人们主要提出了以下几种观点：第一种观点认为，"两个决不会"和"两个必然"是高度统一的。这种观点把"两个必然"看作是科学社会主义的理论核心，认为马克思毕生研究的理论成果就是对社会发展形势的科学论断。"两个决不会"强调社会形态更替的条件性，这是从另一个层次说明"两个必然"，两者是内在统一的，应该辩证看待。第二种观点认为，"两个决不会"是对"两个必然"的补充。这种观点与"统一论"一样，将"两个必然"看作是马克思一生研究社会主义理论的最伟大贡献，不同之处在于"补充论"更强调了"两个决不会"提出的历史背景，认为马克思得出"两个必然"的结论是过早乐观地预计了资本主义社会灭亡的时间，认为资本主义社会矛盾已经积累到了无可复加的地步，没有想到资本主义社会能够进行自我调整、自我修复、自我完善。因此，他们认为"两个决不会"是马克思当时根据新的历史形势，作出对"两个必然"结论的补充，是对"两个必然"的深化和发展。第三种观点认为，"两个决不会"是对"两个必然"的取代和修正。根据这种观点，"两个决不会"强调的是生产力因素，即一种社会形态，只要经济还能够发展（不管经济是怎么发展的），它就不会灭亡，也不会被新的生产关系所取代。这是马克思对自己青年时期所持的"两个必然"观点的修正。

需要指出的是，在认识和把握"两个决不会"和"两个必然"的关系问题时，我们要自觉克服单纯生产力的观点。马克思提出的"两个决不会"，强调的是一种社会形态取代另一种社会形态的一般规律性，实质是指生产关

系一定要适合生产力性质的规律。马克思和恩格斯生前曾多次反对过庸俗的
"经济决定论"，在他们看来，社会形态的更替不是单一的经济因素所决定
的，而是各种历史合力共同作用的结果。

在中国特色社会主义新时代，《〈政治经济学批判〉序言》所阐发的唯
物史观基本原理依然是指导我们前进的科学理论。正如习近平总书记在其
《论〈政治经济学批判〉序言的时代意义》一文中所说的："文章中所阐述的
历史唯物主义基本原理始终闪烁着真理的光辉，在近一个半世纪中，一直是
无产阶级及其政党认识、改造世界和进行社会主义革命与建设的重要思想
武器。"① 为此，我们要认真学习并创造性地运用和发展其中所蕴含的光辉思
想。党的十一届三中全会以来，中国共产党进行了中心任务的重大调整，由
过去的"以阶级斗争为纲"转向"以经济建设为中心"，这一中心任务的调
整就是要从我国的现存实际出发，从当前我国的生产力的发展水平出发。改
革开放以来我们取得的伟大历史成绩就在于坚持了历史唯物主义，坚持了马
克思列宁主义，开辟了中国特色社会主义道路，形成了中国特色社会主义理
论体系。在新时代，我们建设中国特色社会主义，必须立足国情从我国的国
情出发，走社会主义道路。为此，我们建设社会主义的根本任务是进一步解
放生产力，发展生产力，逐步实现社会主义现代化，并且改革生产关系和上
层建筑中不适应生产力发展的方面。同时必须坚持和完善公有制为主体、多
种所有制经济共同发展的基本经济制度。在发展生产力的过程中不断满足人
民日益增长的美好生活需要。与此同时，还得坚持以人民为中心的发展思
想，坚持创新、协调、绿色、开放、共享的发展理念，牢牢把握全面深化改
革的正确方向，坚持和完善党的领导、坚持和完善中国特色社会主义制度。

（二）关于"社会形态"理论的几个问题

社会形态理论是历史唯物主义的基本内容之一，马克思主义经典作家对
这一理论从不同角度进行过阐述，随着社会实践的发展，围绕这一理论又不
断提出新问题，要求我们进行新的研究和探讨。

第一，关于社会形态的区分标准。马克思在《序言》中提出"经济的社

---

① 习近平：《论〈政治经济学批判〉序言的时代意义》，载《福建论坛》（经济社会版），
1997 年第 1 期。

会形态"概念，是把经济关系的性质作为区分不同社会形态的基本标准。正是在这个意义上，经典作家才把经济社会形态与社会形态看作同义语。但是在近年的讨论中，有学者提出，社会形态的划分标准不是单一的，而是多维的，并明确提出了"技术社会形态"等概念。还有学者提出，既然社会形态内部包括社会的技术形态、经济形态、政治形态、意识形态（文化形态）等层次，那么社会类型或社会发展阶段也就可以从系统的各个侧面来加以区分，如渔猎社会、农业社会、工业社会、信息社会等不同形态。需要指出的是，经济社会形态是我们认识和区分社会形态的最基本的尺度，而其他如技术社会形态等都是从不同侧面对社会形态的补充说明。

第二，关于社会形态运动的内部规律。一般而言，社会形态运动的内部规律，主要是社会基本矛盾，即生产力与生产关系、经济基础与上层建筑之间相互作用、相互制约，推动着整个社会形态的运动、变化和发展。但在现实实践中，有些问题却引起了人们的困惑。例如，在现实中，西方发达国家生产力水平很高，但依然保留着资本主义的生产关系；我们国家生产力很不发达，却建立了社会主义制度。理论与实践似乎并不吻合。在这里，问题的关键在于要把握好绝对性与相对性的辩证统一。社会基本矛盾运动的规律既有绝对性的一面，又有相对性的一面，我们既不能以绝对性否定其相对性，也不能以其相对性否定其绝对性，而只有将它们辩证统一起来，才能达到真正全面和正确的认识。

第三，关于社会形态的历史演进。一般而言，人类社会的历史发展主要经过原始社会、奴隶社会、封建社会、资本主义社会、社会主义和共产主义社会等五种基本形态。但是近年来，有学者对"五形态说"提出了质疑，甚至对人类社会形态的演进是否存在一个一般进程也产生怀疑。应该承认，社会形态历史演进的一般进程是客观存在的，但世界各地区、各民族的社会历史发展确实又表现为许多特殊进程，关键在于如何正确认识所谓一般进程、特殊进程以及二者之间的关系，将它们辩证地统一起来。

首先我们必须善于从世界历史的总体发展中去把握社会形态演进的一般规律。尽管世界各地区、各民族的社会形态的演进过程表现出丰富的多样性，并且存在各种意义上的中断、偏差、变异、超越等特殊情况，但从总体联系上看，从原始社会经奴隶社会、封建社会、资本主义社会到社会主义和共产主义社会，确实是社会形态演进的基本趋势或一般进程，而各种特殊进程实际上都是由这个一般进程演化或衍生出来的。其次，社会形态特殊进程一方面表现为不同国家从一种社会形态过渡到另一种社会形态的时间、顺序、途径等方面的差别；另一方面表现为所谓的"超越"问题，即某些国家和民族在社会形态的演进中可以跨越某个特定阶段而直接进入更高的阶段。但这种特殊进程并没有脱离社会形态演进的一般轨道，而只不过是由于不同国家和民族的历史发展过程发生交织和相互作用而形成的特殊现象。这一辩证性质决定了社会形态的演进既具有确定性又具有不确定性，最终表现为一般进程与特殊进程的统一。

第四，关于社会形态理论中的主客体问题。所谓历史主体，是指生活在现实社会之中并历史地行动着的人，而历史客体虽然界说广泛，但最主要的是指人们生活于其中的社会结构体系。以往的社会形态研究，一般是从历史客体的角度去进行的，社会形态的构成实际上就是以各种社会关系的有机统一为主干。但是，应该看到社会形态的主体承担者是人，离开了人，就没有什么社会实践，没有什么社会关系，也就没有什么社会形态。人作为主体在社会实践中形成各种社会关系，并且在新的实践中不断改变这种关系，而社会形态运动的客观规律，就是在人们活动中展现出来的。这也就是一些学者所强调的，历史发展的必然过程与历史主体的实践过程是同一过程，而不是两个过程。

正是由于社会形态领域中主体与客体的这种内在的统一性，社会形态运动的客观规律与人的能动选择之间的关系便成为一个特殊重要的问题。社会形态的运动从根本上说是由客观规律决定的，这种客观规律通过人们的利益关系反映在人们的头脑中，规定了人们活动的一般趋向。但是，由于作为主体的人的自身状况不同，对客观规律的意识的自觉程度不同，人们对自己的活动所作出的决定和这些活动展开的具体过程也就往往不同，这样，客观历史规律的具体展现过程也就会出现各种差异。这就是所谓主体的选择作用。在考察这种选择作用时，还必须考虑到"合力"的构成，合力构成不同，主体选择的最终结果也就往往不同。当然，主体的选择作用最终要受到客观规律的制约，那种以"选择论"反对"决定论"的观点无疑是错误的。但是，如果反过来忽视或否定主体的选择作用，也同样是不正确的。

三、思考题：

1. 如何理解《序言》中的历史唯物主义基本原理？

2. 如何正确理解"两个决不会"及其和"两个必然"的关系？

3. 请叙述马克思研究政治经济学的过程？

《资本论》(第一卷第一章)导读

《资本论》作为马克思四十多年研究政治经济学的成果，是一部具有划时代意义的伟大巨著。在该书中，马克思以唯物史观作为总的方法论，研究"资本主义的生产方式以及和它相适应的生产关系和交换关系"[①]，剖析资本主义社会的运行过程，围绕资本的生产过程、流通过程以及资本主义生产的总过程展开详细论述，揭示了资本主义社会的基本矛盾运动，阐述了资本主义必然灭亡的历史趋势。《资本论》体系完整，逻辑严密，内容精练，是马克思主义研究的重要文献。在《资本论》的"第二版跋"中，马克思着重介绍了他的研究方法。在第一章中，他从分析商品二因素入手，研究劳动的二重性，考察商品交换的不同价值形式，深刻地揭露了资本主义社会商品拜物教的秘密，为此后的进一步分析打下了坚实的理论基础。

一、主要内容

(一)《资本论》的研究方法

在《资本论〈第二版跋〉》中，马克思首先说明了第二版所做的修改，然后围绕着英国、法国、德国政治经济学的历史发展概况，阐明《资本论》一书写作的历史背景，着重论述了《资本论》的研究方法，即唯物辩证法。

《资本论》第一卷出版后，对于《资本论》的方法，人们有各种不同的评论。然而他们大都从各自的政治立场出发，难以准确理解马克思在《资本论》中的研究方法。例如，实证主义哲学家奥·孔德的信徒叶·瓦·德罗贝尔蒂指责马克思"形而上学地研究经济学"，政治经济学教授尼·季别尔教

[①] 《马克思恩格斯文集》第 5 卷，人民出版社 2009 年版，序言第 8 页。

授认为"马克思的方法是整个英国学派的演绎法",莫·布洛克先生主张是一种分析的方法,而尤·孚赫、欧·杜林等德国评论家则认为是"黑格尔的诡辩"①。总之,"人们对《资本论》中应用的方法理解的很差,这已经由对这一方法的各种矛盾的评论所证明"②。在众多的评论中,马克思认为俄国经济学教授伊·伊·考夫曼的相关分析是有一定合理性的。在考夫曼看来,马克思的研究方法是实在论的,而叙述方法则不幸是辩证法。马克思指出,考夫曼的见解是正确的,但是他没有准确地理解叙述方法和研究方法的区别,因而也就没能很好地掌握《资本论》的方法。"在形式上,叙述方法与研究方法不同。研究必须充分地占有材料,分析它的各种发展形式,探询这些形式的内在联系。只有这项工作完成以后,现实的运动才能适当地叙述出来。这点一旦做到,材料的生命一旦在观念上反映出来,呈现在我们面前的就好像是一个先验的结构了。"③

马克思认为,《资本论》的研究方法就是唯物辩证法。这一辩证法从根本上来说,不仅和黑格尔的辩证方法不同,而且和它截然相反。这种不同主要表现在两个方面:其一,二者的哲学基础根本对立。"在黑格尔看来,思维过程,即甚至被他在观念这一名称下转化为独立主体的思维过程,是现实事物的创造主,而现实事物只是思维过程的外部表现。我的看法则相反,观念的东西不外是移入人的头脑并在人的头脑中改造过的物质的东西而已。"④这就表明,黑格尔的辩证法是奠基于唯心主义基础之上的,他的辩证法是绝对观念的自我发展、自我实现,而现实事物只是绝对观念的外化而已;而马克思的辩证法是建立在唯物主义的基础之上的,辩证法是客观事物本身运动发展的规律,主观辩证法是客观辩证法的正确反映。其二,二者的阶级基础不同。马克思指出,辩证法,在它的神秘形式上,成了德国时髦的东西,因为它似乎使现存事物显得光彩;辩证法,在它的合理形态上,则引起资产阶级及其夸夸其谈的代言人的恼怒和恐惧。这就表明,黑格尔的辩证法是德国资产阶级的保守性和妥协性的思想表现,代表了德国资产阶级的根本利益。而

① 《马克思恩格斯文集》第 5 卷,人民出版社 2009 年版,第 19—20 页。
② 《马克思恩格斯文集》第 5 卷,人民出版社 2009 年版,第 19 页。
③ 《马克思恩格斯文集》第 5 卷,人民出版社 2009 年版,第 21 页。
④ 《马克思恩格斯文集》第 5 卷,人民出版社 2009 年版,第 22 页。

马克思的辩证法则是无产阶级的世界观和方法论，代表的是具有彻底革命性的无产阶级的根本利益。

在具体分析与黑格尔辩证法的不同点的基础之上，马克思进一步揭示了自己的辩证法同黑格尔辩证法之间的继承与批判的内在关系。马克思明确指出，他公开承认他自己是这位大思想家的学生，虽然黑格尔的辩证法被神秘化了，但是这绝没有妨碍他第一个全面地有意识地叙述了辩证法的一般运动形式。对于这一曾经深刻影响人类思想史的学说，必须要改造其形式，拯救其内容，即摆脱它的唯心主义的外壳，把它的真正内核剥出来。在黑格尔那里，辩证法是倒立着的，为了发现神秘外壳中的合理内核，必须把它倒过来，改用头立地为用脚立地。

通过具体分析，马克思概括指出了唯物辩证法的本质特征。"辩证法在对现存事物的肯定理解中同时包含对现存事物的否定理解，即对现存事物的必然灭亡的理解；辩证法对每一种既成的形式都是从不断的运动中，因而也是从它的暂时性方面去理解；辩证法不崇拜任何东西，按其本质来说，它是批判的和革命的。"①在这里，马克思具体阐明了唯物辩证法的三个基本观点。其一，在肯定与否定的有机统一中把握事物，因为任何事物都是包含肯定因素和否定因素的矛盾统一体。因此，既要在对立中看到统一，又要在统一中看到对立，事物正是在矛盾的对立统一中存在和发展。其二，在永恒发展中认识世界和把握规律，尤其要注意从事物的暂时性方面去理解。事物不断运动，世界永恒发展，在辩证法面前，除了生成和灭亡的过程，除了无止境地由低级上升到高级的永恒过程，什么也不存在。其三，辩证法的本质是批判的和革命的，因此不能崇拜任何东西，不能迷信任何事物，必须彻底推翻一切关于最终的绝对真理和一切人类绝对状态的想法，始终坚持解放思想，破除迷信，打破各种教条。

（二）商品的二因素：使用价值和价值

马克思分析资本主义社会，要从资本主义社会的经济细胞形式——商品谈起。正如马克思在《德意志意识形态》中谈到的："我们开始要谈的前提不是任意提出的，不是教条，而是一些只有在臆想中才能撇开的现实

---

① 《马克思恩格斯文集》第 5 卷，人民出版社 2009 年版，第 22 页。

前提。"① 在资本主义社会，无法抛弃的前提就是到处可见的商品。因此，研究资本主义社会的生产方式，就要从当前的事实出发，从商品开始。

商品首先表现为一种外界对象，一种有用物，一种靠自己的属性来满足人的某种需要的物。"物的有用性，使物成为使用价值。"② 有用性是指商品体的某种属性，离开商品体，有用性就不存在了。通常我们考察使用价值，总是从它的量的规定性方面来进行，例如，20 张纸，10 张桌子，5 把椅子，等等。因此，使用价值只有在使用时或消费中才能得到实现，它本身就是社会财富的内容。

"交换价值首先表现为一种使用价值同另一种使用价值相交换的量的关系或比例，并且这个比例随着时间和地点的不同而不断改变。因此，交换价值好像是一种纯粹的、偶然的东西。"③ 为此马克思举例分析，例如，一夸特小麦，同 x 量鞋油或 y 量绸缎或 z 量金等交换。"由此可见，第一，同一种商品的各种有效的交换价值表示一个等同的东西。第二，交换价值只能是可以与它相区别的某种内容的表现方式。"④ 在几何学中，我们通常会看到比较各三角形面积的大小，通常都会化成底乘以高的一半。各种商品的交换价值也同样要化成一种共同的东西，这种共同的东西，就是把商品体的使用价值撇开，以及那些使劳动产品成为使用价值的物体的组成部分和形式抽去。剩下的就全部化为相同的人类劳动，抽象的人类劳动。我们看到，商品的交换价值表现为同它们的使用价值完全无关的东西，"它们剩下的只是同一的幽灵般的对象性，只是无差别的人类劳动的单纯凝结，即不管以哪种形式进行的人类劳动力耗费的单纯凝结"⑤。商品之所以具有价值，就是因为它们在生产上耗费了人类劳动力，积累了人类劳动。因此，在商品的交换关系或交换价值中表现出来的共同东西，也就是商品的价值。

既然使用价值或财物具有价值是因为有抽象人类劳动对象化或物化在里面。那么，商品的价值量就应该用劳动的量来计量，而劳动本身的量就要用劳动时间来计量。但是，这里的劳动应是同一的人类劳动力，且具有社会平

① 《马克思恩格斯文集》第 1 卷，人民出版社 2009 年版，第 519 页。
② 《马克思恩格斯文集》第 5 卷，人民出版社 2009 年版，第 47 页。
③ 《马克思恩格斯文集》第 5 卷，人民出版社 2009 年版，第 49 页。
④ 《马克思恩格斯文集》第 5 卷，人民出版社 2009 年版，第 49 页。
⑤ 《马克思恩格斯文集》第 5 卷，人民出版社 2009 年版，第 51 页。

均劳动力的性质，从而在商品生产上只使用平均必要劳动时间或社会必要劳动时间，也就是说，在社会平均的劳动熟练程度和劳动强度下制造某种使用价值所需要的劳动时间。因此，某种使用价值的价值量是由生产使用价值的社会必要劳动时间决定的。此外，"生产一种物品所需要的劳动时间越少，凝结在该物品中的劳动量就越少。相反地，劳动生产力越低，生产一种物品的必要劳动时间就越多，该物品的价值就越大。可见，商品的价值量与实现商品中的劳动的量成正比地变动，与这一劳动的生产力成反比的变动。"①

商品的二因素决定了商品是由使用价值和价值构成。一个物可以是使用价值而不是价值，如空气、天然草林等。一个物可以有用，并且是人类劳动产品，但不是商品。一个人生产产品是为了自己使用，不是为了交换。要生产商品，他不仅要生产使用价值，而且要为别人生产使用价值，即生产社会的使用价值，也就是说，必须用于交换。最后，一个物是价值必定有使用价值。

（二）劳动的二重性：具体劳动和抽象劳动

商品是一种二重的东西，一方面表现为使用价值，另一方面表现为价值。包含在商品中的劳动就它表现为价值而论不具有使用价值创造者所具有的那些特征。一切劳动，一方面是人类劳动力在生理学意义上的耗费，就相同的或抽象的人类劳动这个属性来说，它形成商品价值；另一方面是人类劳动力在特殊的有一定目的形式上的耗费，就具体的有用劳动这个属性来说，它生产使用价值。劳动二重性理论是理解政治经济学的枢纽。

使用价值的生产是进行特定种类的生产活动，这种生产活动是由它的目的、操作方式、对象、手段和结果决定的。有用劳动就是"由自己产品的使用价值或者由自己是使用价值来表示自己的有用性劳动"②。商品之间之所以能够互相交换就在于商品中包含着不同质的劳动。各种使用价值如果不包含不同质的有用劳动，就不能作为商品互相对立。"在产品普遍采取商品形式的社会里，也就是在商品生产者的社会里，作为独立生产者的私事而各自独立进行的各种有用劳动的这种质的区别，发展成为一个多支的体系，发展成

---

① 《马克思恩格斯文集》第 5 卷，人民出版社 2009 年版，第 53 页。
② 《马克思恩格斯文集》第 5 卷，人民出版社 2009 年版，第 55 页。

社会分工。"① 这种社会分工是商品生产存在的条件。"劳动作为使用价值的创造者，作为有用劳动，是不以一切社会形式为转移的人类生存条件，是人和自然之间的物质变换即人类生活得以实现的永恒的自然必然性。"② 但是，劳动并不是使用价值的唯一源泉，正像威廉·配第所说，劳动是财富之父，土地是财富之母。人在生产中只能像自然本身那样发挥作用，就是说只能改变物质的形式。并且，人的劳动本身还要依靠自然力的帮助。

把生产活动的特定性质撇开，劳动就成为人类劳动力的耗费，不同质的生产活动，实际上只是人的脑、肌肉、神经、手等的生产耗费，都是人类劳动。人类劳动是"每个没有任何专长的普通人的有机体平均具有的简单劳动力的耗费"③。"就使用价值说，有意义的只是商品中包含的劳动的质，就价值量说，有意义的只是商品中包含的劳动的量，不过这种劳动已经化为没有进一步的质的人类劳动。在前一种情况下，是怎样劳动，什么劳动的问题，在后一种情况下，是劳动多少，劳动时间多长的问题。"④"生产力始终是有用的、具体的劳动的生产力，它事实上只决定有目的的生产活动在一定时间内的效率。因此，有用劳动成为较富或较贫的产品源泉与有用劳动的生产力的提高或降低成正比。相反地，生产力的变化本身丝毫也不会影响表现为价值的劳动。既然生产力属于劳动的具体有用形式，它自然不再能同抽去了具体有用形式的劳动有关。因此，不管生产力发生了什么变化，同一劳动在同样的时间内提供的价值量总是相同的。但在同样的时间内提供的使用价值量是不同的。生产力提高时就多些，生产力降低时就少些。因此，那种能提高劳动成效从而增加劳动所提供的使用价值量的生产力变化，如果会缩减生产这个使用价值量所必需的劳动时间的总和，就会减少这个增大了总量的价值量。反之亦然。"⑤

（三）商品的价值形式

商品具有二重形式，即自然形式和价值形式。就自然形式来讲，商品是

---

① 《马克思恩格斯文集》第 5 卷，人民出版社 2009 年版，第 56 页。
② 《马克思恩格斯文集》第 5 卷，人民出版社 2009 年版，第 56 页。
③ 《马克思恩格斯文集》第 5 卷，人民出版社 2009 年版，第 58 页。
④ 《马克思恩格斯文集》第 5 卷，人民出版社 2009 年版，第 59 页。
⑤ 《马克思恩格斯文集》第 5 卷，人民出版社 2009 年版，第 59 页。

以丰富多彩的商品体或使用价值形式出现的，这是真真切切，可以捉摸的。商品的价值形式则存在于商品的社会关系中，是不可捉摸的。马克思在这部分探讨的就是商品的价值形式，怎样从最简单的价值形式发展到货币形式。

第一种商品的价值形式是简单的、个别的或偶然的价值形式。x 量的商品 A 要表现自己的价值，就得通过另一个不同的商品 B 来表现，而不会通过自身来表现。并且，商品 B 仅须处于等价形式，而不能同时处于相对价值形式。从这儿能够得出，在 x 量商品 A=y 量商品 B 中，商品 A 处于相对价值形式，起主动作用，是价值被表现的商品。商品 B 处于等价形式，起被动作用，是表现价值的商品。因此，相对价值形式和等价形式构成价值表现的两极。在同一价值表现中，相对价值形式和等价形式，一方面，是互相依赖、互为条件、不可分割的两个要素；另一方面，两者又是相互排斥、互相对立的两极。

要发现一个商品的简单价值表现隐藏在两个商品的价值关系中，首先必须完全撇开价值关系的量的方面来考察，对价值本身进行考察。商品作为价值只是人类劳动的凝结，我们暂且不考虑价值关系的量的方面。在商品 A=商品 B 的简单价值形式中，一方面，它使形成商品 A 和商品 B 的劳动的特殊性质表现出来；另一方面，这两种商品的等价表现是把不同种商品所包含的不同种劳动化为它们的共同东西，化为一般人类劳动。但是仅是显示劳动的特殊性质是不够的。由于人类劳动或人类劳动力本身不是价值，它必须处于对象化的形式上才成为价值。因此，"通过价值关系分析，商品 B 的自然形式成了商品 A 的价值形式，或者说，商品 B 的物体成了反映商品 A 的价值的镜子。商品 A 同作为价值体，作为人类劳动化身的商品 B 发生关系，就使 B 的使用价值成为表现 A 自己的价值的材料。在商品 B 的使用价值上这样表现出来的商品 A 的价值，具有相对价值形式。"①

商品 A 通过不同种商品 B 的使用价值表现自己的价值时，它就使商品 B 取得等价形式。"一个商品的等价形式就是它能与另一个商品直接交换的形式。"② 等价形式的第一个特点，使用价值成为价值的表现形式。"商品的自然形式成为价值形式，任何商品都不能把自己当作等价物来同自己发生关

---

① 《马克思恩格斯文集》第 5 卷，人民出版社 2009 年版，第 67 页。
② 《马克思恩格斯文集》第 5 卷，人民出版社 2009 年版，第 70 页。

系，因而也不能用自己的自然外形来表现自己的价值，所以它必须把另一商品当作等价物来同它发生关系，或者使另一商品的自然外形成为它自己的价值形式。"①等价形式的第二个特点，具体劳动成为抽象人类劳动的表现形式。"充当等价物的商品的物体总是当作抽象人类劳动的化身，同时又总是某种有用的、具体的劳动的产品。因此，这种具体劳动就成为抽象人类劳动的表现。"②等价形式的第三个特点，私人劳动成为直接社会形式的劳动。"既然这种具体劳动只是当作无差别的人类劳动的表现，它就具有与别种劳动等同的形式，因而，尽管它同其他一切生产商品的劳动一样是私人劳动，却是直接社会形式上的劳动。正因为这样，它才表现在一种能与别种商品直接交换的产品上。"③

商品 A 的价值通过与商品 B 的直接交换在质上得到表现，通过一定量的商品 B 交换在量上得到表现。因此，"一个商品的简单价值形式包含在它与一个不同种商品的价值关系或交换关系中。"④一个商品，只要它的价值取得交换价值形式，它就表现为这样的二重物，即具有使用价值和交换价值两种形式。但是，"更仔细的考察一下商品 A 同商品 B 的价值关系中所包含的商品 A 的价值表现，就会知道，在这一关系中商品 A 的自然形式只是充当使用价值的形态，而商品 B 的自然形式只是充当价值形式或价值形态。这样潜藏在商品中的使用价值和价值的内部对立，就通过外部对立，即通过两个商品的关系表现出来了，在这个关系中，价值要被表现的商品只是直接当做使用价值，而另一个表现价值的商品只是直接当作交换价值。所以，一个商品的简单的价值形式，就是该商品中所包含的使用价值和价值的对立的简单表现形式。"⑤

第二种商品价值形式是总和的或扩大的价值形式。扩大的相对价值形式表现为一种商品同商品世界的其他无数不同商品相交换，每一种其他的商品体都成为商品 A 的价值的镜子。从而使价值本身表现为无差别的人类劳动的凝结。因此，现在商品通过自己的价值形式，不再是只同单个商品发生社

---

① 《马克思恩格斯文集》第 5 卷，人民出版社 2009 年版，第 71 页。
② 《马克思恩格斯文集》第 5 卷，人民出版社 2009 年版，第 73 页。
③ 《马克思恩格斯文集》第 5 卷，人民出版社 2009 年版，第 74 页。
④ 《马克思恩格斯文集》第 5 卷，人民出版社 2009 年版，第 75 页。
⑤ 《马克思恩格斯文集》第 5 卷，人民出版社 2009 年版，第 77 页。

会关系，而是同整个商品世界发生社会关系。另外，扩大的相对价值形式说明，商品价值同物品的使用价值的特殊形式是没有关系的。但是，"每一种这样的商品的一定的自然形式，现在都成为一个特殊等价形式，与其他许多特殊等价形式并列。同样，种种不同的商品体中所包含的多种多样的一定的、具体的、有用的劳动，现在只是一般人类劳动的同样多种的特殊的实现形式或表现形式。"① 因此，总和的或扩大的价值形式的缺点表现为：商品的相对价值表现系列是永无止境的，是未完成的，而且这种价值表现形式由各不相同的商品构成，杂乱无序。这就会导致每一个商品的相对价值形式都不同于任何别的商品的相对价值形式。

第三种商品价值形式是一般价值形式。第一种价值形式是简单商品价值形式，这种形式实际上是劳动产品通过偶然的转化为商品的阶段才出现的。第二种价值形式是一般的相对价值形式。这种形式能更完全地把自己商品的价值表现在其他不同商品上面。一般价值形式使商品世界的价值表现在同一种商品上，只有这种形式才真正使商品互相表现为交换价值。一般价值形式的出现实际上是商品世界发展的结果。"一个商品所以获得一般的价值表现，只是因为其他一切商品同时也用同一个等价物来表现自己的价值，而每一种新出现的商品都要这样做。这就表明，因为商品的价值对象性只是这些物的'社会存在'，所以这种对象性也就只能通过它们全面的社会关系来表现，因而它们的价值形式必须是社会公认的形式。"②

等价形式的发展是相对价值形式发展的结果。因为简单的或个别的相对价值形式使一个商品成为个别的等价物，扩大的相对价值形式，能够使一个商品的价值表现在其他一切商品上，"最后，一种特殊的商品获得一般等价形式，因为其他一切商品使它成为它们统一的、一般的价值形式的材料。价值形式本身发展到什么程度，它的两极即相对价值形式和等价形式之间的对立，也就发展到什么程度"③。

第四种商品价值形式是货币形式。一个商品处于一般等价形式，是因为它被其他一切商品当作等价物排挤出来，但是这种特殊的商品却没有固定下

---

① 《马克思恩格斯文集》第 5 卷，人民出版社 2009 年版，第 79—80 页。
② 《马克思恩格斯文集》第 5 卷，人民出版社 2009 年版，第 83 页。
③ 《马克思恩格斯文集》第 5 卷，人民出版社 2009 年版，第 84 页。

来，直到排挤地只剩下一种独特的商品。"从这个时候起，商品世界的统一的相对价值形式才获得客观的固定性和一般的社会效力。等价形式同这种独特商品的自然形式社会地结合在一起，这种独特商品成了货币商品，或者执行货币的职能。在商品世界起一般等价物的作用就成了它特有的社会职能，从而成了它的社会独占权。"① 金是作为固定商品的货币形式，金之所以最适合充当一般等价物，就在于它自身有优良的物理属性。例如，耐腐蚀性、易于切割、价值含量高、易于携带、外观好看等。

(四) 商品的拜物教性质及其秘密

1. 商品神秘性质的来源及拜物教的含义

最初一看，商品没有什么很特别的地方，是极为简单和平凡的。但是仔细分析，它却充满了形而上学的微妙和神学的怪诞。商品的神秘性质不是源于使用价值，使用价值作为一种劳动产品，人们按照其对自身需求的满足来改变自然物质的形态，没有什么神秘的地方。

商品的神秘性质也不是源于价值规定的内容，因为，第一，尽管不同性质的生产活动各不相同，但都是人体机能的消耗；第二，决定价值量的社会必要劳动时间具有统摄性，能将不同种的劳动的质的差别抹去，以一定的尺度来衡量劳动的量；第三，劳动取得社会形式，劳动就不再是生产者的个体行为，而是为了别人进行生产。

实际上，商品的神秘性质源于商品形式本身。"人类劳动的等同性，取得了劳动产品的等同的价值对象性这种物的形式；用劳动的持续时间来计量的人类劳动力的耗费，取得了劳动产品的价值量的形式；生产者的劳动的那些社会规定借以实现的生产者关系，取得了劳动产品的社会关系的形式。"② 这种社会关系的形式就是商品形式。"商品形式在人们面前把人们本身劳动的社会性质反映成劳动产品本身的物的性质，反映成这些物的天然的社会属性，从而把生产者同总劳动的社会关系反映成存在于生产者之外的物与物之间的社会关系。"③ 商品的存在本身是社会关系的反映，不只是物与物之间的

---

① 《马克思恩格斯文集》第 5 卷，人民出版社 2009 年版，第 86 页。

② 《马克思恩格斯文集》第 5 卷，人民出版社 2009 年版，第 89 页。

③ 《马克思恩格斯文集》第 5 卷，人民出版社 2009 年版，第 89 页。

关系。但是现实却表现为相反的一面，人与人的社会关系通过物与物来表达。正如宗教中的拜神教，神灵本身是人的头脑的产物，是人的一部分，现在却独立出去，作为一种凌驾于人之上的存在物，人们对它顶礼膜拜。马克思把它运用到商品生产中，将其在资本主义社会发现的商品物的天然的社会属性，作了颠倒，指出这种现象的不合理性，把它称为商品拜物教。

2.商品的拜物教性质是商品生产关系的必然产物

私人劳动作为单独的生产活动是不发生社会关系的，但它作为社会总劳动的一部分，具有社会属性。但它们在生产中没有直接地显现出来，只有通过劳动产品的价值交换才表现出来。私人劳动的社会关系表现为人们之间的物的关系和物之间的社会关系，不是人们在劳动中的直接的社会关系。

当交换发展得十分广泛和十分重要的时候，人们进行物质生产是为了交换时，劳动产品就分裂为有用物和价值物。这样，私人劳动也获得了一种二重的社会性质。一方面，生产者的总劳动作为社会总劳动中的一部分，它的生产是为了满足人类自身发展的需要进行的。另一方面，生产者为了获得多方面的需求，不同的有用的私人劳动之间就需要交换，通过交换，它们被化为人类劳动力的耗费和抽象的人类劳动这种二重的社会性质。

商品拜物教之所以产生，首先，是因为劳动产品采取商品形式掩盖了价值实体。劳动产品作为价值，是因为在其中包含着一般的人类劳动，但采取商品形式就把这种社会关系掩盖起来，造成商品神秘性。其次，价值规律的客观性，导致人们在产品交换中总是被动地受产品价值量的变动的影响，人们在这一运动中，不是控制这一运动，而是受这一运动控制。最后，"正是商品世界这个完成的形式——货币形式，用物的形式掩盖了私人劳动的社会性质以及私人劳动者的社会关系，而不是把它们揭示出来"[1]。货币形式掩盖了商品生产者之间的社会关系，加深了商品的神秘性。

3.历史上的各种非商品生产形式

(1) 鲁滨逊式的生产方式

孤岛上的鲁滨逊的生产只是为了满足他的各种需要，不是拿它来进行交换，更谈不上为了获得商品的价值。这种生产方式代表了人类原始社会早期的分离状态，每个人的生存环境极其狭小，人们只能在自己有限的活动范围

---

① 《马克思恩格斯文集》第5卷，人民出版社2009年版，第93页。

内获取自己的生存资料，各种生产劳动也只是为了人体生理功能的满足与恢复，没有多余的物质产品来进行交换。但是这种原始的丰富性包含着商品价值的要素。为了满足各种需要，就得合理分配自己的生产活动，就得合理计算劳动时间，这些原始的丰富性尽管没有商品社会那样明显，但是却为日后的发展留下了余地。

（2）欧洲中世纪的生产方式

这是以人身依附为特征的物质生产方式，人是不独立的，人都带着特有的政治身份，人们在生产中结成的关系也是以这种关系为基础的。劳役和实物贡赋构成社会生产的有效形式，人们之间总是处于某种相对的身份依赖，例如，农奴和领主，陪臣和诸侯，俗人和牧师，等等。人们之间的劳动关系表现为社会角色，没有表现为物与物之间的社会关系。

（3）农村家长制的生产方式

农村家庭为了满足自己的需要会进行各种生产活动，如耕、牧、纺、织、缝等，这种不同劳动是自然形成的分工，这种分工带有自然属性，并且生产出来的东西作为产品来满足家庭成员的需要，不是作为商品发生关系。另外，尽管家庭成员的劳动用劳动时间来计量，但"在这里本来表现为劳动本身的社会规定，因为个人劳动力本来就只是作为家庭共同劳动力的器官而发挥作用"①。

（4）自由人联合体式的生产方式

这种生产资料由社会全体占有，个人劳动力作为社会总劳动力中一部分发挥作用。生产的产品由社会全体占有，其中一部分作为再生产时所需要的生产资料，另一部分作为生活资料由社会成员分配。"这种分配方式会随着社会生产有机体本身的特殊方式和随着生产者的相应的历史发展程度而改变。"②

① 《马克思恩格斯文集》第 5 卷，人民出版社 2009 年版，第 96 页。
② 《马克思恩格斯文集》第 5 卷，人民出版社 2009 年版，第 96 页。

二、延伸阅读

（一）《资本论》的出版传播与研究热点

《资本论》作为马克思耗费毕生精力写成的伟大著作，一经问世就产生巨大影响。它代表着全体无产阶级的根本利益，它是无产阶级前进的导航器，指引着全世界无产阶级的前进方向。《资本论》的公开问世，赢得了全世界无产阶级的热烈欢迎。1868 年 9 月，在布鲁塞尔大会上，与会代表一致通过德国代表团提出的决议案，建议把这部重要著作译成各种文字出版。迄今《资本论》的传播已遍及全世界，"仅国内所见到的就有：俄文版、法文版、英文版、日文版、中文版、西班牙版、意大利文版、瑞典文版、罗马尼亚文版、亚美尼亚文版、格鲁吉亚文版、拉脱维亚文版、摩尔达维亚文版、立陶宛文版、爱沙尼亚文版、捷克文版、波兰文版、保加利亚文版、南斯拉夫马其顿文版、匈牙利文版、阿尔巴尼亚文版、朝鲜文版、越南文版、阿拉伯文版等"①。

中国最早提及马克思的《资本论》的是蔡尔康。1899 年，蔡尔康在《大同学》中提到马克思著有《资本论》一书，是中文书籍中最早提及《资本论》的。尽管这个时候，《资本论》已经在报纸上断断续续地出现，但是归结起来是零散的，不太直接的。较为详细介绍《资本论》的第一人是朱执信。他在《德意志社会革命家小传》中，对马克思的生平事迹和《资本论》的内容作了大篇幅介绍。《资本论》真正传入中国是在俄国十月革命以后的事情，李大钊在《我的马克思主义观》和《马克思的经济学说》介绍了《资本论》的主要内容。此外，陈独秀、李达、邵飘萍、蔡元培、王思华等人对传播《资本论》都作出了贡献。

我国《资本论》的研究始于 1938 年由郭大力、王亚南合译的第一部中文全译本。80 年来，国内学术界对《资本论》研究由浅入深，由单一到多面，由介绍基本内容到提出富有时代内涵的课题研究。王东等学者认为，可以按照主题的不同区分为三个阶段：第一阶段，改革开放之前的 30 年，《资本论》哲学研究的重心在于辩证法，代表作是吴传启 1963 年发表的《〈资本论〉的

---

① 杨国昌、庚欣：《〈资本论〉画传》，山东人民出版社 1984 年版，第 126 页。

辩证法问题》；第二阶段，改革开放 30 年间，《资本论》哲学研究的重心转向历史观，代表作是孙承叔、王东 1988 年发表的《对〈资本论〉历史观的沉思》等，开始超越苏联哲学、西方哲学的模式，走出自主创新之路；第三阶段，近年来对《资本论》哲学思想的研究呈现出新的趋势，重点关注《资本论》及其手稿中蕴含的社会发展理论等思想。

最近十年，《资本论》的研究热点主要有：一是关注《资本论》中的马克思主义理论的整体性思想。学者们认为，在《资本论》的创作过程中，马克思首先完成哲学世界观的改造，然后就将唯物史观作为总的方法论用于他的全部理论工作，由此建构了包括哲学、科学社会主义和政治经济学的有机体系，其中哲学世界观和方法论构成了作为整体的马克思主义的理论基础。《资本论》的"五篇结构计划"、"六册结构计划"、"四卷结构计划"，都体现出了马克思主义理论的整体性特征。二是持续注重研究《资本论》的唯物史观。学者们认为，唯物史观的建构离不开《资本论》，尽管马克思在《德意志意识形态》、《共产党宣言》中对唯物史观都作过精彩论述，但唯物史观的理论建构的真正完成是《资本论》。在旧的政治经济学家看来，资本只是作为一种生产资料，作为一种物。在马克思看来，资本不仅仅是物，更是一种社会关系。马克思研究《资本论》的目的就是要揭示资本主义的生产方式以及和它相适应的生产关系和交换关系。通过研究资本的生产过程、资本的流通过程、资本主义生产的总过程，揭示资本是在物和生产关系两个层面的生产与再生产，这种资本的内在逻辑决定了资本主义社会的不可调和性，即生产的社会化和私人占有之间的根本矛盾。三是关注《资本论》中的生态思想。学者们认为，《资本论》中的唯物史观的生产论不仅包含单纯的物质生产，在这个生产中还有社会关系的生产与再生产，由于资本主义社会的内在矛盾导致生产极易走向片面化，看似人与自然之间的简单矛盾，实际是人与人之间的矛盾，是社会制度层面的不完善造成的。正是这样的理论旨趣决定了《资本论》不是反生态的著作，它包含着丰富的生态思想。目前，国内学者对《资本论》生态思想的研究，主要从人与自然的关系，人与人之间的关系，资本与生态危机的关系，《资本论》中的生态经济思想及对生态危机解决的启示等角度展开，已经取得一些研究成果。此外，《资本论》中的公平正义观、本体论、社会形态理论、研究方法等都是学者们关注的理论热点问题。

《资本论》作为"工人阶级的圣经"，是马克思一生中最重要的著作。今天尽管距离马克思所处的时代已经过去很久，但是《资本论》所揭示的真理依然光芒四射。在中国特色社会主义现代化建设的新时代，面对越来越多、越来越复杂的问题，我们一定要向马克思学习，学习他的勇于批判的革命精神，学习他的敢于斗争的理论勇气，学习他的辩证的分析方法，解放思想，破除迷信，坚持以人民为中心，立足中国，放眼世界，勇于和善于开展伟大斗争，通过深入细致的矛盾分析，不断深化对中国共产党执政规律、社会主义现代化建设规律和人类社会发展规律的认识，不断推动马克思主义同当代中国的具体实际相结合，开辟《资本论》研究的新境界。

（二）国外学者对《资本论》的当代解读

随着 MEGA2 第二部"《资本论》及其准备著作"的出齐，国际学界掀起了对《资本论》解读和研究的热潮，美国学者彼得·胡迪斯（Peter Hudis）在《马克思的资本主义替代概念》一书中将近年来对《资本论》的解读归纳为两大哲学进路：一是客观主义的马克思主义，二是主体主义的马克思主义。

关于客观主义的马克思主义，他们将马克思对资本的批判视为对资本主义社会的客观分析和准确理解的最好方式，资本是一种完全具有自我规定性和自主性的存在。具体又分三派：

其一，日本的宇野学派，如宇野弘藏（Kozo Uno）、托马斯·关根（Thomas Sekine）、罗伯特·奥尔布里顿（Robert Albritton）、约翰·贝尔（John Bell）。宇野弘藏将资本视为自足的逻辑体系，并在《政治经济学的原则：纯粹资本主义社会的理论》中强调，资本作为社会历史的现实存在与资本逻辑之间存在着异质性，现实的资本主义总是非完美的、非绝对的，而资本逻辑描述的则是理想状态下的资本主义的结构和关系。马克思致力于呈现最一般的商品生产体系，这个体系的主角是资本，而非作为主体的我们。按照这一逻辑，马克思关心的是纯粹的理想的资本主义经济本身的规律，而非现实存在的资本主义。这也就意味着《资本论》中的资本主义是一个纯粹的尚未存在也永远不会存在的标准的资本主义，马克思的政治经济学是在从事某种思想实验的游戏，此中的资本主义是建立在纯粹自我调节的市场和无政府的商品生产之上，人们只受到市场力量的控制和导向。由此出发，宇野还批判了对马克思理论的异化劳动诠释，指认异化劳动并非资本主义的关键特征。在关根看来，马克思所写的是一部关于资本而不是关于劳动或生产的伟大著作，劳动及其斗争形式并不是资本逻辑的内在特性。这种阐释与马克思本人的研究还是存在出入的，在《资本论》第一卷中，他强调了劳动的两重性，具体的特殊的劳动和无差别的抽象劳动，抽象劳动是价值的实质和资本自我扩张的价值，具体劳动则与使用价值的生产以及劳动者的生活相联系，根据马克思的分析，劳动的双重性最终会打破资本辩证法的逻辑。

其二，后法兰克福学派，如汉斯—格尔奥尔格·巴克豪斯（Hans-Georg Backhaus）、莫伊什·普殊同（Moishe Postone）。巴克豪斯指出，资本作为一个自主性的总体和真实性的主体，一方面是从个体存在中抽象出来的，另一方面又对个体生存状况漠视甚至是宰治，于是资本便成了主体或者说自我关系性存在。这就意味着资本在现代社会具有像黑格尔的绝对观念一样的生命力，或者说，黑格尔的绝对观念的特性是理解马克思资本概念的关键，因此，《资本论》并非黑格尔主义成分最少的著作，相反是黑格尔主义的经典性代表作。巴克豪斯与宇野的区别在于对资本逻辑之核心的不同理解，宇野认为是自由市场和私有财产，巴克豪斯则认为是劳动的抽象化，抽象劳动是理解资本的关键所在。普殊同在《时间、劳动与社会支配：马克思批判理论的再阐释》中强调，抽象劳动是资本主义具有全局规定性的核心概念，只有在资本主义社会中，劳动才具有抽象劳动和具体劳动双重特性，具体劳动不断地被抽象劳动吸纳，变得同质化、单一化、重复化、程序化，抽象劳动是价值生产的基础，也是资本主义的最大特征。由此出发，普殊同批判了传统马克思主义的两个失误，一是过于关注分配，认为只要实现国有化、计划化，就能够改变资本主义了。但只要一个社会存在着抽象劳动，其性质就是资本主义社会。二是将工人误认为社会转型的主体。但现代社会的主体不是人而是资本，工人被抽象劳动牢牢把控，不可能成为解放的主体。很明显，普殊同的分析建立在黑格尔观念辩证法的基础之上，《资本论》俨然成了黑格尔观念的具体体现，但是普殊同忽略了马克思是在讨论流通环节时才这样论述的，如果超出流通环节，进入生产过程，资本在马克思那里绝对不可能是自我运动的实体或主体，因为资本只有依赖劳动才能存活，所谓自我运动的资本主体便会遭遇自己的限度和边界。另外，由于普殊同过于看重抽象劳动和异化劳动，也使他走进了新的思想僵局，没有给出超越资本主义的真实可能性和力量所在。

其三，新辩证法学派，如克里斯托夫·阿瑟（C.J. Arthur）、帕特里克·穆雷（Patrick Murray）、格尔特·鲁特（Geert Reuten）、托尼·史密斯（Tony Smith）。所谓"新辩证法"，是指区别于关注马克思历史理论的旧辩证法（历史辩证法）而言的，它们不关注马克思的历史理论，而关注黑格尔逻辑学对马克思资本理论的影响，他们将资本主义视为一个给定的社会系统，而不是历史过程，因此马克思的辩证法应该是体系辩证法，而非历史辩证法。历史辩证法处理的是实际社会系统的兴亡之变，而体系辩证法处理的则是给定的整体并且展示其如何再生产自身，历史辩证法考虑的是历史因果链，体系辩证法只考虑系统性因素。由此出发，他们认为《资本论》是对给定社会现实的系统性描述，而不是对一个社会现实的产生与灭亡的历史性描述，它关注资本主义社会的整体，而非历史的发展。阿瑟还认为，马克思的唯物主义与黑格尔的观念论之间存在相似之处，资本就是黑格尔绝对概念的化身。但是阿瑟与巴克豪斯不同，他拒绝把劳动的抽象社会形式作为资本主义的主要特征，认为劳动和价值之间不存在同构关系，并不是抽象劳动构成了货币与资本，相反，是货币化或者说交换关系使得劳动变得抽象化，因此，只有完成对资本的形式规定性的理解，才能深入到劳动生产中去，否则就只能看到资本主义的表面现象。

关于主体主义的马克思主义，他们致力于理解人的主体性力量如何摆脱资本的奴役以获得控制性的霸权，他们虽然也承认资本的自我规定性和自主性，但更强调资本在劳动那里必然持续遭受到的限度与障碍。因此，他们致力于挖掘马克思的政治经济学颠覆和限制资本逻辑的主体性的人类力量。主要是意大利的"自治主义的马克思主义（autonomist Marxists）"、马里奥·特隆蒂（Mario Tronti）、约翰·霍洛威（John Holloway）、安东尼·奈格里（Antonio Negri）、迈克尔·哈特（Michael Hardt）。

与强调抽象性和社会形式、价值形式的统治不同，主体主义的马克思主义者从阶级关系、社会矛盾和主体反抗的视角来研究马克思的《资本论》。自治主义的马克思主义认为，工人与资本之间的对抗是资本发展不可或缺的核心构成部分，正如马克思所言："资本是死劳动，它像吸血鬼一样，只有吮吸活劳动才有生命，吮吸的活劳动越多，它的生命就越旺盛"[1]。资本只有

---

[1] 《马克思恩格斯全集》第43卷，人民出版社2016年版，第237页。

通过占有他人的劳动才能使自身的价值增值，劳动是使资本发酵的酵母。特隆蒂指出，传统西方马克思主义的错误在于首先讨论资本主义的发展，其次才讨论工人的斗争。其实应该把这个过程颠倒过来，只有理解了工人阶级的劳动和斗争，才能真正理解资本主义的发展，因为资本主义形态的每一次发展，都是对劳动者抵抗的回应。因此，表面上是资本控制着社会，实际上，资本永远只是被动的，而非主动的力量。

与新辩证法学派将资本视为自我规定和自我扩张的主体不同，自治主义的马克思主义认为，资本在扩大价值和对价值生产的抵抗中从来就是内在地不稳定和对抗性的，这就意味着资本不是主体而是关系性的存在，马克思研究的目标始终是社会对抗的现实性，而不是无人身的资本逻辑。

与宇野学派强调马克思政治经济学的解释性功能不同，自治主义的马克思主义将马克思的事业首先视为政治的事业。奈格里认为，利润和工资将继续存在，但它们的存在仅仅是权力关系调节后的结果，假如劳动力市场变得完全政治化运作的话。霍洛威也认为，阶级关系并非寄身于资本主义社会关系，其本身就是资本主义关系的构成性本身。奈格里认为《政治经济学批判大纲》是马克思革命思想的巅峰之作，而《资本论》由于将主体性和对抗性消解到了客观性之中，存在着经济学还原和客观主义倾向。马克思通过货币拜物教的分析发现了隐藏在其后的社会劳动关系，货币等价性背后恰恰是具体劳动与抽象劳动之间的对抗性，抽象劳动永远得依靠活劳动。因此，马克思价值理论范畴内部存在着内在的张力，工人阶级在持续的斗争中不断创造着价值。在他看来，马克思的所有范畴都是两面性和内在对抗性的。因此，除非劳动扩张，否则资本不可能自行扩张，假如作为主体的资本构成其中一面的话，另一面必然是劳动同样成为主体。资本与劳动的关系不仅是经济关系，更重要的是政治关系，劳动与资本都想追求自我价值的持存，而两者的利益是完全对立的，这就决定着资本主义无法消除其矛盾和对它的抵抗。

三、思考题

1. 如何理解商品的二因素？
2. 如何理解劳动的二重性？

3. 如何理解马克思的商品拜物教思想？

4. 如何理解马克思关于唯物辩证法的本质思想及其时代价值？

《反杜林论》(第一编)导读

　　《反杜林论》原名《欧根·杜林先生在科学中实行的变革·哲学·政治经济学·科学社会主义》,是恩格斯批判德国小资产阶级思想家杜林的一部论战性理论名作,写于 1876 年至 1878 年间。

　　这部著作的诞生,可谓是当时德国党内两种理论、两条思想路线斗争的产物。1875 年前后,以社会主义改革家自居的柏林大学讲师杜林,扬言要在科学中实行一次全面的"改革",连续推出《哲学教程》、《国民经济学和社会经济学教程》、《国民经济学和社会主义批判史》等一系列攻击马克思主义的理论著作。由于杜林打着"社会主义"这块金字招牌,并以"科学"的伪装出现,因此在德国党内外产生了很大影响。为了捍卫科学社会主义学说,使刚刚统一起来的德国党沿着正确道路前进,必须批驳杜林主义。为此,恩格斯在马克思的支持下,放下手中多年从事的自然辩证法研究,用了两年多的时间,写下了一系列批判杜林的文章,全面、系统、彻底地批判了杜林在哲学、科学社会主义和政治经济学中的错误观点。这些成果曾以论文的形式陆续发表在《前进报》上,1878 年 7 月出版单行本。该书在恩格斯生前发行过三版,后来被翻译成多种文字在世界各地出版。

　　《反杜林论》在马克思主义发展史上具有里程碑式的重要意义,它第一次全面系统地总结了马克思主义诞生后无产阶级革命的经验和自然科学发展的成就,第一次全面系统地阐述了马克思主义的三个组成部分,被誉为"马克思主义百科全书"。列宁曾经强调:它和《共产党宣言》一样,"是每个觉悟工人必读的书籍。"①

---

① 《列宁专题文集·论马克思主义》,人民出版社 2009 年版,第 67 页。

一、主要内容

《反杜林论》由"序言"、"引论"、"哲学编"、"政治经济学编"和"社会主义编"五部分构成。其中,"哲学编"共有十二章,即"三、分类。先验主义","四、世界模式论","五、自然哲学。时间和空间","六、自然哲学。天体演化学,物理学,化学","七、自然哲学。有机界","八、自然哲学。有机界(续完)","九、道德和法。永恒真理","十、道德和法。平等","十一、道德和法。自由和必然","十二、辩证法。量和质","十三、辩证法。否定的否定"和"十四、结论"。这里着重介绍"引论"和"哲学编"的第三、四、九、十、十一、十二、十三和十四部分。

(一)关于"引论"

"引论"特别是其中的"概论"可谓是《反杜林论》全书的总纲,其中心思想是论述社会主义从空想到科学的发展。围绕这个中心,恩格斯简要地考察了马克思主义以前的哲学、政治经济学和社会主义理论的历史发展,阐明了唯物辩证法、唯物史观和剩余价值学说的发现以及它们在科学社会主义理论创立过程中的重要作用,从而深刻揭示了马克思主义三个组成部分之间的内在联系。

1. 社会主义思想的产生和发展

恩格斯在开篇即从两个方面对社会主义作了明确的界定:"现代社会主义,就其内容来说,首先是对现代社会中普遍存在的有财产者和无财产者之间、资产者和雇佣工人之间的阶级对立以及生产中普遍存在的无政府状态这两个方面进行考察的结果。但是,就其理论形式来说,它起初表现为18世纪法国伟大的启蒙学者们所提出的各种原则的进一步的、据称是更彻底的发展。同任何新的学说一样,它必须首先从已有的思想材料出发,虽然它的根子深深扎在经济的事实中。"[1] 显然,在恩格斯看来,社会主义的发展是一个逐渐洗却空想色彩、不断增强现实主义精神的过程。

对于18世纪的法国启蒙思想家群体,恩格斯称他们为"伟大人物,本

---

[1] 《马克思恩格斯文集》第9卷,人民出版社2009年版,第19页。

身都是非常革命的"①,同时指出这些人"没有能够超出他们自己的时代使他们受到的限制"②。由于启蒙思想家不是把生产方式,而是把理性看作人类活动和社会结合的基础,因而他们所谓的理性王国不过是资产阶级理想化的王国。对于欧洲的三大空想社会主义者,恩格斯指出,他们思想体系中的积极因素为启发工人觉悟和创立科学社会主义提供了极为宝贵的材料,但是受时代和个人思想的局限,他们的学说存在根本缺陷:不了解社会发展的客观规律,没有科学地阐明社会主义代替资本主义的必然性;虽然看到无产阶级是一个受苦受难的阶级,同情无产阶级,却看不到无产阶级的历史作用,找不到实现社会主义的基本力量;只是主张宣传教育和试验示范的形式建立社会主义,反对暴力革命,因而无法达到实现理想社会的目标。"他们都不是作为当时已经历史地产生的无产阶级的利益的代表出现的。"③在圣西门、傅立叶和欧文这三大空想社会主义者那里,社会主义不是对资本主义社会中无产阶级和资产阶级斗争考察的结果,而只是个别天才人物发现的永恒真理、理性和正义的表现。这些人的社会主义学说的理论基础,仍然是18世纪启蒙学者的唯心史观。

基于此,恩格斯明确提出:"为了使社会主义变为科学,就必须首先把它置于现实的基础之上。"④这表明,马克思恩格斯不是从头脑虚构出发,而是从资本主义生产方式这个现实基础出发,通过分析资本主义的经济关系和阶级矛盾,揭示社会主义必然代替资本主义的客观规律,使社会主义从空想变为科学,这就需要有科学的世界观和方法论作指导。

2. 社会主义学说的变革同现代唯物主义辩证法的诞生是直接联系的

接下来,恩格斯紧密联系自然科学和人类认识的发展,用相当大的篇幅阐述了辩证法和形而上学的对立以及唯物辩证法产生的伟大意义。

在谈到古代的朴素辩证法时,恩格斯指出,这种世界观在本质上是正确的,"当我们通过思维来考察自然界或人类历史或我们自己的精神活动的时候,首先呈现在我们眼前的,是一幅由种种联系和相互作用无穷无尽地交织

---

① 《马克思恩格斯文集》第 9 卷,人民出版社 2009 年版,第 19 页。

② 《马克思恩格斯文集》第 9 卷,人民出版社 2009 年版,第 20 页。

③ 《马克思恩格斯文集》第 9 卷,人民出版社 2009 年版,第 21 页。

④ 《马克思恩格斯文集》第 9 卷,人民出版社 2009 年版,第 22 页。

起来的画面，其中没有任何东西是不动的和不变的，而是一切都在运动、变化、生成和消逝"①。但是，古代的这种自发的辩证法只是直观地、笼统地说明总体的一般性质，而不能说明构成总体的各个细节，缺乏科学根据和科学分析。

在谈到 17 至 18 世纪形而上学思维方法居于优势地位时，恩格斯指出，这在当时是不可避免的，"把自然界分解为各个部分，把各种自然过程和自然对象分成一定的门类，对有机体的内部按其多种多样的解剖形态进行研究，这是最近 400 年来在认识自然界方面获得巨大进展的基本条件"②。历史地看，恩格斯认为，正是形而上学这种方法促进了人类对自然界的认识，使其有了巨大的进步。但是，这种做法也给我们留下了一种习惯："把各种自然物和自然过程孤立起来，撇开宏大的总的联系去进行考察，因此，就不是从运动的状态，而是从静止的状态去考察；不是把它们看做本质上变化的东西，而是看做固定不变的东西；不是从活的状态，而是从死的状态去考察。"③ 这就是说，形而上学的思维方式使人们养成了一种孤立、静止、片面地观察事物的习惯。

在谈到以黑格尔为代表的德国近代哲学时，恩格斯指出："黑格尔第一次——这是他的伟大功绩——把整个自然的、历史的和精神的世界描写为一个过程，即把它描写为处在不断的运动、变化、转变和发展中，并企图揭示这种运动和发展的内在联系。"④ 黑格尔企图揭示历史过程的内在规律。但是，他并没有完成这一任务。在黑格尔的唯心主义思想体系中，一切都被头足倒置了，世界的现实联系完全被颠倒了。在黑格尔看来，事物及其发展只是在世界出现以前已经在某个地方存在着的实现了的"观念"的反映。此外，黑格尔的体系"还包含着一个无法解决的内在矛盾：一方面，它以历史的观点作为基本前提，即把人类的历史看做一个发展过程，这个过程按其本性来说在认识上是不能由于所谓绝对真理的发现而结束的；但是另一方面，它又硬说它自己就是这种绝对真理的化身。关于自然和历史的无所不包的、最终

---

① 《马克思恩格斯文集》第 9 卷，人民出版社 2009 年版，第 23 页。
② 《马克思恩格斯文集》第 9 卷，人民出版社 2009 年版，第 23—24 页。
③ 《马克思恩格斯文集》第 9 卷，人民出版社 2009 年版，第 24 页。
④ 《马克思恩格斯文集》第 9 卷，人民出版社 2009 年版，第 26 页。

完成的认识体系，是同辩证思维的基本规律相矛盾的"①。

正是因为深刻"了解到以往的德国唯心主义是完全荒谬的"，恩格斯才和马克思一道创立了完全不同于"18世纪的纯粹形而上学的、完全机械的唯物主义"的现代唯物主义，实现了人类思想史上最伟大的哲学革命：第一，"同那种以天真的革命精神简单地抛弃以往的全部历史的做法相反，现代唯物主义把历史看作人类的发展过程，而它的任务就在于发现这个过程的运动规律"②。第二，"现代唯物主义概括了自然科学的新近的进步，从这些进步看来，自然界同样也有自己的时间上的历史，天体和在适宜条件下生存在天体上的有机物种一样是有生有灭的"。第三，"现代唯物主义本质上都是辩证的，而且不再需要任何凌驾于其他科学之上的哲学了。"③现代唯物主义的诞生，在自然观和历史观上引起了深刻的变革，它使社会科学彻底摆脱了旧哲学的束缚，为人们认识历史发展规律，认识社会主义代替资本主义的客观规律提供了有力的理论武器。

3. 唯物史观和剩余价值的发现使社会主义从空想变为科学

在恩格斯看来，一种社会主义学说科学与否，不在于它对资本主义的批判，而在于它能否解决这样一个重大课题："一方面应当说明资本主义生产方式的历史联系和它在一定历史时期存在的必然性，从而说明它灭亡的必然性；另一方面应当揭露这种生产方式的一直还隐蔽着的内在性质"④。对于这一课题，由于在历史观上陷入了唯心主义的泥潭以及思维方式上的形而上学局限，以往的社会主义者固然批判了现存的资本主义生产方式及其后果，但是，"它不能说明这个生产方式，因而也就不能对付这个生产方式；它只能简单地把它当做坏东西抛弃掉"⑤。

19世纪40年代的三大工人运动，令人信服地证明了资产阶级经济学关于资本和劳动利益一致等观点完全是谎言。马克思和恩格斯适应无产阶级革命斗争的需要，运用唯物辩证法研究社会历史，批判唯心史观，创立了唯物史观，正确揭示了人类社会的发展规律："以往的全部历史，都是阶级斗争

① 《马克思恩格斯文集》第9卷，人民出版社2009年版，第27页。
② 《马克思恩格斯文集》第9卷，人民出版社2009年版，第28页。
③ 《马克思恩格斯文集》第9卷，人民出版社2009年版，第28页。
④ 《马克思恩格斯文集》第9卷，人民出版社2009年版，第29—30页。
⑤ 《马克思恩格斯文集》第9卷，人民出版社2009年版，第30页。

的历史；这些互相斗争的社会阶级在任何时候都是生产关系和交换关系的产物，一句话，都是自己时代的经济关系的产物；因而每一时代的社会经济结构形成现实基础，每一个历史时期的由法的设施和政治设施以及宗教的、哲学的和其他的观念形式所构成的全部上层建筑，归根到底都应由这个基础来说明"①。这样一来，唯心主义从它的最后的避难所即历史观中被驱逐出去了，一种唯物主义的历史观被提出来了：它用人们的存在说明他们的意识，而不是像以往那样，用人们的意识说明他们的存在。随后，马克思运用唯物史观考察资本主义生产关系，在扬弃古典经济学的劳动价值论的基础上，创立了剩余价值学说。马克思的剩余价值学说证明："无偿劳动的占有是资本主义生产方式和通过这种生产方式对工人进行的剥削的基本形式；……这种剩余价值归根到底构成了有产阶级手中日益增加的资本量由以积累起来的价值量。这样就说明了资本主义生产和资本生产的过程。""这两个伟大的发现——唯物主义历史观和通过剩余价值揭破资本主义生产的秘密，都应当归功于马克思。由于这两个发现，社会主义变成了科学。"②

总之，科学社会主义的产生，是资本主义生产方式的基本矛盾发展的必然产物，是人类历史发展的必然产物，是社会主义思潮发展的必然产物，是人类思想发展史上的划时代的伟大革命。

（二）关于"分类。先验主义"

1. 批判杜林在科学分类问题上的先验主义观点，阐述"世界的真正的统一性是在于它的物质性"的基本原理

为了使读者能够比较深入地认识杜林在科学分类问题上的先验主义错误，恩格斯开篇逐字逐句地引述了杜林在哲学批判中的一段论述："按照杜林先生的说法，哲学是对世界和生活的意识的最高形式的阐发，在更广的意义上说，还包括一切知识和意愿的原则。无论在哪里，只要某一系列的认识或冲动，或者某一类存在形式为人的意识所考察，这些形式的原则就应当是哲学的对象。……除了一切存在的基本形式，哲学只有两个真正的研究对象，即自然界和人类世界。这样，在我们的材料整理上就自然而然地分成了三部

---

① 《马克思恩格斯文集》第 9 卷，人民出版社 2009 年版，第 29 页。

② 《马克思恩格斯文集》第 9 卷，人民出版社 2009 年版，第 30 页。

分，这就是：一般的世界模式论，关于自然原则的学说，以及最后关于人的学说。"① 从这个论述可以看出，杜林在哲学批判部分实际上是将"原则在先"作为逻辑起点，僵硬地把哲学的研究领域划分为"一般的世界模式论"、"关于自然原则的学说"和"关于人的学说"。恩格斯首先批判杜林把"原则"作为认识的源泉，作为构造世界和社会历史发展的出发点和动力的错误观点，指出杜林"所谓的原则，就是从思维而不是从外部世界得来的那些形式的原则，这些原则应当被运用于自然界和人类，因而自然界和人类都应当适应这些原则"②。杜林的这种唯心主义观点"把事物完全头足倒置了"。与此相对，恩格斯明确强调，应该从唯物主义的观点去理解原则——"原则不是研究的出发点，而是它的最终结果"，"不是自然界和人类去适应原则，而是原则只有在适合于自然界和历史的情况下才是正确的"③。

2. 批判杜林使意识脱离人和自然界的唯心主义错误，阐明辩证唯物主义关于意识的起源和本质的理论

通过比较，恩格斯尖锐地指出，杜林的哲学体系与黑格尔的唯心主义哲学体系在本质上是一回事："在杜林先生那里首先是一般的世界模式论，这在黑格尔那里称为逻辑学。其次，他们两人把这些模式或者说逻辑范畴应用于自然界，就是自然哲学。而最后，把它们应用于人类，就是黑格尔叫做精神哲学的东西。"④ 恩格斯在这里特别地批判了杜林使意识、思维脱离人和自然界的唯心主义错误。根据杜林对黑格尔的这种理论复制，如果完全自然主义地把"意识"、"思维"当作某种现成的东西，当作一开始就和存在、自然界相对立的东西，那么结果总是如此。可是，"如果进一步问：究竟什么是思维和意识，它们是从哪里来的，那么就会发现，它们都是人脑的产物，而人本身是自然界的产物，是在自己所处的环境中并且和这个环境一起发展起来的；这里不言而喻，归根到底也是自然界产物的人脑的产物，并不同自然界的其他联系相矛盾，而是相适应的。"⑤

3. 批判杜林哲学认识论的形而上学特质，论述辩证唯物主义认识论的基

---

① 《马克思恩格斯文集》第9卷，人民出版社2009年版，第37页。
② 《马克思恩格斯文集》第9卷，人民出版社2009年版，第37页。
③ 《马克思恩格斯文集》第9卷，人民出版社2009年版，第38页。
④ 《马克思恩格斯文集》第9卷，人民出版社2009年版，第38页。
⑤ 《马克思恩格斯文集》第9卷，人民出版社2009年版，第38页。

本原理

在思维和存在、主观和客观、自然界和人的关系问题上，杜林的错误在于："使思维脱离唯一的真实的基础，即脱离人和自然界"，"一再把有意识的行动方式，即直截了当地叫做上帝的东西，硬塞给自然界"，"把全部现实的基础从现实世界搬到思想世界"①。不言而喻，"在这样的意识形态的基础上是不可能建立任何唯物主义学说的"。而杜林之所以这样做，是由于其唯心主义哲学基础——"关于这种一般世界模式论、关于这种存在的形式原则的科学，正是杜林先生的哲学的基础"②。在这样的哲学基础上去思考，"如果世界模式论不是从头脑中，而仅仅是通过头脑从现实世界中得来的，如果存在的原则是从实际存在的事物中得来的，那么为此我们所需要的就不是哲学，而是关于世界和世界中所发生的事情的实证知识；由此产生的也不是哲学，而是实证科学"③。问题是，这样人们就碰到一个矛盾："一方面，要毫无遗漏地从所有的联系中去认识世界体系；另一方面，无论是从人们的本性或世界体系的本性来说，这个任务是永远不能完全解决的。"④如何认识这一矛盾？恩格斯从辩证唯物主义的理论视野作了深刻的分析，他指出："人的内部无限的认识能力和这种认识能力仅仅在外部受限制的而且认识上也受限制的各个人身上的实际存在这二者之间的矛盾，是在至少对我们来说实际上是无穷无尽的、连绵不断的世代中解决的，是在无穷无尽的前进运动中解决的"⑤。

（三）关于"世界模式论"

1. 批判杜林用思想的统一性证明世界的统一性的唯心主义观点，阐述了存在的统一性决定思维统一性的唯物主义观点

杜林是这样描述他的世界模式的："包罗万象的存在是唯一的。由于它是自满自足的，因而没有任何东西同它并列或在它上面。如果给它加上第二个存在，那就使它成为不是它本来那样的东西，即成为一个包容更广的整体

① 《马克思恩格斯文集》第9卷，人民出版社2009年版，第39页。
② 《马克思恩格斯文集》第9卷，人民出版社2009年版，第39页。
③ 《马克思恩格斯文集》第9卷，人民出版社2009年版，第39页。
④ 《马克思恩格斯文集》第9卷，人民出版社2009年版，第40页。
⑤ 《马克思恩格斯文集》第9卷，人民出版社2009年版，第128页。

的一部分或组成部分。当我们把自己的仿佛框子一样的统一思想扩展开来时，任何必须进入这个思想统一体的东西都不能在自身中保持两重性。但是任何东西也不能脱离这个思想统一体……一切思维的本质就在于把意识的要素联合为一个统一体……不可分割的世界概念正是通过这种综合的统一点产生的，而宇宙，就像这个词本身所表明的，被认为是万物在其中联合为一个统一体的东西。"①恩格斯认为，杜林的这种论断"是完全错误的"，他从两个方面对此进行了剖析：第一，思维既把相互联系的要素联合为一个统一体，同样也把意识的对象分解为它们的要素。没有分析就没有综合。第二，思维，如果它不做蠢事的话，只能把这样一些意识的要素综合为一个统一体。但这个统一体在这些意识要素或者在它们的现实原型以前就已经存在了。

2. 批判杜林关于世界统一于存在的折衷主义错误，论述世界的统一性在于它的物质性的唯物主义原理

从方法论的角度看，杜林的世界模式是按照"数学原则"构建的，杜林强调："任何问题都应当从简单的基本形式上按照公理来解决，正如对待简单的……数学原则一样"②。从存在论的角度看，在杜林的世界模式论中，存在"不是那种纯粹的存在，即自身等同的、应当没有任何特殊规定性的而且实际上仅仅是思想虚无或无思想之对应物的存在"③。综合这两个方面的考察，恩格斯指出，杜林的"世界统一于存在"完全是一个折衷主义命题。通过揭示批判杜林这两个方面的谬论，恩格斯在人类思想史上第一次明确地阐发了世界的物质统一性原理。对于存在的统一性，恩格斯明确指出："当我们说到存在，并且仅仅说到存在的时候，统一性只能在于：我们所说的一切对象都是存在的、实有的。它们被综合在这种存在的统一性中，而不在任何别的统一性中；说它们都是存在的这个一般性论断，不仅不能赋予它们其他共同的或非共同的特性，而且暂时排除了对所有这些特性的考虑。"关于意识和存在的关系，恩格斯指出："因为只要我们离开存在是所有这些事物的共同点这一简单的基本事实，哪怕离开一毫米，这些事物的差别就开始出现

① 《马克思恩格斯文集》第9卷，人民出版社2009年版，第44页。
② 《马克思恩格斯文集》第9卷，人民出版社2009年版，第44页。
③ 《马克思恩格斯文集》第9卷，人民出版社2009年版，第47页。

在我们眼前。至于这些差别是否在于一些是白的，另一些是黑的，一些是有生命的，另一些是无生命的，一些是所谓此岸的，另一些是所谓彼岸的，那我们是不能根据把单纯的存在同样地加给一切事物这一点来作出判断的。"①恩格斯特别指出，世界的统一性在于它的物质性，是需要自然科学和哲学的长期发展来证明的。他说："世界的统一性并不在于它的存在，尽管世界的存在是它的统一性的前提，因为世界必须先存在，然后才能是统一的。在我们的视野的范围之外，存在甚至完全是一个悬而未决的问题。世界的真正的统一性在于它的物质性，而这种物质性不是由魔术师的三两句话所证明的，而是由哲学和自然科学的长期的和持续的发展所证明的。"②

3. 批判杜林的世界模式论的唯心主义实质，揭露杜林的世界模式论是对黑格尔《逻辑学》的抄袭

在本章的最后一部分，恩格斯毫不客气地指出，杜林的"存在基本形式"是对黑格尔《逻辑学》中"存在论"的抄袭，"存在的逻辑特性"则是对黑格尔《逻辑学》中"本质论"的抄袭。"黑格尔从存在进到本质，进到辩证法。在这里他研究反思的规定，它们的内在的对立和矛盾，例如正和负，然后就进到因果性或原因和结果的关系，并以必然性作结束。杜林先生也没有什么不同。黑格尔叫作本质论的东西，杜林先生把它译成：存在的逻辑特性……至于矛盾，杜林先生是根本否认的……"③所以，杜林的世界模式论不过是"在黑格尔的范畴模式的笼子里谈哲学"④。

（四）关于"道德和法。永恒真理"

本章从唯物辩证法的视角批判杜林在道德和法的问题上的唯心主义和形而上学谬论，阐述真理发展的辩证法和道德的历史性和阶级性等历史唯物主义观点。

1. 批判杜林的形而上学真理观，论述绝对真理和相对真理的辩证关系

作为一个"特别缺少的辩证法"的典型的形而上学者，在认识论问题上，

---

① 《马克思恩格斯文集》第 9 卷，人民出版社 2009 年版，第 47 页。
② 《马克思恩格斯文集》第 9 卷，人民出版社 2009 年版，第 47 页。
③ 《马克思恩格斯文集》第 9 卷，人民出版社 2009 年版，第 49—50 页。
④ 《马克思恩格斯文集》第 9 卷，人民出版社 2009 年版，第 50 页。

杜林片面地强调人的认识、思维的至上性，进而提出"真正的真理是根本不变的"。他从永恒不变的真理出发，导出永恒不变的道德，自我标榜说，他提出的道德原则是适用于一切时代、一切世界，适用于人类，也适用于"人以外的一切生物"的终极真理。恩格斯摘引了杜林的一段论述："道德的世界，'和一般知识的世界一样……有其恒久的原则和单纯的要素'，道德的原则凌驾于'历史之上和现今的民族特性的差别之上……在发展过程中构成比较完全的道德意识和所谓良心的那些特殊真理，只要它们的最终的基础都已经被认识，就可以要求具有同数学的认识和运用相似的适用性和有效范围。真正的真理是根本不变的……因此，把认识的正确性设想成是受时间和现实变化影响的，那完全是愚蠢'。所以严格知识的可靠性和日常认识的充足性，不容许我们在深思熟虑的情况下对知识原则的绝对适用性表示失望。'长久的怀疑本身已经是一种病态的软弱状态，而且无非是极端紊乱的表现，这种紊乱有时企图在对自身的虚无的系统化意识中装出某种镇定的外表。在伦理问题上，对一般原则的否定，是同风尚和准则在地理上和历史上的多样性牢固地联在一起的，而且一承认伦理上的邪恶和罪孽的不可避免的必然性，那就要否定起协调一致作用的道德本能的庄严意义和实际效用。这种似乎不是反对个别的伪学说而是反对人类达到自觉道德的能力本身的腐蚀性怀疑，最后就流为真正的虚无，甚至实质上流为比单纯虚无主义更坏的东西……它自炫能在它的已被推翻的伦理观念的一片混乱中很容易地起支配作用，并为无原则的随心所欲敞开一切门户。但是它大错特错了，因为，只要指出知性在谬误和真理中的不可避免的命运，就足以借助这个唯一的类比表明，自然规律可能有的缺陷并不需要排除正确的东西的实现。'"① 恩格斯尖锐地驳斥了杜林的这些谬论，他指出："思维的至上性是在一系列非常不至上地思维着的人中实现的；拥有无条件的真理权的认识是在一系列相对的谬误中实现的；二者都只有通过人类生活的无限延续才能完全实现。"② 在恩格斯看来，人的思维是至上的，同样又不是至上的，它的认识能力是无限的，同样又是有限的。"按它的本性、使命、可能和历史的终极目的来说，是至上的和无

① 《马克思恩格斯文集》第9卷，人民出版社2009年版，第90页。
② 《马克思恩格斯文集》第9卷，人民出版社2009年版，第91页。

限的；按它的个别实现情况和每次的现实来说，又是不至上的和有限的。"①
由于后者，恩格斯指出："很可能我们还差不多处在人类历史的开端，而将
来会纠正我们的错误的后代，大概比我们有可能经常以十分轻蔑的态度纠正
其认识错误的前代要多得多。……至于说到每一个人的思维所达到的认识上
的至上意义，那么我们大家都知道，它是根本谈不上的，而且根据到目前为
止的一切经验看来，这些认识所包含的需要改善的东西，无例外地总是要比
不需要改善的或正确的东西多得多。"②

从这一观点出发，恩格斯指出，真理和谬误的对立"只是在非常有限的
领域内才有绝对的意义"，超出这个领域，这种对立就是相对的，"对立的两
极都向自己的对立面转化，真理变成谬误，谬误变成真理。"③他举出非生物
界、生物界、人类社会三大领域的事实，说明具有终极意义的、一成不变的
永恒真理，任何个人都是提供不出来的，真理都是具体的、有条件的、相对
的。在人类认识过程中，杜林宣扬的那种"根本不变"的"终极真理"是根
本不存在的。

2. 批判杜林的超历史、超阶级的道德观，阐述道德的历史性和阶级性

由于杜林把本来意义的辩证法宣布为纯粹的无稽之谈，他把形而上学的
真理观应用于道德领域，认为道德原则是永恒的，是凌驾于"历史和现今民
族性的差别之上的"，宣扬超历史超阶级的道德观。

针对杜林的这种绝对主义的道德论调，恩格斯反诘道："如果说，在真
理和谬误的问题上我们没有什么前进，那么在善和恶的问题上就更没有前进
了。"恩格斯指出，不仅真理问题是从属于人类历史运动之中的，善恶问题
更是从属于人类历史，甚至比真理更加依赖于具体的社会历史形式。"在这
里播下的最后的终极的真理恰恰是最稀少的"④，"善恶观念从一个民族到另
一个民族、从一个时代到另一个时代变更得这样厉害，以致它们常常是互相
直接矛盾的"⑤。具体而言，恩格斯在这里从三个方面深刻地论述了道德的现
实性、历史性和阶级性，驳斥了杜林想把任何道德教条当作永恒的、终极的

① 《马克思恩格斯文集》第9卷，人民出版社2009年版，第92页。
② 《马克思恩格斯文集》第9卷，人民出版社2009年版，第91页。
③ 《马克思恩格斯文集》第9卷，人民出版社2009年版，第96页。
④ 《马克思恩格斯文集》第9卷，人民出版社2009年版，第98页。
⑤ 《马克思恩格斯文集》第9卷，人民出版社2009年版，第98页。

道德规律强加给无产阶级的企图。

首先，任何道德，归根结底都是当时的社会经济状况的产物，是随着经济状况的发展而发展。人们自觉地或不自觉地，归根到底总是从他们阶级地位所依据的实际关系中——从他们进行生产和交换的经济关系中，吸取自己的道德观念。"现代社会的三个阶级即封建贵族、资产阶级和无产阶级都各有自己的特殊的道德，那么我们由此只能得出这样的结论：人们自觉地或不自觉地，归根到底总是从他们阶级地位所依据的实际关系中——从他们进行生产和交换的经济关系中，获得自己的伦理观念。"①

其次，在阶级社会里，道德始终是阶级的道德；它或者为统治阶级的统治和利益辩护，或者当被压迫阶级变得足够强大时，代表被压迫者对这个统治的反抗和他们的未来利益。"我们拒绝想把任何道德教条当做永恒的、终极的、从此不变的伦理规律强加给我们的一切无理要求，这种要求的借口是，道德世界也有凌驾于历史和民族差别之上的不变的原则。相反，我们断定，一切以往的道德论归根到底都是当时的社会经济状况的产物。而社会直到现在是在阶级对立中运动的，所以道德始终是阶级的道德；它或者为统治阶级的统治和利益辩护，或者当被压迫阶级变得足够强大时，代表被压迫者对这个统治的反抗和他们的未来利益。"②

最后，恩格斯指出，道德总的来说是有进步的。现在代表着现状的变革、代表着未来的那种道德，即无产阶级的道德，肯定拥有最多的能够长久保持的因素。"没有人怀疑，在这里，在道德方面也和人类认识的所有其他部门一样，总的说是有过进步的。但是我们还没有越出阶级的道德。只有在不仅消灭了阶级对立，而且在实际生活中也忘却了这种对立的社会发展阶段上，超越阶级对立和超越对这种对立的回忆的、真正人的道德才成为可能。"③

（五）关于"辩证法。量和质"

本章主要批判杜林否认矛盾规律和质量互变规律的客观性和普遍性的形

---

① 《马克思恩格斯文集》第 9 卷，人民出版社 2009 年版，第 99 页。

② 《马克思恩格斯文集》第 9 卷，人民出版社 2009 年版，第 99—100 页。

③ 《马克思恩格斯文集》第 9 卷，人民出版社 2009 年版，第 100 页。

而上学观点，阐明唯物辩证法的矛盾规律和量变质变规律的基本原理。

1. 批判杜林否认矛盾规律的形而上学观点，阐明矛盾规律的客观性和普遍性

杜林认为在现实事物中"没有任何矛盾"，所谓矛盾"只能属于思想的组合"，是主观荒谬的东西。他说："关于存在的基本逻辑特性的第一个命题，而且是最重要的命题，就是矛盾的排除。矛盾的东西是一个范畴，这个范畴只能归属于思想组合，而不能归属于现实。在事物中没有任何矛盾，或者换句话说，设定为真实的矛盾本身是悖理的顶点……按相反方向互相抗衡的力的对抗，甚至是世界及其生物的存在中的一切活动的基本形式。但是，诸要素和诸个体的力的方向的这种抗衡，和矛盾荒谬性的思想是远远不相符合的……在这里我们能感到满意的是：通常从臆想的逻辑奥秘中升起的迷雾，被真实矛盾的真正荒谬性的清晰景象驱散了；人们有时对于矛盾辩证法这个木偶——用来代替对抗的世界模式论的和雕刻得极其粗糙的木偶——的焚香顶礼，被证明是无益的了。"① 恩格斯指出，杜林这段话的"思想内容可以归结为一个命题：矛盾＝悖理"②。然而，对于同一个事实，用两种思维方式去理解，就会得到完全不同的结论。如果我们用形而上学思维考察，当我们"把事物看作是静止而没有生命的，各自独立、相互并列或先后相继的时候，我们在事物中确实碰不到任何矛盾"③；但是如果我们用辩证思维的方式考察，当我们"从事物的运动、变化、生命和彼此相互作用方面去考察事物时，情形就完全不同了。在这里我们立刻陷入了矛盾。运动本身就是矛盾；甚至简单的机械的位移之所以能够实现，也只是因为物体在同一瞬间既在一个地方又在另一个地方，既在同一个地方又不在同一个地方。这种矛盾的连续产生和同时解决正好就是运动"④。由此可见，杜林"矛盾＝悖理"观点之所以根本错误，就在于其"形而上学地思维的知性绝对不能从静止的思想转到运动的思想"。对形而上学来说，"运动是完全不可理解的，因为运动是矛盾"⑤。

---

① 《马克思恩格斯文集》第 9 卷，人民出版社 2009 年版，第 125 页。
② 《马克思恩格斯文集》第 9 卷，人民出版社 2009 年版，第 126 页。
③ 《马克思恩格斯文集》第 9 卷，人民出版社 2009 年版，第 126 页。
④ 《马克思恩格斯文集》第 9 卷，人民出版社 2009 年版，第 126—127 页。
⑤ 《马克思恩格斯文集》第 9 卷，人民出版社 2009 年版，第 127 页。

由于否定了矛盾，所以杜林根本不可能懂得一般和个别即共性与个性的辩证关系。在唯物辩证法看来，一般与个别是对立的统一，一般是对个别的抽象和概括。个别中包含一般，一般只能存在于个别之中，但不能把一般和个别绝对等同起来，更不能把一般歪曲为"一切"。为了发泄对辩证法的怒气，杜林把马克思在《资本论》中论述的一般与个别的辩证关系，歪曲为"在每一个东西中可以寻找一切，而在一切中可以寻找每一个东西；按照这个混乱而错误的观念，归根到底一切都是一个东西"①。这是极其荒谬的。恩格斯深刻地论述了矛盾、矛盾规律的客观性和普遍性，强调"运动本身就是矛盾"，"没有矛盾就没有运动"——不仅简单的机械运动本身包含着矛盾，有机生命和思维领域更是包含着矛盾。各个科学研究的内容，如高等数学和初等数学都充满着矛盾。这就是说，任何事物、任何地方、任何时候，矛盾都是普遍存在的，即矛盾存在于一切过程中，并贯穿于一切过程的始终。

2. 批判杜林否定量变质变规律的形而上学观点，阐明量变质变规律的客观性和普遍性

杜林不仅指责量变质变规律是个"混乱的模糊观念"②，而且诬蔑马克思在《资本论》中所阐述的"价值量达到一定最低限度数量时才能转变为资本"的原理是黑格尔抽象辩证法的翻版。恩格斯指出，量变质变规律是辩证法的基本规律。事物在量变过程中，是从不断地发生部分质变，进而达到根本质变的，量变过程中有部分质变，质变过程中也有量的变化。《资本论》提出的"价值量达到一定最低限度数量时才能转变为资本"的原理是马克思对不变资本和可变资本以及剩余价值进行长期研究得出的科学结论。杜林的错误，不仅在于他"把那种同马克思实际所说的相反的话强加给马克思"③，还在于他"把马克思的辩证法和黑格尔的辩证法等同起来"④。实际上，作为唯物主义者的马克思，其辩证法根本不同于黑格尔的唯心主义辩证法。黑格尔讲的量变质变是观念的转化，马克思讲的量变质变是事物发展的客观规律，两者不容混淆。

---

① 《马克思恩格斯文集》第9卷，人民出版社2009年版，第129页。
② 《马克思恩格斯文集》第9卷，人民出版社2009年版，第131页。
③ 《马克思恩格斯文集》第9卷，人民出版社2009年版，第132页。
④ 《马克思恩格斯文集》第9卷，人民出版社2009年版，第130页。

恩格斯还进一步论述了量变质变规律的客观性和普遍性。他列举了自然界和人类社会中的物理现象、化学现象、社会现象，以及军事上拿破仑军队的作战经验等大量事实，说明"量转化为质，质转化为量"①的普遍存在，论证"量变改变事物的质和质变同样也改变了事物的量"是客观普遍存在的规律。

（六）关于"辩证法。否定的否定"

本章主要批判杜林攻击唯物辩证法是单纯的证明工具的形而上学观点，阐明唯物辩证法是无产阶级的科学世界观和方法论，论述否定之否定规律及其客观性和普遍性。

1. 驳斥杜林对《资本论》方法的攻击和诬蔑，阐明唯物辩证法不是"简单的证明工具"而是无产阶级的科学世界观和方法论

杜林攻击辩证法是个"粗糙的木偶"，是"神秘主义"的"宗教教义"、"欺骗手段"，指责马克思的《资本论》是依靠黑格尔的"否定之否定"作"催生婆"，才得出社会主义公有制必然代替资本主义私有制的论断的。他说："马克思不依靠黑格尔的否定的否定，就无法证明社会革命的必然性，证明建立土地公有制和劳动所创造的生产资料的公有制的必然性；他在根据从宗教中抄袭来的这种荒唐类比创造自己的社会主义理论时，得出这样的结论：在未来的社会里，一种既是个人的又是社会的所有制，即黑格尔的被扬弃的矛盾的更高的统一，将占统治地位。"②杜林还捏造了所谓"既是个人又是公共的所有制"的谬论强加于马克思，妄图以此来诋毁唯物辩证法，进而否定马克思主义。

对于杜林对《资本论》的这一恶毒攻击，恩格斯明确指出："当马克思把这一过程称为否定的否定时，他并没有想到要以此来证明这一过程是个历史地必然的过程。相反，他在历史地证明了这一过程一部分地实际上已经实现，一部分还一定会实现以后，才又指出，这是一个按一定的辩证规律完成的过程。"③恩格斯还进一步揭露，杜林之所以这样做，绝不是由于他不能正确理解马克思的原意，而是为了贬低马克思主义，抬高自己的"经济公社"

---

① 《马克思恩格斯文集》第 9 卷，人民出版社 2009 年版，第 135 页。

② 《马克思恩格斯文集》第 9 卷，人民出版社 2009 年版，第 137 页。

③ 《马克思恩格斯文集》第 9 卷，人民出版社 2009 年版，第 141 页。

谬论，为推销其反动的"社会主义"黑货制造舆论。

在恩格斯看来，杜林把辩证法看成单纯证明的工具，"这是对辩证法的本性根本不了解"①。马克思关于社会主义革命的必然性即"剥夺剥夺者"的结论，是他对资本的原始积累进行了经济的和历史的研究得出的科学结论，而绝不是以黑格尔的"否定之否定"进行逻辑推论的结果。事实上，马克思的辩证法和黑格尔的辩证法是两种根本对立的世界观和方法论。马克思的辩证法是唯物主义的辩证法，是无产阶级科学的世界观和方法论；黑格尔的辩证法是唯心主义的辩证法，是资产阶级的世界观和方法论，二者不能混淆。马克思本人曾严正声明："我的辩证方法，从根本上来说，不仅和黑格尔的辩证方法不同，而且和他截然相反。在黑格尔看来，思维过程，……是现实事物的创造主，而现实事物只是思维过程的外部表现。我的看法则相反，观念的东西不外是移入人的头脑并在人的头脑中改造过的物质的东西而已。"②

2. 批判形而上学的否定观，论述否定之否定规律及其客观性和普遍性

杜林诬蔑否定之否定规律是一种"文字游戏"，是从宗教领域中抄袭来的荒唐类比，他从否认矛盾出发，把肯定和否定绝对地对立起来，肯定就是肯定一切，否定就是否定一切，否认两者的对立统一，认为否定只是外力作用的结果，就是"无"。恩格斯引用马克思的原话，揭穿了杜林的谎言，他指出：这种否定观是和形而上学思维的狭隘性完全合拍的。在此，恩格斯着重阐明了辩证的否定观同形而上学的否定观的根本对立和主要区别。他指出，形而上学否定观把否定看成是简单的抛弃，把否定和肯定绝对地对立起来，并把否定看成是外力作用的结果。而唯物辩证法的否定并不是主观随意的否定，而是客观事物内部矛盾双方斗争的必然结果，是既克服又保留的"扬弃"，是在根本改变旧质基础上向更高阶段发展的积极的否定，因而它既是事物发展的决定环节，又是新旧事物联系的环节。这些论述，大大地丰富了唯物辩证法的否定观。

与此同时，恩格斯还从植物、动物、地质学、数学、历史、哲学政治学等各个领域说明辩证法"按本性说是对抗的、包含着矛盾的过程，一个极端向它的反面的转化，最后，作为整个过程的核心的否定的否定"，深刻论证

---

① 《马克思恩格斯文集》第 9 卷，人民出版社 2009 年版，第 142 页。

② 《马克思恩格斯文集》第 5 卷，人民出版社 2009 年版，第 22 页。

了辩证法的否定之否定"是自然、历史和思维的一个极其普遍的、因而极其广泛地起作用的、重要的发展规律",这一规律"在动物界和植物界中,在地质学、数学、历史和哲学中起着作用"①。

(七)关于"结论"

"结论"是恩格斯对整个"哲学编"的总结,也是对杜林哲学的总的评价:当我们读完全书的时候,除了各种新的无稽之谈,毫无所得。"'现实的、从而以自然和生活的现实为目标的哲学的各个要素','严格科学的世界观','创造体系的思想',以及杜林先生以傲慢的语气大肆炫耀的杜林先生的其他一切功绩,只要我们一接触,就看出是纯粹的欺人之谈。"②杜林的现实哲学"归根到底正是'德国的所谓启蒙学说的最稀薄的清汤',它的稀薄和一眼就能看透的浅薄只是由于搅拌了神谕式的只言片语,才变得稠厚和混浊起来"。当我们读完全书的时候,"我们懂得的东西还是和以前的完全一样,而且不得不承认,'新的思维方式'、'完全独特的结论和观点'和'创造体系的思想'的确已经给我们提供了各种新的无稽之谈,可是没有一行字能够使我们学到什么东西"。"这个人大吹大擂叫卖自己的手艺和商品,不亚于最粗俗的市场小贩,而在他的那些大话后面却是空空如也,简直一无所有。"③

二、延伸阅读

(一)《反杜林论》的发表与传播

1877 年初,恩格斯完成了《反杜林论》包括引论在内的第一编《欧根·杜林先生在哲学中实行的变革》。从 1 月 3 日起,该编以一组论文的形式陆续发表在德国社会主义工人党的中央机关报《前进报》上,立即得到党内外的高度评价,但也遭到杜林的追随者的反对。原定恩格斯的批判文章每周三次连续发表,后来迫于杜林追随者的压力,改成每周发表两次。从 1877

---

① 《马克思恩格斯文集》第 9 卷,人民出版社 2009 年版,第 148 页。

② 《马克思恩格斯文集》第 9 卷,人民出版社 2009 年版,第 151 页。

③ 《马克思恩格斯文集》第 9 卷,人民出版社 2009 年版,第 152 页。

年 4 月 29 日到 5 月 11 日，甚至中断了恩格斯文章的登载。恩格斯虽然提出了抗议，但收效甚微。从 5 月 13 日起，再次停载。李卜克内西作为《前进报》的编辑坚决支持恩格斯，他发表声明说这些反对杜林的论文是继马克思的《资本论》之后意义最重大的著作。大致在 1877 年 6—12 月，恩格斯完成了《反杜林论》的第二编《欧根·杜林先生在政治经济学中实行的变革》。事实上，该编的第一章的第一部分写于 1877 年 3 月初以前；第二部分写于 8 月初以前。1877 年 7—12 月，第二编的系列文章陆续发表在《前进报》学术附刊上。第三编《欧根·杜林先生在社会主义中实行的变革》大体写于 1878 年前半年，发表于 1878 年 5—7 月的《前进报》附刊。

1877 年 7 月，这部著作的第一编以《欧根·杜林先生在科学中实行的变革。一、哲学》为题在莱比锡出版了单行本。1878 年 7 月，第二、三编以"欧根·杜林先生在科学中实行的变革。二、政治经济学。社会主义"为题也在莱比锡出版了单行本。同年 7 月 8 日前后，全书在莱比锡出版了第 1 版，由恩格斯署名并撰写了"序言"，标题为《欧根·杜林先生在科学中实行的变革·哲学·政治经济学·社会主义》。这个标题是恩格斯讽刺地套用了杜林于 1865 年在慕尼黑出版的《凯里在国民经济学说和社会科学中实行的变革》一书的书名。杜林在该书中吹捧了他的政治经济学导师、庸俗经济学家凯里。此后出版的《反杜林论》第 2 版和第 3 版，均以"欧根·杜林先生在科学中实行的变革"为标题，未加副标题"哲学·政治经济学·社会主义"。恩格斯在 1879 年 11 月 14 日给奥·倍倍尔的信中把这部书称作《反杜林论》。后来，列宁在他的《弗里德里希·恩格斯》一文中，沿用了《反杜林论》书名。由此，《反杜林论》就成为这部著作的正标题，而原书名则作为副标题载入史册。1886 年，《反杜林论》第 2 版在苏黎世出版。恩格斯没有对这个版本做重大的改动，主要是因为恩格斯的全部时间和精力都放在了整理和出版《资本论》第二、三卷的工作上，只是对第三编的第二章"理论"做了一些改动，这一章不包含和杜林的论战。恩格斯在专门为这一版写的"序言"中，根据他为《自然辩证法》收集的材料，重新批判性地审查了他在《反杜林论》第 1 版中对一系列自然科学的理论问题的提法。1894 年，《反杜林论》第 3 版由狄茨出版社在斯图加特出版。这一版基本上是翻印以前的 1886 年苏黎世版本，只是在第二编第十章马克思写的关于政治经济学史的部分做了些修改，恢复当时被压缩的部分，省略了和杜林有关的一些地方，使《反杜林论》中的正面叙述马克思主义的部分更加突出。

值得提及的是，《反杜林论》第 1 版出版后不久，1878 年 10 月，就在俾斯麦政府实施的"反社会党人非常法"下被禁止出版发行。这一时期，德国社会民主党被置于非法地位，马克思和恩格斯的著作，以及宣传社会主义的书籍和报刊均遭到查禁。"在反社会党人法颁布之后，这部著作和几乎所有当时正在流行的我的其他著作一样，立即在德意志帝国遭到查禁。"① 可是，这项法律实行的后果却适得其反。1880 年，恩格斯应法国共产主义者拉法格的要求，将《反杜林论》中的三章——概论的第一章和第三编的第一、二章——合成一册独立的著作，以《空想社会主义和科学社会主义》为书名在巴黎出版，即人们现在所熟知的《社会主义从空想到科学的发展》一书，马克思曾把这本小册子称之为"科学社会主义的入门"。这本小册子的德文版在 1883 年一年内就印行了 3 版，共 10000 册。更出乎恩格斯意料的是，还是在"反社会党人非常法"实施期间的 1886 年，《反杜林论》出版了第 2 版，印数达 2300 册。正如恩格斯所说，人们"被禁的书籍两倍、三倍地畅销，这暴露了柏林的大人先生们的无能，他们颁布了禁令，却不能执行。事实上，由于帝国政府的帮忙，我的若干短篇著作发行了比我自身努力所能达到的更多的新版"②。

（二）《反杜林论》与西方马克思学

19 世纪下半叶以来，以《反杜林论》为代表的恩格斯的著作，不断遭到"西方马克思学"者的攻击和诽谤。他们诬蔑《反杜林论》是马克思主义"教条"的起点，诽谤《反杜林论》是马克思主义"衰落"史和现代社会主义"危机史"的开端。在他们看来，恩格斯的"科学社会主义"马克思主义背离了马克思，实质上是"恩格斯主义"。"马克思主义"十分强调哲学应当成为批判和改造世界的武器，而不主张哲学变为先验的、教条式的理论体系。与此相反，"恩格斯主义"则注意对世界的系统说明，热衷于辩证唯物主义体系的创造。

最早系统地制造马克思恩格斯对立论的是保尔·巴尔特。他在《黑格尔

① 《马克思恩格斯文集》第 9 卷，人民出版社 2009 年版，第 10 页。
② 《马克思恩格斯文集》第 9 卷，人民出版社 2009 年版，第 10 页。

和包括马克思及哈特曼在内的黑格尔派的历史哲学史》（1890 年出版）和《作为社会学的历史哲学》（1897 年出版的与恩格斯论战的著作）中断言：马克思和恩格斯分别代表着两种不同的社会学倾向——马克思的《资本论》代表的是社会静力学，而恩格斯的《反杜林论》等著作所代表的是社会动力学的倾向。之后，俄国"民粹派"代表人物切尔诺夫在 1907 年出版的《哲学和社会学论文集》中提出，恩格斯《反杜林论》中的哲学思想与马克思在《关于费尔巴哈的提纲》中的思想完全不同，诬蔑恩格斯是"最粗陋的唯物主义的独断主义"。[①]

1910 年，波兰的斯·布尔楚维斯基出版了《反恩格斯论》一书，指责恩格斯在《反杜林论》中所发展起来的"实证主义"与马克思的"人本学"很不相同，而这种不同表明马克思与恩格斯在哲学思想上存在着根本对立。在意大利，克罗齐在《唯物主义史话》一书中提出，马克思和恩格斯之间"只是一个私交"，在思想观点上，两人几乎是完全不同的。恩格斯并没有掌握一种广阔的哲学背景，缺乏对黑格尔的清晰理解，因而把历史唯物主义导入进化论的轨道，使其成为一种绝对的教条。被称为西方马克思主义鼻祖的卢卡奇也提出，马克思的辩证法是历史辩证法，主要表现为整体对于部分的首要性。《反杜林论》所讲的辩证法实际上是"自然辩证法"，而自然界并不存在辩证法。卢卡奇指责恩格斯撇开人的主体性和社会活动去讨论自然界本身的运动发展规律，忽视历史发展过程中主客体之间关系的辩证法而将辩证法停留在抽象和思辨的层次。英国的里希特海姆攻击说：《反杜林论》和最终于 1925 年以"自然辩证法"为题发表的关于自然哲学的文章提出的"辩证"唯物主义，同马克思自己的观点只有表面的联系，并表示反对这个由"恩格斯发明……和恩格斯正式命名为'辩证唯物主义'的古怪的形而上学唯物主义本体论体系"。恩格斯由于偶然缘故而写出的《反杜林论》很快就成了社会民主党的世界基础，后来又成了布尔什维克的世界观基础。因此，恩格斯应该对"把马克思主义发展为一种意识形态体系"负主要责任。

美国的莱文可谓是马克思恩格斯对立论的集大成者。他在《可悲的骗局：马克思反对恩格斯》（1975 年出版）一书中，综合考察了以往对马克思和恩格斯比较研究的各种论点，把马克思主义区分为两个不同的体系："马克思

---

① 参见张桂静：《恩格斯早期经济思想研究综述》，《求知导刊》2015 年第 15 期。

主义"和"恩格斯主义"。在《辩证法内部对话》（1985 年出版）中，他更是区分了马克思和恩格斯三个方面的所谓不同：（1）马克思把辩证法看成社会分析的方法和人类行动的指南，而恩格斯则把辩证法与自然界融为一体，承认自然辩证法；（2）马克思认为只有历史唯物主义，而恩格斯违背了马克思的思想，建立了辩证唯物主义，把马克思主义歪曲成形而上学的一元论，成为马克思主义的第一个修正主义者；（3）马克思和恩格斯对黑格尔的理解不同，在马克思那里，黑格尔哲学是不可分割的东西，马克思继承了黑格尔的辩证法，即关于行动的方法和理论，但没有接受他的唯心主义，而恩格斯则继承了黑格尔的形而上学方面，虽然也抛弃了他的唯心主义。

其实，西方"马克思学"者制造马克思和恩格斯之间的对立，是毫无根据的。回顾《反杜林论》的诞生和问世，一个不可否认的历史事实就是，从恩格斯下决心批判杜林，设计批判计划时起，马克思始终和他紧密合作。马克思在恩格斯写作《反杜林论》期间给予他极大支持和诚恳帮助。在具体写作过程中，马克思在写作《资本论》异常紧张的情况下，还抽出一些时间阅读、分析杜林的著作，及时同恩格斯交换意见。他提醒恩格斯注意和熟悉杜林在著作中所使用的方法，还为恩格斯搜集、推荐和寄送相关书籍材料，甚至亲自参加写作。从根本上讲，在关于新世界观和方法论建构的问题上，马克思和恩格斯的观点是高度一致的。在《反杜林论》付印前，恩格斯按照和马克思多年合作的习惯，把全部原稿念给马克思听，得到了马克思的赞同。对此，恩格斯曾在《反杜林论》的第二版"序言"中指出："本书所阐述的世界观，绝大部分是由马克思确立和阐发的，而只有极小的部分是属于我的，所以，我的这种阐述不可能在他不了解的情况下进行，这在我们相互之间是不言而喻的。"①

（三）《反杜林论》对毛泽东哲学思维的深刻影响

1930 年，遭到王明打击的吴亮平（1908—1986 年）在下基层"锻炼"时，参照俄、德、英三种文字版本，在中国首先完整翻译出版了《反杜林论》。由此，这部被誉为"马克思主义百科全书"的经典便开启了中国之旅，对中国的社会主义革命事业和中国共产党的理论武装产生了不可估量的影响。

---

① 《马克思恩格斯文集》第 9 卷，人民出版社 2009 年版，第 11 页。

1932 年 4 月，红军打下福建第二大城市漳州。酷爱读书的毛泽东亲自到漳州龙溪中学图书馆里翻阅了整整一上午，挑出好几箩筐的书籍带回江西苏区，其中就有一本非常珍贵的马克思主义哲学经典著作——恩格斯的《反杜林论》。此后，这本书就被毛泽东一直带在身边，在戎马倥偬的空隙，认真学习研究。据译者吴亮平回忆，在中央苏区时期，毛泽东多次邀请他到自己住处，研究《反杜林论》中的理论问题。1957 年毛泽东见到井冈山时期的老战友曾志，曾动情地对她讲：从 1932 年开始，我从漳州及其他一些地方搜集来的书籍中，把马列著作找出来，读了这本，就看那本，有时还交替着看，硬是读了两年书。在艰难困苦的长征途中，毛泽东躺在担架上，在宿营的时候，常常把《反杜林论》作为最宝贵的精神食粮咀嚼反刍。到陕北延安以后，毛泽东的读书条件有了根本改善，阅读范围大大扩大，但《反杜林论》仍是他这一时期主要研读的哲学著作。

有五件史实可以说明《反杜林论》在毛泽东心目中的特殊分量和位置：第一，延安时期，毛泽东曾以"大禹治水之功"来比喻吴亮平翻译《反杜林论》的功绩。第二，1938 年初，梁漱溟到访延安，与毛泽东进行了广泛深入的交流。毛泽东认为梁漱溟的《乡村建设理论》"有许多怪议论"[1]，不懂历史唯物主义。所以，临别时毛泽东专门叮嘱梁漱溟：我对你说一句要紧的话，要贡献你一句要紧的话。恩格斯写了一本书，叫《反杜林论》。你要读读《反杜林论》。第三，从 1945 年党的七大开始，毛泽东先后四次向党内干部推荐马列著作，其中就一直有恩格斯从《反杜林论》三章抽取改写而成的《社会主义从空想到科学的发展》，后来加上的《路德维希·费尔巴哈和德国古典哲学的终结》，也是恩格斯在《反杜林论》的基础上撰写而成的哲学名篇。第四，1959 年毛泽东提出辞去国家主席职务，他讲的一条理由，就是腾出更多时间去研究理论问题。他说：像《资本论》、《反杜林论》这样的作品我没有写出来，理论研究很差。第五，1961 年 12 月 5 日，毛泽东会见委内瑞拉外宾，听到对方说自己家里挂了马克思、列宁、斯大林和毛泽东的画像，毛泽东说："我的画像不值得挂。马克思写过《资本论》，恩格斯写过《反

---

[1]　参见王晓林：《简析〈反杜林论〉对毛泽东哲学思维的深刻影响》，《马克思主义哲学论丛》2017 年第 3 期。

杜林论》，列宁写过《谈谈辩证法问题》，他们的画像是应该挂的"①。

可以说，与《反杜林论》结下不解之缘，这不仅对于毛泽东本人是幸运的，而且对于中国共产党和中国人民，也是非常幸运的一件事情。通过反复研读《反杜林论》，毛泽东才真正对马克思主义理论体系，特别是对马克思主义哲学有了系统完整的理解，并由此奠定了他的马克思主义观、哲学观、历史观、价值观及思维方式的理论基础。

三、思考题

1. 如何理解恩格斯在《反杜林论》中所规定的"现代唯物主义"？

2. 恩格斯是怎样论述形而上学的产生、特点和缺陷的？

3. 恩格斯是怎样批判杜林"世界统一于存在"的错误命题，论述世界的物质统一性原理的？

4. 简谈恩格斯关于历史唯物主义道德观的基本思想。

---

① 陈晋：《文章千古事——毛泽东在新中国成立后对自己著述的评价》，《人民日报》
2017 年 3 月 30 日。

《家庭、私有制和国家的起源》导读

《家庭、私有制和国家的起源》（下文简称《起源》）是恩格斯于 1884 年 4 月初至 5 月 26 日撰写的系统阐述历史唯物主义基本理论的重要哲学著作，在马克思主义哲学发展史上占有举足轻重的地位。1883 年马克思逝世后，恩格斯独立承担起捍卫、发展马克思主义与指导国际工人运动的重任，为了实现马克思的"遗愿"和"未能完成的工作"，进一步批判资产阶级在家庭、私有制和国家问题上的诸种谬论，恩格斯在系统总结他以前研究原始社会史的成果和马克思的《路易斯·亨·摩尔根〈古代社会〉一书摘要》的基础上，写就了本书。《起源》一书论述了物质生产和人自身的生产，原始社会的基本特征和发展规律，分工的发展与私有制和阶级的产生，国家的起源、本质及消亡的历史必然性等一系列历史唯物主义基本原理，对历史唯物主义的发展作出了新的贡献。列宁曾高度评价说，《起源》一书"是现代社会主义的基本著作之一，其中每一句话都是可以相信的，每一句话都不是凭空说的，而是根据大量的史料和政治材料写成的"[①]。

一、主要内容

《起源》全书由两篇序言和九章正文组成。"1884 年第一版序言"交代了本书的写作动因是"在某种程度上是实现遗愿"，"补偿我的亡友未能完成的工作"[②]，简要阐述了唯物史观的"两种生产理论"，明确指认"摩尔根的伟大功绩，就在于他在主要特点上发现和恢复了我们成文史的这种史前的基础，并且在北美印第安人的血族团体找到了一把解开希腊、罗马和德意志上

---

① 《列宁选集》第 4 卷，人民出版社 2012 年版，第 26—27 页。

② 《马克思恩格斯选集》第 4 卷，人民出版社 2012 年版，第 13 页。

185

古史上那些极为重要而至今尚未解决的哑谜的钥匙"①。"1891年第四版序言"说明了恩格斯重新修改、出版《起源》的必要性和意义，简要评述了自巴霍芬至摩尔根对于家庭史的观点的发展，明确提出："确定原始的母权制氏族是文明民族的父权制氏族以前的阶段的这个重新发现，对于原始历史所具有的意义，正如达尔文的进化理论对于生物学和马克思的剩余价值理论对于政治经济学的意义一样。它使摩尔根得以首次绘出家庭史的略图……这样就在原始历史的研究方面开始了一个新时代"②。

正文第一章，恩格斯根据摩尔根的研究成果，着重从"生活资料生产"的进步维度，描绘了人类经过蒙昧时代和野蛮时代到达文明时代开端的发展图景。第二章则从"人自身的生产"即"家庭"的发展维度描绘了家庭从无到有的人类发展历程。第三至八章，恩格斯以易洛魁人、希腊人、罗马人和德意志人的氏族为例，阐明了国家产生以前社会制度的基本特征，并以雅典、罗马和德意志国家为例，阐明了氏族社会衰败、国家形成的三种类型。第九章，恩格斯分析了由无阶级的原始社会向阶级社会过渡的一般条件，以及文明社会必将为无阶级的共产主义社会所代替的历史必然性，系统论述了唯物史观的基本原理和马克思主义国家理论。

（一）全面阐释"两种生产"理论

在对以往论述进行回顾总结的基础上，恩格斯在"1884年第一版序言"中第一次全面系统地阐释了"两种生产"理论，在对唯物史观进行丰富发展的同时，还为原始社会研究提供了重要的方法论指导，这是《起源》对唯物主义历史观的重要理论贡献。

马克思和恩格斯早在《德意志意识形态》中就提出和论述过两种生产的理论，后来，马克思在《1857—1858年经济学手稿》中也有过相关论述，但这些表述相对而言都不够集中和系统。《起源》第一次系统地阐发了两种生产理论的内涵。首先，明确指出两种生产的内容。恩格斯写道："根据唯物主义观点，历史中的决定性因素，归根结底是直接生活的生产和再生产。但是，生产本身又有两种。一方面是生活资料即食物、衣服、住房以及为此

---

① 《马克思恩格斯选集》第4卷，人民出版社2012年版，第13—14页。

② 《马克思恩格斯选集》第4卷，人民出版社2012年版，第25页。

所必需的工具的生产；另一方面是人自身的生产，即种的繁衍。"①其次，具体区分了两种生产的地位。从人类漫长发展的历史历程看，两种生产都是历史中的决定性因素，即人类自身的生产也属于历史发展中的决定因素，当然，两种生产的地位并不始终均等，而是随着人类文明的不断发展发生了重大变化。人自身生产的决定性地位由强变弱，物质生活资料生产的地位不断由弱变强，在整个阶级社会，物质生活资料的生产都居于支配地位。最后，指认了两种生产对社会制度的制约作用。在恩格斯看来："一定历史时代和一定地区内的人们生活于其下的社会制度，受着两种生产的制约：一方面受劳动的发展阶段的制约，另一方面受家庭的发展阶段的制约。"②当然这种制约的情况也在发生变化，劳动越不发达，生产力越低下，社会制度就越受到人自身生产即血族关系的制约，而随着生产力水平的提高，劳动对社会制度的制约作用日益明显。

恩格斯结合人类历史的发展进程，分别论述了两种生产在不同社会发展时期的地位和作用。在人类文明不发达、生产力非常低下的原始社会，人自身的生产以及由此形成的血缘亲属关系及其社会形式——婚姻家庭，对原始社会的社会制度起着主要的决定作用。这个历史阶段的社会结构是一种"以血族关系为基础的社会结构"③。在这个以"血族关系"、"血缘关系"为基础的社会中，物质生产只起次要的决定作用。但是，劳动生产力在原始社会逐步发展起来，从而劳动产品和社会财富的数量不断增加起来，于是物质生产的决定作用逐渐从次要的地位上升到主要的地位，生产力的发展成为历史发展的根本力量，而人自身生产在文明社会中也不是不再发生作用了，它对历史发展的促进或延缓作用，是通过对生产力的影响而显示出来的。两种生产地位的变化，揭示了原始社会和文明社会在社会结构方面的异质性。进入文明社会之后，人类社会结构的基础也发生了根本变化，"以血族团体为基础的旧社会，由于新形成的各社会阶级的冲突而被炸毁；代之而起的是组成为国家的新社会，而国家的基层单位已经不是血族团体，而是地区团体了。在这种社会中，家庭制度完全受所有制的支配，阶级对立和阶级斗争从

① 《马克思恩格斯选集》第4卷，人民出版社2012年版，第13页。
② 《马克思恩格斯选集》第4卷，人民出版社2012年版，第13页。
③ 《马克思恩格斯选集》第4卷，人民出版社2012年版，第13页。

此自由开展起来，这种阶级对立和阶级斗争构成了直到今日的全部成文史的内容"①。

恩格斯的两种生产理论是对马克思主义唯物史观的丰富和发展，我们必须准确把握其科学内涵和历史作用，全面认识其理论价值和现实意义，避免任何碎片化的和抽象的误解。首先，要正确地理解物质生活的生产和物质资料的生产之间的关系。恩格斯认为，物质生活的生产包括物质资料的生产和人类自身的生产两种，不能把它们完全割裂开来或对立起来。直接生活的生产首先是物质资料的生产，因为人们为了能够创造历史，必须能够生活，而为了生活，就需要衣、食、住以及其他物品，第一个历史活动就是满足这些需要的资料的生产，这是人类社会存在和发展的基本前提。因此，物质资料的生产更为根本。其次，不能抽象地理解恩格斯提出的"两种生产"理论。两种生产在社会发展中所起的作用不是抽象的，它是受一定时间、空间及其他历史条件制约的。正如恩格斯所说，"一定历史时代和一定地区内的人们生活于其下的社会制度，受着两种生产的制约"②，这里的"一定历史时代"、"一定地区"都是指特定的条件。人类自身的生产在不同时代对社会发展是起促进还是延缓作用，要作具体的历史分析，不能一概而论。离开特定的历史条件，抽象地谈两种生产在社会发展中的作用或者把两种生产对立起来，都是不正确的。

（二）专题探讨家庭问题

家庭问题是唯物史观的重要组成部分，不仅关系人类生存和发展的基本模式，而且与阶级的产生和国家的发展具有不可分割的紧密关联，恩格斯在《起源》中对家庭问题的专题探讨，在马克思主义哲学史上具有典范价值。

第一，归纳了家庭的历史演化过程及其内在动力。在《起源》中，恩格斯将原始社会家庭关系的演化划分为四个阶段，即血缘家庭、普那路亚家庭（伙婚制家庭）、对偶制家庭（偶婚制家庭）、专偶制家庭。恩格斯指出，上述四种家庭关系演化的动力，经历了一个从自然选择向社会选择的转变过程。由血缘的群婚发展到普那路亚群婚（主要是禁止族内婚）主要是"自然

---

① 《马克思恩格斯选集》第 4 卷，人民出版社 2012 年版，第 13 页。
② 《马克思恩格斯选集》第 4 卷，人民出版社 2012 年版，第 13 页。

选择原则"发生作用的结果。恩格斯写道："不容置疑，凡近亲繁殖因这一进步而受到限制的部落，其发展一定要比那些依然把兄弟姊妹婚姻当做惯例和规定的部落更加迅速，更加完全。"①但是，由群婚制向对偶制家庭的过渡，特别是专偶制家庭的形成，则主要是社会选择的结果，即主要是生产力发展的结果。原始社会后期生产力的发展，使一个男人的劳动不仅能养活自己，而且还有剩余，这就产生了父亲要求亲生子女继承财产的需要，专偶制家庭就形成了。这一过程证明：原始时代家庭的发展，是由起初的自然选择起主要作用，到社会生产力发展起主要作用的过程。恩格斯还对未来共产主义社会的婚姻家庭关系作了展望和预言："结婚的充分自由，只有在消灭了资本主义生产和它所造成的财产关系，从而把今日对选择配偶还有巨大影响的一切附加的经济考虑消除以后，才能普遍实现。到那时，除了相互的爱慕以外，就再也不会有别的动机了。"②

第二，追溯了氏族的历史产生过程及其主要特征。恩格斯认为，氏族作为原始社会的社会组织和社会制度，是人类历史发展到一定阶段的产物，它自身有一个发生、发展和消灭的历史过程。恩格斯指出："氏族制度，在绝大多数情况下，都是从普那路亚家庭中直接发生的。"③氏族起源于族外婚，严格禁止集团内部通婚是氏族制度与血缘家庭的根本区别。最早出现的氏族是母系氏族，由胞族、部落和部落联盟聚成一整套组织结构。因此，氏族具有三个基本特征：其一，氏族是一个同族共居的禁止内部通婚的血族团体；其二，氏族是一个原始共产制的经济单位，氏族成员在一起共同生产和共同生活；其三，氏族是一个原始民主制的社会管理机关，是一个"自由处理自己事务的部落组织"④。

第三，阐明了氏族制度的解体过程及其经济根源。氏族制度虽然是美妙的，但它注定是要灭亡的。原始社会末期，随着生产力的发展，出现了一些新的现象，进而导致氏族制度的解体。首先，社会分工和商品交换的发展，导致各氏族、各部落、各民族之间的相互杂居，破坏了氏族共居的自然前

① 《马克思恩格斯选集》第4卷，人民出版社2012年版，第46页。
② 《马克思恩格斯选集》第4卷，人民出版社2012年版，第93页。
③ 《马克思恩格斯选集》第4卷，人民出版社2012年版，第49页。
④ 《马克思恩格斯选集》第4卷，人民出版社2012年版，第181页。

提。其次，社会分工和私有制的发展，破坏了氏族制度原始共产制的经济基础。最后，富人和穷人之间的利益对立，破坏了氏族制度存在的政治基础。在上述因素作用下，氏族制度已经过时了。正如恩格斯在"序言"中所说："以血族团体为基础的旧社会，由于新形成的各社会阶级的冲突而被炸毁；代之而起的是组成为国家的新社会。"①

（三）历史总结分工学说

分工问题是马克思和恩格斯透视人类历史发展的重要视角，从《1844年经济学哲学手稿》开始，他们对分工问题展开了不同维度的理论探索，直至《起源》一书对马克思主义分工学说进行了系统性的历史总结。从氏族解体到国家产生，是人类社会的一次根本性的变革，其根源在于私有制的发展和阶级的产生瓦解了原始社会的土地公有制和人们之间的血缘联系。生产力以及分工的发展与私有制的起源和阶级的产生是同一过程的不同方面。马克思和恩格斯早在《德意志意识形态》中就曾指出："分工的各个不同发展阶段，同时也就是所有制的各种不同形式。"②恩格斯在《起源》中论述了三次社会大分工与私有制的起源和阶级的产生之间的关系，并指出"分工的规律就是阶级划分的基础"③。

第一，科学揭示了私有制产生于生产力和社会分工的发展过程之中。早在 19 世纪 40 年代，恩格斯就曾指出："社会制度中的任何变化，所有制关系中的每一次变革，都是产生了同旧的所有制关系不再相适应的新的生产力的必然结果。私有制本身就是这样产生的。"④私有制作为一种经济制度，是随着生产力和社会分工的发展在原始社会末期产生的。具体而言，包括如下三方面内容：首先，社会分工的发展是私有制产生的物质根源。一方面，分工本身就包含着生产工具和劳动资料在不同的劳动者之间的分配，就是说，人们因社会分工的不同而导致占有不同生产资料的可能；另一方面，社会分工引起商品交换，而商品交换的发展就把社会分解为一群群私有生产者。其

---

① 《马克思恩格斯选集》第 4 卷，人民出版社 2012 年版，第 13 页。
② 《马克思恩格斯选集》第 1 卷，人民出版社 2012 年版，第 148 页。
③ 《马克思恩格斯选集》第 3 卷，人民出版社 2012 年版，第 669 页。
④ 《马克思恩格斯选集》第 1 卷，人民出版社 2012 年版，第 303 页。

次，独立的个体劳动方式的出现，是私有制产生的又一原因。随着生产力的发展，当以往共同劳动的任务可以由单个家庭独立进行时，当集体劳动的方式被个体劳动方式所替代时，人们的所有制关系也就从公社公有制转化为家庭的私有制。再次，生产资料从公有制到私有制的转变，也是氏族制度中个人所有制发展的结果。最后，私有制的产生又是以物质财富达到一定程度的积累为前提的，它是财富积累的必然结果。

第二，明确指出了阶级起源于私有制的发展和剩余产品的出现。恩格斯认为，阶级是一个历史范畴，它的起源是同社会经济发展和私有制出现联系在一起的，生产力的发展以及剩余产品的出现是阶级产生的物质前提。阶级的实质就在于一个集团能够占有另一个集团的劳动，要使这种占有得以实现，必须有可供占有的产品。阶级产生的直接原因是生产资料的私有制。私有制的产生和发展使剩余劳动的占有由可能变为现实。私有制造成人与人之间在经济结构中的不同地位，不仅刺激占有别人剩余劳动的贪欲，而且为这种占有提供客观条件。

第三，阶级产生的具体过程同社会的三次大分工的发展密切相关，恩格斯通过论述三次大分工，分析了阶级形成的具体过程。第一次大分工是发生于野蛮时代中期的农业和畜牧业的分工。"第一次社会大分工，在使劳动生产率提高，从而使财富增加并且使生产领域扩大的同时，在既定的总的历史条件下，必然地带来了奴隶制。从第一次社会大分工中，也就产生了第一次社会大分裂，分裂为两个阶级：主人和奴隶、剥削者和被剥削者。"[1] 第二次大分工是发生于野蛮时代高级阶段的手工业和农业的分工，随后便出现了直接以交换为目的的商品生产和海内外贸易，"除了自由民和奴隶的差别以外，又出现了富人和穷人的差别——随着新的分工，社会又有了新的阶级划分"[2]。于是，氏族制度和原始公有制解体了，个体家庭和私有制逐渐成为社会的基础。第三次大分工是商品流通过程从生产过程中独立出来，"它创造了一个不再从事生产而只从事产品交换的阶级——商人"，"随着这个阶级的形成，出现了金属货币即铸币，随着金属货币就出现了非生产者统治生产

---

[1] 《马克思恩格斯选集》第4卷，人民出版社2012年版，第178页。

[2] 《马克思恩格斯选集》第4卷，人民出版社2012年版，第180页。

者及其生产的新手段"①。这种新的剥削手段和剥削形式进一步加剧了阶级分化，家庭奴隶制发展为劳动奴隶制，社会完全建立在奴隶劳动的基础上，人类的第一个文明社会——奴隶社会开始了。

在恩格斯看来，文明时代是以私有制为基础，以阶级对立为主要特征，以国家为主要标志的社会发展阶段。"奴隶制是古希腊罗马时代世界所固有的第一个剥削形式；继之而来的是中世纪的农奴制和近代的雇佣劳动制。这就是文明时代的三大时期所特有的三大奴役形式。"②在指认了文明时代的阶级矛盾之后，恩格斯还揭示了文明时代的动力、目的、基础与未来，"鄙俗的贪欲是文明时代从它存在的第一日起直至今日的起推动作用的灵魂"③，"个人的财富，这就是文明时代唯一的、具有决定意义的目的"④，"文明时代的基础是一个阶级对另一个阶级的剥削"⑤，"实行流俗的伪善"是文明时代的统治手段，由于文明时代的全部发展都是在经常的矛盾中进行的，因此，人类终将克服文明时代的弊端，迈向一个更高的阶段，"这将是古代氏族的自由、平等和博爱的复活，但却是在更高级形式上的复活"⑥，这就是说，随着生产力的发展，私有制社会终将被共产主义社会所取代。

（四）系统论述国家理论

国家是文明时代所特有的，是在生产力发展到一定阶段合乎规律产生的历史现象，为了更好地对比野蛮时代和文明时代，恩格斯对国家的起源、本质和发展趋势进行了系统的阐释和总结。

第一，深刻阐明了国家的历史起源。恩格斯通过分析雅典、罗马、德意志国家在氏族制度的废墟上的兴起过程，阐明了国家产生的原因及其过程。恩格斯写道："国家是社会在一定发展阶段上的产物；国家是承认：这个社会陷入了不可解决的自我矛盾，分裂为不可调和的对立面而又无力摆脱这些对立面。而为了使这些对立面，这些经济利益互相冲突的阶级，不致在无谓的

① 《马克思恩格斯选集》第 4 卷，人民出版社 2012 年版，第 183 页。
② 《马克思恩格斯选集》第 4 卷，人民出版社 2012 年版，第 192—193 页。
③ 《马克思恩格斯选集》第 4 卷，人民出版社 2012 年版，第 194 页。
④ 《马克思恩格斯选集》第 4 卷，人民出版社 2012 年版，第 194 页。
⑤ 《马克思恩格斯选集》第 4 卷，人民出版社 2012 年版，第 194 页。
⑥ 《马克思恩格斯选集》第 4 卷，人民出版社 2012 年版，第 195 页。

斗争中把自己和社会消灭，就需要有一种表面上凌驾于社会之上的力量，这种力量应当缓和冲突，把冲突保持在'秩序'的范围以内；这种从社会中产生但又自居于社会之上并且日益同社会相异化的力量，就是国家。"①这也就是说，国家是社会分工发展的必然产物，是私有制发展的必然产物，是阶级矛盾不可调和的产物，是异族杂居的必然产物。

第二，科学揭示了国家的基本特征。恩格斯在与旧的氏族组织相对比的层面上揭示了国家的基本特征。一方面，与按照血缘关系来组织成员的氏族制度不同，国家"按地区来划分它的国民"；"第二个不同点，是公共权力的设立，这种公共权力已经不再直接就是自己组装为武装力量的居民了。这个特殊的公共权力之所以需要，是因为自从社会分裂为阶级以后，居民的自动的武装组织已经成为不可能了"②。公共权力的设立还衍生出了国家不同于旧的氏族组织的另外两个特征：一是需要公民捐税，以便维持公共权力；二是必须凭借特别的法律来赢得尊敬。

第三，明确指出了国家的阶级实质。恩格斯指出，国家作为阶级矛盾不可调和的产物，"在一切场合在本质上都是镇压被压迫被剥削阶级的机器"③。在恩格斯看来，由于国家是从控制阶级对立的需要中产生的，由于它同时又是在这些阶级的冲突中产生的，"所以，它照例是最强大的、在经济上占统治地位的阶级的国家，这个阶级借助于国家而在政治上也成为占统治地位的阶级，因而获得了镇压和剥削被压迫阶级的新手段"④。

第四，恩格斯进一步论述了国家的发展阶段和最终命运。在前资本主义时期，国家对国民权利直接按照财产状况加以限制，从而公开表明自己是有产阶级的统治工具。甚至在现代代议制国家产生的初期仍然如此。但是，对财产差别的这种政治上的承认只是标志着国家发展的低级阶段。资产阶级的民主共和国取消了对公民权利的财产限制，财富是间接的但却是更加可靠地运用着自己的权力，阶级斗争才以最公开和最彻底的形式进行着。这种阶级斗争最终必然导致无产阶级专政，并通过这一专政最终消灭私有制和阶级。

---

① 《马克思恩格斯选集》第4卷，人民出版社2012年版，第186—187页。

② 《马克思恩格斯选集》第4卷，人民出版社2012年版，第187页。

③ 《马克思恩格斯选集》第4卷，人民出版社2012年版，第193页。

④ 《马克思恩格斯选集》第4卷，人民出版社2012年版，第188页。

恩格斯指出:"随着阶级的消失,国家也不可避免地要消失。在生产者自由平等的联合体的基础上按新方式来组织生产的社会,将把全部国家机器放到它应该去的地方,即放到古物陈列馆去,同纺车和青铜斧陈列在一起。"①这一重要论断表明,国家是一个历史范畴,它的产生和最终消亡都是历史的必然。

二、延伸阅读

(一)关于《起源》中"两种生产理论"的争论

自从《起源》发表以后,学术界围绕"两种生产理论"展开了激烈的争论,不同学者对"两种生产理论"究竟是二元论还是对唯物史观的丰富和发展,究竟是原始社会的特殊规律还是社会发展的普遍规律,提出了各自的观点和论证。恩格斯逝世后,第二国际理论家首先对"两种生产理论"展开批判。亨利希·库诺质疑说:"恩格斯怎么会把'人的生产'当作是经济发展的一个单独因素呢,这简直是叫人莫名其妙。恩格斯还没有认识到,在原始的集体中,两性之间的关系也取决于经济活动,妇女对男子不仅是异性,更多的是一个劳动力。……这样,恩格斯就完全打破了唯物史观的统一性。"②考茨基认为,恩格斯的"关于决定着社会发展的两种生产的观点,只有在两种因素各自独立发展的时候是有根据的。如果家庭和婚姻的不断变化着的形式,也同社会的其他变化一样,归根结底因于生产力的变化,那么,他的观点就站不住脚了。在这种情况下,生产力归根结底仍是决定发展的唯一因素"③。日本马克思主义哲学家河上肇指出:"恩格尔所谓实在的生命,和直接的生命的生产,是指维持人类的生命;所谓复生产,是指复生产人类的生命,即生殖子孙。然则左右历史的根本条件,虽然仍旧纠缠着'生产'的文字;虽然表面上依然具备一元论的体裁;而其所谓生产,实际上,比物

---

① 《马克思恩格斯选集》第4卷,人民出版社2012年版,第190页。

② [德]亨利希·库诺:《马克思的历史、社会和国家学说》,袁志英译,上海译文出版社2014年版,第470页。

③ [德]卡尔·考茨基:《唯物主义历史观》第3分册,上海人民出版社1984年版,第403页。

质生活资料的生产，已更广义化了。马克斯史观的特征，其一元的性质已完全被破坏了。"①苏联理论界几乎一致认为恩格斯的论述是二元论，是错误的，如罗森塔尔和尤金就明确主张："恩格斯在序言中犯了一个错误，他指出：决定社会和社会制度的发展的，除了生产方式外，还有种的延续。实际上，决定社会发展的主要因素是物质资料的生产方式。"②我国学者则普遍认为，"两种生产理论"不是二元论，并没有破坏唯物史观的一元性。有学者指出："所谓'一元论历史观'，其本意只是说：对人类的历史活动，对社会制度的发展变化，不能以社会意识为第一性来说明和掌握，而只能以社会存在（社会的物质生活条件）为第一性来说明和掌握。这后者的构成因素原是很复杂而不是独一无二的，客观上有几个物质因素起作用，我们既不能人为地增加，亦不能人为地减少；而且不管为数多少，丝毫也不与'一元论历史观'相矛盾。"③也有学者指出：恩格斯在《起源》的"序言"中，"不但没有犯'二元论'的错误，而且正是对唯物史观一元论的丰富和发展。因为恩格斯在这里讲的，不是孤立存在的两种生产，而是统一的'直接生活的生产和再生产'"④。

综观上述争论中对"两种生产理论"是一种二元论的指责，可以看出批评者大致的逻辑思路是，先将唯物史观理解为经济唯物主义，再将通过生育所进行的人的生产排除在经济之外，排除在生产力之外。对此，我们分别予以反驳。

首先，马克思和恩格斯从未指认唯物史观是经济唯物主义，这是一种曲解。恩格斯在回答约瑟夫·布洛赫的提问时，明确指出："根据唯物史观，历史过程中的决定性因素归根到底是现实生活的生产和再生产。无论马克思和我都从来没有肯定过比这更多的东西。如果有人在这里加以歪曲，说经济因素是唯一决定性的因素，那么他就是把这个命题变成毫无内容的、抽象的、荒诞无稽的空话。经济状况是基础，但是对历史斗争的进程发生影响并且在许多情况下主要是决定着这一斗争的形式的，还有上层建筑的各种因

---

① ［日］河上肇：《唯物史观研究》，上海文华书局印行1930年版，第38页。

② ［苏］罗森塔尔、尤金编：《简明哲学辞典》，人民出版社1955年版，第402页。

③ 骆耕漠：《关于唯物史观的一个经典公式的研究》，载《哲学研究》1957年第5期。

④ 徐亦让：《"两种生产"原理为什么不是"二元论"》，载《哲学研究》1980年第9期。

素……其中经济的前提和条件归根到底是决定性的。但是政治等等的前提和条件，甚至那些萦回于人们头脑中的传统，也起着一定的作用，虽然不是决定性的作用。……青年们有时过分看重经济方面，这有一部分是马克思和我应当负责的。我们在反驳我们的论敌时，常常不得不强调被他们否认的主要原则，并且不是始终都有时间、地点和机会来给其他参与相互作用的因素以应有的重视。"① 由此可见，其一，马克思和恩格斯从未说过经济因素是"唯一决定性的"，而只是强调现实生活的生产和再生产在"归根到底"的意义上是决定性因素；其二，恩格斯在指认经济状况是基础和前提的同时，还承认政治等上层建筑因素"也起着一定的作用"；其三，我们必须结合恩格斯言说的具体语境来理解，当时马克思和恩格斯反驳的主要对象是唯心主义者，他们所要强调的被他们的论敌所否认的主要原则便是"历史的现实基础"，就是物质实践。正是在此意义上，才有了恩格斯的上述论断。

第二，在马克思和恩格斯看来，通过生育所进行的人的生产并非处于经济和生产力之外。恩格斯在致博尔吉乌斯的信中就明确写道："我们把经济条件看做归根到底制约着历史发展的东西。而种族本身就是一种经济因素。"② 这样一来，指责"两种生产理论"是二元论的两大论点就都被驳倒了，都是对马克思和恩格斯观点的歪曲。

第三，"两种生产理论"不仅不是二元论，反而恰恰是唯物史观一以贯之的思想，是对唯物史观的验证、发展和完善。早在《德意志意识形态》中，马克思和恩格斯就初步阐释了"两种生产理论"，他们写道："生命的生产，无论是通过劳动而生产自己的生命，还是通过生育而生产他人的生命，就立即表现为双重关系：一方面是自然关系，另一方面是社会关系。"③ 这里说的"通过劳动而生产自己的生命"的生产，就是物质生产；"通过生育而生产他人的生命"的生产，就是人自身的生产。到了《资本论》及其手稿中，马克思主要关注的是资本主义条件下的生活资料及生产资料的生产，但在阐述"资本主义生产以前的各种形式"时，马克思也曾提及第二种生产，即

---

① 《马克思恩格斯选集》第 4 卷，人民出版社 2012 年版，第 604—606 页。

② 《马克思恩格斯选集》第 4 卷，人民出版社 2012 年版，第 649 页。

③ 《马克思恩格斯选集》第 1 卷，人民出版社 2012 年版，第 160 页。

"生产本身，人口的增长（这也属于生产）"①。不过，由于《德意志意识形态》的主要目的在于批判唯心史观，初创阶段的唯物史观还未经对具体社会形态的研究而得到验证，加之当时各方面历史条件的限制，马克思和恩格斯很难在当时对"两种生产理论"作出更详细的说明。《资本论》及其手稿则将生活资料和生产资料生产作为研究资本主义社会经济运动规律的主要切入点，而对第二种生产即人自身的生产只是一笔带过。随着19世纪70年代后原始社会研究的新进展，在阅读摩尔根的《古代社会》和马克思相关摘要笔记的基础上，结合自身关于原始社会研究的长期积淀，恩格斯才进一步阐明了"两种生产"的定义、关系及其在历史发展进程中的不同作用方式，从而有助于使唯物史观在史前社会得到科学验证。

（二）马克思主义女性主义对《起源》中家庭和妇女问题的研究

随着西方女性主义运动的兴起和发展，恩格斯的《起源》一书再次进入了人们的研究视野，甚至被视为马克思主义女性主义的理论起点和社会主义女性主义的重要来源。

英国最重要的女性主义思想家朱丽叶·米切尔在《妇女：最漫长的革命》中指出："恩格斯在《起源》一书中系统地论述了这些问题。恩格斯断言，性别的不平等是人与人之间最初的诸多对立中的一种。……虽然恩格斯的理论建立在摩尔根很不准确的人类学调查研究基础上，但他却在妇女问题上提出了一些有价值的见解。……恩格斯富有成效地将妇女问题浓缩到她的工作能力上。他认为，妇女体力上的弱小是她们受压迫的主要原因。他指出人类从原始公有制向私有制过渡之日，便是妇女遭受剥削之时。如果没有工作能力是使她处于劣势的原因的话，那么，获得工作能力将使她得到解放。……在马克思、恩格斯的著作中，对于妇女地位的讨论与对于家庭的讨论是相互脱离的，或者，前者只是后者的补充，而家庭则仅仅被视作私有制的前提。"②

---

① 《马克思恩格斯选集》第2卷，人民出版社2012年版，第738页。
② ［英］朱丽叶·米切尔：《妇女：最漫长的革命》，载李银河主编：《妇女：最漫长的革命——当代西方女权主义理论精选》，三联书店1997年版，第12—13页。

美国马克思主义女性主义者凯琳·萨克斯在《重新解读恩格斯——妇女、生产组织和私有制》中,一方面肯定恩格斯关于妇女的社会地位因经济政治关系变化而变化的思想与方法,指出:"恩格斯……认为妇女在不同的社会里、不同的历史时期中,她们的社会地位是根据社会的经济政治关系的变化而变化。尽管恩格斯在使用民族志资料时出现了一些错误,我还是认为他的主要论点是正确的。并且,迄今为止这个论点是对现有资料的最好解释。……恩格斯通过考察非资本主义社会的经济组织和政治关系,以及这些关系对男女相互地位的影响,回答了为什么在资本主义社会中女人从属于男人,和为了消除性别不平等制度,需要什么样的政治、经济变革等问题"[1]。另一方面,她对恩格斯的个别观点进行了修正,认为私有制的存在不是导致妇女社会地位低下的直接因素,她指出:"阶级社会中妇女的从属地位在很大程度上不是家庭财产关系造成的,而是妇女没有社会性成人的地位造成的。"[2]"阶级社会中妇女的地位的关键,在于能否成为社会性成人,社会性成人的身份是由参加社会生产而形成的。"[3]

美国马克思主义女性主义者盖尔·卢宾在《女人交易:性的"政治经济学"初探》中指出:"在《起源》中,恩格斯将性别压迫视为资本主义继承以前社会形态遗产的一部分。此外,恩格斯社会理论结合了性别与性文化。《起源》是一部令人气馁的书。对一个熟悉人类学近来发展的读者来说,如同此书所仿效的 19 世纪关于婚姻家庭的历史书卷一样,《起源》中的证据使此书显得离奇古怪。尽管如此,我们不应该因为它的短处和局限而忽视此书中的真知灼见。恩格斯最重要的直觉就是'性文化关系'能够而且必须同'生产关系'区分开来。"[4]"在大多数马克思主义的惯例中,甚至在恩格斯的书里,'物质生活的第二个方面'的概念总是趋向于消失在幕后,或是被合并

① [美]凯琳·萨克斯:《重新解读恩格斯——妇女、生产组织和私有制》,载王政、杜芳琴主编:《社会性别研究选译》,三联书店 1998 年版,第 2 页。
② [美]凯琳·萨克斯:《重新解读恩格斯——妇女、生产组织和私有制》,载王政、杜芳琴主编:《社会性别研究选译》,三联书店 1998 年版,第 15 页。
③ [美]凯琳·萨克斯:《重新解读恩格斯——妇女、生产组织和私有制》,载王政、杜芳琴主编:《社会性别研究选译》,三联书店 1998 年版,第 19 页。
④ [美]盖尔·卢宾:《女人交易:性的"政治经济学"初探》,载佩吉·麦克拉肯主编:《女权主义理论读本》,广西师范大学出版社 2007 年版,第 40 页。

在惯常的'物质生活'概念里。恩格斯没有对自己的设想作继续研究和必需的精心改进。不过他确实指出了社会生活那个我要成为性/社会性别制度的领域的存在及其重要性。"①

美国马克思主义女性主义者琼·凯利—加多指出："恩格斯牢固地确立了妇女对男人关系的社会特点，虽然他考虑的仅是这一关系中的一个、但是主要的一个变化，即：人类社会从亲属社会到文明制度的迈进伴随着父权制的过渡，社会主义的出现则伴随着对父权制的推翻。他基于私有财产和阶级不平等的出现对妇女从属地位的分析是今天许多女权主义研究的基础。"②"当代在力图认识父权制社会成因和导致它采取各种形式的原因时，人们趋向于肯定恩格斯有关性别的社会关系的思想。"③

美国马克思主义女性主义者莉斯·沃格尔在《马克思主义与女性受压迫：趋向统一的理论》一书中认为，恩格斯在《起源》中关于女性解放条件的结论"大体上与马克思在《资本论》中对这一问题所作的同样简要的论述相吻合……但恩格斯关于女性受压迫的观点在几个关键方面还是有缺陷和不完善的。首先，他断定'家庭中的义务'天生是女性的独有职责，因此它们也将永远是女性的职责。其次，他也没有清晰地将与劳动力再生产相联系的特定领域的发展跟阶级的出现……联结起来。……最后，恩格斯强调民主权利这一策略的重要性，这使得社会主义革命、女性解放和争取平等权的斗争三者之间关系悬而未决。"④

美国马克思主义女性主义者凯塞琳·A.麦金农在《对马克思和恩格斯的女权主义评论》一文中认为，恩格斯的《起源》"是马克思主义者尝试理解和解释妇女从属地位的一本开创性著作。这本著作受到了广泛的批评，主

---

① [美] 盖尔·卢宾：《女人交易：性的"政治经济学"初探》，载佩吉·麦克拉肯主编：《女权主义理论读本》，广西师范大学出版社 2007 年版，第 41 页。

② [美] 琼·凯利-加多：《性别的社会关系》，载王政、杜芳琴主编：《社会性别研究选译》，三联书店 1998 年版，第 92 页。

③ [美] 琼·凯利-加多：《性别的社会关系》，载王政、杜芳琴主编：《社会性别研究选译》，三联书店 1998 年版，第 93 页。

④ [美] 莉斯·沃格尔：《马克思主义与女性受压迫：趋向统一的理论》，虞晖译，高等教育出版社 2009 年版，第 84—85 页。

要是因为它的材料，而它的方法却是颇有影响力的"①。"恩格斯把妇女的利益纳入阶级分析中，使妇女利益在阶级分析中合法化。他试图解释妇女的状况，但却不能自圆其说"，"尽管恩格斯的论述并没有得到马克思主义者的普遍认同，尽管，或许是因为他受到了许多误解——这是他的论著必然遭遇的命运——但恩格斯关于妇女状况研究的一般方法，却被马克思主义者和社会主义女权主义者充分接受了，甚至在引用时都不用提到他的名字和作出注释"②。

应该承认，恩格斯的《起源》一书不仅对马克思主义女性主义理论的发展具有重要的理论奠基作用，而且在某种程度上指明了当今社会妇女解放的现实路径：其一，确保妇女自身独立、平等的经济地位；其二，确保爱情在婚姻抉择中的决定地位；其三，推动家务劳动社会化，为妇女拥有更多的时间、精力参与社会生产，为确保其独立、平等的经济地位创造条件。

三、思考题

1. 如何全面理解"两种生产理论"的深刻内涵？
2. 如何理解分工的发展与私有制和阶级产生的关联？
3. 如何理解国家的起源、本质、特征及其发展趋势？
4. 结合当前女性主义理论的最新发展，谈谈恩格斯《起源》一书的现实意义？

① ［美］凯塞琳·A.麦金农：《对马克思和恩格斯的女权主义评论》，载佩吉·麦克拉肯主编：《女权主义理论读本》，广西师范大学出版社2007年版，第11页。
② ［美］凯塞琳·A.麦金农：《对马克思和恩格斯的女权主义评论》，载佩吉·麦克拉肯主编：《女权主义理论读本》，广西师范大学出版社2007年版，第13—14页。

《路德维希·费尔巴哈和
德国古典哲学的终结》导读

  《路德维希·费尔巴哈和德国古典哲学的终结》(以下简称《费尔巴哈论》)
是一部马克思主义哲学经典著作,在马克思主义哲学史上占有极其重要的地
位。该书系统梳理了马克思主义哲学与德国古典哲学的关系,回顾了马克思
主义哲学的形成过程,阐发了马克思主义哲学的基本观点。德国古典哲学是
马克思主义哲学的重要来源之一,康德、黑格尔、费尔巴哈对马克思、恩格
斯影响很大。马克思、恩格斯在创立自己哲学的过程中对黑格尔、费尔巴哈
也曾进行过批判。从 19 世纪 40 年代到 80 年代,马克思主义哲学被证明是
无产阶级斗争的强大思想武器。但是,在英国、德国等国德国古典哲学中的
唯心主义和不可知论又开始复活。例如,在英国出现了新黑格尔主义,在德
国出现了新康德主义。德国社会民主党右翼开始利用这些哲学思潮歪曲马克
思主义,将工人运动引向歧途。1885 年,丹麦哲学家施达克写了一本著作
《路德维希·费尔巴哈》,书中对费尔巴哈充满了各种错误解释。面对如此形
势,恩格斯觉得必须说明和清理马克思主义哲学同德国古典哲学的关系,为
此他撰写了这部著作。

一、主要内容

(一)揭示黑格尔哲学的"合理内核"——辩证法,批判其唯心主义体系

1. 黑格尔哲学的"合理内核"——辩证法及其与唯心主义体系的矛盾
  恩格斯指出:"正像在 18 世纪的法国一样,在 19 世纪的德国,哲学革

命也作了政治变革的前导。"① 但是，这两种哲学革命十分不同。法国哲学革命表现为直接的唯物主义，敢于同官方科学、教会、国家、封建制度进行公开的坚决的斗争。德国哲学革命隐藏在艰深晦涩、枯燥无味的哲学教科书体系中。这点从黑格尔的一个哲学命题就可以看出："凡是现实的都是合理的，凡是合理的都是现实的。"②

从表面上看，黑格尔这个命题是把当时德国反动统治说成是合理的，因此引起了德国反动政府的赞许和资产阶级自由派的愤怒。恩格斯认为，无论是德国反动政府还是资产阶级自由派都没看到该命题的革命意蕴。黑格尔并非认为一切现存的都无条件地是现实的、合理的。在他看来，现实性绝不是某种社会制度或政治制度在一切环境和一切时代固有的。现实性仅仅属于那些带有必然性的东西，只有属于必然性的东西才是合理的、现实的。

这样，这个命题就应被理解为：凡是带有必然性、合乎规律的东西都是合理的，因而能一天天地发展起来。同时，那些已经失去了必然性、违反了规律的东西就不再是合理的，只会逐渐消亡。这个命题的引申意义就是：现存的都会丧失合理性、必然性，迟早要灭亡，而代表必然性的、合理性的东西会逐渐发展起来，成为现实。这样，这个命题就走向自己的反面：凡是现存的，都是应当灭亡的。

恩格斯通过这个例子清楚地表明了黑格尔哲学的革命因素在于其辩证法。"黑格尔哲学……的真实意义和革命性质，正是在于它彻底否定了关于人的思维和行动的一切结果具有最终性质的看法"，"推翻了一切关于最终的绝对真理和与之相应的绝对的人类状态的观念"③。在辩证法面前，"不存在任何最终的东西、绝对的东西、神圣的东西；它指出所有一切事物的暂时性；在它面前，除了生成和灭亡的不断过程、无止境地由低级上升到高级的不断过程，什么都不存在"④。

但是，黑格尔的革命辩证法与其唯心主义哲学体系之间存在着深刻矛盾，导致黑格尔哲学解体。黑格尔哲学体系实际上就是"绝对精神"的自

---

① 《马克思恩格斯文集》第 4 卷，人民出版社 2009 年版，第 267 页。

② 黑格尔：《法哲学原理》，范扬、张企泰译，商务印书馆 1961 年版，序言第 11 页。

③ 《马克思恩格斯文集》第 4 卷，人民出版社 2009 年版，第 269—270 页。

④ 《马克思恩格斯文集》第 4 卷，人民出版社 2009 年版，第 270 页。

我产生、自我异化、自我复归、自我认识。整个体系分为三个阶段：逻辑阶段、自然阶段和精神阶段。在逻辑阶段，绝对精神只是逻辑概念的自我推演。当它发展到某一顶点时，就突破纯粹思维而"外化"为自然界。当自然界发展到人的时候，绝对精神就进入精神阶段。在精神阶段，"绝对精神"表现为人的意识和社会意识，但只有在哲学那里绝对精神才发展到顶点——以概念方式实现了自我认识。黑格尔认为，他的哲学总结了以往全部哲学发展的历史，因此达到了对绝对精神的自我认识。由此可见，他的哲学体系是封闭的，是有终点的。

显然，这种封闭的唯心主义体系与革命的辩证法是矛盾的。因为，按照他的辩证法，发展是绝对的、没有终点的；但是按照他的体系，发展在"绝对观念"那里达到了顶峰，在黑格尔哲学那里达到了终点，这样，黑格尔的体系就窒息了其革命的辩证法。

2. 黑格尔唯心主义哲学体系的解体与分化

1831年黑格尔逝世后，不同的力量从不同方面利用和解读黑格尔哲学。老年黑格尔派强调黑格尔哲学的唯心主义体系而忽视其辩证法，青年黑格尔派重视黑格尔的辩证法而抛弃其唯心主义体系。

19世纪30年代末，青年黑格尔派中的许多人突破了唯心主义，返回到英国和法国的唯物主义，费尔巴哈正是其中的代表。1841年费尔巴哈出版了《基督教的本质》。他认为，人是现实的感性的存在物，上帝的本质就是人的本质，不是上帝创造了人，而是人按照自己的想象创造了上帝，必须把宗教这个颠倒的世界重新颠倒过来。

在受唯心主义长期统治的德国，费尔巴哈对宗教异化的批判使唯物主义重新登上了王座。费尔巴哈的人本学唯物主义对马克思、恩格斯影响很大。恩格斯说，他们当时"都很兴奋"、"热烈地欢迎这种新观点"、"一时都成为费尔巴哈派了"[1]。但是，他们也很快就意识到费尔巴哈的局限：并没有超出18世纪的法国唯物主义，仍然是一个形而上学唯物主义者，对社会历史的看法仍然是唯心主义的。费尔巴哈"虽然突破了黑格尔哲学的体系"，但是"黑格尔哲学并没有被批判地克服"[2]，因为"简单地宣布一种哲学是错误的，

---

① 《马克思恩格斯文集》第4卷，人民出版社2009年版，第275页。
② 《马克思恩格斯文集》第4卷，人民出版社2009年版，第276页。

还制服不了这种哲学。像对民族的精神发展有过如此巨大影响的黑格尔哲学这样的伟大创作，是不能用干脆置之不理的办法加以消除的，必须从它的本来意义上'扬弃'它，就是说，要批判地消灭它的形式，但是要救出通过这个形式获得的新内容"①。因此，费尔巴哈哲学并没有真正克服黑格尔唯心主义哲学体系，而且还抛弃了其哲学的"合理内核"——辩证法。

（二）论述费尔巴哈哲学的"基本内核"——唯物主义，批判旧唯物主义的局限性

1.思维与存在的关系是哲学的基本问题

恩格斯认为："全部哲学，特别是近代哲学的重大的基本问题，是思维和存在的关系问题。"② 这是因为，第一，任何哲学都必须回答这个问题；第二，思维和存在的关系问题决定着其他哲学问题。

恩格斯分析指出，哲学基本问题包含两个方面的内容。第一方面指的是思维和存在何者为第一性的问题，"哲学家依照他们如何回答这个问题而分成了两大阵营"③。凡认为精神对自然界来说是本源的，是第一性的，组成唯心主义阵营；凡认为自然界是本源的，第一性的，组成唯物主义阵营。对这一问题，归根到底只有这两种回答，而不可能有第三种回答。这里，恩格斯为区分唯物主义与唯心主义提供了唯一科学的标准。离开这个标准，在任何别的意义上使用唯物主义和唯心主义这两个用语只能造成混乱。哲学基本问题的第二个方面指的是思维和存在的同一性问题。"我们关于我们周围的世界的思想对这个世界本身的关系是怎么样的？"④ 绝大多数哲学家认为世界是可以认识的。但是，还有一些哲学家如休谟和康德则否认认识世界的可能性，或者否认彻底认识世界的可能性。恩格斯认为，不可知论只看到思维和存在、主观和客观的对立，并且把这种对立夸大成一道无法逾越的鸿沟；把人的认识始于感觉歪曲为只能认识感觉，不是把感觉看作外部世界的反映，而是看作思维和存在之间的屏障。恩格斯认为，实践的观点是对不可知论最

---

① 《马克思恩格斯文集》第4卷，人民出版社2009年版，第276页。
② 《马克思恩格斯文集》第4卷，人民出版社2009年版，第277页。
③ 《马克思恩格斯文集》第4卷，人民出版社2009年版，第278页。
④ 《马克思恩格斯文集》第4卷，人民出版社2009年版，第278页。

有力的驳斥："对这些以及其他一切哲学上的怪论的最令人信服的驳斥是实践，即实验和工业"①。

2. 唯物主义是费尔巴哈哲学的"基本内核"，但费尔巴哈唯物主义是直观的唯物主义

按照恩格斯关于唯物主义与唯心主义的区分标准，费尔巴哈是个典型的唯物主义者。在费尔巴哈看来，黑格尔的"绝对精神先于世界而存在"、"逻辑范畴的预先存在"等理念，不过是对世界之外造物主信仰的虚幻残余，我们自己所属的物质的、可以感知的世界是唯一真实的现实，我们的意识和思维不论看起来多么超感觉，总是物质的、肉体的器官，即人脑的产物。物质不是精神的产物，而精神本身却是物质的最高产物。这是费尔巴哈哲学的基本内核——唯物主义。但是，费尔巴哈反对把自己称为唯物主义者，这是因为他错误地将唯物主义这种一般世界观等同于唯物主义在 19 世纪的特殊形式——庸俗唯物主义，也就是在一些生理学家、医生中流传的将意识当作人体器官分泌的产物的观点。

恩格斯认为，庸俗唯物主义实际源于 18 世纪的法国机械唯物主义。这种唯物主义具有明显的局限性：机械性、非过程性，这与当时的自然科学发展程度有关。当时的自然科学只有力学而且也只有固体力学达到完善地步，化学还停留在燃素说阶段，生物学尚处在襁褓之中，对动植物机体只做过粗浅的研究，还仅仅是用物理学中的力学尺度来研究化学性质和有机性质。当时的人们认为，世界虽然在运动，但是永远围绕一个圆圈在运动，始终没有任何真正的前进和进步。研究地球发展历史的地质学还没有人知道，关于生物是由简单到复杂的发展过程的想法还没有提出来，因此对自然界的非过程性的观点就是不可避免的。

由于当时的科学发展仅达到这个程度，在哲学上就不能责怪当时的唯物主义者了。何况在 19 世纪，地质学、胚胎学、生理学、有机化学已经建立起来后，黑格尔依然还在建构"自然哲学"——只有空间的扩展，而没有时间上的发展。这种非过程性在社会历史中也有所表现：中世纪被简单地看作历史中断，却看不到 1000 年中文化领域的扩大，看不到许多富有生命力的民族的形成，看不到科学技术的巨大进步，也就无法猜测出历史发展过程中

---

① 《马克思恩格斯文集》第 4 卷，人民出版社 2009 年版，第 279 页。

的"合理联系"。

费尔巴哈之所以没有突破形而上学唯物主义，还有他自身的原因——缺乏普遍的社会联系和社会交往。他在乡间过着孤寂的生活，使他无法对自然科学的发展及时关注和作出评价。"这种生活迫使这位比其他任何哲学家都爱好社交的哲学家从他的孤寂的头脑中，而不是从同与他才智相当的人们的友好或敌对的接触中产生出自己的思想。"①

尽管费尔巴哈是个典型的唯物主义者，但施达克却混乱地把费尔巴哈说成是一个唯心主义者，因为"他相信社会进步"。恩格斯批判了施达克的这种错误认识：第一，康德之所以把自己哲学叫先验唯心主义，绝不是因为他讲道德理想。第二，人的一切活动都有理想支配，按照施达克的标准，任何一个发育稍稍正常的人都是天生的唯心主义者了，怎么还会有唯物主义者呢？第三，是否相信人类进步与唯物主义还是唯心主义无关。狄德罗、伏尔泰、卢梭都相信人类的进步，可是狄德罗是个唯物主义者，而伏尔泰、卢梭则是自然神论者。

（三）批判费尔巴哈的唯心史观，阐述研究社会历史应该从现实的人而不是抽象的人出发

1. 对费尔巴哈唯心主义宗教观的批判

恩格斯指出，费尔巴哈的唯心主义宗教观主要表现在两个方面：

第一，把宗教和人的感情关系（如友谊、性爱等）等同起来，认为人的感情是宗教的本质，宗教就是人与人之间的感情关系。感情是人生来就有的，所以宗教也是人类不可缺少的、永恒存在的东西。旧的信神的宗教把人的感情关系歪曲为人与神的感情关系，现在要使宗教直接由人与人之间的感情关系（如性爱、友谊、同情等）表现出来。新哲学应当研究人与人之间的感情关系。所以恩格斯说："费尔巴哈决不希望废除宗教，他希望使宗教完善化。哲学本身应当融化在宗教中。"②

第二，过分夸大宗教在社会历史发展中的作用，认为宗教是社会历史发展中的决定力量。在他看来，某一历史运动能不能发生和发展，决定于宗教

---

① 《马克思恩格斯文集》第 4 卷，人民出版社 2009 年版，第 284 页。

② 《马克思恩格斯文集》第 4 卷，人民出版社 2009 年版，第 287 页。

的观点是否深入人心。因此，全部人类历史就是一部宗教变迁的历史，历史划分应当以宗教变迁为标准。

恩格斯对费尔巴哈的唯心主义宗教观点进行了深刻批判：第一，宗教和人的感情关系根本不是一个东西，费尔巴哈把二者混同起来完全是错误的。费尔巴哈不是用经济的、物质的原因来解释人与人之间的感情关系，而是把人与人之间的感情关系神圣化、神秘化，把这种抽象的"人性"抬高到宗教的地位。这种唯心主义宗教观与唯物主义的自然观是不相容的，他"想以一种本质上是唯物主义的自然观为基础建立真正的宗教，这就等于把现代化学当作真正的炼金术"[①]。第二，人类历史并不一定都有宗教变迁伴随。人与人特别是两性之间的感情关系，自从有人类以来就始终存在。宗教是在人类社会生产力有了一定发展但是还不够发达的历史阶段才出现的。在法国大革命期间，基督教受到摧毁，按照费尔巴哈的看法，人类就必然要用人的感情关系——这种新宗教来代替有神的旧宗教，但事实上人们并没有人感到有这种需要。

2. 对费尔巴哈唯心主义伦理学的批判

恩格斯指出，费尔巴哈的伦理学就形式讲是现实的，但是关于这个人生活于其中的世界却根本没有讲到，内容十分空洞、抽象。比如，在对恶的历史作用的评价上，费尔巴哈只知道谈论抽象的"爱"，而黑格尔则认为恶也是历史发展的动力。费尔巴哈还认为，人生下来就有追求幸福的意向，享受幸福的平等权利，每个人只要对己以合理的"自我节制"、"对人以爱"就能够获得幸福。

恩格斯批判了这种唯心主义观点：第一，追求幸福的权利需要物质手段。人们要把自己追求幸福的欲望变成现实就一定要和外部世界来往，要有满足这些欲望的物质手段。事实上，在现实中绝大多数人没有物质手段和对象，根本谈不上什么合理的自我节制。第二，追求幸福的平等权利仅仅是形式的。在奴隶社会或封建社会，被压迫阶级连口头上的平等权利都没有。在资本主义社会里，平等权利虽然被承认，但实际上这种权利无论在物质方面、精神方面和教育方面，都不比奴隶制和农奴制更好。

可见，费尔巴哈讲的道德并不是超阶级的而是资产阶级的道德。他大谈

---

① 《马克思恩格斯文集》第4卷，人民出版社2009年版，第288页。

"爱"并把"爱"看成是万能的,这样,"他的哲学中的最后一点革命性也消失了"。德国的"真正的社会主义者"正是把费尔巴哈的这个弱点当作出发点,把共产主义变成了"爱"的呓语,主张靠"爱"来解放全人类。

(四)马克思、恩格斯实现哲学革命的过程

1. 改造黑格尔的唯心主义辩证法,使其"用脚立地"

辩证法是黑格尔哲学的"合理内核",但是这种辩证法只是概念的自我发展,绝对精神也不知从何而来,现实世界只不过是绝对精神的翻版。因此,黑格尔的辩证法是"用头立地"的,是一种颠倒的世界观。马克思、恩格斯认为,必须将颠倒了的世界观重新颠倒过来,使其真正"用脚立地"——重新将其建立在唯物主义基础之上。也就是说,我们在理解现实世界时,直接面对事物的本来面目而不能持有任何先入为主的唯心主义怪想,必须抛弃一切同事实不相符合的唯心主义怪想。必须把我们头脑中的概念看作现实事物的反映,而不是把现实事物看作绝对观念在某一阶段的反映。这样,辩证法就被归结为关于外部世界和人类思维一般规律的科学,这两个规律在本质上是一致的,只是表现方式不同。这样,黑格尔辩证法的革命性就被恢复了,并且摆脱了唯心主义装饰和外衣。

2. 对自然科学成果尤其是"三大发现"及时作出哲学概括:世界不是既成事物的集合体,而是过程的集合体

19世纪,自然科学已经成为整理材料的科学,自然界各种事物的发生、发展过程以及它们之间的相互联系越来越清楚地被人们揭示出来。细胞学说揭示了整个有机体世界都是由最小的单位——细胞构成的。一切有机体(包括人在内)都不过是细胞的增殖和分化。能量守恒和转化定律揭示了世界上的一切能量(如机械能、热能、放射能、电能、磁能、化学能等),都是物质运动的各种表现形式,它们之间都是按照一定的度量关系相互转化。进化论摧毁了神秘的"创世说",证明任何生物都不是一成不变的。总之,自然科学的最新发展证明了自然界的一切现象都是相互联系、变化发展的,人们才开始逐渐抛弃过去孤立静止地看待自然现象的形而上学思维方法和用幻想的联系来代替现实的联系的唯心主义哲学,这为辩证唯物主义世界观的确立提供了科学基础。

恩格斯精确表述唯物辩证法的基本思想:"一个伟大的基本思想,即认

为世界不是既成事物的集合体，而是过程的集合体，其中各个似乎稳定的事物同它们在我们头脑中的思想映象即概念一样都处在生成和灭亡的不断变化中，在这种变化中，尽管有种种表面的偶然性，尽管有种种暂时的倒退，前进的发展终究会实现。"① 这就是说，在唯物辩证法看来，客观世界不是彼此孤立和一成不变的事物的简单堆积，而是普遍联系和永恒发展的过程的统一体；人的思想作为客观世界在人们头脑中的反映，也是不断运动、变化、发展的；客观世界和人类思想的发展有其内在的必然规律，不以各种表面偶然性为转移；在世界发展变化中尽管有表面的偶然性和暂时倒退，但前进的总趋势是不可阻挡的。恩格斯还指出，真正坚持辩证法的基本思想是不容易的，毕竟"口头上承认这个思想是一回事，实际上把这个思想分别运用于每一个研究领域，又是一回事"②，突出强调要在广泛的社会实践中坚持唯物辩证法的思想。

3. 清除社会历史研究中主观的，臆想的联系，创立唯物史观

（1）社会发展是合规律性与合目的性的统一

恩格斯指出，过去人们对社会领域的认识，也如同对自然界的认识一样，习惯于用哲学家头脑中的臆想代替现实的客观的联系，把现实的历史发展只看作是观念尤其是哲学家观念的实现，历史为了某种"预定的理念"的实现而向前发展。例如，在黑格尔那里，绝对精神的自我异化、运动、复归就构成了社会历史发展的"内在联系"。于是，人们就自觉不自觉地用某种神秘的天意来代替客观规律。因此，在社会历史领域中也应该研究现实的客观联系，也即支配人类社会历史的一般规律。

恩格斯阐述了社会历史发展规律的客观性。他指出，社会历史的发展和自然界的发展确实存在着显著的差别。在自然界中，全是没有意识的、盲目的力量在彼此发生作用，而一般规律就表现在这些力量的相互作用之中；没有任何事情是作为预期的自觉的目的发生的。相反，在社会历史领域内，进行活动的是具有意识的、经过思虑或凭激情行动的、追求某种目的的人；任何事情的发生都是具有自觉的意图，有预期的目的的。正是这一本质的差别，直接影响到社会历史的进程，也影响到人们对社会历史规律的认识。尽

① 《马克思恩格斯文集》第4卷，人民出版社2009年版，第298页。
② 《马克思恩格斯文集》第4卷，人民出版社2009年版，第299页。

管我们肯定人的活动是有计划有目的的，但"它丝毫不能改变这样一个事实：历史进程是受内在的一般规律支配的"①。这是因为，"虽然人们行动的目的是预期的，但是行动实际产生的结果并不是预期的"②。这说明社会历史发展有着不以人们主观意志为转移的客观规律。同时，在社会历史领域里，虽然表面上也要受到偶然性的支配，但是"在表面上是偶然性在起作用的地方这种偶然性始终是受内部的隐蔽着的规律支配的，而问题只是在于发现这些规律"③。

（2）社会历史的发展规律来自"历史合力"

恩格斯指出，在大多数的情况下，个人的意志是很少能够实现的，而且往往得到相反的结果，历史的发展并不是由个人意志决定的。这些追求实现个人意志的人们的活动，结果常常是他们所预料不到的。行动的目的是有预期的，但行动结果则不是有预期的，或者说这种结果虽然起初还和目的相符合，但到了最后则不相符合。因此，人们的意志、动机，对于行动的全部结果来说只有从属的意义。这就造成了一种同没有意识参与的自然界大体类似的情况。

所以，问题的关键在于要找出这些预期的目的、动机、意志是由什么东西决定的，要探究人们的动机背后并且构成历史真正的最后动力的动力。即使是伟大的历史人物，他也只不过是表达了广大人民群众的意愿和动机。如果要探究隐蔽在历史人物的动机背后的真正动力的话，"那么问题涉及的，与其说是个别人物，即使是非常杰出的人物的动机，不如说是使广大群众、使整个整个的民族，并且在每一民族中间又是使整个整个阶级行动起来的动机；而且也不是短暂的爆发和转瞬即逝的火光，而是持久的、引起伟大历史变迁的行动"④。由此可见，与以往强调英雄人物决定历史发展的唯心史观不同，马克思主义历史观是群众史观。研究社会历史必须从人民群众出发，尤其要从人民群众的物质利益诉求、阶级地位和立场出发，从社会生产关系、经济关系出发，而不是首先从英雄人物、思想观念出发。恩格斯指出，必须

---

① 《马克思恩格斯文集》第 4 卷，人民出版社 2009 年版，第 302 页
② 《马克思恩格斯文集》第 4 卷，人民出版社 2009 年版，第 302 页。
③ 《马克思恩格斯文集》第 4 卷，人民出版社 2009 年版，第 302 页。
④ 《马克思恩格斯文集》第 4 卷，人民出版社 2009 年版，第 304 页。

注意研究人们历史活动的思想动机，但又决不能仅仅停留在思想动机上，更重要的是要研究隐藏在历史人物的动机背后并构成历史动因的真正的"动力的动力"。而要做到这一点，必须研究使广大群众、使整个民族，并且在每一民族中间又是使整个阶级行动起来的动机；必须研究在社会发展中持久的、引起重大历史变迁的动机，必须研究反映在行动着的群众及其领袖头脑中的各种各样的动机。"这是能够引导我们去探索那些在整个历史中以及个别时期和个别国家的历史中起支配作用的规律的唯一途径。"①

（五）马克思恩格斯哲学是阶级性和科学性的高度统一

在结束语中，恩格斯深刻地指出，随着资本主义从上升走向灭亡，资产阶级从进步走向反动，资产阶级在理论上毫无顾忌的革命精神已经完全消失了。与此相反，"德国人的理论兴趣，只是在工人阶级中还没有衰退，继续存在着"②。无产阶级的阶级利益是和社会发展的客观规律一致的。无产阶级的理论兴趣是由无产阶级的阶级本质和它所担负的历史使命决定的，作为无产阶级的哲学，马克思主义哲学科学地反映了社会历史发展的客观规律。因此，马克思主义哲学是科学性和革命性的高度统一，无产阶级革命和人类解放离不开马克思主义哲学的指导。

二、延伸阅读

（一）《费尔巴哈论》的创作出版、研究进展与现实启示

《费尔巴哈论》是恩格斯为论述马克思主义哲学同德国古典哲学的关系，阐明马克思主义哲学基本原理而写的一部重要的哲学著作。它全面论述了马克思主义哲学和黑格尔、费尔巴哈之间的批判继承关系，系统阐述了辩证唯物主义和历史唯物主义的基本原理，具体说明了马克思主义产生的理论来源和自然科学基础，深刻分析了马克思主义哲学在哲学领域中所实现的革命变革。这部著作写于 1886 年，发表在德国社会民主党理论杂志《新时代》的

---

① 《马克思恩格斯文集》第 4 卷，人民出版社 2009 年版，第 304 页。

② 《马克思恩格斯文集》第 4 卷，人民出版社 2009 年版，第 313 页。

第4—5期上。19世纪90年代初被译为俄文、保加利亚文和法文。20世纪20年代末30年代初传入中国，1963年由中央编译局译校出版，并收入人民出版社1965年出版的《马克思恩格斯全集》第21卷。

目前，《费尔巴哈论》的研究主要围绕以下几方面的问题展开：一是侧重于分析恩格斯的哲学与马克思主义之间的关系，二是根据恩格斯关于"哲学的基本问题"的论述来阐释马克思主义的唯物主义思想，进而分析恩格斯的"物质"的内涵。如俄国早期的马克思主义传播者普列汉诺夫，尤其关注思维和存在的关系问题。他从"同一哲学"的角度分析，认为思维和存在的关系问题最早为康德所熟悉，但唯心主义者的方法是把存在融于思维之中，这不是解决思维和存在之间的矛盾，而是取消这种矛盾。同恩格斯一样，普列汉诺夫认为正确解决这一矛盾的是费尔巴哈的唯物主义，他把存在理解为主体，把思维看作是客体。因此，普列汉诺夫"完全认同恩格斯在《路德维希·费尔巴哈和德国古典哲学的终结》中确立起来的阐释方向……完全是沿着恩格斯所确立的尝试方向去评判黑格尔的思辨唯心主义哲学的，也完全是按同样的思路去理解马克思和黑格尔之间的理论关系的"①。还有一种思想史的研究路径，人们根据恩格斯对马克思主义形成过程的论述，来分析马克思主义哲学与黑格尔、青年黑格尔派的关系，以及这些人物的思想史作用。此外，在最新的研究中，大多数学者将《费尔巴哈论》与恩格斯晚年的其他著作，如《自然辩证法》、《反杜林论》等结合起来进行比较研究。

当然，因为《费尔巴哈论》思想十分丰富，所以人们对这一文本的研究还有许多方面没有展开。比如，关于社会发展中"合力论"的分析，关于"哲学的基本问题"的历史应用分析等。因此我们应该深入研读文本，以丰富马克思主义哲学基础理论。《费尔巴哈论》作为"每个觉悟工人必读的书籍"，是恩格斯专门论述马克思主义哲学基本原理的一部经典性著作。这部著作对马克思主义哲学的许多基础领域都作了完整准确的论述，为我们理解马克思主义，掌握并运用马克思主义的立场、观点和方法提供了根本遵循。因此我们在学习研究过程中要注重这部著作带来的现实性启示。

始终坚持马克思主义在意识形态中的指导地位。恩格斯在《费尔巴哈论》

---

① 俞吾金：《问题域的转换——对马克思和黑格尔关系的当代解读》，人民出版社2008年版，第106页。

中所论述的马克思主义基本原理，是对马克思主义的丰富与发展。针对有的学者将马克思和恩格斯割裂开来，认为恩格斯曲解了马克思的学说，对恩格斯在《费尔巴哈论》所提的唯物主义理论持贬低态度，我们应认真客观分析，不能简单地进行切割。因此我们在学习这部著作时，应坚持唯物辩证法，坚持马克思主义的指导。我们要自觉否定"过时论"和"空想论"，要科学对待马克思主义。

第二，要坚持解放思想、实事求是，这是马克思主义的基本原则。恩格斯将马克思创立的"新唯物主义哲学"概括为"两个决心"，即"人们决心在理解现实世界（自然界和历史）时按照它本身在每一个不以先入为主的唯心主义怪想来对待它的人面前所呈现的那样来理解；他们决心毫不怜惜地抛弃一切同事实（从事实本身的联系而不是从幻想的联系来把握的事实）不相符合的唯心主义怪想"[1]。这也就是说要按照世界的本来面目来认识世界，抛弃一切与事实不相符的唯心主义偏见。邓小平同志在解释解放思想、实事求是时指出："解放思想是指在马克思主义指导下打破习惯势力和主观偏见的束缚，研究新问题，解决新问题"[2]，"解放思想就是使思想与实际相符合，使主观与客观相符合就是实事求是"[3]。这不仅是对解放思想的科学界定，也是对马克思恩格斯关于解放思想、实事求是思想的发展。

第三，满足人民群众追求幸福的愿望。恩格斯在批判费尔巴哈唯心主义伦理观时指出，人虽然有追求幸福的欲望，但是这需要和外部世界发生关系，需要有满足这些欲望的手段，否则，这种欲望是不可能实现的，并明确提出："追求幸福的欲望只有极微小的一部分可以靠观念上的权利来满足，绝大部分却要靠物质手段来实现。"[4] 这就是要重视物质利益，给人民群众看得到的物质利益，切实地满足人民群众对物质的诉求。毛泽东同志曾经指出："全心全意为人服务，一刻也不脱离群众；一切从人民利益出发。"[5] 在改革开放期间，邓小平同志反复强调把"人民拥护不拥护"、"人民赞成不赞成"、"人民高兴不高兴"等作为制定各项规章制度的出发点和归宿。中国共

---

① 《马克思恩格斯文集》第 4 卷，人民出版社 2009 年版，第 297 页。

② 《邓小平论党的建设》，人民出版社 1990 年版，第 128 页。

③ 《三中全会以来重要文献选编（上）》，人民出版社 1982 年版，第 638 页。

④ 《马克思恩格斯文集》第 4 卷，人民出版社 2009 年版，第 293 页。

⑤ 《毛泽东选集》第三卷，人民出版社 1991 年版，第 1094 页

产党全心全意为人民谋利益是马克思恩格斯利益观的集中体现。每一个共产党员的价值观都是以人民的利益为最高标准的，而且会随着时代的发展被赋予新的时代内涵。

（二）《费尔巴哈论》与马克思《关于费尔巴哈的提纲》的关系

国内外学术界围绕《费尔巴哈论》的一个研究热点就是其与马克思的《关于费尔巴哈的提纲》（简称《提纲》）的异同关系，以及在此基础上引申出来的马克思与恩格斯的关系问题。全面准确地理解《费尔巴哈论》对于驳斥国外学界特别是西方"马克思学"所炮制的"马恩对立论"等错误论调具有重要理论价值。

关于恩格斯的《费尔巴哈论》与马克思的《提纲》的异同关系，国内外学界有种代表性的观点是：二者之间存在着一种机械的唯物主义与能动的唯物主义的根本对立。持这种观点的人虽然在论证过程中也援引了马克思和恩格斯文本中的原话，但他们之所以得出上述错误结论，原因在于他们在解读经典著作时忽略了文本创作的历史语境和针对的具体问题，犯了强制阐释的主观主义失误。我们应该以马克思和恩格斯的文本为依据，历史地具体地总体地考察二者的异同。

从文本依据上看，在"1888年单行本序言"中，恩格斯明确写道："旧稿中缺少对费尔巴哈学说本身的批判；所以，旧稿对现在这一目的是不适用的。可是我在马克思的一本旧笔记中找到了十一条关于费尔巴哈的提纲，现在作为本书附录刊印出来。这是匆匆写成的供以后研究用的笔记，根本没有打算付印。但是它作为包含着新世界观的天才萌芽的第一个文献，是非常宝贵的"①。两个文本一同刊印出版的历史事实已经表明，《费尔巴哈论》和《提纲》不仅在基本观点上是相同的，而且对于评述费尔巴哈的哲学这一现实目的而言也是一致的。

从理论逻辑上看，尽管二者创作于不同时期，针对着不同问题，文本形式和理论效应也有所不同，但就对于费尔巴哈哲学的批判和马克思主义哲学基本原理的阐释而言，在根本上是相同的。先看不同点。其一，创作时期不

① ［德］恩格斯：《路德维希·费尔巴哈和德国古典哲学的终结》，人民出版社2014年版，第4—5页。

同。《提纲》写于 1845 年春，处于马克思主义哲学初创时期，是马克思主义哲学的奠基性文献；《费尔巴哈论》写于 1886 年，在马克思主义哲学创立后经过了 40 多年发展，是对唯物史观的回顾和总结。其二，针对问题不同。《提纲》主要是针对费尔巴哈的直观的唯物主义和唯心史观，阐明了马克思主义的科学的实践观、真理观、人的本质以及新唯物主义的阶级立场和历史使命；《费尔巴哈论》主要是针对施达克对费尔巴哈哲学的误解和新康德主义等错误思潮对马克思主义哲学与德国古典哲学关系的歪曲，全面阐明了马克思主义哲学与德国古典哲学之间的区别和联系，特别地对费尔巴哈哲学的唯物主义和唯心史观进行了系统的分析和批判。其三，文本形式和理论效应不同。《提纲》是供进一步研究使用的笔记，是包含着新世界观的天才萌芽的第一个文献；《费尔巴哈论》既是对施达克新作的书评，更是详尽阐释马克思主义哲学形成发展和基本原理的概论式著作。

再看相同点。其一，对于费尔巴哈哲学的批判是一致的。《提纲》批判了费尔巴哈唯物主义的直观性，导致了对人的本质的抽象性理解，因而最终陷入了唯心史观；《费尔巴哈论》第二章深刻揭示了包括费尔巴哈在内的旧唯物主义的三大缺陷是机械性、形而上学性和唯心史观。其二，对于马克思主义哲学实践观点的阐发是一致的。《提纲》着重阐述了马克思主义的科学的实践观，《费尔巴哈论》不仅从认识论上强调了实践对不可知论的驳斥，而且从历史观上论述了社会实践在人类历史发展中的地位和作用。其三，对马克思主义哲学的阶级立场和实践旨趣的指认是一致的。《提纲》明确强调新唯物主义的立脚点是人类社会，并主张"问题在于改变世界"；《费尔巴哈论》在突出马克思主义哲学是科学性、革命性和阶级性统一的同时，指出"德国的工人运动是德国古典哲学的继承者"。由此可见，虽然二者存在个别差异，但"它们的相同性是其主导方面，它们的差异性是服从于主导方面的次要方面"[1]，从归根到底的意义上讲，《费尔巴哈论》是对《提纲》的进一步丰富和发展。

与《费尔巴哈论》和《提纲》的异同关系紧密相关，关于恩格斯与马克思的关系问题，也成为国内外学界关注的焦点之一。不论是卢卡奇、阿尔弗雷德·施密特等西方马克思主义者认为马克思与恩格斯之间存在历史辩证法

---

[1] 朱传棨：《恩格斯哲学思想研究论稿》，人民出版社 2012 年版，第 425 页。

与自然辩证法的对立，还是吕贝尔、诺曼·莱文等西方"马克思学"主张人道主义的马克思与实证主义的恩格斯的对立，其核心观点都是割裂马克思与恩格斯的一致性，人为地制造"马恩对立论"。

针对"马恩对立论"的挑战，我国学者进行了实事求是的分析和针锋相对的回击，在具体分析恩格斯对马克思主义哲学的历史贡献基础上，达成的一个基本共识在于："马恩关系具有根本一致性，这是不可否定的基本事实，其基本特点是在根本一致的基础上有个性差异"①，马克思与恩格斯的关系可以概括为"大同小异、殊途同归"②。马克思与恩格斯的大同之处和同归之道，首先在于通过理论与实践统一的哲学创新之道，最终都超越了唯心主义、旧唯物主义传统哲学，开创了新唯物主义哲学世界观。不同之处，殊途所在，是他们两个人在理论与实践统一之道上，存在着个性差异，先后顺序、思想重心有所不同，各具特色。马克思在理论方面先行一步，接受过专业化的理论思维训练，后来才走上和工人运动实践相结合的道路。恩格斯则是在生活实践中通过自学摸索形成了新的世界观。但二者有较强的互补性，如果说马克思的哲学更富有深刻性和原创性，那么恩格斯的哲学文本则更具有简明扼要的系统性、深入浅出的通俗性，更有助于马克思主义哲学的广泛传播和大众化。

事实上，恩格斯本人在《费尔巴哈论》第四章的一个脚注中已经颇具预见性地对这一问题进行了澄清："我不能否认，我和马克思共同工作40年，在这以前和这期间，我在一定程度上独立地参加了这一理论的创立，特别是对这一理论的阐发。但是，绝大部分基本指导思想（特别是在经济和历史领域内），尤其是对这些指导思想的最后的明确的表述，都是属于马克思的。我所提供的，马克思没有我也能够做到，至多有几个专门的领域除外。至于马克思所做到的，我却做不到。马克思比我们大家都站得高些，看得远些，观察得多些和快些。马克思是天才，我们至多是能手。没有马克思，我们的理论远不会是现在这个样子。所以，这个理论用他的名字命名是理所当

---

① 王东：《恩格斯的伟大贡献与历史地位——兼论必须回答"马恩对立论"的思想挑战》，载《毛泽东邓小平理论研究》2010年第12期，第38页。

② 王东：《恩格斯的伟大贡献与历史地位——兼论必须回答"马恩对立论"的思想挑战》，载《毛泽东邓小平理论研究》2010年第12期，第38页。

然的。"①

从恩格斯的这段论述可以看出，其一，马克思主义是马克思和恩格斯"共同工作 40 年"的合作成果，若是二人相互对立，何以能并肩作战 40 年之久！正是在这一意义上，列宁曾提出："要正确评价马克思的观点，无疑必须熟悉他最亲密的同志和合作者弗里德里希·恩格斯的著作。不研读恩格斯的全部著作，就不可能理解马克思主义，也不可能完整地阐述马克思主义。"② 这表明二人在根本观点上是一致的。其二，恩格斯在充分肯定"马克思比我们大家都站得高些，看得远些，观察得多些和快些。马克思是天才，我们至多是能手"③ 的同时，也明确承认自己"在一定程度上独立地参加了这一理论的创立，特别是对这一理论的阐发"，甚至"在几个专门领域"，即自然科学领域内，有自己独特的理论贡献。这就表明，马克思和恩格斯在创立和阐发唯物史观的过程中各有侧重，有着各自的分工和研究成果。这是在根本一致性前提下的相异之处，但决不能据此得出"马恩对立论"的荒谬结论。

三、思考题

1. 如何理解"凡是现实的都是合理的，凡是合理的都是现实的"？
2. 如何理解"思维和存在的问题是哲学的基本问题"？
3. 请叙述恩格斯关于历史唯物主义的基本思想。
4. 如何理解该书的现实意义？

---

① [德] 恩格斯：《路德维希·费尔巴哈和德国古典哲学的终结》，人民出版社 2014 年版，第 38 页。
② 《列宁专题文集论马克思主义》，人民出版社 2009 年版，第 50 页。
③ 《马克思恩格斯全集》第 28 卷，人民出版社 2018 年版，第 351 页。

《自然辩证法》导读

《自然辩证法》是恩格斯于 1873—1882 年撰写的一部未完成的手稿，由一系列论文、札记和片段等组成，是他全面总结 19 世纪以来自然科学的新成就，深入研究自然界和自然科学的辩证法问题的重要著作。恩格斯研究自然辩证法的目的在于，通过总结和概括自然科学发展的新成果，揭示自然发展变化的规律，进一步论证辩证唯物主义世界观的科学性，从而更好地指导工人运动和无产阶级的革命斗争。这部著作开辟了马克思主义哲学的一个新领域，为自然辩证法这一学科奠定了理论基础。

一、主要内容

《自然辩证法》作为恩格斯的主要哲学著作之一，包括 10 篇论文、169 篇札记和片段、2 个计划草案，内容十分丰富。根据恩格斯为《自然辩证法》拟定的"1878 年的计划"，可分为五个部分：一是"历史导论"，主要是《导言》，阐述了自然科学发展的历史，论证了辩证自然观创立的必然性；二是"黑格尔以来的理论发展进程。哲学和自然科学"，说明哲学对自然科学的指导作用；三是"辩证法作为科学"，阐述辩证法的基本规律和范畴，并依据自然科学材料进行了论证；四是"物质的运动形式以及各门科学的联系"和"各门科学的辩证内容"，阐述了各门自然科学研究对象和理论内容的辩证法；五是"自然界和社会"，主要是《劳动在从猿到人转变过程中的作用》，提出了劳动创造人本身的观点，论述了人与自然相互作用的原理。①

---

① 参见《马克思恩格斯全集》第 26 卷，人民出版社 2014 年版，第 465 页。

（一）历史论证辩证自然观的确立

恩格斯在《导言》中以其深厚的自然科学功底仔细梳理了自然科学的形成和发展，特别是对蕴含其中的不同阶段的哲学自然观进行了理论透视，明确提出了辩证唯物主义自然观的确立是自然科学发展的必然要求，由此展开了对辩证自然观的历史论证。

第一，古代朴素的自然观。在古代，自然科学尚未从哲学中分化出来，人们只能运用直觉和猜测的方法认识自然界，由此形成了自发的辩证自然观。在古希腊哲学家看来，世界在本质上是某种从混沌中产生出来的、发展和生成着的东西。不过，"自然现象的总的联系还没有在细节上得到证明，这种联系在希腊人那里是直接观察的结果"①，是笼统的、朴素的和缺乏科学基础的。正是这种局限性，使其无力反抗中世纪神学自然观的统治，更不可能抵御以经验科学为基础的近代形而上学自然观的进攻。

第二，近代形而上学的自然观。近代自然科学诞生于文艺复兴和宗教改革时代，究其根源在于资本主义的兴起。从哥白尼的"日心说"开始，自然科学从哲学中分化出来，从宗教神学中解放出来，从此便大踏步地前进。但直到牛顿和林耐为止，它尚未超出自己的最初阶段。"在这种情况下，占首要地位的必然是最基本的自然科学，即关于地球上的物体和天体的力学，和它靠近并且为它服务的，是一些数学方法的发现和完善化。"②因此，孤立静止的研究方法以及对自然的机械论看法，成为了那个时代的一般特征，并经过培根和洛克，上升为形而上学的哲学自然观："其核心就是自然界绝对不变的看法……自然界中的任何变化、任何发展都被否定了。"③形而上学自然观否定了中世纪自然观的神学目的论，在知识和材料的整理上明显超过了希腊古代，是历史的进步；但它关于自然总体的观点却大大落后于希腊古代，若将其贯彻到底，则不可避免地陷入唯心主义或神学的泥潭，如牛顿就将第一推动力归结为神。

第三，辩证唯物自然观的产生。在工业革命的推动下，自然科学也发展

① 《马克思恩格斯选集》第3卷，人民出版社2012年版，第876页。
② 《马克思恩格斯选集》第3卷，人民出版社2012年版，第848页。
③ 《马克思恩格斯选集》第3卷，人民出版社2012年版，第850页。

到一个新阶段，僵化的形而上学自然观不断被打开缺口，特别是细胞学说、能量守恒转化定律和达尔文生物进化论三大发现，使人们对自然过程的相互联系的认识大大推进。形而上学的自然观一触即溃，"新的自然观就其基本点来说已经完备：一切僵硬的东西溶解了，一切固定的东西消散了，一切被当作永恒存在的特殊的东西变成了转瞬即逝的东西，整个自然界被证明是在永恒的流动和循环中运动着"①。至此，辩证唯物主义的自然观应运而生。

（二）系统描述自然界的发展过程

结合当时自然科学的最新发展，特别是基于对"三大发现"的哲学分析，恩格斯系统描述了自然界的辩证运动和历史发展过程。

第一，基于对不同物质运动形式的考察，具体分析了从原始星云直到人类社会的发展过程。恩格斯认为，从原始星云到人类社会的演化都是物质分化的结果。原始星云经过收缩和冷却，分化出了无数个太阳和太阳系。在太阳系的行星即地球上，随着温度的下降，从最初热运动占优势，逐渐分化出物理的和化学的运动形式，并从气态中分化出液态和固态形成的不同圈层，进而出现了两次飞跃，分化出生命和人。"从最初的动物中，主要由于进一步的分化而发展出了动物的无数的纲、目、科、属、种，最后发展出神经系统获得最充分发展的那种形态，即脊椎动物的形态，而在这些脊椎动物中，最后又发展出这样一种脊椎动物，在它身上自然界获得了自我意识，这就是人。"②人也是由分化而产生的，"随同人，我们进入了历史"③。

第二，科学揭示了自然界的存在状态，即处于永恒的运动发展过程中。在自然界的辩证图景中，物质的任何有限的存在方式，"都处于永恒的产生和消逝中，处于不断的流动中，处于不息的运动和变化中"④。可以说，除了永恒运动着物质及其运动规律外，再没有什么永恒的东西。太阳系、地球、生命和人类，都是在自然界发展一定阶段上产生的，而一切产生出来的东西，都注定要灭亡。但是，这并不意味着宇宙最终将归于死寂。问题的关键

① 《马克思恩格斯选集》第3卷，人民出版社2012年版，第855—856页。
② 《马克思恩格斯选集》第3卷，人民出版社2012年版，第858页。
③ 《马克思恩格斯选集》第3卷，人民出版社2012年版，第859页。
④ 《马克思恩格斯选集》第3卷，人民出版社2012年版，第856页。

在于，"运动的不灭性不能仅仅从量上，而且还必须从质上去理解"①，也就是说，要看到不同运动形式相互转化能力的无限性。在恩格斯看来，诸天体在无限时间内永恒重复的先后相继，不过是无数天体在无限空间内同时并存的逻辑补充。因此，他总结说："物质在其一切变化中仍永远是物质，它的任何一个属性任何时候都不会丧失，因此，物质虽然必将以铁的必然性在地球上再次毁灭物质的最高的精华——思维着的精神，但在另外的地方和另一个时候又一定会以同样的铁的必然性把它重新产生出来。"②

（三）具体阐明辩证思维的作用

《自然辩证法》的核心内容就是阐明辩证思维的重要作用，为此，恩格斯不仅从自然和人类社会的发展过程中提炼抽象出了辩证法的三大规律及其基本范畴，而且结合当时自然科学领域的最新成就，明确指出辩证思维对自然科学的发展而言至关重要。

第一，集中阐述了辩证法的三大规律和基本范畴。在《辩证法作为科学》的手稿中，恩格斯集中阐述了辩证法的规律、范畴及其客观依据。在恩格斯看来，辩证法是关于普遍联系的科学，"辩证法的规律是从自然界的历史和人类社会的历史中抽象出来的。辩证法的规律无非是历史发展的这两个方面和思维本身的最一般的规律。它们实质上可归结为下面三个规律：量转化为质和质转化为量的规律；对立的相互渗透的规律；否定的否定的规律"③。他把辩证法分为客观辩证法和主观辩证法："所谓的客观辩证法是在整个自然界中起支配作用的，而所谓的主观辩证法，即辩证的思维，不过是在自然界中到处发生作用的、对立中的运动的反映，这些对立通过自身的不断的斗争和最终的互相转化或向更高形式的转化，来制约自然界的生活。"④恩格斯还具体考察了辩证法的一系列范畴，如单一和复合、同一和差异、必然和偶然、原因和结果、抽象和具体、归纳和演绎、分析和综合等。

第二，明确指出了辩证法的重要作用。在《〈反杜林论〉旧序》中，恩

① 《马克思恩格斯选集》第3卷，人民出版社2012年版，第862页。
② 《马克思恩格斯选集》第3卷，人民出版社2012年版，第864页。
③ 《马克思恩格斯选集》第3卷，人民出版社2012年版，第901页。
④ 《马克思恩格斯选集》第3卷，人民出版社2012年版，第908页。

格斯进一步从科学研究新阶段的特点出发论证了辩证法对于自然科学的重要意义。18 世纪中叶以前，自然科学主要是搜集材料的科学，处于搜集材料的阶段，研究方法主要是归纳、分析、比较、观察和实验。随着自然科学进入理论领域，迫切需要在各个知识领域之间确立正确的关系，进行理论的概括和综合。于是，"自然科学便进入理论领域，而在这里经验的方法不中用了，在这里只有理论思维才管用。"① 恩格斯指出，从形而上学思维向辩证思维的复归，可以仅仅通过自然科学的发现本身所具有的力量自然而然地实现，但这是一个旷日持久的、步履艰难的过程。若想大大缩短上述过程，可以"研究一下辩证哲学在历史上有过的各种形态"②，在这些形态中，有两种形态对现代的自然科学格外有益，一是希腊哲学，二是从康德到黑格尔的德国古典哲学。

第三，全面考察了物质运动的不同形式。辩证法对自然科学的指导意义，首先体现在研究对象的规定上。恩格斯认为，自然科学并不是要探寻世界的不变本质或终极根源，而是"要从物质的各种实在形式和运动形式出发"③，各种不同的科学就是对这些运动形式的反映。恩格斯基于当时自然科学的发展，划分出机械运动、物理运动、化学运动、生物运动和社会运动五种形式，各门科学分别对应一种运动形式，物质运动形式的特殊性是科学分类的客观依据。

第四，科学揭示了辩证法的普遍存在。辩证法对自然科学的指导意义，还体现在各门学科的研究过程和理论成果中。恩格斯广泛研究了力学、物理学、化学和生物学的科学理论，揭示出辩证法不仅在这些学科所反映的不同运动形式及其相互联系中普遍存在，也在这些学科的研究进程和理论发展中普遍存在。正因为各门自然科学中充满着辩证法，所以自然科学家和哲学家应当相互学习，二者相辅相成。恩格斯写道："现今的自然科学家，不论愿意与否，都不可抗拒地被迫关心理论上的一般结论，同样，每个从事理论研究的人也不可抗拒地被迫接受现代自然科学的成果。"④

---

① 《马克思恩格斯选集》第 3 卷，人民出版社 2012 年版，第 873 页。
② 《马克思恩格斯选集》第 3 卷，人民出版社 2012 年版，第 876 页。
③ 《马克思恩格斯选集》第 3 卷，人民出版社 2012 年版，第 878 页。
④ 《马克思恩格斯选集》第 3 卷，人民出版社 2012 年版，第 873 页。

（四）深度反思经验与理论的张力

如何认识经验主义及其与理论思维的张力，是摆在马克思主义面前的一个重要问题，恩格斯不仅结合当时自然科学的最新发展论证了辩证思维对自然科学的至关重要性，而且在《神灵世界中的自然研究》一文中，通过对反面案例的具体分析，深度反思了经验主义的思维局限。

第一，恩格斯指出片面吹捧经验极易陷入神秘主义。典型的案例就是许多著名的自然科学家反而堕入了神秘主义的泥潭。当时英国著名的动物学家兼植物学家华莱士、化学元素铊的发现者和辐射计的发明者克鲁克斯等人，都成为降神术活动的狂热参与者，其根源就在于蔑视辩证法，轻视理论思维，只相信感觉经验。恩格斯指出，这一事例本身恰恰证明了辩证法的一个古老命题：两极相连。"我们在寻找幻想、轻信和迷信的极端表现时，如果不是面向像德国自然哲学那样竭力把客观世界嵌入自己主观思维框子内的自然科学派别，而是面向与此相反的派别，即一味吹捧经验、极端蔑视思维而实际上思想极度贫乏的派别，我们就不致于犯什么错误。"①

第二，恩格斯强调经验主义还会导致唯心主义。《神灵世界中的自然研究》作为一个极端的例子，证明了经验主义同自然科学上的唯心主义之间存在一条由此达彼的桥梁。人们常常以为自然科学家由于研究的对象和性质，会自发地倾向唯物主义，实际上这是错误的。以数学为例，如果不承认数学中的虚数和多维空间也带有某种实在性，那么承认神媒的神灵世界也就不再有什么障碍了。恩格斯强调，即便是像数学这样公认的抽象领域，也涉及思维与存在的关系，"人们总是以为，这里所研究的是人的精神的纯粹的'自由创造物和想象物'，而客观世界提供不出任何相应的东西。然而实际情形恰恰相反。自然界对这一切想象的量都提供了样本"②。

第三，恩格斯阐述了经验与理论之间的辩证关联。恩格斯指出："经验要摆脱降神者的纠缠，就不得不借助于理论的思考，而不再靠经验性的实验。"③这表明恩格斯特别强调哲学对自然科学的重要作用，在他看来，哲

---

① 《马克思恩格斯选集》第3卷，人民出版社2012年版，第880页。

② 《马克思恩格斯选集》第3卷，人民出版社2012年版，第979页。

③ 《马克思恩格斯选集》第3卷，人民出版社2012年版，第891页。

学是一种理论思维，不管自然科学家采取什么样的态度，终究还要受哲学的支配。因为无论是使自然界中的两件事联系起来，或者洞察二者之间的既有联系，自然科学家都离不开理论思维。任何企图通过完全摆脱哲学影响来保证自然研究的科学性，恰恰会成为最蹩脚的哲学的奴隶。

（五）辩证认识人与自然的关系

作为《自然辩证法》的结论，恩格斯在最后集中讨论了劳动在从猿到人的转变过程中的重要作用，通过论述自然向人类社会的历史转变过程，揭示了人与自然之间的内在关联，既是对自然辩证法的深化，也是对唯物主义历史观的发展。

第一，深刻揭示了人类的起源问题。人类起源问题自古以来就是引起人们思考的一个谜。达尔文进化论解决了"人由何而来"的问题，肯定了猿是人类的祖先；马克思进一步回答了"人如何而来"的问题，这就是恩格斯提出的"劳动创造了人本身"[①]。接下来，恩格斯具体阐述了从猿转变成人的主要过程和环节：其一，直立行走迈出了从猿过渡到人的具有决定意义的一步，手的专门化是转变的决定性环节，手不仅是劳动的器官，更是劳动的产物；其二，语言从劳动中并和劳动一起产生出来，语言一经产生又进一步推动了人类社会性的发展；其三，"首先是劳动，然后是语言和劳动一起，成了两个最主要的推动力，在它们的影响下，猿脑就逐渐地过渡到人脑"[②]，随着脑的进一步发育，感觉器官也进一步发育起来。在此基础上，人类意识得以形成和发展，人类终于从动物界分化出来，形成了人类社会。

第二，明确概括了人与动物的本质区别。作为"人同其他动物的最终的本质的差别"[③]，劳动不仅是人得以产生的决定性动力，也是人同其他动物的异质性所在。这是因为人是劳动的存在物，或者说，劳动是人的存在方式。动物的生存是一种本能的活动，因而只能消极地适应自然界、利用自然物；而人则通过劳动改造外部自然物来满足自己的需要。恩格斯写道："动物仅仅利用外部自然界，简单地通过自身的存在在自然界中引起变化；而人通过

---

① 《马克思恩格斯选集》第 3 卷，人民出版社 2012 年版，第 988 页。

② 《马克思恩格斯选集》第 3 卷，人民出版社 2012 年版，第 992 页。

③ 《马克思恩格斯选集》第 3 卷，人民出版社 2012 年版，第 998 页。

他所作出的改变来使自然界为自己的目的服务,来支配自然界。"①

第三,全面阐释了人与自然之间的辩证关系。人通过劳动来支配自然界并使之服务于自身,但人并不自在于自然界,故仍受自然规律所制约。人之所以能够支配自然,是因为认识并掌握自然规律,若是违背自然规律,则会遭受惩罚。美索不达米亚、希腊、小亚细亚等地的居民,为了得到耕地而毁灭了大片森林,结果由于水土流失,最后变成不毛之地。于是,恩格斯严肃地告诫人们:"不要过分陶醉于我们人类对自然界的胜利。对于每一次这样的胜利,自然界都对我们进行报复。每一次胜利,起初确实取得了我们预期的结果,但是往后和再往后却发生完全不同的、出乎预料的影响,常常把最初的结果又消除了。"②

第四,科学回答了人与自然之间的协调问题。人与自然之间的协调发展,不仅是一个认识问题,更是一个社会问题。这不仅是因为认识社会规律比自然规律更加困难,而且因为即便达到了这种认识也未必就能做到对社会生活的调节。在阶级社会里,统治阶级总是按照本阶级的利益去调节社会生活,加之资本主义经济的自发性更使得此种调节成为不可能。"为此需要对我们的直到目前为止的生产方式,以及同这种生产方式一起对我们的现今的整个社会制度实行完全的变革。"③也就是说,只有彻底变革资本主义制度,才能从根本上调节人与自然的关系,实现人类生产的长远发展。唯其如此,人类才有可能支配和调节生产活动的深远社会影响,从而不仅在物种关系而且在社会关系方面,把自己从其余动物中提升出来,成为自然界和社会的主人,实现从必然王国向自由王国的飞跃。

二、延伸阅读

(一)关于《自然辩证法》的创作、出版和传播

众所周知,恩格斯特别关注自然科学中的哲学问题,在阐发辩证唯物主

---

① 《马克思恩格斯选集》第3卷,人民出版社2012年版,第997—998页。

② 《马克思恩格斯选集》第3卷,人民出版社2012年版,第998页。

③ 《马克思恩格斯选集》第3卷,人民出版社2012年版,第1000页。

义世界观的过程中，高度重视自然科学的最新进展情况。1873 年 1 月前后，他打算写一部批判庸俗唯物主义者路·毕希纳的论战性著作，并拟定了提纲，后来改变计划，转而写作《自然辩证法》。恩格斯在 1873 年 5 月 30 日给马克思的信中，叙述了撰写《自然辩证法》的宏大规划。在以后几年，恩格斯按既定计划做了大量工作，但原定计划未能完全实现。列入《自然辩证法》的材料，除《〈费尔巴哈〉的删略部分》外，都是在 1873—1882 年这一时期写成的。学界一般认为，《自然辩证法》的写作可分为两个主要时期：从计划写作这部著作到完成《反杜林论》（1873 年初—1878 年中）；从《反杜林论》完成到马克思病逝前（1878 年夏—1882 年夏）。在前一时期，恩格斯几乎完成了所有的札记和有关问题的细节的研究，还写了一篇较完整的论文《导言》。在后一时期，恩格斯拟定了未来著作的具体计划，写完了几乎所有的论文。马克思逝世后，恩格斯把主要精力投入到《资本论》第二、三卷的整理出版工作和领导国际工人运动，停止了《自然辩证法》的写作。

关于《自然辩证法》的创作，学术界通常认为，恩格斯打算从唯物辩证法的观点对他那个时代的全部自然科学进行哲学概括；也有人主张，恩格斯打算在这本书中证明辩证法规律的普遍性，证明这些规律不仅表现在人类社会中，而且表现在自然界中，从而为整个马克思主义学说奠定自然科学基础；苏联学者凯德洛夫提出："对恩格斯来说，这本书的主要目的是创作一部直接同《资本论》衔接，并且与《资本论》一起提供关于马克思主义学说统一而完整的观念和对这个学说加以阐明的著作"①。我国有的学者则"倾向于将整个'自然辩证法'计划视为一笔债务——澄清马克思主义与黑格尔关系必须偿还的债务，就如后来《终结》所偿还的澄清与费尔巴哈的'信誉债'那样"②。还有国内学者提出，应该按照整体性的原则来看待《自然辩证法》，不能将《自然辩证法》文本与自然辩证法发展史、自然辩证法原理分开，不能将《自然辩证法》与《反杜林论》分开，不能将恩格斯思想与马克思思想分开，不能将青年恩格斯与老年恩格斯分开等，而应该始终以马克思恩格斯的文本为依据，坚持逻辑和历史相统一的方法，将《自然辩证法》的创作划

---

① ［苏］勃·凯德洛夫：《论恩格斯〈自然辩证法〉》，殷登祥等译，三联书店 1980 年版，第 35 页。

② 胡大平：《回到恩格斯》，江苏人民出版社 2010 年版，第 302 页。

分为思想萌发（约 1838—1850 年）、著作构思（约 1851—1873 年）、首次正式写作（约 1873—1876 年）、《自然辩证法》姊妹篇《反杜林论》的创作（1876—1878 年）、再次正式写作（约 1878—1883 年）和整理手稿（约 1883—1895 年）等六个阶段。①

恩格斯生前将《自然辩证法》的材料分为四束：《辩证法和自然科学》、《自然研究和辩证法》、《自然辩证法》、《数学和自然科学。各种札记》。四束手稿中还包括恩格斯原定计划以外的一些文稿：《〈反杜林论〉旧序》、《反杜林论》的注释（《关于现实世界中数学上的无限之原型》、《关于"机械的"的自然观》和《注释（1），凯库勒）》、《〈费尔巴哈〉的删略部分》、《劳动在从猿到人的转变中的作用》和《神灵世界中的自然研究》，此外，还有几篇短小的札记材料。

《自然辩证法》的手稿在恩格斯生前没有发表过。恩格斯逝世后，德国有关报刊发表了收录《自然辩证法》手稿的两篇论文：《劳动在从猿到人的转变中的作用》发表在 1896—1897 年《新时代》第 14 年卷第 1 册；《神灵世界中的自然研究》发表在 1898 年《新世界历书》上。1925 年《自然辩证法》以德文和俄文对照的形式首次全文发表于《马克思恩格斯文库》莫斯科版第 2 卷。《马克思恩格斯全集》历史考证版第 1 部分第 26 卷（1985 年）刊出的《自然辩证法》，分别按手稿写作时间顺序编排和按手稿内容编排。后一种编排方式以恩格斯的写作计划为基本依据。

在我国，《自然辩证法》先后出版过几种不同的中译本：1932 年上海神州国光社出版了杜畏之的译本；1950 年北京三联书店出版了郑易里的译本；1955 年人民出版社出版了曹葆华、于光远、谢宁的译本；1984 年人民出版社出版了于光远等的译编本。

20 世纪 70 年代初，中共中央编译局根据《马克思恩格斯全集》德文版第 20 卷，同时参照俄文版《马克思恩格斯全集》第 20 卷译校《自然辩证法》，编入《马克思恩格斯全集》中文第一版第 20 卷，并出版了单行本，此后以节选的形式编入 1972 年出版的《马克思恩格斯选集》第一版第 3 卷，1995 年又以节选的形式编入《马克思恩格斯选集》第二版第 4 卷，并根据 1985

---

① 张云飞：《从创作史看〈自然辩证法〉内容编排的文献依据》，载《自然辩证法研究》2015 年第 11 期。

年出版的《马克思恩格斯全集》历史考证版第 1 部分第 26 卷对译文作了修订。从 2004 年起，中央编译局在编辑十卷本《马克思恩格斯文集》的过程中，根据《马克思恩格斯全集》历史考证版第 1 部分第 26 卷，并参照《马克思恩格斯全集》德文版第 20 卷，对《自然辩证法》译文重新做了审核校订，以节选形式编入 2009 年出版的《马克思恩格斯文集》第 9 卷，此后又编入 2012 年出版的《马克思恩格斯选集》第三版第 3 卷。2014 年，中央编译局在出版《马克思恩格斯全集》中文第二版第 26 卷时全文收录《自然辩证法》，并对没有收录《马克思恩格斯文集》第 9 卷的《自然辩证法》的部分译文重新作了修订。后来又于 2015 年以单行本列入《马列主义经典作家文库》出版。

（二）如何看待西方马克思主义对《自然辩证法》的责难

国内学术界一般认为："自然辩证法，即辩证唯物主义自然观，是马克思主义哲学理论体系的重要组成部分。恩格斯的著作《自然辩证法》一书是马克思主义的辩证唯物主义自然观确立的标志。"① 而自卢卡奇以降的西方马克思主义者却以恩格斯忽视了作为主体的人及其实践和历史为由，纷纷对恩格斯的自然辩证法横加指责，宣扬自然辩证法与历史辩证法的对立，甚至据此炮制了"马恩对立论"。时至今日，围绕恩格斯《自然辩证法》的争论依然是马克思主义哲学史研究中的重要问题。

卢卡奇在《历史与阶级意识》中强调，辩证法关系到理论与实践的问题，其实质是改变现实，故只存在于社会历史领域，而"恩格斯错误地跟着黑格尔把这种方法也扩大到对自然界的认识上"②，将辩证法理解为"由一个规定转变为另一个规定的连续不断的过程，是矛盾的不断扬弃，不断相互转换，因此片面的和僵化的因果关系必定为相互作用所取代。但是他对最根本的相互作用，即历史过程中的主体和客体之间的辩证关系连提都没有提到，更不要说把它置于与它相称的方法论的中心地位了。然而没有这一因素，辩证方法就不再是革命的方法，……而对辩证方法来说，中心问题乃是改变

---

① 徐琳、高齐云：《马克思主义哲学史》第 3 卷，北京出版社 1991 年版，第 212 页。
② ［匈］卢卡奇：《历史与阶级意识》，杜章智、任立、燕宏远译，商务印书馆 1996 年版，第 51 页。

现实。"①法兰克福学派代表人物阿尔弗雷德·施密特在《马克思的自然概念》中认为，马克思承认的只是在历史领域中的人与自然互为中介的辩证法，而恩格斯却把辩证法归属于自然本身，将辩证法扩展成为整个客观世界的一般运动形态或普遍规律，"即使恩格斯背离了自己使自然科学辩证化的主张，拒不使用自然哲学概念，但是，由于他超出了马克思对自然和社会历史关系的解释范围，就倒退成独断的形而上学。"②萨特强调，"辩证法不是别的，只不过是实践"③，而恩格斯到自然界中去寻找辩证法，则违背了辩证法的基本精神，是对辩证法的错误推广。"辩证法应当在许多的人同自然界、同种种'既定条件'的关系之中和人与人的关系之中被探究。在这里，它会找到作为各种计划彼此冲突的结果的源泉。只有人的计划的种种特点才能说明，这个结果乃是一种新的、具有其本身的意义的实在性，而非仍然简单是一个平均数。"④美国著名的西方马克思学家诺曼·莱文在《辩证法内部对话》中指出，马克思的辩证法关心的是人类社会的性质，是行动的辩证法，恩格斯的自然辩证法关注的却是自然的形而上学，"因为他单纯停留在自然的层次上，他使自然界成为全部本体论的准则"⑤，由此出发，莱文将马克思和恩格斯对立起来，这就是"马恩对立论"的滥觞。

面对西方马克思主义者对恩格斯《自然辩证法》的诸种指责，我国学者从不同方面进行了有理有力的反驳。其一，针对西方马克思主义者将辩证法局限于社会历史领域和人的实践活动，而将其从自然界排除出去的做法，有学者提出，这种做法不但割裂了马克思主义自然观与历史观的统一，同时也反映了他们的唯心主义表现形式，"以自然辩证法与历史辩证法的二分来强调恩格斯和马克思在辩证法理解上的差异和对立，是缺乏充分证据的。实际

---

① [匈] 卢卡奇：《历史与阶级意识》，杜章智、任立、燕宏远译，商务印书馆 1996 年版，第 50—51 页。

② [联邦德国] A. 施密特：《马克思的自然概念》，欧力同、吴仲昉译，商务印书馆 1988 年版，第 44 页。

③ 转引自徐崇温：《"西方马克思主义"》，天津人民出版社 1982 年版，第 466 页。

④ [法] 让-保罗·萨特：《辩证理性批判》，林骧华等译，安徽文艺出版社 1998 年版，第 75 页。

⑤ [美] 诺曼·莱文：《辩证法内部对话》，张翼星等译，云南人民出版社 1997 年版，第 142 页。

上，尽管他们两个人都会在不同的时候使用自然或历史的例子来谈论辩证法，但对辩证法理解的焦点始终是客观的运动规律，无论自然、社会和思维，都服从这种规律"①。其二，针对西方马克思主义者声称马克思的自然是"人化自然"，恩格斯的自然是"自在自然"，从而以"人化自然"来否定"自在自然"，甚至以此作为"马恩对立论"的证据，有学者认为，这种做法不仅歪曲了马克思和恩格斯的自然观，而且人为地割裂了马克思与恩格斯的联系，"在理论上的错误就是把自然界关于本体论与认识论的统一关系割裂开来，否定自然的本体论意义，只从认识论方面来看待自然界"②。事实上，马克思在讲"人化自然"的同时，还强调指出："当然，在这种情况下，外部自然界的优先地位仍然会保持着"③；恩格斯也并没有否认人对自然界的改造作用，他明确写道："手的专业化意味着工具的出现，而工具意味着人所特有的活动，意味着人对自然界进行改造的反作用，意味着生产。……只有人能够做到给自然界打上自己的印记"④。这是从文本依据上作出的有力反驳。其三，针对西方马克思主义者将恩格斯《自然辩证法》的错误归咎于黑格尔的错误引导，有学者提出，恩格斯在确立辩证唯物主义自然观时，确实批判地吸取了黑格尔自然哲学中的合理成分，但更多的是批评了黑格尔自然哲学中的唯心主义，他明确指认黑格尔的自然哲学是"用观念的、幻想的联系来代替尚未知道的现实的联系，用想象来补充缺少的事实，用纯粹的臆想来填补现实的空白"⑤。因此，"那些对恩格斯的《自然辩证法》的责难忽视了对辩证唯物主义前提的分析"⑥，也就没有把握到人与自然统一于实践的辩证关系本质。

---

① 胡大平：《回到恩格斯》，江苏人民出版社 2010 年版，第 499 页。

② 余其铨：《恩格斯哲学与现时代——评"新马克思主义"对恩格斯的责难》，广西师范大学出版社 1998 年版，第 38 页。

③ 《马克思恩格斯选集》第 1 卷，人民出版社 2012 年版，第 157 页。

④ 《马克思恩格斯选集》第 3 卷，人民出版社 2012 年版，第 859 页。

⑤ 《马克思恩格斯选集》第 4 卷，人民出版社 2012 年版，第 252 页。

⑥ 马瑞丽、吴宁：《论恩格斯的〈自然辩证法〉及其当代意义》，载《自然辩证法研究》2013 年第 5 期。

三、思考题

1. 如何认识自然界是辩证发展的无限过程?

2. 如何认识劳动对人自身与社会发展的决定性意义?

3. 如何看待西方马克思主义对恩格斯《自然辩证法》的批判?

4. 结合当前全球生态危机的日益加剧,谈谈恩格斯《自然辩证法》的现实意义?

马克思恩格斯历史唯物主义重要书信导读

本书所选的马克思恩格斯关于历史唯物主义的书信主要包括《马克思致帕维尔·瓦西里耶维奇·安年科夫》（1846 年 12 月 28 日）、《恩格斯致约瑟夫·布洛赫》（1890 年 9 月 21—22 日）、《恩格斯致康拉德·施米特》（1890 年 10 月 27 日）、恩格斯致弗兰茨·梅林（1893 年 7 月 14 日）和恩格斯致瓦·博尔吉乌斯（1894 年 1 月 25 日）等。这五封书信，前后跨度近半个世纪，在一定程度上展现了马克思恩格斯历史唯物主义思想发展的基本脉络，集中地、有针对性地阐明了唯物史观的一些重大理论观点，在马克思主义哲学发展史上具有特殊的理论价值，是我们学习和研究马克思主义历史唯物主义的重要文献。

一、主要内容

（一）《马克思致帕维尔·瓦西里耶维奇·安年科夫（1846 年 12 月 28 日）》的基本思想

这封特殊的长信写于唯物史观的初创时期，是在马克思恩格斯完成了《德意志意识形态》这一著作几个月之后写的，在一定的意义上可以说是对他们所制定的唯物主义历史观进一步的阐述和概括，同时也是为了批判蒲鲁东的《贫困的哲学》一书而写的。蒲鲁东的《贫困的哲学》出版后，俄国自由派著作家安年科夫（1812—1887 年）于 1864 年 11 月写信给马克思谈他对这本书的看法。马克思从书商那里得到这本书比较迟，但为了及时把自己的意见告诉安年科夫，仅用了两天的时间就把全书浏览了一遍并及时地写了回信，尖锐地批判了蒲鲁东的唯心史观，阐明了生产力决定生产关系并最终决定整个社会发展这一历史唯物主义的根本原理。在马克思主义哲学发展史上，正是这封信第一次把马克思主义哲学中具有决定意义的观点公布于世。

第一，马克思在信中十分明确地表达了自己对蒲鲁东《贫困的哲学》的总评价："整个说来是一本坏书，是一本很坏的书"①，并特别指出："蒲鲁东先生之所以给我们提供了对政治经济学的谬误批判，并不是因为他有一种可笑的哲学；而他之所以给我们提供了一种可笑的哲学，却是因为他不了解处于现代社会制度联结……关系中的现代社会制度"②。究其实质而论，蒲鲁东的这种可笑的哲学，就是他"借软弱的黑格尔主义"解释社会发展的历史唯心论。由此，马克思在批判蒲鲁东的唯心史观和经济理论的基础上，深刻地阐述了生产力和生产关系的特性及其辩证关系——生产力决定生产关系并归根到底决定一切社会关系、决定整个社会的发展、决定社会革命的客观基础等一系列唯物史观的基本原理。

第二，批判蒲鲁东的唯心史观，阐明社会历史是在生产发展的基础上不以人的意志为转移的自然历史过程。与蒲鲁东把历史看成"是在绝对观念的神秘怀抱中发生的进化"③不同，马克思强调社会只是人们交互作用的产物，人们不能自由选择某一社会形式。"社会——不管其形式如何——是什么呢？是人们交互活动的产物。人们能否自由选择某一社会形式呢？决不能。在人们的生产力发展的一定状况下，就会有一定的交换［commerce］和消费形式。在生产、交换和消费发展的一定阶段上，就会有相应的社会制度形式、相应的家庭、等级或阶级组织，一句话，就会有相应的市民社会。有一定的市民社会，就会有不过是市民社会的正式表现的相应的政治国家。"④针对蒲鲁东动辄诉诸国家、诉诸社会，马克思明确指出："人们不能自由选择自己的生产力——这是他们的全部历史的基础，因为任何生产力都是一种既得的力量，是以往的活动的产物。"⑤在马克思看来："生产力是人们应用能力的结果，但是这种能力本身决定于人们所处的条件，决定于先前已经获得的生产力，决定于在他们以前已经存在、不是由他们创立而是由前一代人创立的社会形式。后来的每一代人都得到前一代人已经取得的生产力并当作原料来为

① 《马克思恩格斯文集》第 10 卷，人民出版社 2009 年版，第 41—42 页。
② 《马克思恩格斯文集》第 10 卷，人民出版社 2009 年版，第 43 页。
③ 《马克思恩格斯文集》第 10 卷，人民出版社 2009 年版，第 44 页。
④ 《马克思恩格斯文集》第 10 卷，人民出版社 2009 年版，第 42—43 页。
⑤ 《马克思恩格斯文集》第 10 卷，人民出版社 2009 年版，第 43 页。

自己新的生产服务，由于这一简单的事实，就形成人们的历史中的联系，就形成人类的历史，这个历史随着人们的生产力以及人们的社会关系的愈益发展而越益成为人类的历史。"①从生产力的这种客观性和历史继承性考察，就必然得出一个结论："人们的社会历史始终只是他们的个体发展的历史，而不管他们是否意识到这一点。"②

第三，批判蒲鲁东把经济范畴说成是形成现实经济关系的原因的谬论，阐明了观念、范畴是客观经济过程的反映的历史唯物主义观点。马克思指出，不理解社会生产力是蒲鲁东之所以"完全不能理解人类的历史发展"、"不能理解经济发展"的根本原因。在信中，马克思重申了从事物到思想这一唯物主义根本原则，强调："人们永远不会放弃他们已经获得的东西，然而这并不是说，他们永远不会放弃他们在其中获得一定生产力的那种社会形式。恰恰相反。为了不致丧失已经取得的成果，为了不致失掉文明的果实，人们在他们的交往〔commerce〕方式不再适合于既得的生产力时，就不得不改变他们继承下来的一切社会形式。"③马克思以英国1640年和1688年的革命说明："一切旧的经济形式、一切和这些形式相适应的社会关系、曾经是旧社会的正式表现的政治国家，当时在英国都被破坏了"，强调"人们借以进行生产、消费和交换的经济形式是暂时的和历史性的形式。随着新的生产力的获得，人们便改变自己的生产方式，而随着生产方式的改变，他们便改变所有不过是这一特定生产方式的必然关系的经济关系"④。由于"混淆了思想和事物"，蒲鲁东无法探索出历史的实在进程，"就给我们提供了一套怪论，一套妄图充当辩证怪论的怪论"。蒲鲁东的历史"是在想象的云雾中发生并高高超越于时间和空间的"，"这不是历史，不是世俗的历史——人类的历史，而是神圣的历史——观念的历史"。在这种历史中，经济范畴在蒲鲁东的头脑中的排列次序"是一个非常没有秩序的头脑中的秩序"⑤。

第四，揭露和批判蒲鲁东唯心史观的阶级实质和认识根源。马克思批判蒲鲁东"不是把政治经济学范畴看做实在的、暂时的、历史性的社会关系的

① 《马克思恩格斯文集》第10卷，人民出版社2009年版，第43页。
② 《马克思恩格斯文集》第10卷，人民出版社2009年版，第43页。
③ 《马克思恩格斯文集》第10卷，人民出版社2009年版，第43—44页。
④ 《马克思恩格斯文集》第10卷，人民出版社2009年版，第44页。
⑤ 《马克思恩格斯文集》第10卷，人民出版社2009年版，第44页。

抽象，而是神秘地颠倒黑白，把实在的关系只看做这些抽象的体现"。由于蒲鲁东"没有理解把资产阶级生产所具有的各种形式结合起来的纽带，他不懂得一定时代中生产所具有的各种形式的历史的和暂时的性质"，"看不到现代种种社会体制是历史的产物，既不懂得它们的起源，也不懂得它们的发展，所以他只能对它们作教条式的批判"①。这里，马克思再次强调科学的历史知识对于人们正确把握经济范畴的理论价值。蒲鲁东正是由于缺乏历史知识而没有看到"人们在发展其生产力时，即在生活时，也发展着一定的相互关系；这些关系的形式必然随着这些生产力的改变和发展而改变。"②这样，他就"陷入了资产阶级经济学家的错误之中，这些经济学家把这些经济范畴看做永恒的规律，而不是看做历史性的规律——只是适用于一定的历史发展阶段、一定的生产力发展阶段的规律"③。蒲鲁东不仅不了解人们"按照自己的生产力而生产出他们在其中生产呢子和麻布的社会关系"，更不了解"适应自己的物质生产水平而生产出社会关系的人，也生产出各种观念、范畴，即恰恰是这些社会关系的抽象的、观念的表现"④。范畴也和它们所表现的关系一样，不是永恒的，它们是历史的和暂时的产物，而不是蒲鲁东所谓的"抽象、范畴是始因"。

第五，马克思揭露了蒲鲁东矛盾调和论和二元论对社会主义运动的危害——"用自己头脑中奇妙的运动，代替了由于人们既得的生产力和他们的不再与此种生产力相适应的社会关系相互冲突而产生的伟大历史运动，代替了在一个民族内各个阶级间以及各个民族彼此间酝酿着的可怕的战争，代替了唯一能解决这种冲突的群众的实践和暴力的行动，总之，代替了这一广阔的、持久的和复杂的运动"⑤。蒲鲁东推崇笛卡尔的二元论，在方法论上具有明显的二元论色彩，但实质上是唯心主义，他把永恒观念、纯理性范畴放在一边，而把人和他们那种在他看来是这些范畴的运用的实践生活放在另一边，所以"他自始就保持着生活和观念之间、灵魂和肉体之间的二元论——

① 《马克思恩格斯文集》第 10 卷，人民出版社 2009 年版，第 47 页。
② 《马克思恩格斯文集》第 10 卷，人民出版社 2009 年版，第 47 页。
③ 《马克思恩格斯文集》第 10 卷，人民出版社 2009 年版，第 47 页。
④ 《马克思恩格斯文集》第 10 卷，人民出版社 2009 年版，第 49 页。
⑤ 《马克思恩格斯文集》第 10 卷，人民出版社 2009 年版，第 51 页。

以许多形式重复表现出来的二元论"①。由于一心想调和矛盾，蒲鲁东完全避开了一个问题：是不是必须把这些矛盾的基础本身推翻呢？他"完全像一个空论的政治家，想把国王、众议院、贵族院一并当做社会生活的构成部分，当做永恒的范畴"②，只是寻求一个新公式，以便把这些力量平衡起来。故而，对空论家的蒲鲁东而言，变革现代世界的历史运动"不过是要发现两种资产阶级思想的正确的平衡、综合的问题"。在他看来，现代各种问题不是解决于社会行动，而是解决于他头脑中的辩证的旋转运动。由于范畴是动力，"所以要改变范畴，是不必改变现实生活的；完全相反，范畴必须改变，而结果就会是现存社会的改变"③。

（二）《恩格斯致约瑟夫·布洛赫（1890年9月21—22日）》的基本思想

马克思逝世后，资产阶级和党内机会主义者将唯物史观歪曲为"经济唯物主义"，认为唯物史观只承认经济因素的决定作用，而否认上层建筑各种因素的反作用，因而造成了"惊人的混乱"。当时，一些人就此问题写信求教于恩格斯。柏林大学青年学生布洛赫就是其中之一。1890年9月3日，布洛赫写信给恩格斯请教两个问题，其中的第二个问题是：根据唯物史观，经济因素和其他因素之间的关系是怎样的。恩格斯在回信中对布洛赫的这一问题作了明确的答复。

首先，恩格斯在信中第一次提出了"现实生活的生产与再生产"的概念，阐明历史进程是经济基础和上层建筑的各种因素交互作用的结果。恩格斯在信中说："根据唯物史观，历史过程中的决定性因素归根到底是现实生活的生产和再生产。"④ 在这里，"现实生活"范畴是一个极其丰富的系统和多层次的概念体系。自原始公社解体以来，人类社会有文字记载的"现实生活"，不仅包括生产方式，而且包括政治、文化、法律、宗教、哲学等一切属于上层建筑领域的内容，包含了其内容的相互作用与影响、相互制约与冲突的诸

---

① 《马克思恩格斯文集》第10卷，人民出版社2009年版，第52页。
② 《马克思恩格斯文集》第10卷，人民出版社2009年版，第51页。
③ 《马克思恩格斯文集》第10卷，人民出版社2009年版，第51页。
④ 《马克思恩格斯文集》第10卷，人民出版社2009年版，第591页。

种表现。整个社会结构和社会肌体的各个领域都是"现实生活"的实际内容和有机组成,它们的矛盾运动与辩证发展共同构成"现实生活",共同推动"现实生活的生产和再生产"。接着,恩格斯全面系统地阐明了在历史发展中经济因素和上层建筑各种因素之间的辩证关系,强调:"经济状况是基础,但是对历史斗争的进程发生影响并且在许多情况下主要是决定着这一斗争的形式的,还有上层建筑的各种因素……这里表现出这一切因素间的相互作用,而在这种相互作用中归根到底是经济运动作为必然的东西通过无穷无尽的偶然事件(即这样一些事物和事变,它们的内部联系是如此疏远或者是如此难于确定,以致我们可以认为这种联系并不存在,忘掉这种联系)向前发展。"[①]恩格斯把决定历史过程的根本动因简明扼要、高度概括为"现实生活的生产和再生产",可谓是对唯物史观的一个重大发展和突破,不仅突出了经济状况的基础作用,而且又给予"其他参与相互作用的因素以应有的重视"。这一贴切而机智的表述,给予对唯物史观的一切责难与攻击以有力的回击,给予对唯物史观的任何片面理解与"惊人的混乱"以充分的矫正。

其次,恩格斯在论述经济因素"归根到底"起决定作用的时候,自始至终贯穿了唯物辩证法的思想。马克思恩格斯在《德意志意识形态》中,通过对青年黑格尔派和费尔巴哈的唯心史观的批判,第一次系统地阐述了历史观的基本思想,这个阐述是以生产力和生产关系、经济基础和上层建筑之间的辩证关系为主线,采用定性分析的方法以经济必然性来研究社会历史现象、解释社会历史问题、揭示社会形态及其发展规律的。马克思1859年在《政治经济学批判序言》中对唯物史观的经典概括,集中论述的也是经济必然性贯穿于人类社会的始终,决定着社会历史的发展方向和趋势,是社会生活的本质和历史变迁的根本动力。由此,唯物史观就被一些人歪曲为机械决定论和社会宿命论。显然,如何理解经济必然性是双方争论的焦点。恩格斯在这封信中明确指出:"我们是在十分确定的前提和条件下创造的。其中经济的前提和条件归根到底是决定性的。但是政治等等的前提和条件,甚至那些萦回于人们头脑中的传统,也起着一定的作用,虽然不是决定性的作用……而这个结果又可以看作一个作为整体的、不自觉地和不自主地起着作用的力量

---

① 《马克思恩格斯文集》第10卷,人民出版社2009年版,第591—592页。

的产物。"① 从这段话可以看出，恩格斯既肯定了经济因素在社会历史发展中"归根结底"的地位，又承认了社会发展是多种因素交互作用的结果；既强调了历史是无数单个人意志合力作用的结果，又保持了对每个人为历史发展作出贡献的尊重，并在此基础上科学地阐明了历史发展中政治、经济和文化等因素的相互作用，揭示了历史发展中的客观规律性和人的自觉能动性、历史发展的必然性和偶然性的辩证关系。

再次，恩格斯从经济因素和上层建筑各种因素之间的交互作用、必然性和偶然性的关系以及客观规律和个人意志的关系等方面进行了科学分析，提出了著名的"合力论"思想。恩格斯在马克思主义发展史上第一次指出："历史是这样创造的：最终的结果总是从许多单个的意志的相互冲突中产生出来的，而其中每一个意志，又是由于许多特殊的生活条件，才成为它所成为的那样。这样就有无数互相交错的力量，有无数个力的平行四边形，由此就产生出一个合力，即历史结果，而这个结果又可以看做一个作为整体的、不自觉地和不自主地起着作用的力量的产物。"② 这就是说，人们创造历史的活动是由诸多不同的主体按照各自的需要、利益和价值取向去进行的。在此过程中，各个主体的力量都融入了"合力"之中，这种合力对于每个主体来说似乎是外在的、异己的力量。而合力作用的结果就是社会历史发展的方向和必然趋势。可以说，提出历史发展合力论，使唯物史观达到了逻辑结构完整严谨、内涵丰富精深的科学理论形态。恩格斯的历史合力思想，不仅反对夸大个人意志作用的历史唯心论，也反对否认个人意志作用的错误观点。在这种历史合力论中，"合力"的最终结果表现为社会历史发展的必然性，而各个追求自己目的的单个人的活动则表现为历史发展的偶然性，他们使得社会历史表现得丰富多彩、别样缤纷。

最后，恩格斯在信中还说明他和马克思过去强调经济因素决定作用的原因，以及全面认识经济基础和上层建筑辩证关系的重要性。此外，恩格斯还对如何正确地研究和运用马克思主义理论作了宝贵指示，强调不要把唯物主义当作现成的套语和标签贴到各种事物上去，当作僵死的共识去框定历史，特别是要"根据原著来研究这个理论，而不要根据第二手的材料来进行

---

① 《马克思恩格斯文集》第 10 卷，人民出版社 2009 年版，第 592 页。

② 《马克思恩格斯文集》第 10 卷，人民出版社 2009 年版，第 592 页。

研究"①。

（三）《恩格斯致康拉德·施米特（1890 年 10 月 27 日）》的基本思想

康拉德·施米特是德国经济学家和哲学家，德国社会民主党人。这封信是为批判资产阶级思想家对历史唯物主义的歪曲和"青年派"的错误而写的。特别是当时德国社会民主党内的"青年派"，错误地将唯物史观简单化、庸俗化，他们不是把唯物史观作为研究历史的指南，而是把它当作现成的公式，并以此来剪裁各种事实——机械地理解经济的决定作用，单纯地用经济因素来解释社会发展的复杂过程，忽视上层建筑及其意识形态的相对独立性和反作用。

在信中，恩格斯在肯定经济基础决定上层建筑的前提下，着重强调了上层建筑的相对独立性和反作用。恩格斯分析道："国家权力对于经济发展的反作用可以有三种：它可以沿着同一方向起作用，在这种情况下就会发展得比较快；它可以沿着相反方向起作用，在这种情况下，像现在每个大民族的情况那样，它经过一定的时期都要崩溃；或者是它可以阻止经济发展沿着某些方向走，而给它规定另外的方向——这种情况归根到底还是归结为前两种情况中的一种。但是很明显，在第二和第三种情况下，政治权力会给经济发展带来巨大的损害，并造成大量人力和物力的浪费。"②不仅国家权力是这样，恩格斯认为"法也与此相似"，"经济关系反映为法的原则，同样必然是一种头足倒置的反映。这种反映是在活动者没有意识到的情况下发生的；法学家以为他是凭着先验的原理来活动的，然而这只不过是经济的反映而已"③。恩格斯进而将这种分析扩展到所有的意识形态领域，认为宗教和哲学等意识形态都是对经济头足倒置的反映。他以哲学在英法德三国的历史发展为例，强调由于"每一个时代的哲学作为分工的一个特定的领域，都具有由它的先驱传给它而它便由出发的特定的思想资料作为前提"，所以"经济

---

① 《马克思恩格斯文集》第 10 卷，人民出版社 2009 年版，第 593 页。
② 《马克思恩格斯文集》第 10 卷，人民出版社 2009 年版，第 597 页。
③ 《马克思恩格斯文集》第 10 卷，人民出版社 2009 年版，第 598 页。

上落后的国家在哲学上仍然能够演奏第一小提琴"①。

在恩格斯看来，经济发展对意识形态的最终的支配作用"是无疑的"。他认为："不论在法国或是在德国，哲学和那个时代的普遍的学术繁荣一样，也是经济高涨的结果。"同时，恩格斯也强调这种支配作用"是发生在各个领域本身所规定的那些条件的范围内"，"经济在这里并不重新创造出任何东西，但是它决定着现有思想材料的改变和进一步发展的方式，而且多半也是间接决定的，因为对哲学发生最大的直接影响的，是政治的、法律的和道德的反映"②。恩格斯的这些宝贵思想，对于我们今天认识国家权力、法，以及各种意识形态的相对独立性及其对经济基础的反作用具有重要的指导意义。

恩格斯在信中还揭露了保尔·巴尔特的思维方式，认为它是形而上学的机械论。恩格斯指出，社会生活是复杂的，只有运用马克思主义的辩证法，才能深刻认识历史发展的客观规律。巴尔特等人之所以无法摆脱唯心史观的干扰，是因为"所有这些先生们所缺少的东西就是辩证法。他们总是只在这里看到原因，在那里看到结果。他们从来看不到：这是一种空洞的抽象，这种形而上学的两极对立在现实世界只存在于危机中，而整个伟大的发展过程是在相互作用的形式中进行的（虽然相互作用的力量很不相等：其中经济运动是最强有力的、最本原的、最有决定性的），这里没有什么是绝对的，一切都是相对的"③。这对于我们研究复杂的社会现象、研究历史，有重要的方法论意义。

（四）《恩格斯致弗兰茨·梅林（1893 年 7 月 14 日）》的基本思想

梅林是德国工人运动的著名活动家和理论家。当时，为了反对资产阶级和机会主义者对马克思主义的进攻，梅林写了《莱辛传奇》一书并在书的末尾撰写了《论历史唯物主义》的附录。恩格斯读完此书特别是附录后，为了回击保尔·巴尔特和党内机会主义者向马克思主义发动的进攻以及纠正梅林对唯物史观的一些疏漏，恩格斯写了这封回信。

---

① 《马克思恩格斯文集》第 10 卷，人民出版社 2009 年版，第 599 页。
② 《马克思恩格斯文集》第 10 卷，人民出版社 2009 年版，第 600 页。
③ 《马克思恩格斯文集》第 10 卷，人民出版社 2009 年版，第 601 页。

在信中，恩格斯首先指出梅林著作中关于唯物史观论述的一个不自觉的疏漏，"有一点还没有谈到，这一点在马克思和我的著作中通常也强调得不够，在这方面我们大家都有同样的过错"。这个疏漏和过错就是在以往阐述唯物史观时，"我们大家首先是把重点放在从基本经济事实中引出政治的、法的和其他意识形态的观念以及以这些观念为中介的行动"[①]。就历史的发展而言，恩格斯认为"必须这样做"。但是"我们这样做的时候为了内容方面而忽略了形式方面，即这些观念等等是由什么样的方式和方法产生的"，其结果，"就给了敌人以称心的理由来进行曲解或歪曲，保尔·巴尔特就是个明显的例子"[②]。

在信中，恩格斯着重论述了意识形态的相对独立性的原理，阐明上层建筑对经济基础的反作用。他批判了保尔·巴尔特之流把意识形态看作是脱离物质、脱离社会经济关系而存在的谬论。关于意识形态的本质及其形成过程，恩格斯指出："意识形态是由所谓的思想家通过意识、但是通过虚假的意识完成的过程"[③]。在恩格斯看来，推动意识形态的真正动力始终是思想家所不知道的，否则这就不是意识形态的过程。因此，思想家想象出虚假的或表面的动力，"因为这是思维过程，所以它的内容和形式都是他从纯粹的思维中——或者从他自己的思维中，或者从他的先辈的思维中引出的。他只和思想材料打交道，他毫不迟疑地认为这种材料是由思维产生的，而不去进一步研究这些材料的较远的、不从属于思维的根源。而且他认为这是不言而喻的，因为在他看来，一切行动既然都以思维为中介，最终似乎都以思维为基础"[④]。

意识形态有自己独立的发展道路和自身特殊的发展规律，但它在经济发展的范围内，受经济发展的制约，因而这种独立性是相对的，它的发展同社会存在的发展并不保持一致和平衡。"一种历史因素一旦被其他的、归根到底是经济的原因造成了，它也就起作用，就能够对它的环境，甚至对产生它的原因发生反作用。"[⑤] 在恩格斯看来，意识形态的相对独立性不仅表现为社

---

① 《马克思恩格斯文集》第 10 卷，人民出版社 2009 年版，第 657 页。
② 《马克思恩格斯文集》第 10 卷，人民出版社 2009 年版，第 657 页。
③ 《马克思恩格斯文集》第 10 卷，人民出版社 2009 年版，第 656 页。
④ 《马克思恩格斯文集》第 10 卷，人民出版社 2009 年版，第 657—658 页。
⑤ 《马克思恩格斯文集》第 10 卷，人民出版社 2009 年版，第 659 页。

会意识发展变化与社会存在发展变化的不完全同步性，尤其表现为社会意识的发展具有历史继承性，"在每一科学领域中都有一定的材料，这些材料是从以前的各代人的思维中独立形成的，并且在这些世代相继的人们的头脑中经过了自己的独立的发展道路"。"如果说，路德和加尔文'克服了'官方的天主教，黑格尔'克服了'费希特和康德、卢梭以其共和主义的《社会契约论》间接地'克服了'立宪主义者孟德斯鸠，那么，这仍然是神学、哲学、政治学内部的一个过程，它表现为这些思维领域历史中的一个阶段，完全不越出思维领域。"① 在信中，恩格斯还分析了各种社会意识的相互作用、相互影响，并告诫说："因为我们否认在历史上起作用的各种思想领域有独立的历史发展，所以我们也否认它们对历史有任何影响。这是由于通常把原因和结果非辩证地看作僵硬对立的两极，完全忘记了相互作用。"②

（五）《恩格斯致瓦尔特·博尔吉乌斯（1894 年 1 月 25 日）》的基本思想

19 世纪 90 年代，资产阶级学者和德国党内的机会主义者大肆歪曲、攻击和篡改马克思主义唯物史观。他们或者鼓吹思想、理性是社会发展的决定性因素，否定经济条件归根到底具有决定性作用；或者宣扬只有经济状况才是原因，才是唯一积极的因素，否认上层建筑的作用，进而达到解除无产阶级思想武装、反对无产阶级革命的目的。这些谬论，在德国大学生中引起了思想混乱。恩格斯写给青年大学生博尔吉乌斯的信，就是为了澄清这些错误思想。针对博尔吉乌斯来信提出的问题，恩格斯在信中回答了作为社会历史的决定性基础的经济关系指的是什么，论述了以技术装备为标志的生产力对于交换方式和分配方式，对于阶级的划分、统治和从属的关系以及国家、政治、法律的决定作用，指出经济条件归根到底是具有决定意义的，"它构成一条贯穿始终的、唯一有助于理解的红线"③。

首先，恩格斯明确界定了唯物史观经济关系范畴的科学内涵，阐明了生产方式是社会历史发展的决定性的基础。恩格斯写道："我们视之为社会历

---

① 《马克思恩格斯文集》第 10 卷，人民出版社 2009 年版，第 658 页。
② 《马克思恩格斯文集》第 10 卷，人民出版社 2009 年版，第 659 页。
③ 《马克思恩格斯文集》第 10 卷，人民出版社 2009 年版，第 668 页。

史的决定性基础的经济关系，是指一定社会的人们生产生活资料和彼此交换产品（在有分工的条件下）的方式。因此，这里包括生产和运输的全部技术。这种技术，照我们的观点看来，也决定着产品的交换方式以及分配方式，从而在氏族社会解体后也决定着阶级的划分，决定着统治和奴役关系，决定着国家、政治、法等等。此外，在经济关系中还包括这些关系赖以发展的地理基础和事实上由过去沿袭下来的先前各经济发展阶段的残余（这些残余往往只是由于传统或惰性才继续保存着），当然还包括围绕着这一社会形式的外部环境。"① 在恩格斯看来，唯物史观的经济关系范畴包括三个基本的方面：（1）生产和运输的全部技术；（2）地理基础和事实上由过去沿袭下来的先前各经济发展阶段的残余；（3）围绕着这一社会形式的外部环境。恩格斯还特别从经济关系的视角论述了科学和技术的关系，指出"社会一旦有技术上的需要，这种需要就会比十所大学更能把科学推向前进"②。

其次，恩格斯指出，经济关系的几个方面的内容不是平行的，其中生产方式是社会发展的决定力量，而在生产方式中，生产力的因素又是最重要的起决定作用的因素。其他因素，虽然能加速或延缓社会发展的过程，但不能起决定作用，强调不能对两者关系作单向度的决定论理解。"政治、法、哲学、宗教、文学、艺术等等的发展是以经济发展为基础的。但是，它们又都相互作用并对经济基础发生作用。这并不是说，只有经济状况才是原因，才是积极的，其余一切都不过是消极的结果，而是说，这是在归根到底不断为自己开辟道路的经济必然性的基础上的相互作用。"③ 恩格斯以国家关税和财政制度对经济发展的作用为例进一步说明："并不像人们有时不加思考地想象的那样是经济状况自动发生作用，而是人们自己创造自己的历史，但他们是在既定的、制约着他们的环境中，是在现有的现实关系的基础上进行创造的，在这些现实关系中，经济关系不管受到其他关系——政治的和意识形态的——多大影响，归根到底还是具有决定意义的，它构成一条贯穿始终的、唯一有助于理解的红线。"④

---

① 《马克思恩格斯文集》第 10 卷，人民出版社 2009 年版，第 667 页。
② 《马克思恩格斯文集》第 10 卷，人民出版社 2009 年版，第 668 页。
③ 《马克思恩格斯文集》第 10 卷，人民出版社 2009 年版，第 668 页。
④ 《马克思恩格斯文集》第 10 卷，人民出版社 2009 年版，第 668 页。

再次，恩格斯集中阐明了唯物史观关于历史发展中必然性和偶然性的辩证关系原理。"人们自己创造自己的历史，但是到现在为止，他们并不是按照共同的意志，根据一个共同的计划，甚至不是在一个有明确界限的既定社会内来创造自己的历史。他们的意向是相互交错的，正因为如此，在所有这样的社会里，都是那种以偶然性为其补充和表现形式的必然性占统治地位。在这里通过各种偶然性而得到实现的必然性，归根到底仍然是经济的必然性。"① 正是由于这种历史必然性的支配，"恰巧某个伟大人物在一定时间出现于某一国家，这当然纯粹是一种偶然现象。但是，如果我们把这个人去掉，那时就会需要有另外一个人来代替他，并且这个代替者是会出现的，不论好一些或差一些，但是最终总是会出现的"②。在恩格斯看来，不仅历史人物的出现体现着这种辩证关系，甚至科学理论的问世也是如此。"如果说马克思发现了唯物史观，那么梯叶里、米涅、基佐以及1850年以前英国所有的历史编纂学家则表明，人们已经在这方面作过努力，而摩尔根对于同一观点的发现表明，发现这一观点的时机已经成熟了，这一观点必定被发现。"③

最后，恩格斯强调要正确理解历史就必须注意经济史，要从马克思主义的原著如《路易·波拿巴的雾月十八日》、《反杜林论》、《路德维希·费尔巴哈和德国古典哲学的终结》中学习和掌握历史唯物主义。

二、延伸阅读

学习和研究历史唯物主义是不能绕过马克思和恩格斯的上述重要书信的。尽管从理论的系统性、完整性和规范性方面看，马克思恩格斯关于历史唯物主义的书信都是未经发表的言论，也就可能没有经过深思熟虑，对问题的论述也会呈现出某种零散、不系统的特点，但这不能抹杀书信的理论和实践价值。

这些书信表达观点之灵活是专著论文所没有的，甚至是后者难以企及的。众所周知，由于受到发表的限制，特别是当时德国书报检查制度的限

---

① 《马克思恩格斯文集》第 10 卷，人民出版社 2009 年版，第 669 页。
② 《马克思恩格斯文集》第 10 卷，人民出版社 2009 年版，第 669 页。
③ 《马克思恩格斯文集》第 10 卷，人民出版社 2009 年版，第 669 页。

制，因而公开发表的论文和专著必然限制马克思恩格斯思想的发挥。而对于书信来说却不存在这种限制，因而在专著中没有明确说出的，在书信中可以得到明确说明。从这个意义上说，这些书信能够帮助我们深入了解马克思恩格斯历史唯物主义的基本思想。

更为重要的是，这些书信提出和论述的一些理论问题往往是在理解上最容易出现错误或已经在现实中出现了错误的观点。在书信中，可以忽略体系的要求，反复强调核心思想和关键问题，而在一般的著作中，为了照顾体系，不可能反复强调和论证某一问题。这些最关键的问题往往是被隐藏在全面系统的论述中，人们不容易把握。仔细研读，我们就不难发现：书信所探讨的问题都是针对某一现象、某一观点或某些人讲的。

马克思在 1846 年 12 月 28 日给安年科夫的信是针对蒲鲁东脱离个人分析社会、把社会发展归结为"无人身理性"的观点的。这也是马克思创立唯物史观时反复强调的一个基本思想，社会不是人们活动之外存在的某种抽象的存在或"独立的人格"，它就是人们的社会活动本身；人们在分析、认识社会历史的时候不能抛开人的有目的的活动，必须从分析人的有目的的活动出发，说明个人在有目的支配下的活动是如何在交互作用中形成社会历史的客观性、规律性。这一思想在马克思主义发展史上被表述为生产力决定生产关系状况的原理，即生产关系必须适应生产力的发展，如果生产关系不适应生产力的发展，生产力就不能存在和发展，人类就不能继续存在和发展。生产力的存在与发展是人类生存的基本条件，因为它是人类获得生活资料的唯一途径。也就是说，是人类的生存与发展的需要决定了生产关系必须与生产力相适应，人类生存与发展的基本需要是解释历史中的一切关系的终极尺度。

恩格斯的几封书信则是针对德国的"青年派"和一些资产阶级学者的思想讲的。我们知道，恩格斯在 19 世纪 90 年代，也没有写过大部头的著作。这一时期，恩格斯对马克思主义的捍卫、完善和发展主要是通过一系列书信反映出来的。在这几封信中，恩格斯都论述到了经济基础与上层建筑之间的问题，主要探讨了上层建筑的独立性问题，经济不是历史发展的唯一决定因素问题，还有经济基础与上层建筑相互作用的问题。上层建筑的独立性表明，上层建筑既被经济决定，又不完全被经济决定，这种独立性也是相对的，在独立的发展过程中，还是要受经济决定。所以恩格斯说："经济上落后的国家在哲学上仍然演奏第一小提琴。"① 当然，他也承认经济的作用也是有条件范围的，经济并不能创造出任何东西，但是它决定着现有思想资料的改变和进步发展的方式。经济基础与上层建筑之间是一种相互规定、相互制约和相互促进的关系。在二者的相互作用中，经济仍然是历史发展的最终决定原因，因此"这是在归根到底不断为自己开辟道路的经济必然性基础上的相互作用"②。

因此，一方面，我们必须看到，恩格斯关于历史唯物主义的书信与马克思的思想是一致的，没有实质性差别；另一方面，也应注意到他们两人的书信因时代需要、学术分工和思辨风格的不同，恩格斯的书信绝不是对马克思的观点和思想的机械复制。马克思与恩格斯的思想也不是没有变化的，而是随着社会实践和理论的发展而发展的。五封书信从1846年到1894年跨越近半个世纪，不能想象，一个人或一种学说在这么长的时间内没有一点变化。故而，通过对马克思恩格斯书信内容的对比分析，既有助于了解他们的思想究竟发生了哪些变化，也有助于搞清楚哪些观点是他们前后一贯强调的理论核心。

恩格斯在书信中对唯物史观最大的理论发展是提出了"历史合力论"。马克思恩格斯最初创立唯物史观时，主要强调经济因素、物质资料生产对社会发展的推动作用，而很少谈及政治、文化、宗教、哲学等其他因素对社会发展的作用。这虽然能够说明社会历史进程的总体趋势，但对于社会发展的复杂进程却难以解释，甚至还容易扩大物质资料生产的作用而忽视上层建筑因素的作用，把历史的进程轻易地当作是物质资料生产发展的过程，把社会发展历程简单化。恩格斯在1890年致布洛赫的信中明确指出："历史是这样创造的：最终的结果总是从许多单个的意志的相互冲突中产生出来的，而其中的每一个意志，又是由于许多特殊的生活条件，才成为它所成为的那样。这样就有无数互相交错的力量，有无数个力的平行四边形，由此就产生出一个合力，即历史结果，而这个结果又可以看作一个作为整体的、不自觉地和不自主地起着作用的力量的产物。"③"历史合力论"至少包含着这样几方面

---

① 《马克思恩格斯文集》第10卷，人民出版社2009年版，第599页。

② 《马克思恩格斯文集》第10卷，人民出版社2009年版，第668页。

③ 《马克思恩格斯文集》第10卷，人民出版社2009年版，第592页。

的伟大思想：

第一，历史发展的最终结果，总是符合历史规律的选择，总是代表了历史发展的基本方向和本来面目，总是代表了大多数人的意志，体现了"我们自己创造着我们的历史"的伟大过程。因为"最终的结果总是从许多单个的意志的相互冲突中产生出来"，并不以某个个人意志为转移。

第二，这一历史发展的最终结果的形成，是社会形态内部多方面、多层次、多环节、多因素矛盾运动的结果，是历史合力造就的结果。参与到创造历史过程中的每一个单个意志，都各有其特殊的社会生活历史背景和条件，而且在同一个社会背景条件下，每一个单个意志的倾向也有着无限多样的可能性。由此，无数有着无限多样可能性的意志或基本趋于一致，或互相矛盾，或既有一致又有对立，呈现着复杂多变、形态各异的局面。"这样就有互相交错的力量，有无数个力的平行四边形，由此就产生出一个合力，即历史结果。"①恩格斯在这里借平行四边形来说明历史合力论，非常形象、生动而贴切。平行四边形的合力原理是指：每条边代表一个分力，每一分力在运动中渐趋一致，形成了平行四边形中的对角线，也即合力；其中每一分力都为合力的形成创造条件，并成为合力的一部分。人类社会中，无数力量的互相交错与较量，如同平行四边形的合力原理一样，在各种因素的矛盾冲突与组合中，大小相同、方向相反的分力相互抵消，一些意志因力量弱小，没有生存、发展的条件而逐渐隐去。顺应历史潮流的意志、动机和愿望则汇聚成一个总的合力，由此，诞生出代表历史主流方向的历史结果。

第三，人们在此期间绝不是无所作为的，这一最终历史结果是人的活动与历史规律、个人意志与历史合力的辩证发展、有机结合的产物。恩格斯从创造历史的主客体的辩证关系的角度，充分肯定了历史主体的主观能动性对于社会发展的积极意义。历史结果通过"交互作用"而成就，一方面，没有每个带着单个愿望的意志的共同参与，不经过社会结构内诸因素的交互作用、相互激荡，最终不可能形成历史合力，也就不可能有历史结果。但另一方面，历史结果又受任何个人意志的左右，任何意志的参与都会对历史结果的最终形成产生影响，这一结果是任何个人意志"交互作用"的客观反映，是每个个人意志的共同成果。

---

① 《马克思恩格斯文集》第10卷，人民出版社2009年版，第592页。

　　恩格斯提出历史合力论后，普列汉诺夫根据历史合力论创造性地提出了社会结构的"五项因素公式"，他认为，任何人都是时代的产物，是社会具体条件的产物，历史人物也不例外，同样也是时代的产物。因此，个人要受时代的限制，绝不可能超越时代的限制发挥作用。他批评了当时流行的英雄史观，指出个人的作用不仅受时代的限制，也受群众的限制。但是在西方思想界，合力论一度遭到阿尔都塞、柯尔施等西方马克思主义哲学家的批评，他们认为恩格斯偏离了马克思的思想轨迹；萨特认为社会主体并没有在历史合力中起作用，恩格斯在历史必然性与人的意志之间摇摆不定；阿尔都塞认为个人意志之类的东西属于意识形态的范围，他根据对市民社会和个人意志的考察，推导出马克思与恩格斯的思想对立，认为恩格斯仍然停滞于黑格尔的理解公式中，他所论证的涉及个人意志的论证也没有脱离黑格尔的那一整套逻辑。在我国理论界，有少数学者认为，历史合力有狭义和广义之分，狭义的合力指的是人们的意志合力，广义的合力是指包括意志合力在内的总合力，并且历史合力论并不适合于所有人类社会的发展领域，到了共产主义社会，那个神奇的平行四边形将消失在历史的地平线上。

　　可以看到，对于恩格斯历史决定论的批评通常表现为三个缺陷：第一，这些批评普遍把历史的必然性和人的能动性对立起来，把马克思的历史观机械化为抽象决定论，这显然是对马克思的误读；第二，对历史合力论作一种非唯物主义的改写，将其阐释成唯意志论，强调人的意志是超越历史的东西；第三，有些批评的潜在意图是分裂马克思和恩格斯、分裂马克思与马克思主义、分裂自然主义和人道主义，并将这些政治诉求包装成理论难题来讨论。相反，恩格斯的历史合力论不仅是对历史唯物主义的科学诠释与推进发展，也是对人作为历史主体性地位的重新确立。第一，恩格斯反对将历史唯物主义解释为机械决定论，而是从辩证的角度肯定了生产力与生产关系、经济基础与上层建筑（包括社会意识）之间的相互作用，从而把握历史的辩证运动过程。第二，对人的主体意志作出了历史主义解读，个人意志既不是脱离于社会生产方式的空想，也不是毫无能动作用的命运产物，人在社会生活中洞悉历史发展规律，并依据这个科学认识能动地改造世界，恰恰是人的主体性在历史唯物主义论域中的应有之意。第三，恩格斯通过历史合力论对历史唯物主义作了方法论解读，提醒我们马克思主义并不是教条真理，不是历史发展的操作指南，相反，应该将其视为一种开放的科学体系和实践的行动指南，而这个过程需要人的主体参与才能实现。因而，我们今天在理解历史决定论的时候要充分考虑这些事实，才能据此得出正确的判断。

三、思考题

1. 为什么生产力决定生产关系并最终决定一切社会关系？

2. 为什么社会历史是在生产发展的基础上不以人的意志为转移的自然历史过程？

3. 简述恩格斯的"历史合力"思想。

4. 人们在创造历史过程中客观的前提和条件同个人意志的相互关系如何？

5. 恩格斯是如何论述国家权力的相对独立性及其对经济发展的反作用？

6. 恩格斯是如何论述历史中的必然性和偶然性的问题的？

《论个人在历史上的作用问题》导读

《论个人在历史上的作用问题》是普列汉诺夫于 1898 年以基尔桑诺夫的笔名在彼得堡出版的俄文科学和社会政治刊物《科学评论》杂志上发表的长文。这篇论著是普列汉诺夫从理论上总结自己在 19 世纪 80—90 年代进行的反对民粹主义者和无政府主义者策略思想斗争的一篇传世佳作，对个人在历史上的作用这一历史观领域的核心问题进行了全面、深入、系统的分析和论述，是一部重要的马克思主义哲学著作。其思想之精辟，史料之丰富，论述之透彻，语言之洗练，以及风格之卓异，迄今为止依然无与伦比。

一、主要内容

（一）从自由与必然的关系反思个人在历史上的作用

普列汉诺夫反思个人在历史上的作用问题时的第一个重要特点是，将个人在历史上的作用问题同自由与必然这对范畴紧密结合起来加以考察。① 在普列汉诺夫看来，要想正确阐明个人在历史上的作用，必须正确处理人的意志自由与历史必然性的关系这一哲学史上争论不休且历久弥新的问题。

关于个人在历史上的作用，一直存在两派相互对立的观点：一方夸大个人的历史作用尤其是杰出人物的作用，他们不了解或不承认人类历史运动是合乎规律的必然过程，把一切归因于个人意志的自觉活动，主张所谓的"英雄造时势"，这是典型的唯心史观；另一方则过分强调历史运动的必然性、规律性，而贬抑甚至抹杀个人的作用，即认为"时势造英雄"，这是

---

① 李清崑：《唯物史观与哲学史——普列汉诺夫哲学思想研究》，中国社会科学出版社 2016 年版，第 191 页。

机械论、宿命论。两派的共同特点是把历史过程的必然性、规律性同个人的自由意志、自觉活动形而上学地对立起来，找不到联系二者的桥梁。普列汉诺夫指出，俄国的主观主义者恰恰是陷入了这种二元论的泥潭，"只有当他们确实摆脱掉二元论，懂得在主客体两方之间根本不存在二元论者认为可能有的那种鸿沟的时候"①，才能真正领悟自由与必然概念的哲学含义，这就是马克思主义哲学关于自由与必然的科学见解。马克思学说的信徒，即所谓的"学生们""上升到了一元论。按照他们的意见，资本主义由于自身发展的进程而导致自身的否定，以及导致他们——俄国'学生们'，而且不仅只有俄国'学生们'——理想的实现。这是历史的必然性。他，这个'学生'，就充当这个必然性的一种工具，而且无论根据自己的社会地位，还是根据这种地位所造成的、自己的智能的和精神的特性，他都不能不充当这种工具。这是必然性的方面。不过既然他的社会地位正是使他养成了这种特性，而不是别的特性，它就不仅会充当必然性的工具，以及不仅不能不充当而且热烈地希望和不能不希望充当这种工具。这是自由的方面，同时这种自由是从必然性中生长出来的，或者正确些说，这是与必然性同一的自由，这是转变成自由的必然性。这样的自由也是摆脱了某种拘束的自由；它也是同某种约束相对立的：深刻的定义不推翻粗浅的定义，而是补充它们，把它们保存在自身之中。"②在这里，普列汉诺夫对自由与必然之间的辩证关系进行了完整的阐述。

在普列汉诺夫看来，关于自由与必然问题上的二律背反，实际上是人们的一种认识论谬误，乍一看，似乎自由与必然是相互排斥的，其实，"只有那种浮光掠影地看事物而不深入洞察现象的人才会这样想"③。普列汉诺夫从如下两个方面展开了分析。首先，他指出，历史必然性不仅不排除人的自由，而且它本身就是通过有意识有目的的人的活动去实现的，这里已经包含了人的意志自由，也肯定了个人在历史上的作用。因为历史既然是人创造的，那么人的志向就不能不是历史运动的因素。形而上学的机械论者却不懂

---

① 普列汉诺夫：《论个人在历史上的作用问题》，王荫庭译，商务印书馆2010年版，第11页。

② 普列汉诺夫：《论个人在历史上的作用问题》，王荫庭译，商务印书馆2010年版，第11—12页。

③ 《普列汉诺夫哲学著作选集》第2卷，三联书店1961年版，第742页。

得这一点，他们否认人的意志自由，从而也就否定了个人在社会生活中的作用。普列汉诺夫反驳了这种对马克思主义的攻击，他写道："在庸人们看来，现代辩证唯物主义势将把人类变成自动机械，可是事实上，现代辩证唯物主义在历史上第一次破天荒地开辟了通向自由和自觉活动的王国的道路。"①其次，普列汉诺夫反复强调，自由是以必然为前提和基础的。历史诚然是人创造的，但是人们所创造的历史之所以是这样的而不是那样的，并不取决于人的意志，人的意志虽然也是历史运动的一个因素，但其本身又受历史必然性的支配。他写道："如果在自由的人的活动的基础上没有安置着为活动者所理解到的必然性时，那么任何人的自由的（自觉的）历史活动的可能性就等于零。"②那种否认历史必然性的观点同样是错误的，以致使人们处于偶然性的支配之下，毫无自由可言。

总而言之，唯心史观和历史宿命论各执一端，均是片面的。唯心史观夸大了意志自由的作用，将其视为社会历史的最后动因；历史宿命论则只看到了"必然性如何将人奴役"；只有辩证的历史的唯物主义才完整准确地揭示了自由与必然的辩证统一，"指出必然性如何将人解放"③，为正确理解个人在历史上的作用奠定了理论基础。按照普列汉诺夫的观点，既然必然性是人的自由活动的前提和基础，而人的自由又是人们对必然性的认识和根据这种认识所进行的改造客观世界的活动，那么在考察个人在历史上的作用时，就应该肯定个人在历史上的作用，同时又必须看到个人的作用总是受历史必然性的制约。

（二）从偶然性与必然性的关系认识个人在历史上的作用

普列汉诺夫论述个人在历史上的作用问题的第二个特点是，将这一问题同偶然性与必然性紧密联系在一起进行考察。在他看来，唯心史观和历史宿命论之所以在个人作用问题上陷入误区，一个重要原因就是没有正确解决历史发展进程中偶然性与必然性的关系。

人类社会是沿着其所固有的客观必然性轨道前进的，但这种客观必然性

---

① 《普列汉诺夫哲学著作选集》第 1 卷，三联书店 1959 年版，第 496 页。
② 《普列汉诺夫哲学著作选集》第 1 卷，三联书店 1959 年版，第 659—660 页。
③ 《普列汉诺夫哲学著作选集》第 2 卷，三联书店 1961 年版，第 208 页。

往往通过大量的偶然现象为自己开辟道路。由于这些偶然因素多浮于表面，人们易受其迷惑，从而夸大偶然因素的作用，得出错误结论。唯心史观的认识论根源之一，便是夸大了社会生活中的偶然性因素，特别是历史人物的性格、素质、机遇等，将其视为社会历史发展中的决定性因素。有鉴于此，普列汉诺夫通过详细考察历史发展的原因，结合一些具体的历史事件和历史人物，对社会活动家的性格等偶然因素在社会发展中的作用进行了具体分析。

普列汉诺夫把社会历史发展的原因区分为"一般原因"、"特殊原因"和"个别原因"，他明确写道："人类历史运动最后的和最一般的原因是制约着人们社会关系中连续不断的变化的生产力的发展。和这个一般原因同时起作用的有特殊原因，也就是特定民族生产力的发展赖以进行而且本身最终是由其他民族生产力的发展即同一个一般原因所造成的那个历史环境。末了，除特殊原因的影响外，还有个别原因的作用，即社会活动家的个人特点和其他'偶然事件'的作用，由于这些个别原因和偶然事件，事变最终才获得自己的个别外貌。个别原因不可能使一般原因和特殊原因的作用发生根本的变化，而且这种作用制约着个别原因影响的方向和范围"[1]。普列汉诺夫还特别反驳了那种认为马克思和恩格斯忽视社会活动家个人特点给历史以影响的错误观点。他指出，马克思和恩格斯不仅给那些社会活动家的"个性留下了地位，但同时又能避免'个性'活动同经济必然性所决定的事件行程的不可允许的对立。谁主张这样的对立，谁就证明他不大懂得唯物主义历史观"[2]。

普列汉诺夫还结合具体的历史事件和历史人物，考察了社会活动家的性格等偶然因素对社会生活的影响。他举了法国国王路易十五和俄军统帅布图尔林的例子，他写道："如果路易十五具有另一种性格，或者如果换上另一个国王，那么法国的领土也许会扩大，结果它的经济发展和政治发展的进程就会有一些变化"[3]；"如果取代布图尔林的是苏沃洛夫，那么普鲁士历史的

---

[1] 普列汉诺夫：《论个人在历史上的作用问题》，王荫庭译，商务印书馆 2010 年版，第 54 页。

[2] 《普列汉诺夫哲学著作选集》第 3 卷，三联书店 1962 年版，第 192 页。

[3] 普列汉诺夫：《论个人在历史上的作用问题》，王荫庭译，商务印书馆 2010 年版，第 29 页。

走向也许会是另外的样子"①。由此，普列汉诺夫得出结论："可见，国家的命运有时取决于可以称作次等偶然现象的偶然现象。"②但是普列汉诺夫并没有简单地停留于此，他在肯定了个人性格的某些特点对历史有一定影响之后，接着强调不能将此种因素过分夸大，"有影响的人物由于自己的智慧和性格的种种特点，可以改变事变的个别外貌和事变的某些局部后果，但它们不能改变事变的总的方向，这个方向是由别的力量决定的"③。这里说的"别的力量"即是指社会物质生活条件和阶级力量的对比关系，归根到底就是由社会生产力和生产关系的矛盾运动所形成的历史必然性。因此，普列汉诺夫得出结论："个人对社会的命运常常有重大的影响，不过这种影响是由社会的内部结构以及社会对其他社会的关系决定的。……社会关系的最后原因在于生产力的状况。……只要特定的经济关系适合特定的生产力状况，无论特定个人的特点是怎样的，他都不可能取消这种经济关系。"④这样，普列汉诺夫便在偶然性与必然性辩证统一的基础上，对社会活动家个人性格、机遇等偶然性因素在社会历史发展中的作用作出了正确的估价，从而澄清了长期以来唯心史观的谬误。

（三）深入考察社会条件与个人作用的关系

普列汉诺夫论述个人在历史上的作用问题的第三个特点是，他对个人作用与社会条件的关系作了深入的考察。

首先，普列汉诺夫指出，凡是在人类历史上成为社会力量的杰出人物，都是一定社会关系的产物，因而杰出人物的出现也是有规律可循的。他写道："某一时期在某个民族那里存在的社会关系，决定着是否将在某个方面为某一类强有力的个人开辟道路。任何一种社会关系方式都是某种完全合

---

① 普列汉诺夫：《论个人在历史上的作用问题》，王荫庭译，商务印书馆2010年版，第38页。

② 普列汉诺夫：《论个人在历史上的作用问题》，王荫庭译，商务印书馆2010年版，第38页。

③ 普列汉诺夫：《论个人在历史上的作用问题》，王荫庭译，商务印书馆2010年版，第44页。

④ 普列汉诺夫：《论个人在历史上的作用问题》，王荫庭译，商务印书馆2010年版，第39—40页。

乎规律的东西，所以很明显，强有力的个人之出现于历史舞台上也有其规律性。"①普列汉诺夫认为，杰出人物产生的规律有如下两点：其一，杰出人物往往是在社会极其需要他们的时候出现在历史舞台上的，而特定的社会需要是由特定的社会矛盾运动所决定的，它反映着社会历史发展的趋势。任何杰出人物都是"完全顺应着这种趋势出现的；没有这种趋势，他们永远也跨不过有可能进到现实的门阶"②。其二，凡是有便于杰出人物发挥其才能的社会条件的时候和地方，就总会有杰出人物出现。这就是说，任何杰出人物出现于历史舞台，既不取决于个人的偶然机遇，也不取决于人们的主观意愿，更不是什么上帝的恩赐，而是取决于一定的社会条件。人类社会的演进，归根到底取决于生产力的发展。

其次，普列汉诺夫还进一步具体考察了杰出人物发挥作用的社会条件。他写道："为了使一个拥有某种才能的人凭借这种才能获得对事变进程的重大影响，必须具备两个条件。第一，他的才能应当使他成为比其他人更符合这个时代的社会需要：如果拿破仑拥有的不是自己的军事天才，而是贝多芬的音乐禀赋，那么他自然做不成皇帝。第二，现存的社会制度不要阻碍具有恰恰是当时所需要和有益处的那种特点的人物的道路。如果旧制度在法国再维持75年，同一个拿破仑也许终身是一个不大知名的将军或上校波拿巴。"③

普列汉诺夫所说的个人发挥作用的上述两个条件，主要是针对社会活动家而言，此外，他还考察了杰出的思想家、科学家、艺术家等的社会作用与社会条件之间的关系。他指出，"在社会思想的领域内"，杰出人物之所以能超出同时代人，是因为他比同时代人能"更早地把握着新的产生中的社会关系的意义"④，而这就不能不依赖于一定的社会条件；"在自然科学的领域内"，天才们要发现规律也要受一定社会环境的制约，一方面他们要有一定知识的积蓄，另一方面社会的需要指挥着他们的注意力使其朝着某个方面发展；"在艺术领域内"，伟大艺术家的社会作用更离不开一定的社会条件，因为他们的作品是特定的社会或特定的社会阶级审美趣味的最好表现。在普列汉诺

---

① 《普列汉诺夫哲学著作选集》第4卷，三联书店1974年版，第334页。

② 《普列汉诺夫哲学著作选集》第2卷，三联书店1961年版，第368页。

③ 普列汉诺夫：《论个人在历史上的作用问题》，王荫庭译，商务印书馆2010年版，第46—47页。

④ 《普列汉诺夫哲学著作选集》第1卷，三联书店1959年版，第740页。

夫看来，不论在社会思想领域、自然科学领域还是艺术领域，"一切归根到底也就取决于社会发展的进程和社会力量的对比"①，"现实中出现的任何人才，即成为社会力量的任何人才，都是社会关系的产物。然而如果这是对的，那就不难理解，为什么有才能的人们，正如我们说过的，所能改变的只是事变的个别面貌，而不是事变的总趋势；他们本身只是凭借这种趋势才存在，没有这种趋势，他们永远也跨不过从可能进到现实的门槛"②。

（四）批判揭示英雄史观和宿命论的谬误

普列汉诺夫对个人历史作用的考察，是同对英雄史观和宿命论的批判紧密结合在一起的。英雄史观和宿命论这两种观点的冲突"具有二律背反的形态"，前者为了"尽量抬高个人在历史上的作用，竟拒绝承认人类历史运动是合规律的过程"③，后者则主张"个人因素在历史上根本没有任何意义"④。

关于英雄史观。普列汉诺夫起初是一个民粹主义者，在接受马克思主义理论之后，对民粹派的错误理论展开了彻底的清算。以米海洛夫斯基为代表的俄国民粹派信奉的是"主观社会学"，其核心主张便是英雄史观，他们将极少数的英雄人物，即"善于批判地进行独立思考的人物"，视作人类命运的主宰和历史的创造者，而广大平民则是愚昧无知的群氓，"群氓是没有任何创造因素的群众，好像是一大堆的零，只有在他们头上谦逊地站着善良的'批判地思维的'人物时，才能有积极的意义"⑤。为了批判民粹派，首先，普列汉诺夫指认了其思想根源。他说，关于英雄与群氓对立的观点，绝非俄国民粹派的独创，而是从青年黑格尔派的布鲁诺·鲍威尔兄弟那里贩来的。其次，普列汉诺夫还着重揭露了英雄史观的认识论根源。他指出，唯心史观

---

① 普列汉诺夫：《论个人在历史上的作用问题》，王荫庭译，商务印书馆 2010 年版，第50 页。

② 普列汉诺夫：《论个人在历史上的作用问题》，王荫庭译，商务印书馆 2010 年版，第49 页。

③ 普列汉诺夫：《论个人在历史上的作用问题》，王荫庭译，商务印书馆 2010 年版，第17 页。

④ 普列汉诺夫：《论个人在历史上的作用问题》，王荫庭译，商务印书馆 2010 年版，第52 页。

⑤ 《普列汉诺夫哲学著作选集》第 1 卷，三联书店 1959 年版，第 672 页。

之所以夸大英雄的历史作用，从认识论上说，是因为当某个伟大人物担当起了某种历史使命的时候，其余的人便失去了这种机会，这就往往使人们产生一种错误观念，以为这个伟大人物就是历史命运的决定者。普列汉诺夫以拿破仑为例说明："对刚毅的军事统治者的社会需要一旦得到满足，社会组织就堵塞了其他一切有军事才能的人通向军事统治者职位的道路。"① 由此，人们便往往极端夸大拿破仑的个人力量，甚至误以为他是独一无二的，他主宰着法国人的命运，决定着法国社会的历史进程。

普列汉诺夫在批判英雄史观的同时，还坚决捍卫并完整阐释了马克思关于人民群众是历史创造者的原理。他写道："历史是由社会人造成的，社会人是历史的唯一'因素'。社会人自己创造自己的即社会的关系。然而如果社会人在特定时期所创造的正是这些关系而不是别的关系，那么这种情况的发生自然不是没有原因的；这是受生产力状况的制约。"② 但是，"如果你以为，按照马克思的意见，生产形式能够'自己'发展起来，那么你就大错特错了。什么是社会的生产关系呢？这就是人们之间的关系。没有人们，它怎么能够发展呢？"③ 他还指出，社会关系就是人与人的关系，"没有人的参加，没有大多数人即群众的参加，人类的历史要向前迈进一大步也是不可能的"④。

与此同时，普列汉诺夫也充分肯定了杰出人物的历史作用，"群众参加伟大历史事变的必要性，也决定了具有更高才能和更高人格的人物来推动群众的必要性。这就为个别人物从事有益的事业开辟了广阔的余地。"⑤ 但是普列汉诺夫反复强调，决不能夸大个人的历史作用，"任何伟人都不可能强迫社会接受已不适合生产力状况或者还不适合这一状况的那些关系。在这个意义上他确实不能创造历史，而且在这个场合他徒然着手去拨动自己的钟表：

---

① 普列汉诺夫：《论个人在历史上的作用问题》，王荫庭译，商务印书馆 2010 年版，第 45 页。

② 普列汉诺夫：《论个人在历史上的作用问题》，王荫庭译，商务印书馆 2010 年版，第 55 页。

③ 《普列汉诺夫哲学著作选集》第 1 卷，三联书店 1959 年版，第 759 页。

④ 《普列汉诺夫哲学著作选集》第 2 卷，三联书店 1961 年版，第 234—235 页。

⑤ 《普列汉诺夫哲学著作选集》第 2 卷，三联书店 1961 年版，第 235 页。

他不会加快时光的流逝，也不会使时光倒退"①。正是在这个意义上，普列汉诺夫写道：伟大人物之所以伟大，之所以是英雄，"不是说他似乎能够阻止或者改变事物的自然进程，而是说他的活动是这个必然和无意识的进程的自觉的和自由的表现。这就是他的全部意义之所在，这就是他的全部力量之所在"②。

关于历史宿命论。普列汉诺夫认为，他们"走向了相反的极端"，如果某些主观主义者为了要尽量抬高"个人"在历史上的作用，竟拒绝承认人类历史运动是合规律的过程，那么现代某些反对主观主义者的人为了要尽可能更好地强调这一运动的合规律性，而"显然决意要把历史是由人所创造，因此个人的活动在历史上不能不发生作用这一原理置之脑后了"③。普列汉诺夫严厉地批评道："在理论上这种极端就像最狂热的主观主义者所达到的那种极端，同样是不能容许的。"④

普列汉诺夫还从哲学方法论的高度批判了英雄史观与宿命论的错误。他写道："为了反题而牺牲正题，正如为了正题而忘记反题，同样是没有根据的。只有当我们善于把包含在它们中间的真理因素统一在合题中的时候才会找到正确的观点。"⑤这就是说，英雄史观夸大个人在历史上的作用，否定历史必然性，这是错误的，但却包含了重视主观因素的合理成分；宿命论过分强调历史必然性而忽视个人作用，无疑也是错误的，但其中包含着重视客观因素的合理成分。我们不能采取形而上学的全盘否定的态度，而应该在抛弃其错误体系的同时，对其合理因素进行批判性改造。

---

① 普列汉诺夫：《论个人在历史上的作用问题》，王荫庭译，商务印书馆2010年版，第55—56页。

② 普列汉诺夫：《论个人在历史上的作用问题》，王荫庭译，商务印书馆2010年版，第55页。

③ 《普列汉诺夫哲学著作选集》第2卷，三联书店1961年版，第346页。

④ 普列汉诺夫：《论个人在历史上的作用问题》，王荫庭译，商务印书馆2010年版，第17页。

⑤ 普列汉诺夫：《论个人在历史上的作用问题》，王荫庭译，商务印书馆2010年版，第17—18页。

二、延伸阅读

（一）关于普列汉诺夫哲学思想的研究综述

普列汉诺夫是俄国马克思主义之父，是俄国马克思主义政党的创始人和领袖之一，也是国际工人运动的著名活动家。普列汉诺夫在马克思主义发展史上发挥了重要作用，是联系马克思恩格斯和列宁的不可或缺的中间环节中最重要的一环，他在许多方面的思想成果，是发展和传播马克思主义和无产阶级革命事业的宝贵精神财富。[①] 我国学术界对普列汉诺夫思想的研究主要集中于哲学领域，取得了比较丰富的研究成果。

1. 关于普列汉诺夫哲学思想的总体评价。在普列汉诺夫的思想理论当中，他的哲学思想无疑是最为丰富、成就最大的。近三十年来，我国学术界从不同角度评价了普列汉诺夫的哲学思想，主要观点有：其一，普列汉诺夫从发展史的角度论证了马克思主义哲学历史观产生的必然性及其科学性；对马克思恩格斯唯物主义一元论历史观作了系统的和科学的阐述；从马克思关于经济是一定社会的基础的观点出发来把握马克思的历史理论。[②] 其二，普列汉诺夫坚持了马克思主义哲学的党性原则，保持了马克思主义哲学的批判的革命精神和鲜明的战斗风格，捍卫了马克思主义哲学的唯物主义基础；重视马克思主义科学的完整性和系统性，强调马克思学说的革命性和战斗性，在反对机会主义的斗争中介绍和研究马克思主义理论。[③] 其三，普列汉诺夫认为，研究马克思主义哲学史是真正理解马克思主义哲学理论内容的重要前提，他阐述了马克思主义的历史起源，提出马克思主义哲学的产生是"人类思想史上最伟大的革命"；预见到马克思主义思想史将成为资产阶级拼死争夺的思想阵地，这显示了普列汉诺夫在马克思主义哲学史研究中的历史性

---

① 王荫庭：《普列汉诺夫哲学新论》，北京出版社 1988 年版。

② 中国人民大学马列主义发展史研究所编：《马克思主义史》第 1 卷，人民出版社 1996 年版，第 820—824 页。

③ 高放、高敬增：《普列汉诺夫评传》，中国人民大学出版社 1985 年版，第 113—117 页。

功绩。①

2. 关于普列汉诺夫的辩证法思想。如何评价普列汉诺夫的辩证法思想，是一个相对比较复杂的问题。学者们普遍认为，普列汉诺夫在辩证法的基础、核心、范畴等方面"发展了马克思主义的辩证法思想"。例如，普列汉诺夫阐明了辩证法作为方法论对于马克思主义哲学的意义，揭示了马克思主义辩证法的革命本质，阐述了唯物辩证法的若干主要内容，为马克思主义辩证法作出了贡献。② 当然，普列汉诺夫辩证法思想中也存在一些缺陷，如他忽视了自然辩证法，误将"是否承认质量互变"看作区别辩证思维与非辩证思维的最主要标志，误将辩证法的实质归结为质变和飞跃等。③

3. 关于普列汉诺夫的认识论思想。普列汉诺夫对坚持和发展马克思主义认识论作出了重要贡献，具体表现在：捍卫和宣传了马克思主义认识论，坚持了唯物主义认识论的基本前提，论证了客观世界的可知性；阐明了真理的客观性，论证了真理的具体性；捍卫了马克思主义的实践观，正确论证了理论与实践的关系。④ 当然，普列汉诺夫认识论思想也存在一些不足，例如，他在认识论中错误地主张"象形文字论"，未能总结当时自然科学发展的新成就，不了解实践观点在马克思主义认识论中的地位，理论脱离实际，不善于把辩证法应用于认识论。⑤

4. 关于普列汉诺夫的历史唯物论思想。普列汉诺夫的历史唯物论是他哲学思想中的最大闪光点和最具生命力的部分。在马克思主义哲学史上，普列汉诺夫是一个转折点，他把历史唯物主义当作辩证唯物主义的"一般世界观"在社会历史这一特殊领域贯彻和应用。⑥ 普列汉诺夫对历史唯物主义作了"最

① 王东：《普列汉诺夫—梅林—列宁——马克思主义哲学史方法论比较研究》，载《山西师大学报》（社会科学版）1985 年第 3 期。

② 王荫庭：《论普列汉诺夫对发展马克思主义辩证法理论的贡献》，载《武汉大学学报》（社会科学版）1983 年第 3 期。

③ 欧阳斌、唐春元：《普列汉诺夫哲学思想研究综述》，载《湖湘论坛》1990 年第 3 期。

④ 邵波：《普列汉诺夫在马克思主义哲学史上的地位问题讨论综述》，载《国内哲学动态》1982 年第 2 期。

⑤ 欧阳斌、唐春元：《普列汉诺夫哲学思想研究综述》，载《湖湘论坛》1990 年第 3 期。

⑥ 刘珍英：《普列汉诺夫与马克思主义哲学的历史转折》，载《华侨大学学报》（哲学社会科学版）2006 年第 2 期。

优秀的叙述",以其地理环境论、社会结构"五要素"公式、社会意识论等丰富了唯物史观。① 普列汉诺夫在历史观上存在着一些错误,包括历史理论中的机械化倾向、阶级调和论错误、国家学说中的机会主义观点、对农民的革命性估计不足、夸大自由资产阶级的作用、夸大地理环境的作用、忽视政治斗争的意义等。②

　　由于历史唯物论在普列汉诺夫哲学思想乃至他整个思想当中所占据的重要地位,因此,其中的许多思想观点引起了我国学者的集中关注:其一,关于普列汉诺夫的地理环境理论。普列汉诺夫在马克思主义文献史上第一个明确系统地论述了生产方式决定社会发展的观点,提出了地理环境是生产力发展的第一推动力的思想。③ 其二,关于普列汉诺夫论个人在历史上的作用。普列汉诺夫从自由与必然这对范畴入手研究个人在历史上的作用,并把偶然性与必然性的辩证关系视为此项研究的重要方面。④ 其三,关于普列汉诺夫的社会结构理论。普列汉诺夫提出的有关公式,坚持和发展了唯物史观的基本原则,是对恩格斯关于社会发展合力思想的继承、丰富和发展。⑤ 其四,关于普列汉诺夫的社会意识理论。普列汉诺夫是第一个深入而系统地对社会意识进行卓有成效考察的马克思主义哲学家,在揭示社会意识相对独立性原理等方面对唯物史观作出了贡献。⑥ 此外,普列汉诺夫对意识形态作了中性化理解,实现了意识形态概念上的一次质变。⑦ 其五,关于普列汉诺夫的利益与道德观。普列汉诺夫关于道德和利益的学说,是对马克思主义伦理学的

① 彭佩文:《俄国最早的马克思主义理论家普列汉诺夫》,载《理论视野》1995 年第 5 期。

② 邵波:《普列汉诺夫在马克思主义哲学史上的地位问题讨论综述》,载《国内哲学动态》1982 年第 2 期。

③ 王荫庭:《普列汉诺夫对马克思主义地理环境学说的重大贡献》,载《哲学研究》1980 年第 10 期。

④ 黄洪雷:《普列汉诺夫在个人历史作用问题上对唯物史观的贡献》,载《高校理论战线》1999 年第 7 期。

⑤ 欧阳斌、唐春元:《普列汉诺夫哲学思想研究综述》,载《湖湘论坛》1990 年第 3 期。

⑥ 李澄:《论普列汉诺夫对社会意识学说的贡献》,载《山西师大学报》(社会科学版) 1987 年第 1 期。

⑦ 周宏:《普列汉诺夫的意识形态概念》,载《南京社会科学》2007 年第 8 期。

贡献，其缺陷是表现出用达尔文的进化论来解释道德的非科学态度。①

（二）黑格尔对《论个人在历史上的作用问题》的影响

关于个人在历史上的作用问题，黑格尔哲学中包含着许多合理的思想，但由于以往我们将过多的注意力集中在黑格尔哲学的唯心主义或其他局限性方面，而没有全面深度评估黑格尔哲学在何种程度上为唯物史观作了理论准备。在以往的学术研究中，我们主要聚焦于普列汉诺夫的《论个人在历史上的作用问题》如何系统地阐释和发展了马克思和恩格斯的观点，而对本书与黑格尔哲学，特别是其《历史哲学》中相关论述之间的继承关系却鲜有深入的研究。事实上，普列汉诺夫的《论个人在历史上的作用问题》一书不仅是创造性地发展马克思主义哲学的典范，也是唯物地改造黑格尔历史哲学之合理内核的一个样板。熟悉黑格尔的人都知道，他关于个人作用的学说是以他的社会发展规律性、必然性与自由的辩证关系、必然性与偶然性、可能性与现实性的辩证关系的思想为前提的。换言之，黑格尔之所以能够在个人的历史作用问题上提出一系列深刻的论点并影响了普列汉诺夫等后人，在直接意义上说，正是得益于他提出的这些辩证法思想。

黑格尔之前和之后的许多思想家都讨论过个人在历史上的作用问题，但由于他们没有将社会发展中的主观因素与客观因素统一起来，故而始终未能得出全面的令人满意的答案。而普列汉诺夫则认为，社会学的任务就是理解社会的创造性活动。只有承认主观因素和客观因素、理论活动和实践活动两种因素的同一才能达到这种理解。普列汉诺夫认为应该从如下三个方面理解"两种因素的同一"，这恰恰是黑格尔对普列汉诺夫的影响所在。

第一，必须从繁乱复杂的主体活动的热闹场面中找出"内在的、隐蔽的、藏有这一切暂时现象的根本力量"，发现其客观的历史必然性或规律性。一切社会现象都是人的活动的产物，而人是有意识的，但历史往往不是按照人们所希望的那样进行，人们行为的结果总会有超出预料的一方面，这一方面体现着社会发展中合乎规律的东西。这就是黑格尔所谓的"内在精神"或"普遍精神"。

---

① 陈勇：《略论普列汉诺夫关于道德与利益的学说》，载《广西民族学院学报》（哲学社会科学版）1989 年第 2 期。

　　第二，必须把主体的活动包括在历史发展的必然性中，包括在客观规律的因果链条中。圣西门等人正是不懂得这个道理，从而错误地将规律和改变规律作用的愿望对立起来。"既然人类出现了这类愿望，它本身便成为人类智慧发展史上的一个事实，于是规律就应该包括这个事实，而不应同它发生冲突。"[①] 人们的理想、欲望等不过是客观规律性的外在的主观表现，是实现历史必然性的不可缺少的基本条件。无论人的行为性质如何，都与社会规律存在着这样或那样的联系。历史必然性正是借助于人们的各种有意识的活动才使自己得以实现。这就是黑格尔所谓的"历史的狡计"。

　　肤浅的唯心主义者只看到人的意志是历史现象的原因，而黑格尔继谢林之后明确指出，这些意志在成为原因之前，首先是结果。理论哲学的任务就在于把人们的意志当作历史运动的结果进行研究，从而揭示它的必然性。事实上，普列汉诺夫很清楚，他自己关于个人在历史上作用的学说，其理论前提正是来自唯物地改造过的黑格尔哲学。而且，普列汉诺夫在论述因果性范畴时善于贯彻辩证原则，并且把它运用于分析历史哲学的各种问题，取得了重要的理论成果。此外，他还从心理方面揭示了某些主观主义者在解释历史现象时何以只看到意志的原因。

　　第三，正确理解社会发展中主客观因素统一的关键就是如何认识"必然性"。说必然性就是决定论，一般而言并不错误，但它既非机械决定论，又不是所谓的经济决定论，也不可能是宿命论，而是真正的决定论，这种决定论把必然性同因果性严格地区分开来。对于世界上一切有限事物来说，其必然性只能是相对的、有条件的。所谓的"相对必然性"，是指特定事物的必然性不在于自身而在于他物。按照黑格尔的观点，必然性有三个因素：条件、实质和活动。凡有限之物，其实质和条件作为独立的实存之物，均有其偶然性。所以这种有限之物的必然性就其内容而言，都要受外在于它的实存之物的限制。而且，必然性只有在现实性的展开中才能表现出自己，而现实性在其发展中又必须通过可能性、或然性和偶然性诸环节。因此，不仅必然性要"在无穷无尽的表面的偶然性中为自己开辟道路"，而且也只是由于各种可能性、或然性的斗争才能实现自己。那种孤立的、绝对的、僵化的必然性仅仅存在于形而上学家的头脑中。这就是黑格尔哲学对普列汉诺夫《论个

---

① 《普列汉诺夫哲学著作选集》第 1 卷，三联书店 1959 年版，第 600 页。

人在历史上的作用问题》的深刻影响之所在。

三、思考题

1. 如何理解普列汉诺夫论个人在历史上的作用与自由和必然的关系？

2. 如何理解普列汉诺夫论个人在历史上的作用与偶然性和必然性的关系？

3. 普列汉诺夫如何看待杰出人物发挥作用的社会条件？

4. 如何理解普列汉诺夫对唯心史观和历史宿命论的批判？

5. 黑格尔哲学对普列汉诺夫的《论个人在历史上的作用问题》有何影响？

《唯物主义和经验批判主义》导读

　　1905 年，俄国爆发了反对沙皇专制的资产阶级民主革命。革命失败后，如何总结革命的经验教训并制定新的革命策略等问题，把哲学问题特别是哲学认识论问题凸显出来，一些学者企图利用当时流行的经验批判主义即马赫主义对马克思主义哲学进行"修正"和"补充"。作为实证主义的第二代，经验批判主义是 19 世纪末由奥地利哲学家马赫和德国哲学家阿芬那留斯创立的一种唯心主义哲学。它要求抛弃物质、意识等，集中研究经验、感觉等问题，认为物理和心理的东西都是由颜色、声音、压力、空间、时间等要素组成的复合体，用这种中立性的要素描绘世界，就能消去自我和世界、感觉和物体的对立，超越唯物主义和唯心主义。这一思潮在俄国社会民主党内也引起了很大反响，波格丹诺夫等人吹捧马赫主义是"现代认识论"，鼓吹用马赫主义去"补充"马克思主义。国际国内、党内党外利用马赫主义的招牌大搞修正主义的现象，这使列宁认识到，如果说"在革命以前，特别突出的是马克思的经济学说在我国的实际运用；在革命时期，是马克思主义的政治"，那么"在革命以后，是马克思主义的哲学"[①]，"马克思主义者同马赫主义者的斗争已经居于首位"。为此，列宁于 1908 年撰写了《唯物主义和经验批判主义》一书，系统总结了工人运动的斗争经验和当时自然科学的最新成果，着重批判了马赫主义的主观唯心主义和不可知论，丰富和发展了辩证唯物主义认识论的基本原理。

一、主要内容

　　该书由两个序言、代绪论、六章正文以及一个简短的结论组成。作为一

---

① 《列宁全集》第 20 卷，人民出版社 2017 年版，第 129 页。

部论战性著作，列宁主要是在批判的基础上展开自己对于马克思主义认识论基本观点的理论阐述。

（一）系统阐发认识论的唯物主义基础

哲学认识论的基础是列宁同马赫主义争论的主要问题之一。在本书中，列宁坚持和发展恩格斯在《路德维希·费尔巴哈和德国古典哲学的终结》一文中关于哲学基本问题的重要论述，认为对认识论基础问题的不同回答，区分了两条根本对立的哲学认识路线。在此基础上，他揭露了马赫主义的主观唯心主义实质，彻底贯彻了哲学的党性原则。

1. 提出两条根本对立的认识路线

列宁通过总结活生生的实践斗争明确指出，唯物主义和唯心主义两条基本路线的对立不仅表现在哲学本体论领域，以是否承认物质第一性、意识第二性为判断标准；而且表现在哲学认识论领域，其判断标准是承认"从物到感觉和思想呢，还是从思想和感觉到物？"在这一问题上，"恩格斯坚持第一条路线，即唯物主义的路线。马赫坚持第二条路线，即唯心主义的路线"①。坚持"从物到感觉和思想"，就是认为物质是认识的对象和出发点，感觉和思想是对物质的反映；坚持"从思想和感觉到物"，就是否认感觉和思想的客观基础，认为物质是感觉和思想的产物。马赫等人虽然宣称不讨论物质第一性还是感觉、经验第一性的问题，企图回避本体论而只谈认识论问题，认为这样就可以超越唯物唯心，但是归根到底他们还是没有办法避开本体论的制约。他们所宣称的物是"感觉的复合"、感觉是"被设想的存在"等观点就彻底暴露了他们的思想实质。在他们看来，物质世界乃是由感觉派生的，感觉可以不要实体而存在，思想可以不要头脑而存在。他们的观点与主张"存在就是被感知"的英国唯心主义者贝克莱、休谟以及德国哲学家康德等人的思想是一脉相承的。

在反对马赫主义的主观主义感觉论的基础上，列宁进一步依据自然科学的发展成果，从感觉的产生、本质、在认识中的地位和作用等方面阐述了辩证唯物主义的感觉论。他指出，首先，感觉是物质高度发展的产物，是物质的低级形态（无机物）中类似感觉的属性长期发展的结果，是人脑这种特殊

---

① 《列宁选集》第2卷，人民出版社2012年版，第37页。

物质的机能。其次，感觉是物质同感觉器官和人脑相互作用的结果，它是对外部世界的反映。感觉的形式虽然是主观的，但感觉的内容却是客观的，只有物质作用于我们的感觉器官才引起感觉，不言而喻，没有被反映者，就不能有反映。最后，感觉是意识和外部世界的直接联系，是外部刺激力向意识的转化，也就是外部世界的客观内容向人的思想内容转化的环节，是认识的起点，因此它在认识中发挥着极其重大的作用。由此可见，在感觉论的问题上，列宁自始至终都贯彻了从物到感觉和思想的唯物主义认识路线，并把它与马赫主义所主张的从思想和感觉到物的唯心主义认识路线对立起来，从而在哲学认识论领域丰富并发展了恩格斯关于哲学基本问题的理论。

2. 制定唯物主义物质概念的科学定义

列宁认为，为了捍卫认识论的唯物主义基础，突出的问题是要确立科学的物质观。马赫主义者为了反对唯物主义，处心积虑地要清除掉这一唯物主义大厦的理论基石。为此，马赫等人不仅把物质说成是"感觉的复合"，而且歪曲自然科学的成果，宣称"物质消失了"，攻击唯物主义承认物质的存在是"形而上学"，是已经被物理学新发现驳倒了的"陈旧观念"等。列宁批判了马赫主义者对物质概念的这种否定。首先，列宁从哲学史的角度入手，说明物质概念是一切唯物主义的理论基石。他指出，哲学史上的一切唯物主义者都承认感觉的客观源泉，都承认物质是作用于我们感官的唯一客观实在。两千多年来的哲学史证明，物质概念并没有"陈腐"，围绕着哲学物质概念所展开的唯物主义和唯心主义的斗争始终没有停止，即使主观唯心主义者贝克莱也承认，物质概念是唯物主义大厦的理论基石。其次，列宁总结了物理学的新发现，认为物质的客观实在性并没有因为电子的发现而消失。他指出，由于电子的发现，一些物理学家认为"物质消失了"，这实际上是表明人们的认识深化了，人们关于物质构造、物质特性的旧理论被突破了，但并没有否认物质世界的客观实在性。在物理学的一系列新发现面前，作为客观实在的物质并没有而且永远不会消失，相反，物理学的新发现恰恰证明了辩证唯物主义的物质观是颠扑不破的真理。最后，列宁从两条哲学路线斗争的高度，提出了制定物质定义所应遵循的方法论原则。列宁认为，由于存在和思维、物质和意识是认识论中广泛至极的概念，对这样的概念下定义，除了指出它们何者为第一性之外，无法像通常下定义那样，把它归纳到一个更广泛的概念中去。也就是说，对物质和意识下定义，避免不了对哲学基本问题直接作出问答，超越不了两条哲学路线的对立。

通过上述分析，列宁在吸收恩格斯、普列汉诺夫等人思想成果的基础上，为物质下了一个定义，他指出："物质是标志客观实在的哲学范畴，这种客观实在是人通过感觉感知的，它不依赖于我们的感觉而存在，为我们的感觉所复写、摄影、反映"[①]。列宁的这一物质定义深刻揭示了物质的本质特征，对于坚持辩证唯物主义基本立场，具有非常重要的理论意义。它表明：物质是一个哲学范畴，而不是一个关于物质结构的具体科学概念，它是泛指意识之外的客观世界，揭示了各种具体的感性的物质存在的共性。这就同把物质归结为某种具体物质实体的旧唯物主义划清了界限；物质的唯一特性是不依赖于意识的客观实在性。感觉和意识只是人脑对外部世界的反映，这就从根本上批判了把外部世界看作观念的外化的各种唯心主义；客观存在的物质是人通过感觉可以感知的，人通过认识事物的现象能够认识事物的本质，这就同康德的不可认识的"自在之物"区别开来了。

3. 明确提出哲学的党性原则

列宁认为，哲学是具有党性的，哲学的党派斗争，就是唯物主义和唯心主义两条基本路线、两个基本派别的斗争。尽管资产阶级哲学家玩弄种种诡辩，但透过那些新名词和术语去看他们是如何解决哲学基本问题的，就可以清楚地看到哲学上两条路线的斗争。马克思恩格斯近半个世纪的哲学活动，始终都坚持哲学的党性原则。他们总是旗帜鲜明地坚持和发展唯物主义，反对各种唯心主义派别，鄙视所谓的中间党派，对于背弃唯物主义以及纵容唯心主义和信仰主义倾向的一切哲学流派，都进行了揭露和批判。

在《唯物主义和经验批判主义》一书中，列宁彻底贯彻了哲学的党性原则。他从各个方面剖析了马赫主义同辩证唯物主义的根本对立，深刻揭露了马赫主义的唯心主义实质。他指出，马赫主义者吹嘘自己的哲学是一种超越唯物主义和唯心主义之上的"无党性"的哲学，其实这种所谓的无党性不过是向唯心主义和信仰主义阿谀奉迎而已。俄国马赫主义者不承认哲学的党性，企图调和唯物主义和唯心主义两条哲学基本路线的斗争，其结果只能陷入唯心主义，为反动的资产阶级服务。在阶级社会里，哲学上的党性和政治上的党性是密切联系的。列宁指出：哲学上的党派斗争"归根到底表现着现

---

① 《列宁选集》第 2 卷，人民出版社 2012 年版，第 89 页。

代社会中敌对阶级的倾向和意识形态"①。当然，哲学和政治之间的联系也是相当复杂的，需要冷静分析，不能把哲学争论和政治斗争简单地等同起来。列宁对俄国马赫主义者波格丹诺夫等人的态度，就给我们树立了光辉的典范。波格丹诺夫在哲学上追随和宣扬马赫主义，是唯心主义者，然而在政治上却拥护布尔什维克。列宁对波格丹诺夫的唯心主义哲学给予坚决的揭露和批判，而在政治上仍视其为同志并委任一定的职务。列宁不愧是胸怀宽广、是非分明、善于团结一切积极力量的伟大的政治家。

(二) 阐述辩证唯物主义认识论的本质

列宁遵循着从物到感觉和思想的唯物主义认识路线，进一步揭示了辩证唯物主义认识论和马赫主义认识论的根本对立，坚持能动反映论的基本立场，阐明了辩证唯物主义认识论的本质。

1. 坚持唯物主义的可知论，揭露马赫主义不可知论的唯心主义本质

列宁认为，辩证唯物主义认识论首先坚持的是唯物主义可知论的基本立场，即认为世界是可知的，认识就是对客观世界的反映。俄国马赫主义者切尔诺夫恶意歪曲恩格斯关于自在之物的客观性和可知性的观点，把恩格斯在《路德维希·费尔巴哈和德国古典哲学的终结》一书中对不可捉摸的"自在之物"的批判看成是对自在之物的否定，似乎恩格斯驳斥的不是康德的自在之物的不可知性，而是自在之物的客观性，企图把恩格斯歪曲成怀疑外物客观存在的休谟式的不可知论者。列宁批驳了俄国马赫主义者的这种恶意歪曲。他指出，第一，恩格斯是一个唯物主义者，根本不会去批判自在之物的客观性和可知性，他所批判的对象是康德和休谟所共同主张的不可知论。第二，"未被认识"和"不可认识"是两个根本不同的概念。康德认为自在之物不可认识，是指根本没有认识它的可能，而恩格斯认为只有现在尚未认识但将来终究可以认识的东西。第三，不可知论的实质在于主张认识不超出感觉，不承认感觉的界限之外有任何确实可靠的东西。马赫主义和休谟主义一样，怀疑或不承认感觉的客观源泉。所以，不可知论同唯物主义反映论的对立是两条哲学路线对立的一种具体表现。

2. 坚持能动反映论的立场，提出辩证唯物主义认识论的三个重要结论

---

① 《列宁选集》第2卷，人民出版社2012年版，第240页。

列宁认为，马克思恩格斯的认识论既坚持了唯物主义的反映论，又克服了旧唯物主义的局限性，促使一般唯物主义的反映论革命性地转变为以实践为基础的能动反映论。基于这一认识，列宁概括提出了辩证唯物主义认识论的三个重要结论：

"(1) 物是不依赖于我们的意识，不依赖于我们的感觉而在我们之外存在着的。"① 这一结论坚持外部世界的客观性，认为我们的认识所反映的对象是不依赖于我们的意识而客观存在的，从而把唯物主义认识论和唯心主义认识论截然区别开来了。

"(2) 在现象和自在之物之间决没有而且也不可能有任何原则的差别。差别仅仅存在于已经认识的东西和尚未认识的东西之间。"② 这一结论坚持人的认识的能动性，认为物质世界是可知的，人的认识是对客观事物的能动反映。对于无限世代的人类来说，世界上决没有不可认识的东西，只有已被认识的东西和未被认识的东西之分；今天没有认识的东西，随着实践和科学的发展，明天可以被认识，自在之物可以转化为为我之物。这就从根本上把唯物主义反映论同不可知论区别开来了。

"(3) 在认识论上和在科学的其他一切领域中一样，我们应该辩证地思考，也就是说，不要以为我们的认识是一成不变的，而要去分析怎样从不知到知，怎样从不完全的不确切的知到比较完全比较确切的知。"③ 这一结论坚持认识的辩证性，认为认识是一个由浅入深、由低级到高级的发展过程，必须把辩证法运用于认识论之中。这就同旧唯物主义的机械反映论划清了界限。

列宁在总结这三个结论的基础上又深刻地指出："对象、物、物体是在我们之外、不依赖于我们而存在着的，我们的感觉是外部世界的映象。这个结论是由一切人在生动的人类实践中作出来的，唯物主义自觉地把这个结论作为自己认识论的基础。"④ 从而更加概括性地阐明了辩证唯物主义认识论的实质。

---

① 《列宁选集》第2卷，人民出版社2012年版，第77页。
② 《列宁选集》第2卷，人民出版社2012年版，第77页。
③ 《列宁选集》第2卷，人民出版社2012年版，第77页。
④ 《列宁选集》第2卷，人民出版社2012年版，第78页。

3. 坚持能动反映论的立场，阐述自由和必然的辩证关系

列宁认为，自由和必然的关系问题，实质上就是人的自觉能动性和客观规律性的关系问题。在这个问题上，马赫主义者反对唯物主义的决定论，否认客观规律对人的认识的制约性，把自由和必然割裂开来，宣扬意志决定一切的唯意志论。列宁批驳了马赫主义者的这种唯心主义观点及其玩弄的折衷主义手法，进一步发挥了恩格斯《反杜林论》中的有关论述。在恩格斯看来，自由不在于在幻想中摆脱自然规律而独立，而在于认识这些规律，并且依据这种认识有计划地使自然规律为一定的目的服务。所谓意志自由，只是借助对事物的认识来作出决定的那种能力。列宁从以下四个方面阐述了恩格斯这一光辉思想的认识论意义。

第一，恩格斯承认物质世界的客观性，也就必然"承认自然规律、外部自然界的规律、自然界的必然性"[1]，这是唯物主义反映论的基本前提。马赫主义从唯心主义认识论前提出发，必然否认自然规律、必然性的客观存在。

第二，恩格斯承认"自然界的必然性是第一性的，而人的意志和意识是第二性的。后者不可避免地、必然地要适应前者"[2]。马赫主义者却颠倒这两者的真实关系，认为是人把规律加给自然界的。

第三，"恩格斯并不怀疑有'盲目的必然性'。他承认存在尚未被人认识的必然性。"[3]认为"盲目的必然性"可以转化为"为我的必然性"。这种转化是一个由不知到知步步深化的辩证发展过程。马赫主义者则坚持不可知论立场，否认存在"盲目的"必然性，否认自在的必然性向为我的必然性的转化。

第四，恩格斯认为实践从必然向自由转化的过程中具有决定性的作用。"对恩格斯说来，整个活生生的人类实践是深入到认识论本身之中的，它提供真理的客观标准。"[4]人们通过实践可以认识必然性，然后按照对必然性的认识去能动地改造世界，并在这种改造活动中检验并加深对必然性的认识。这样"从理论到实践的跃进"，人们就可逐步由自然界的奴隶变为驾驭自然

① 《列宁选集》第2卷，人民出版社2012年版，第151页。
② 《列宁选集》第2卷，人民出版社2012年版，第151页。
③ 《列宁选集》第2卷，人民出版社2012年版，第151页。
④ 《列宁选集》第2卷，人民出版社2012年版，第152页。

界的主人。马赫主义者则把实践排除在认识论之外，因而也就否认了理论到实践的跃进。

上述分析表明，在《唯物主义和经验批判主义》中，列宁分析和坚持的重点虽然是认识对象的客观性原则，但他在坚持认识对象的客观性的基础上，不仅把辩证法应用于认识论之中，而且通过对实践理论的阐述比较充分地叙述了辩证唯物主义能动的革命的反映论思想。

（三）阐发辩证唯物主义认识论的基本内容

在《唯物主义和经验批判主义》中，列宁立足自然科学的最新发展成果，坚持认识论与唯物论、辩证法、历史观的有机统一，在实践观、真理观、历史观和自然观等诸多问题上丰富和发展了辩证唯物主义认识论的思想内容。

1. 对马克思主义实践观的丰富和发展

实践的观点，是马克思主义哲学的重要观点。在《唯物主义和经验批判主义》一书中，列宁继承并发展了马克思恩格斯的实践理论，批判了马赫主义在实践问题上的唯心主义观点，坚持认为"生活、实践的观点，应该是认识论的首要的和基本的观点"①，创造性地提出了实践作为检验真理的标准具有确定性和不确定性的辩证思想。

（1）阐明两种根本对立的实践观。马赫等人割裂实践和认识的相互联系，认为实践中的真假之别在科学中是不存在的，实践和认识论是互不相干的两回事，辨别真理和谬误的标准不是客观的实践，而是适合主观需要的"有用"和"成功"。列宁批判了马赫主义的这种观点，认为马赫主义者把事实的存在和对事实的真假判断混淆起来了，企图以真理和谬误都是事实来掩盖真理和谬误在认识论上的区别，抹杀唯物主义和唯心主义的对立，这完全是一种偷换概念的唯心主义诡辩。马赫等人不用实践制约科学和认识，认为对我"有用"就是真理，"成功"就是我在实践中所需要的一切，至于这种认识是否同客观事物相符合，则是无关紧要的。这是一种露骨的实用主义真理观。

与此相反，马克思主义哲学认为，实践是认识论的基础，一切离开实践去解决认识论基本问题的尝试都是经院哲学或哲学怪论。认识只有在它正确

---

① 《列宁选集》第 2 卷，人民出版社 2012 年版，第 103 页。

地反映客观世界及其规律因而能够有效地指导人们的行动时，才是有用的。首先是因为它正确，因而才有用，而不是因为有用它才正确。实践是检验真理的唯一标准，只有实践的结果才能判定认识是否正确。实践的成功只能是主观认识和客观实际的符合，而决不能作任何主观主义的理解。因此，为了达到预期目的，就必须使自己的思想符合外界的规律性，正确地反映客观世界。当然，在坚持实践是认识的基础的同时，列宁也高度重视理论对实践的指导作用，强调我们"在自己的实践中完全地唯一地以唯物主义的认识论为指导"，因为"沿着马克思的理论的道路前进，我们将愈来愈接近客观真理（但决不会穷尽它）；而沿着任何其他的道路前进，除了混乱和谬误之外，我们什么也得不到"①。因此，必须旗帜鲜明地开展反对经验批判主义的斗争，这是当时服务于革命实践的最好途径。

（2）实践的观点是认识论的首要的和基本的观点。列宁分析指出，马克思恩格斯创造性地把实践引入认识论，始终坚持把实践作为全部认识的基础，认为"生活、实践的观点，应该是认识论的首要的和基本的观点"②。在《关于费尔巴哈的提纲》中，马克思恩格斯明确地把实践理解为主体自觉地改造世界的客观的、现实的感性活动。正是通过这种社会实践活动，主体才能实现对客观世界的正确反映，确证"人类参加到绝对物中去"，体现主体自身的价值。由此可见，实践乃是沟通主观和客观的桥梁。随着实践的不断发展，人们对客观事物的认识也在步步深化，并在实践中得到不断检验和丰富。通过实践，人们不仅可以认识客观世界，而且能够能动地改造世界，实现从理论到实践的飞跃。所以，在实践和认识的关系问题上，必须坚决反对马赫主义的主观主义真理论，坚持检验真理的实践标准，即坚持把实践作为认识论的基础。因为"如果把实践标准作为认识论的基础，那么我们就必然得出唯物主义"③。实践标准的观点与唯物主义有着内在的一致性。

（3）实践标准具有确定性和不确定性。列宁认为，实践是一个不断发展着的过程，实践作为检验真理的客观标准，既是绝对的又是相对的，它是绝对和相对的统一。在实践中，凡是与客观实际相符合的见解，就能经得住实

---

① 《列宁选集》第 2 卷，人民出版社 2012 年版，第 103—104 页。

② 《列宁选集》第 2 卷，人民出版社 2012 年版，第 103 页。

③ 《列宁选集》第 2 卷，人民出版社 2012 年版，第 100 页。

践的考验，就是颠扑不破的真理。而任何与客观实际不相符合的观点，不管说得多么头头是道，都要被实践判为谬误而抛弃。所以，实践作为区别真理和谬误的唯一标准，是确定不移的，因而是绝对的。但是，"在这里不要忘记：实践标准实质上决不能完全地证实或驳倒人类的任何表象"①。就是说，实践在其发展的每一具体历史阶段上因历史条件的限制总是有局限性的，它不可能立即完全地证实或推翻任何一种观念，即使已为实践所证实的理论，它和客观实际的符合也只具有近似的性质。在这个意义上，实践标准又是相对的和不确定的。正确地理解和掌握实践标准的这种辩证性质，在实际生活中有重要意义。这个标准是"这样的'不确定'，以便不让人的知识变成'绝对'，同时它又是这样的确定，以便同唯心主义和不可知论的一切变种进行无情的斗争"②。

2. 对马克思主义真理观的丰富和发展

真理问题是认识论中的一个重要问题。针对马赫主义者在真理观上的主观主义和相对主义观点，列宁依据恩格斯在《反杜林论》等著作中的有关论述，深刻阐述了客观真理、绝对真理和相对真理及其相互关系，丰富并发展了马克思主义真理观。

（1）批判唯心主义真理论，阐述真理的客观性。俄国马赫主义者波格丹诺夫歪曲说："马克思主义否定任何真理的绝对客观性"，认为"真理是思想形式，是人类经验的组织形式"，声称他只承认"在某一时代范围内的客观真理"，不承认"有绝对意义的客观真理"。列宁指出，波格丹诺夫对客观真理的这种否定，是同他奉行的主观唯心主义路线分不开的。首先，"否定绝对真理，就不可能不否定客观真理的存在。"③因为绝对真理就是指真理反映的内容是客观的，是无条件的客观存在，所以否定真理的"绝对客观性"，也就否定了客观真理，陷入唯心主义和不可知论。其次，唯物主义认为，真理是对客观事物及其规律的正确反映。真理的形式是主观的，其内容则是客观的。所以，对唯物主义来说，对客观真理的承认是最为要紧的。所谓客观真理或真理的客观性乃是指在人的表象中有"不依赖于主体、不依赖于人、

① 《列宁选集》第2卷，人民出版社2012年版，第103页。
② 《列宁选集》第2卷，人民出版社2012年版，第103页。
③ 《列宁选集》第2卷，人民出版社2012年版，第82页。

不依赖于人类的内容"①，即指真理的内容是客观的。马克思主义坚持的这种唯物主义立场是同自然科学完全一致的。而波格丹诺夫否定客观真理，把真理看作没有客观内容的"思想形式"，同自然科学相背离，必然要为信仰主义留下方便之门。

（2）批判相对主义真理论，阐述真理的绝对性和相对性。马赫主义者从否认感觉经验的客观源泉出发，片面夸大认识的相对性，陷入了相对主义。俄国马赫主义者波格丹诺夫从这种相对主义立场出发，否定绝对真理，指责恩格斯既承认绝对真理又承认相对真理是搞折衷主义。为了批驳这种相对主义真理论并反击波格丹诺夫的指责，列宁转述了恩格斯的有关论述，从以下几个方面进一步明确了绝对真理和相对真理的辩证关系：

第一，"绝对真理是由相对真理构成的。"②列宁认为，所谓绝对真理，是指真理所反映的内容是客观的，是指人们对客观世界无限发展的终极认识，是对客观世界完全正确、包罗无遗的认识。就整个人类无限发展、人的思维本性和终极使命而言，这种认识是可以达到的。但是，人们对绝对真理的认识和把握，只有通过人类生命的无限延续才能实现，只有通过对无数相对真理的认识才能达到绝对真理。而相对真理是对不依赖于人类而存在的客体的相对正确的反映，这些反映日趋正确，它尽管有相对性，其中却都含有绝对真理的成分。真理是一个从相对真理走向绝对真理的过程。所以说绝对真理是由无数相对真理构成的。

第二，"相对真理和绝对真理之间没有不可逾越的鸿沟"③。列宁认为，绝对真理和相对真理是对立统一的。一方面，我们对客观的、绝对的真理的认识，因为受着主客观条件的制约，只能是对事物发展的某个过程的一定程度的认识，因而真理总是具体和相对的；另一方面，客观的、绝对的真理的存在是无条件的，而且我们的认识越来越接近绝对真理也是无条件的。这表明，任何真理都既是绝对真理又是相对真理，既没有某种只是相对真理而不同时又是绝对真理的真理，也没有某种只是绝对真理而不同时又是相对真理的真理，二者之间没有不可逾越的鸿沟。

① 《列宁选集》第 2 卷，人民出版社 2012 年版，第 81—82 页。

② 《列宁选集》第 2 卷，人民出版社 2012 年版，第 94 页。

③ 《列宁选集》第 2 卷，人民出版社 2012 年版，第 96 页。

第三，相对真理和绝对真理的区分是既确定又不确定的。列宁认为，一方面，相对真理和绝对真理的区分是确定的，绝对真理也即真理的绝对性，是指真理所反映的内容是客观的，其存在是无条件的；而相对真理也即真理的相对性，是指真理的具体性、条件性和有限性。明确二者之间的区别就可以同唯心主义和相对主义划清界限。另一方面，二者的区分又是不确定的，是相对的，相对真理包含着绝对真理的颗粒，绝对真理又是由相对真理构成的。人类认识真理的过程，就是由相对真理不断走向绝对真理的过程。这样就同形而上学的独断论区别开来了。

列宁为了揭露波格丹诺夫等人陷入唯心主义的认识论根源，还阐明了唯物辩证法和相对主义的区别。他指出，唯物辩证法承认我们一切知识的相对性，因而在这个意义上也可以说唯物辩证法包含着相对主义，但它并不归结为相对主义。这就是说，唯物辩证法是在承认真理的客观性的前提下，在承认我们的认识反映了客观真理但又受一定历史条件制约的意义上，承认我们一切知识的相对性。而"作为认识论基础的相对主义，不仅承认我们知识的相对性，并且还否定任何为我们的相对认识所逐渐接近的、不依赖于人类而存在的、客观的准绳或模特儿"①。波格丹诺夫只承认真理的相对性，否认真理的绝对性，从这种相对主义出发，就不可避免地走向否认客观真理的唯心主义和不可知论。因此，在真理问题上必须坚持唯物论和辩证法的统一，正确认识真理的客观性、绝对性和相对性及其相互关系，反对唯心主义和相对主义。只有这样，才能在新的条件下坚持和发展马克思主义。

（四）阐述辩证唯物主义和历史唯物主义的有机统一

俄国马赫主义者遵循唯心主义认识论路线，在历史观领域提出了一系列庸俗社会学的观点，企图把经验批判主义的认识论和唯物史观结合起来，以"修正"和"补充"马克思主义哲学。列宁指出，马赫主义的庸俗社会学是和唯心主义认识论一脉相承、密不可分的，而马克思主义的历史观则具有坚实的唯物主义基础，辩证唯物主义和历史唯物主义是由一整块钢铁铸成的。

1. 批判马赫主义的庸俗社会学理论，捍卫马克思主义历史观的唯物主义基础

① 《列宁选集》第2卷，人民出版社2012年版，第97页。

俄国马赫主义者在历史观领域散布了种种庸俗社会学理论。例如，波格丹诺夫制造了社会唯能论，认为社会历史的发展过程是按照社会能量增加或减少进行选择的结果，社会进步的基本含义是"意识生活的不断增长的完满与和谐"。俄国另一位马赫主义者苏沃洛夫则提出了一个统一和调节整个无机界、生物界和社会发展的"力的经济规律"，认为一切过程和体系的形成与发展，都是它内部的力的经济的作用结果。列宁指出，社会唯能论、社会生物学和"力的经济规律"都是一堆无用、枯燥的空话。在马克思主义历史观看来，社会发展的普遍规律是生产力和生产关系、经济基础和上层建筑的矛盾运动规律，社会规律同自然规律一样是客观的，但人类社会的规律又有其特殊性，不能把生物学规律机械地搬运到社会领域中来，而必须要从社会历史的实际出发，进行具体的科学的分析。用生物学和唯能论来贴标签式地解释社会现象，这是对马克思主义的嘲弄，"没有半点马克思主义"。俄国马赫主义者在社会学领域实际上坚持了一条反对社会存在决定社会意识，反对生产方式是社会发展的决定力量，反对阶级斗争是阶级社会发展的直接动力的唯心主义哲学路线，这是他们在认识论中坚持主观唯心主义必然要得出的结果。相反，要在历史观领域彻底贯彻唯物主义路线，就必须自始至终毫不动摇地坚持唯物主义基础，坚持从物到感觉和思想的认识路线，这是马克思主义哲学在历史观领域得出一系列科学结论的基石。

2. 批判社会存在和社会意识"等同论"，坚持历史唯物主义和辩证唯物主义相统一的原则

俄国马赫主义者波格丹诺夫不满意马克思在《〈政治经济学批判〉序言》中对历史唯物主义所作的精辟概述，指责它是不能使人满意的"旧公式"，认为人这种生物是借助意识结合起来的，没有意识就没有交往，因此社会生活都是意识的生活，"社会存在和社会意识，按这两个词的确切含义来说，是等同的"。列宁指出，这种观点不过是马赫主义关于"感性表象也就是存在于我们之外的现实"的唯心主义认识论观点在历史观领域的翻版而已。事实上，正如一般存在和一般意识不是等同的一样，社会存在和社会意识也不是等同的。虽然人们是作为有意识的生物互相交往的，但人们在交往时并没有意识到这是在形成何种社会关系以及这种关系又按照什么规律向前发展。因此，社会关系的形成及其发展变化的规律都是不以人们的意识为转移的，它作为社会存在的一部分明显有别于社会意识。"一般唯物主义认为客观真

实的存在（物质）不依赖于人类的意识、感觉、经验等等。历史唯物主义认
为社会存在不依赖于人类的社会意识。在这两种场合下，意识都不过是存在
的反映。"①因此，辩证唯物主义和历史唯物主义是辩证统一的，二者统一的
基础就在于都承认意识是对存在的反映。波格丹诺夫看不到或根本否认二者
之间的这种内在联系，在历史观上抛弃了意识是对存在的反映的原则，这就
从根本上违背了历史唯物主义。

3. 分析马克思主义哲学产生的背景，阐明辩证唯物主义和历史唯物主义
是"一整块钢"的思想

列宁分析指出，马克思主义哲学是从黑格尔和费尔巴哈那里产生的，在
当时条件下，他们特别注意的不是去重复一般唯物主义所早已解决的问题，
而是强调辩证法和唯物主义的结合，是把唯物主义应用于历史。"他们所特
别注意的不是唯物主义认识论，而是唯物主义历史观。因此，马克思和恩格
斯在他们的著作中特别强调的是辩证唯物主义，而不是辩证唯物主义，特别
坚持的是历史唯物主义，而不是历史唯物主义。"②而到了 19 世纪末 20 世纪
初，资产阶级哲学家则专门从事认识论的研究，力图保护和恢复下半截，即
自然观上的唯心主义，而对历史哲学研究较少。俄国马赫主义者不懂得变化
了的具体情况，不懂得马克思和恩格斯是在坚持唯物主义的基础上创立历史
唯物主义的，他们在下半截接受了混乱的唯心主义，即马赫主义，在上半截
即历史观领域接受或者背诵了马克思的经济理论和历史理论，并力图用下半
截的唯心认识论来"补充"和"发展"上半截的历史观，认为二者是可以相
容的，因此这只能是对历史唯物主义的歪曲。为了坚持马克思的经济理论和
历史理论，就必须坚持它的哲学唯物主义基础，坚持从物到感觉和思想的哲
学认识路线。所以，列宁总结说："在这个由一整块钢铸成的马克思主义哲
学中，决不可去掉任何一个基本前提，任何一个重要部分，不然就会离开客
观真理，就会落入资产阶级反动谬论的怀抱。"③

---

① 《列宁选集》第 2 卷，人民出版社 2012 年版，第 221 页。
② 《列宁选集》第 2 卷，人民出版社 2012 年版，第 225 页。
③ 《列宁选集》第 2 卷，人民出版社 2012 年版，第 221—222 页。

二、延伸阅读

《唯物主义与经验批判主义》是一部光辉的马克思主义哲学著作。它于1909年5月由莫斯科环节出版社出版，收到了广泛好评，对于捍卫和发展马克思主义哲学发挥了重要作用。该书在全世界传播很广，被译成多种文字，第一个中文摘译本由高唯钧译出，1929年由上海沪滨书局以"哲学的唯物论"为题出版。第一个中文全译本由笛秋、朱铁笙翻译，1930年由上海明日书局出版，书名为"唯物论与经验批判论"。1934年上海国光社出版了傅子东译本，1947年晋察冀新华书店出版了曹葆华译、博古校的译本。1948年读书出版社出版了陈晓时译本，书名为"唯物论与经验批判论"。经中央编译局校对的《唯物主义和经验批判主义》收录1957年出版的《列宁全集》中文第一版第14卷和1988年出版的《列宁全集》中文第二版第18卷。

在我国学术界，关于该书的评价，以20世纪80年代为界可以区分为两个阶段：20世纪80年代以前，对它持充分肯定的态度，认为它毫不动摇地坚持哲学的党性原则，坚持对一切反对马克思主义哲学的错误观点进行彻底地揭露和批判，它善于从哲学高度总结反思自然科学的最新成果，丰富和发展了马克思主义认识论特别是能动的反映论，对世界社会主义革命事业发挥了巨大的理论指导作用；20世纪80年代以后，随着马克思主义哲学史和现代认识论研究的不断深入，有些学者从世纪之交物理学革命的意义和20世纪认识史发展的宏观背景出发，指出了该书在一些具体问题、具体细节上的不足。特别是，由于该书把主要的注意力集中于保护和恢复下半截的唯物主义，特别强调的是马克思主义认识论的唯物主义基础问题，因此对主体能动性的论述没有能够充分展开。对人类认识的过程，即在实践基础上由感性认识上升到理性认识，再从理性认识回到实践的过程也没有具体展开。后来，列宁在《哲学笔记》等著作中，对这些方面都作了较为完整的论述。

需要指出的是，对于中国共产党的思想理论建设而言，《唯物主义和经验批判主义》始终是一本极为重要的哲学经典。在中共中央党校举行的2011年春季学期第二批进修班开学典礼上，习近平总书记具体开列了18篇需要精读的有代表性的篇目，其中就包括列宁的《唯物主义和经验批判主义》，强调这部经典"批判了唯心主义哲学思潮，捍卫和发展了马克思主义哲学，在总结革命实践经验和自然科学新成就的基础上，阐述了辩证唯物主义和历史唯物主义的基本原理"。他还专门引述了毛泽东同志对列宁著作的评价，认为"好读，可以跟读者交心"①。一个俄国无产阶级革命家写的哲学论著为什么能够让中国读者感到"好读"又"交心"？当然不仅仅是因为它的语言简洁、逻辑清晰、思想明快、论战性强，更重要的是在这部长达 30 余万字的哲学经典中，列宁说的是交心的真话、说理的实话、结合的新话。

首先，《唯物主义和经验批判主义》是一个战士向工人阶级讲的交心的真话，体现了作者在理论是非面前的坚定的党性立场。面对 19 世纪、20 世纪之交流行开来的马赫主义即经验批判主义所标榜的"价值中立"、"无党性"等言论，列宁果敢地声明，任何哲学都有其党性，即派别性和阶级性。就派别性而言，哲学的党性体现为唯物主义和唯心主义两条路线的斗争；就阶级性而言，它"归根到底表现着现代社会中敌对阶级的倾向和思想体系"，反映着一定阶级的根本利益。做一个战斗唯物主义者，在事关无产阶级根本利益的重大问题上必须坚守立场，捍卫真理，绝不能吞吞吐吐、躲躲闪闪。

其次，《唯物主义和经验批判主义》是一个智者为回应时代呼唤而讲的说理的实话，体现了作者严谨的学风和思想的睿智。这一论著的写作只用了八个月时间，但是列宁对相关问题的反思却始于 20 世纪初。当时自然科学领域出现了以电子论为代表的一系列重大突破，导致机械唯物主义的破产；社会科学领域则泛滥起马赫主义思潮，它们以超越唯物主义和唯心主义的对立为标榜，宣称"物质消失"，妄想以马赫主义"修正"、"补充"马克思主义，发起了对马克思主义哲学核心话语的挑战。为认清其实质，批判其言论，列宁前往日内瓦图书馆和英国博物馆深入研究了众多哲学社会科学和自然科学文献，仅在该书中引用的各类文献就达 200 种之多。在掌握大量材料和认真反思的基础上，列宁展开了相关概念、思想、思想家之间相互关系的多角度、深层次的分析比较，用无可辩驳的事实和清晰的语言揭示了马赫主义及其形形色色的变种同马克思主义哲学的尖锐对立，揭露了它们的唯心主义实质，理性地展开了"对一种反动哲学的批判"。

最后，《唯物主义和经验批判主义》是一个革命家为引领时代而讲的结合的新话，体现了作者鲜明的问题导向和创新精神。在该书中，列宁结合时

---

① 《习近平在中央党校 2011 年春季学期第二批学员开学典礼上的讲话》（内部出版），2011 年 5 月 13 日。

代特点和新的科学成果，说了很多新话，丰富和发展了马克思主义哲学的核心话语。他第一次为"物质"下了一个科学定义，揭示其本质规定性即客观实在性；他将恩格斯提出的哲学基本问题理论运用到认识论领域，认为"从物到感觉和思想"与"从思想和感觉到物"是两条根本对立的认识路线；他将辩证法运用于认识论，提出了认识论的三个结论；他阐述了绝对真理和相对真理的辩证关系，认为人的认识是从相对真理走向绝对真理不断发展的过程；他明确提出"生活、实践的观点应该是认识论的首要的和基本的观点"，强调要辩证地看待实践标准，认为它既是确定的又是不确定的；他从哲学上总结了自然科学的新成果，阐述了自然科学和哲学的辩证关系；他论证了辩证唯物主义和历史唯物主义是不可分割的"一整块钢"的思想，阐发了唯物史观的基本观点，并结合时代特征展开了马克思主义哲学原理的系统建构。正因此，它被誉为党员干部必读的马克思主义哲学教科书。

在新时代，为了学习和落实好《唯物主义和经验批判主义》的基本精神，必须要向列宁学习，自觉地坚持实事求是、一切从实际出发的唯物主义立场，反对主观主义特别是教条主义，大力倡导调查研究的风气，清醒地认识和准确地把握新时代的新任务、新矛盾、新问题，创造性地解决发展起来以后所面临的各种错综复杂的社会矛盾；要始终坚持实践第一的观点，尊重群众，勇于实践，善于创新，不断探索经济、政治、文化、社会、生态和党的建设的新规律、新途径、新方法；要坚持哲学的党性原则，不断丰富和发展马克思主义，坚决反对各种反马克思主义的错误思潮，坚持真理，修正错误，勇于和善于开展同各种错误思潮、错误倾向的斗争，创造性地发展21世纪马克思主义、当代中国马克思主义，这是新时期坚持哲学党性原则的最好体现。

三、思考题

1. 如何理解辩证唯物主义认识论的唯物主义基础？
2. 如何理解辩证唯物主义认识论的内涵和本质？
3. 如何把握作为检验认识正确与否的实践标准的确定和不确定性？
4. 如何更好地坚持哲学的党性原则？
5. 如何全面准确地理解列宁关于"一整块钢"的理论？

《哲学笔记》导读

　　《哲学笔记》是列宁在 1895—1916 年期间研读哲学著作和探讨马克思主义哲学问题时所写的摘要、短文、札记和批注。19 世纪末 20 世纪初，伴随着资本主义向帝国主义时代的转变，世界上出现了许多新情况新问题，为了科学认识新的社会变化、判定新的历史时代的性质特点，应对各种资产阶级和第二国际机会主义思潮的挑战，列宁在瑞士伯尔尼集中地大量阅读了欧洲哲学史上包括黑格尔在内的著名哲学家的著作，特别是关于辩证法的文献，写下了八个笔记本的摘录性笔记。在他去世后，这些笔记被整理、出版，并得到广泛传播。《哲学笔记》蕴含着丰富的哲学思想，特别是关于唯物辩证法的实质和核心、基本规律、主要范畴的深刻见解，关于辩证法、逻辑和认识论三者相互关系的精辟观点，关于唯物辩证法体系的构想以及关于辩证唯物主义认识论的重要论述，继承、丰富和发展了马克思主义哲学特别是辩证法思想。

一、主要内容

（一）批判改造辩证法的基础

　　马克思哲学革命的实现，在很大程度上得益于他扬弃了黑格尔的辩证法，并将辩证法的基础从唯心主义改造为唯物主义。列宁坚持了马克思哲学的基本立场、观点和方法，特别强调辩证法的唯物主义基础。

　　第一，批判扬弃黑格尔的唯心主义辩证法，并将其奠立在唯物主义的基础之上。西方实证主义哲学家打着"拒斥形而上学"的大旗抛弃了黑格尔的辩证法思想，以波格丹诺夫为代表的俄国马赫主义者则混淆了黑格尔与马克思的辩证法。针对这种情况，列宁既要拯救黑格尔的辩证法思想，又必须唯物主义地看待辩证法。他强调，辩证法来自客观事物本身，而思想、逻辑中的辩证法只是事物本身辩证法的反映和升华。而从事物本身出发，发现事物的内在矛盾，确立辩证法的原理和法则，是唯物主义的基本要求。列宁写道："逻辑和认识论应当从'全部自然生活和精神生活的发展'中引申出来"①；"逻辑不是关于思维的外在形式的学说，而是关于'一切物质的、自然的和精神的事物'的发展规律的学说，即关于世界的全部具体内容的以及对它的认识的发展规律的学说，即对世界的认识的历史的总计、总和、结论"②。因此，以逻辑、思想、认识形式表现出来的辩证法，其根基也只能是自然和社会生活。将唯物主义作为辩证法的本体论根基，是列宁继承和改造黑格尔辩证法的首要前提。

第二，科学阐明认识和实践的关系，深刻揭示认识过程的实践基础。列宁非常重视黑格尔关于实践的思想，按照黑格尔的观点，认识过程要克服主观的和客观的片面性，需要经过两个环节：一是理论的观念，二是实践的观念。当逻辑的概念还处在抽象的阶段时，现实世界相应地表现为观念的异在，即同样抽象的"自在之物"，因而这时观念仍然是主观的。只有克服了这种主观的片面性，上升到"理论的观念"，才能达到普遍性。但是，这种普遍性的"理论的观念"仍然不具有现实性，需要上升到"实践的观念"；因为只有"实践的观念"用"善"进一步克服了"理论的观念"的客观片面性，才能真正使概念成为自在自为的。黑格尔把实践作为认识过程中达到主客观统一的真理性认识的环节，是非常有意义的。但他所说的"实践"仍然是停留在"观念"层面上，没有真正上升到"人的现实活动"的层面上；他更多是强调实践中包含的"善"、"目的"、"精神"对外部世界的规定、创造、外化，而不重视实践过程中的环境、对象以及工具等"客观性"、"历史性"存在对"精神"、"目的"的约束、改造作用，看不到由目的、手段、客体、行动结果等环节构成的实践整体过程是辩证统一和复杂的，看不到思想、范畴、逻辑正是在这种复杂的辩证统一过程中产生的，因而并不具有独立性和先验性。通过对以实践为基础的认识辩证过程的剖析，列宁深化了对辩证规律、辩证逻辑的唯物主义基础的认识。

---

① 《列宁全集》第 55 卷，人民出版社 2017 年版，第 73 页。
② 《列宁全集》第 55 卷，人民出版社 2017 年版，第 77 页。

第三，充分继承黑格尔辩证法的合理内核，并加以唯物主义改造。黑格尔在《逻辑学》中描述了绝对观念由内在矛盾而产生的自我运动、自我认识的过程，以及这个过程所经历的各阶段、环节相互联结、相互过渡，形成一个完整的概念辩证法体系。黑格尔的《逻辑学》分为"存在论"、"本质论"、"概念论"三个部分，分别阐发了质量互变规律、对立统一规律和否定之否定规律。但这些都是以唯心主义的形式、在纯逻辑纯思想的领域或层面进行分析论述的。列宁肯定了《逻辑学》中的辩证法思想，并加以吸取和改造，留下了对黑格尔《逻辑学》一书的详细摘要，并写下了《辩证法的要素》一文，初步提出了辩证法要素的理论，反映了列宁在唯物主义和社会实践基础上对黑格尔唯心主义辩证法的改造和提升。

（二）科学阐释辩证法体系的构想

列宁在马克思主义辩证法思想发展史上的最重要的理论贡献就是他第一次明确概括了辩证法的基本要素，提出了辩证法体系的科学构想，阐述了辩证法的根本特征、基本规律和主要范畴，从而深化了对人类认识规律的把握。

1. 明确提出三条关于唯物辩证法体系的建构原则

在阐述辩证法的要素时，列宁首先概要地列举了三条："（1）来自概念自身的概念的规定［应当从事物的关系和事物的发展去考察事物本身］；（2）事物本身中的矛盾性（自己的他物），一切现象中的矛盾的力量和倾向；（3）分析和综合的结合"①。然后他又在此基础上扩展为七条，最后细分为十六条②。从最初三条要素中，可以看出列宁建构唯物辩证法体系的基本原则。

第一条，"应当从事物的关系和事物的发展去考察事物本身"③。黑格尔辩证法的基础和出发点是从概念自身而来的概念的规定，这显然是唯心主义。列宁对此作出的改造，则鲜明强调了辩证法的唯物主义的基础和出发点。唯物主义是唯物辩证法体系建构的首要原则，这一原则强调事物的辩证

---

① 《列宁全集》第 55 卷，人民出版社 2017 年版，第 190 页。

② 《列宁全集》第 55 卷，人民出版社 2017 年版，第 190—191 页。

③ 《列宁全集》第 55 卷，人民出版社 2017 年版，第 190 页。

法决定观念的辩证法，而不是相反。

第二条，"事物本身中的矛盾性（自己的他物），一切现象中的矛盾的力量和倾向"①，这是对黑格尔从自身把自己规定为对自己的他者的发挥和改造，旨在强调事物内在矛盾的基础地位，强调作为对立统一的矛盾学说的核心作用。后来，列宁进一步指认："可以把辩证法简要地规定为关于对立面的统一的学说。这样就会抓住辩证法的核心。"②

第三条，"分析和综合的结合"③。黑格尔将分析与综合的结合作为概念本身推演的根本方法，列宁在这里则将其改造成为认识客观世界的逻辑方法，意味着他对辩证法的认识论功能的强调。辩证法与认识论的同一，以至辩证法、认识论、逻辑学三者的统一，构成了列宁建构唯物辩证法体系的又一个基本原则。

2. 全面总结了唯物辩证法的两大特征、三大规律和四对范畴

首先，列宁明确指认了唯物辩证法的两大根本特征，即普遍联系和永恒发展。在"辩证法十六要素"中，第二条和第八条都是关于普遍联系的思想。其中，第二条"这个事物对其他事物的多种多样的关系的全部总和"④，说明了这一事物与其他事物直接的或间接的联系，强调辩证法是从整体关联的角度看待事物，真理就是由现象、现实的一切方面的总和以及它们的（相互）关系构成的。第八条"每个事物（现象等等）的关系不仅是多种多样的，并且是一般的、普遍的。每个事物（现象、过程等等）是和其他的每个事物联系着的"⑤，是指在分析多样性的联系时，应特别强调"一般的、普遍的"联系，这其实是在强调本质性的、规律性的联系的重要性。此外，辩证法的永恒发展原则，则集中体现在第三条"这个事物（或现象）的发展、它自身的运动、它自身的生命"⑥，这是强调运动和发展是事物自身固有的，是"它自身的生命"。

其次，列宁系统阐释了唯物辩证法的三大规律，即对立统一规律、质

---

① 《列宁全集》第 55 卷，人民出版社 2017 年版，第 190 页。
② 《列宁全集》第 55 卷，人民出版社 2017 年版，第 192 页。
③ 《列宁全集》第 55 卷，人民出版社 2017 年版，第 190 页。
④ 《列宁全集》第 55 卷，人民出版社 2017 年版，第 190 页。
⑤ 《列宁全集》第 55 卷，人民出版社 2017 年版，第 191 页。
⑥ 《列宁全集》第 55 卷，人民出版社 2017 年版，第 190 页。

量互变规律、否定之否定规律。其中，关于对立统一规律的论述最为充分，在"辩证法十六要素"中占了四条（第四、五、六、九条）。其主要思想是：一切事物中都存在着矛盾；矛盾双方在一定条件下相互依存于一个统一体中；矛盾双方的斗争引起矛盾的展开或发展；这种发展最终必然会造成矛盾双方的相互转化，即"每个规定、质、特征、方面、特性向每个他者［向自己的对立面?］过渡"①。第十六条讲质量互变规律，"从量到质和从质到量的过渡"②。列宁尤其重视量与质的相互转化，即旧质的消灭与新质的产生过程，他把事物的量变称为"渐进性"、"进化"，而把质变称之为"飞跃"、"渐进过程的中断"、"革命"等。列宁指出："辩证的过渡和非辩证的过渡的区别何在? 在于飞跃。在于矛盾性。在于渐进过程的中断。在于存在和非存在的统一（同一）。"③ 否定之否定规律是在第十三、十四条论述的。在列宁看来，"辩证法的特征的和本质的东西不是单纯的否定，不是徒然的否定，不是怀疑的否定、动摇、疑惑，——当然，辩证法自身包含着否定的要素，并且这是它的最重要的要素，——不是这些，而是作为联系环节、作为发展环节的否定，它保持着肯定的东西，即没有任何动摇、没有任何折中。"④ 否定之否定是由内在矛盾推动的，对立面的统一和斗争推动了事物从肯定发展到否定，又从否定发展到否定之否定，这就表现为事物的某些特征与现象在高级阶段的重新出现，仿佛是向旧东西回复的现象。

最后，列宁还概要介绍了唯物辩证法的四对主要范畴。第七条说明了分析与综合的辩证关系，第十一条分析了现象与本质的辩证关系，第十二条指出了原因与结果的辩证关系，第十五条提出了内容与形式的辩证关系。列宁对辩证法范畴的论述，基本上是围绕人对事物认识的无限深化过程展开的，体现了由客观辩证法向主观辩证法的上升过程。

3. 科学揭示了辩证法对人类认识的发展

列宁在广泛阅读哲学和哲学史著作时，非常注意从哲学史的角度汲取辩证法思想的精华。他认为黑格尔将哲学史比作圆圈是"非常深刻而确切的比

① 《列宁全集》第 55 卷，人民出版社 2017 年版，第 191 页。
② 《列宁全集》第 55 卷，人民出版社 2017 年版，第 191 页。
③ 《列宁全集》第 55 卷，人民出版社 2017 年版，第 244 页。
④ 《列宁全集》第 55 卷，人民出版社 2017 年版，第 195 页。

喻",认为每个哲学家的思想都是"每一种思想=整个人类思想发展的大圆圈（螺旋）上的一个圆圈"①。

在《谈谈辩证法问题》一文中,列宁提及了哲学史上的一些主要的"圆圈":古代是从德谟克利特到柏拉图以及赫拉克利特的辩证法;文艺复兴时代是从笛卡尔到伽桑狄（或斯宾诺莎）;近代是从霍尔巴赫经过贝克莱、休谟、康德到黑格尔,从黑格尔经过费尔巴哈到马克思。列宁认为,考察哲学上的"圆圈"时,不一定要以人物的年代先后为顺序,而要从思想发展的逻辑出发,同时他强调,这些"圆圈"中"包含着无数的各式各样观察现实、接近现实的成分"②,值得加以吸取。在列宁看来,辩证法体现于人类整个认识的历史之中,辩证法就是从这些领域中概括提炼出来的精华。

（三）全面揭示对立统一的规律

列宁的《谈谈辩证法》是其整个《哲学笔记》的核心文本,这一文本是列宁对其哲学研究的概括总结,揭示了辩证发展观和形而上学发展观的截然对立,阐明了辩证法的实质,分析了对立统一规律的具体内容,论述了认识过程的辩证法,揭示了唯心主义的认识论根源和阶级根源。

第一,深入比较了辩证发展观与形而上学发展观的截然对立。19世纪末20世纪初,发展原则虽然已被科学所证明,但对它的理解并不一致,当时存在两种不同的发展观,即庸俗进化论的发展观和唯物辩证法的发展观。列宁指出:"按第一种运动观点,自己运动,它的动力、它的泉源、它的动因都被忽视了（或者这个泉源被移到外部——移到上帝、主体等等那里去了）;按第二种观点,主要的注意力正是放在认识'自己'运动的泉源上";"第一种观点是僵死的、平庸的、枯燥的。第二种观点是活生生的。只有第二种观点才提供理解一切现存事物的'自己运动'的钥匙,才提供理解'飞跃'、'渐进过程的中断'、'向对立面的转化'、旧东西的消灭和新东西的产生的钥匙"③。对两种发展观的概括和其对立实质的澄清,是列宁在新的历史条件下对唯物辩证法的重要发展和贡献。

---

① 《列宁全集》第55卷,人民出版社2017年版,第207页。
② 《列宁全集》第55卷,人民出版社2017年版,第308页。
③ 《列宁全集》第55卷,人民出版社2017年版,第306页。

第二，全面阐释了矛盾规律的具体内涵，即对立面的统一和斗争。列宁指出，事物的发展是由内在的矛盾推动的，而矛盾本身就是对立面互为前提又互相排斥的两个方面（或倾向）的关系。事物内在矛盾的两个方面具有统一性，构成一种"总和与统一"①。同时，对立面的统一只有作为"这些对立面、矛盾的趋向等等的斗争或展开"②才能存在。一方面是对立面的统一，也就是对立面的相互依赖；另一方面是对立面的斗争，也就是对立面的相互排斥。既统一又斗争，共同构成了一切事物及其变化发展的实质。要认识世界上一切事物自己产生、发展的运动，就必须把事物及其运动当作对立面的统一来认识。在这个基础上，列宁指明了对立面的统一和斗争各自在发展中的性质与作用。对立面的统一是相对的，因为这种统一依赖于特定的条件；而对立面的斗争及其展开，才导致事物的变化，所以对立面的斗争是绝对的。列宁还特别重视对立面转化的意义，强调转化不是任意的、主观的、随便的，而是与具体的、客观的条件联系在一起的。否认具体、客观的条件而把转化任意化和主观化，就会走向诡辩论。

第三，明确提出对立统一规律是"辩证法的核心"。在对辩证法的要素进行总结时，列宁明确提出："可以把辩证法简要地规定为关于对立面的统一的学说。这样就会抓住辩证法的核心，可是这需要说明和发挥。"③在《谈谈辩证法问题》中，列宁进一步强调："统一物之分为两个部分以及对它的矛盾着的部分的认识，是辩证法的实质。"④列宁的上述思想充分阐明了对立统一规律在辩证法中的地位，指明了对立统一规律和辩证法其他规律与范畴的关系，是哲学史上第一次关于对立统一规律是辩证法核心的明确表述，是列宁对唯物辩证法的重要贡献和发展。

对立统一规律之所以成为辩证法的核心，在列宁看来，其一，这一规律是区别辩证法的发展观与形而上学发展观的分水岭。在列宁看来，辩证法就是关于发展的学说，而泉源和动力问题构成发展的最根本问题。对立统一规律恰好就是解决发展的泉源问题的。其二，对立统一规律不仅是客观世界的

---

① 《列宁全集》第 55 卷，人民出版社 2017 年版，第 190 页。

② 《列宁全集》第 55 卷，人民出版社 2017 年版，第 190 页。

③ 《列宁全集》第 55 卷，人民出版社 2017 年版，第 192 页。

④ 《列宁全集》第 55 卷，人民出版社 2017 年版，第 305 页。

规律，也是主观世界的规律。只有根据对立统一规律才能正确地认识世界，"就本来的意义说，辩证法是研究对象的本质自身中的矛盾"①。其三，由于揭示了事物运动发展的泉源、动力和本质，对立统一规律就成为其他辩证法规律起作用的根据和条件，揭示了质量互变和和否定之否定过程的动力和根源，从而为理解质量互变和否定之否定规律提供了"钥匙"。其四，各门科学的发展证明它们所研究的对象都是具体的矛盾，这些矛盾都是对立面的统一；人类认识的各种基本范畴（内容与形式、原因与结果、分析与综合）也都是对立统一的关系。

（四）创造性提出"三同一"的论断

列宁在《哲学笔记》中创造性地提出："辩证法也就是（黑格尔和）马克思主义的认识论"②，"这不是问题的一个'方面'，而是问题的实质"③。列宁由此突出了马克思主义认识论相较于以往唯心主义和形而上学认识论的优越之处，将辩证法思想发展到了哲学史上的新高度。

第一，从认识论和阶级论的视角，全面揭示了唯心主义的产生根源。列宁立足于认识的辩证过程的复杂性，特别重视对唯心主义产生的认识论根源进行分析。他指出："哲学唯心主义是把认识的某一特征、某一方面、某一侧面，片面地、夸大地、überschwengliches（狄慈根）发展（膨胀、扩大）为脱离了物质、脱离了自然的、神化了的绝对。"④人的认识是复杂的、曲折的、近似于螺旋式的曲线，在这个不断前进的过程中，认识就有可能脱离现实的根基，把认识的某一方面绝对化，使之脱离整个认识的过程和客观实际，而陷入主观片面的错误。列宁的分析是极为深刻的，他认为唯心主义的产生不是没有根基的，它不仅有着自己的阶级根源，而且有着自己的认识论根源。"直线性和片面性，死板和僵化，主观主义和主观盲目性就是唯心主义的认识论根源"⑤，而统治阶级的利益则"把它巩固起来"。在列宁看来，唯心主义"无疑是一朵无实花，然而却是生长在活生生的、结果实的、

① 《列宁全集》第55卷，人民出版社2017年版，第213页。
② 《列宁全集》第55卷，人民出版社2017年版，第308页。
③ 《列宁全集》第55卷，人民出版社2017年版，第308页。
④ 《列宁全集》第55卷，人民出版社2017年版，第311页。
⑤ 《列宁全集》第55卷，人民出版社2017年版，第311页。

真实的、强大的、全能的、客观的、绝对的人类认识这棵活树上的一朵无实花"①。开展对唯心主义的批判，应在揭露其阶级根源的同时注意揭露其认识论根源，做到在拒斥其唯心主义立场和体系的同时，批判地吸取其包含的某些合理的因素和养分，更好地丰富和发展唯物主义哲学。

第二，具体分析了个别与一般、相对与绝对的辩证关系。列宁非常深刻地揭示了个别与一般的辩证法：首先，个别与一般是密切相关的。个别一定与一般相联系而存在，表现为一般只能在个别中存在，只能通过个别而存在，任何个别（不论怎样）都是一般。其次，个别与一般又是存在差别和对立的。"任何一般只是大致地包括一切个别事物。任何个别都不能完全地包括在一般之中。"② 再次，个别与一般的联系反映了事物之间的普遍联系，"任何个别经过千万次的过渡而与另一类的个别（事物、现象、过程）相联系"③，与其他个别相联系，不仅意味着更广泛意义上的普遍联系，也意味着这个个别具有某种一般性意义。最后，在个别与一般的关系中，包含偶然与必然、现象与本质的关系，认识事物就是通过个别、现象、偶然而发现一般、本质和必然。

关于相对与绝对的辩证关系，列宁早在《唯物主义与经验批判主义》一书中就指出，不懂得相对与绝对的辩证法是物理学唯心主义产生的认识论根源之一。在《哲学笔记》中，针对第二国际的修正主义者，列宁进一步指出："主观主义（怀疑论和诡辩论等等）和辩证法的区别在于：在（客观）辩证法中，相对和绝对的差别也是相对的。对于客观辩证法说来，相对中有绝对。对于主观主义和诡辩论说来，相对只是相对，因而排斥绝对。"④ 他强调，任何以实践为基础的认识总是既具有绝对性又具有相对性，是绝对性和相对性的统一。

列宁关于个别与一般、相对与绝对的辩证关系的思想具有十分重大的哲学意义。共相与殊相的关系问题曾经是西方哲学史上唯物论与唯心论斗争的焦点之一，而相对与绝对的关系问题也是辩证法与形而上学（以及作为其变

① 《列宁全集》第 55 卷，人民出版社 2017 年版，第 311 页。
② 《列宁全集》第 55 卷，人民出版社 2017 年版，第 307 页。
③ 《列宁全集》第 55 卷，人民出版社 2017 年版，第 307 页。
④ 《列宁全集》第 55 卷，人民出版社 2017 年版，第 306—307 页。

种的相对主义诡辩论）斗争的焦点之一。后来，毛泽东在《矛盾论》中进一步发展了列宁的观点，强调"这一共性个性、绝对相对的道理，是关于事物矛盾的问题的精髓，不懂得它，就等于抛弃了辩证法"①。

第三，创造性地提出"三同一"的基本原理，将马克思主义辩证法发展到哲学史上的新高度。在古代哲学中，辩证法、逻辑学和认识论三者还没有被区分开来，逻辑只是形式逻辑，还没有出现辩证逻辑。近代哲学从康德开始，本体论（或存在论，关于存在的学说）、认识论（关于认识的学说）和逻辑（关于思维形式与思维规律的学说）被严格区分开来，处于相互分离之中。黑格尔第一次在唯心主义的基础上将本体论、逻辑和认识论三者结合起来，并把逻辑提升到辩证逻辑的水平。列宁高度评价了黑格尔的思想，并加以改造后指出，逻辑是关于一切物质的、自然的和精神的事物的发展规律的学说。在列宁看来，整个物质世界的辩证发展是客观的辩证法，认识论和逻辑的辩证演进则是主观的辩证法。辩证法、逻辑、认识论虽然在表现形式上有所不同，但在本质上是同一的。三者同一的根本基础是客观辩证法，因为主观辩证法（认识论和逻辑）归根结底是客观辩证法的反映。三者同一的现实途径是实践辩证法，因为人们只有在社会历史实践中才能实现主观与客观、认识与实践的具体的历史的统一。这样一来，辩证法、逻辑、认识论的三者同一就不再是黑格尔的唯心主义辩证法了，这是辩证唯物主义哲学不同于旧哲学的一个显著特点。列宁认为，马克思的《资本论》极其成功地做到了辩证法、逻辑、认识论三者的统一，"在《资本论》中，唯物主义的逻辑、辩证法和认识论［不必要三个词：它们是同一个东西］都应用于一门科学，这种唯物主义从黑格尔那里吸取了全部有价值的东西并发展了这些有价值的东西"②。列宁立足于唯物主义的根基，第一次提出了辩证法、逻辑和认识论三者同一的思想，是他对马克思主义哲学发展作出的重要贡献。

---

① 《毛泽东选集》第一卷，人民出版社 1991 年版，第 320 页。

② 《列宁全集》第 55 卷，人民出版社 2017 年版，第 290 页。

二、延伸阅读

（一）《哲学笔记》的创作与出版

《哲学笔记》是列宁于 1895—1916 年在长达 20 年的期间内研读哲学著作和探讨马克思主义哲学问题时所写的摘要、短文、札记、批注的汇集，共 46 篇。除了 5 篇读书批注外，其余 41 篇原是在列宁的 10 个笔记本上，其中 8 本写于第一次世界大战流亡瑞士伯尔尼时期。这主要包括 1895 年对马克思、恩格斯的《神圣家族》和 1909 年对费尔巴哈的《宗教本质讲演录》两书的摘要；1914—1916 年的笔记，包括对黑格尔的《逻辑学》、《哲学史讲演录》等著作的摘要以及列宁的《黑格尔辩证法（逻辑学）纲要》、《辩证法的要素》、《谈谈辩证法问题》等提纲和短文。

《哲学笔记》在列宁生前并未发表，在他逝世后，《谈谈辩证法问题》一文曾于 1925 年以单行本出版。1931—1932 年苏联共产党中央列宁研究院在编辑《列宁全集》第 9 卷和第 12 卷中，首次发表列宁 1914—1915 年间所写的题为"哲学笔记本。黑格尔、费尔巴哈及其他"的 8 册笔记，同时还发表了列宁在其他时期写的一些零星哲学笔记。1933 年，苏联首次将这些笔记合编成单行本，以"哲学笔记"为名出版，之后多次再版，成为列宁的主要哲学著作之一。1958 年，《列宁全集》俄文第四版出版，编者对《哲学笔记》作了补充并重新编排，编为第 38 卷。1963 年，《列宁全集》俄文第五版出版，编者将重新编排后的《哲学笔记》编入第 29 卷，增加了列宁对约·狄慈根《短篇哲学著作集》和《尼·加·车尔尼雪夫斯基的生平和活动》这两本书的批注。

截至目前，《哲学笔记》中文版译本主要有四种：一是中央编译局根据 1947 年苏联《哲学笔记》单行本第 5 版翻译的第一个中译本，即《哲学笔记》1956 年版本；二是根据《列宁全集》俄文第 4 版第 38 卷重新校订译文，作为《列宁全集》中文第 1 版第 38 卷于 1959 年出版；三是 1989 年由林利等根据《列宁全集》俄文第 5 版第 29 卷重新校译的《哲学笔记》，1990 年由中共中央党校出版社出版了单行本；四是在林利等新校译稿的基础上，根据《列宁全集》俄文第 5 版第 29 卷重新校订译文，作为《列宁全集》中文第 2 版第 55 卷。该版本于 2017 年作为中央编译局最新出版的《列宁全集》中文第 2 版（增订版）第 55 卷再版。在上述四个中文版的《哲学笔记》中，前两个版本是按照时间顺序编排的，后两个版本在文献编排上则没有遵循原版本的时间线索，而是按照"摘录""札记""批注"三部分编辑的。换言之，目前新版的《哲学笔记》由三部分组成，第一部分是"摘要和短文"，第二部分是"关于书籍、论文和书评的札记"，第三部分是"批注"。

关于《哲学笔记》文本的性质问题，国内学界主要存在两种观点，第一种观点是北京大学哲学系王东教授在《哲学创新的源头活水：〈哲学笔记〉中的列宁构想》一书中认为，"八个《哲学笔记本》是列宁自己分出、自己命名的一整套笔记，它有自己特定的内容，是由八篇基本文献、十二篇辅助文献构成的一个整体"[①]。八篇基本文献是《哲学笔记》的主体，既是列宁构思唯物辩证法体系的思想实验室，又是他利用"《资本论》的逻辑"来改造黑格尔逻辑学的思想实验室。其中的辅助文献也不是可有可无、杂乱无章的，而是围绕着基本文献，特别是改造黑格尔逻辑学这一中心任务展开的，反映了列宁所借助的资料、所采取的途径、所注视的中心。辅助材料主要分三类，第一类是反映世界各国黑格尔逻辑学研究的成果、动向的资料，有两篇；第二类是关于科学技术史的资料，反映了列宁改造黑格尔的基本途径之一，即继续恩格斯的道路，用自然科学成果来检验黑格尔逻辑学，有三篇；第三类是关于当代认识论研究动向的资料，反映了列宁研究黑格尔逻辑学的注视中心是"科学认识运动之路"问题，是为了解决当代的认识论问题，有四篇。上述文本材料作为一个整体，构成了列宁系统研究和叙述辩证法的伟大构想。

第二种观点是南京大学哲学系张一兵教授在《回到列宁——关于"哲学笔记"的一种后文本学解读》中提出，与所有前苏东学界与西方"列宁学"的学者都有意无意地将《哲学笔记》视为一本书不同，"这个作为一本书的《哲学笔记》是根本不存在的，真正存在的只是一个列宁在长达20年之久的时段中学习和研究哲学的不同摘录笔记、札记、心得与阅读批注的有明显理论性质级差的文献汇集"[②]。这样一来，一方面，从理论思想的深度上看，列

---

① 王东：《哲学创新的源头活水：〈哲学笔记〉中的列宁构想》，北京师范大学出版社2017年版，第42页。

② 张一兵：《回到列宁——关于"哲学笔记"的一种后文本学解读》，江苏人民出版社2008年版，第8页。

宁这些文献的理论性质并不都是同质性的，也可能存在一个由浅入深、从一般的正确观念到具体的科学的本质认识的发展进程；另一方面，各种版本的"哲学笔记"的文献编排被人为地设置成一种等级化的结构，非摘录性笔记特别是阅读批注都被放逐于次等文献的地位，以至于这些重要的阅读批注长期得不到应有的关注和研究，造成了列宁"哲学笔记"研究中的某些逻辑盲区和文献断裂。因此，他主张一种"构镜论"的解读，试图历史地还原列宁思想发展的具体历史情境，从而更为准确地回溯并检视列宁哲学思想的非同质性及其变化过程。

（二）西方"列宁学"对《哲学笔记》的解读

与正统的马克思主义者要么忽视《哲学笔记》的价值和意义，要么对其进行一种非历史的同质化解读不同，西方"列宁学"不仅凸显《哲学笔记》的理论价值，而且将其与列宁早期哲学思想，特别是《唯物主义和经验批判主义》对立起来，甚至将《哲学笔记》视为黑格尔主义化的马克思主义的奠基之作。① 接下来，我们对西方"列宁学"的几种代表性观点予以评述。

第一，关于《哲学笔记》中的唯物主义和唯心主义。西方"列宁学"认为，《哲学笔记》的重要意义首先表现在：列宁从根本上改变了自己过去关于唯物主义和唯心主义的观点，抛弃了《唯物主义和经验批判主义》中的机械唯物论，实现了与"庸俗唯物主义"的决裂。

莱泽克·科拉科夫斯基指出，《哲学笔记》的辩证法"试图把人的认识解释成为主体与客体之间的不断相互作用，而其中任何一方的'绝对第一性'的问题失去其尖锐性。出版《哲学笔记》主要是为党批判机械唯物主义服务的。在党的哲学家运用《唯物主义和经验批判主义》反对一切有唯心主义嫌疑的学说的同时，他们引用《哲学笔记》以强调马克思主义与机械论的不同，

---

① 关于西方"列宁学"的研究，参见张传平：《当代西方"列宁学"研究的三大理论走向及其批判》，载《南京社会科学》2016 年第 11 期；张传平：《西方"列宁学"视域中的〈哲学笔记〉及其启示》，载《南京社会科学》2012 年第 12 期；轩传树等：《当代西方左翼学者"列宁主义"研究中的几个问题》，载《当代世界与社会主义》2011 年第 2 期。

尤其是在20世纪30年代反对布哈林及其追随者的斗争中更是如此"①。杜娜
叶夫斯卡娅首次将《哲学笔记》翻译成英文出版，她指出"列宁1914年在
哲学上脱离他1908年在《唯物主义与经验批判主义》中阐发的庸俗唯物主
义哲学理论，转向一种阐扬思想自我运动的全新出发点"②。杜娜叶夫斯卡娅
还尖锐批判了俄国理论家们对《哲学笔记》的否定和贬低："凯德洛夫教授
热衷于否定列宁1914年《哲学笔记》与《唯物主义和经验批判主义》有根
本上的冲突，这使他堕落到了卑劣的还原论的地步，以至于除了把他自己
的语义分析强加给列宁之外，再没有任何方法来'捍卫'列宁了。"③麦克莱
伦认为，《哲学笔记》最鲜明的观点是"唯心主义不是个错误，而只是一种
片面的夸大"，在《哲学笔记》中，列宁"打算把黑格尔的唯心主义颠倒过
来，从而正确阐明马克思主义的唯物主义。但是，其重点从批判黑格尔转为
热情地接受黑格尔思想中的辩证法要素"④，从而与《唯物主义和经验批判主
义》形成鲜明的对照。凯文·安德森认为，列宁对《逻辑学》存在论中"自
为存在"这一章的评论，"是整部《黑格尔笔记》的转折点，列宁从此开始
转向相当公开地认同黑格尔的唯心主义。这与列宁1914年之前的观点极为
不同。在1914年之前，列宁同恩格斯和普列汉诺夫一样，（在一个非常狭隘
的意义上）捍卫黑格尔的'客观唯心主义'，反对诸如康德主义这样的其他
形式的唯心主义。现在就不仅是把黑格尔只是作为一个伟大的唯心主义哲学
家的问题，而且是运用黑格尔的唯心主义来批判狭隘而低级形式的唯物主义
的问题。在这里最重要的是，列宁用'庸俗唯物主义'一词再次阐释了马克
思在《关于费尔巴哈的提纲》第一条中对片面的、非辩证的、直观形式的唯

① ［俄］莱泽克·科拉科夫斯基：《马克思主义的主要流派》第二卷，马翎等译，唐少
　杰等校，黑龙江大学出版社2015年版，第442页。
② ［美］杜娜叶夫斯卡娅：《哲学与革命》，傅小平译，辽宁教育出版社2000年版，第
　90页。
③ ［美］杜娜叶夫斯卡娅：《哲学与革命》，傅小平译，辽宁教育出版社2000年版，第
　91页。
④ ［英］戴维·麦克莱伦：《马克思以后的马克思主义》，李智译，中国人民大学出版
　社2004年版，第115页。

物主义的批判"①。

应该承认，西方"列宁学"一改传统马克思主义哲学重视《唯物主义与经验批判主义》而轻视《哲学笔记》的偏见，开启了对后者的深度研究，但也存在矫枉过正之嫌，有学者甚至认为列宁在《哲学笔记》中通过研读黑格尔的《逻辑学》而走向了哲学唯心主义，从而放弃了哲学唯物主义。如杜娜叶夫斯卡娅就声称："甚至可以说，《哲学笔记》的核心思想就是恢复唯心主义的真理，反对庸俗唯物主义。"②事实上，列宁并没有放弃唯物主义，他在研读《逻辑学》的过程中，始终强调自己"总是竭力用唯物主义观点来阅读黑格尔"，他明确提出："在黑格尔这部最唯心的著作中，唯心主义最少，唯物主义最多。"③对此，诺曼·莱文也明确指认："列宁从来没有完全放弃他的哲学唯物主义。"④我们不能把列宁对以普列汉诺夫为代表的第二国际的庸俗唯物主义或愚蠢的唯物主义的批判，视为列宁放弃哲学唯物主义而回到唯心主义的依据。

第二，关于《哲学笔记》的内在理论逻辑。西方"列宁学"认为，正是列宁在1914年对黑格尔《逻辑学》的解读，开创了黑格尔主义的马克思主义。诺曼·莱文指出，20世纪马克思主义的重新黑格尔化，不是由卢卡奇、柯尔施、葛兰西等西方马克思主义单独完成的，甚至《历史与阶级意识》也不是历史上把黑格尔与马克思相联系的第一次尝试，"列宁在1914年—1916年流亡瑞士期间研究了黑格尔，并因此而成为20世纪第一个受到黑格尔重大影响的马克思主义者"⑤。在《哲学笔记》中，列宁离开了恩格斯把辩证法与自然规律结合起来的传统，而着力将辩证法与认识论统一起来，"形成一种辩证认识论"，这是"代表一种创造性的马克思主义认识论的黑格

---

① [美] 凯文·安德森：《列宁、黑格尔和西方马克思主义：一种批判性研究》，张传平译，南京大学出版社2012年版，第53页。

② [美] 杜娜叶夫斯卡娅：《马克思主义与自由》，傅小平译，辽宁教育出版社1998年版，第159页。

③ 《列宁全集》第55卷，人民出版社2017年版，第202页。

④ [美] 诺曼·莱文：《辩证法内部对话》，张翼星等译，云南人民出版社1997年版，第361页。

⑤ [美] 诺曼·莱文：《辩证法内部对话》，张翼星等译，云南人民出版社1997年版，第325页。

化的列宁主义"①。凯文·安德森也认为，《哲学笔记》"在经典马克思主义和新马克思主义之间构成了一个重要的但却通常被忽视的联结纽带。在格奥尔格·卢卡奇、卡尔·考茨基和安东尼奥·葛兰西的主要著作问世几年前，列宁就已经为通常被称作黑格尔主义的马克思主义奠定了基础"②。

西方"列宁学"发现了《哲学笔记》中列宁对辩证法的理解和认识有着深刻的变化，但这绝不意味着列宁最终走向黑格尔唯心主义辩证法，而是重新走向马克思实践的历史的辩证法。列宁在研读《逻辑学》之前是在普列汉诺夫等第二国际正统马克思主义理论逻辑的指引下来理解黑格尔的，对黑格尔总体上持基本否定的态度。后来读了《逻辑学》，特别是"概念论"部分之后，才意识到了黑格尔哲学的真正意义和作用，意识到了哲学与社会生活即历史的实践活动的内在联系。正是基于这样一种理论逻辑的内在转换，列宁不再是简单地用唯物主义批判唯心主义，而是自觉站到了马克思的历史辩证法的高度，甚至说道："不钻研和不理解黑格尔的全部逻辑学，就不能完全理解马克思的《资本论》，特别是它的第 1 章，因此，半个世纪以来，没有一个马克思主义者是理解马克思的!!"③ 因此，这并不像西方"列宁学"所说的那样，列宁是 20 世纪第一个黑格尔主义的马克思主义者，列宁所表达的并不是说黑格尔的逻辑学是马克思主义的前提，而是黑格尔辩证法的逻辑结构与马克思《资本论》中所运用的科学辩证法的内在关联。

第三，关于《哲学笔记》与列宁主义的形成。尼尔·哈丁认为："列宁1908 年关于唯物主义的著作几乎没有谈到辩证法，而他 1914 年对黑格尔的反思也只是一种个人的研究，并没有打算出版发行，直到 1928—1929 年才公开问世。在那之前，它们还没有在公开领域亮相，因而它不可能成为列宁主义意识形态的要素。"④ 与尼尔·哈丁没有充分意识到《哲学笔记》在列宁主义形成过程中所起的决定作用不同，杜娜叶夫斯卡娅则明确指认了列宁对黑格尔的研究之于列宁主义形成的奠基性作用："他的《黑格尔〈逻辑学〉

---

① ［美］诺曼·莱文：《辩证法内部对话》，张翼星等译，云南人民出版社 1997 年版，第 385 页。

② ［美］凯文·安德森：《列宁、黑格尔和西方马克思主义：一种批判性研究》，张传平译，南京大学出版社 2012 年版，第 4—5 页。

③ 《列宁全集》第 55 卷，人民出版社 2017 年版，第 151 页。

④ ［美］尼尔·哈丁：《列宁主义》，张传平译，南京大学出版社 2014 年版，第 261 页。

一书摘要》，则成了他此后一切严肃著作的哲学基础：从《帝国主义论》到1917年十月革命前夕写成的《国家与革命》，从他在革命期间所写的一切著作，到他的《遗嘱》，莫不如此。"① 凯文·安德森也指出："黑格尔笔记为列宁研究革命的辩证法提供了一种重要的概念支撑"②，"在指明资本主义国家集中的增长及其辩证法的对立面方面，在创立像苏维埃这样的来自下层群众直接的自我管理形式方面，列宁能够提出一种真正辩证的革命理论。我已经提出这至少是部分来源于他在《黑格尔笔记》中所阐发的主体性概念"③。

可以看出，正是《哲学笔记》的研究，使列宁摆脱了第二国际正统马克思主义的理论束缚，回到了马克思历史辩证法的理论领域，从而为帝国主义时代的马克思主义即列宁主义提供了哲学基础。因此，我们有着充分的理论依据来反驳西方"列宁学"那种否认《哲学笔记》在列宁主义形成过程中作用的观点，同时也要拒绝西方"列宁学"人为地制造列宁主义与马克思主义的对立，必须具体地历史地分析列宁哲学思想演进的内在逻辑及其进程。

三、思考题

1. 如何理解辩证法、认识论和逻辑学三者同一的思想？
2. 为什么说对立统一规律是辩证法的实质和核心？
3. 简述列宁关于辩证法要素和体系的构建。
4. 如何认识唯物辩证法与黑格尔唯心主义辩证法的联系和区别？
5. 如何看待西方"列宁学"对《哲学笔记》的解读？

---

① [美] 杜娜叶夫斯卡娅：《哲学与革命》，傅小平译，辽宁教育出版社 2000 年版，第 88 页。
② [美] 凯文·安德森：《列宁、黑格尔和西方马克思主义：一种批判性研究》，张传平译，南京大学出版社 2012 年版，第 161 页。
③ [美] 凯文·安德森：《列宁、黑格尔和西方马克思主义：一种批判性研究》，张传平译，南京大学出版社 2012 年版，第 220—221 页。

《国家与革命》导读

列宁的《国家与革命》是一部在马克思主义国家学说发展史上里程碑式的著作。书中通过大量的引证和事实阐明了马克思和恩格斯国家学说的基本观点，明确回答了国际无产阶级革命和俄国革命所提出的一系列重大问题，从理论与实践的结合上论述了无产阶级应该如何对待国家问题，批判了机会主义者和无政府主义者在国家问题上的荒谬观点，为国际无产阶级革命和俄国十月革命指明了胜利的航向。同时以俄国革命经验丰富和发展了马克思主义的国家观，尤其是关于无产阶级专政的学说，对世界无产阶级革命和政权建设具有重要指导意义。

一、主要内容

《国家与革命》详细地阐述了马克思主义关于国家问题的基本原理，有力地批判了机会主义在国家问题上错误。

（一）国家是阶级矛盾不可调和的产物，是统治阶级压迫被剥削阶级的工具

关于国家的本质，历史上有许多理解。在黑格尔看来，国家是伦理理念的实现。虽然资产阶级思想家和小资产阶级思想家认为有阶级矛盾和阶级斗争的地方就有国家，但是他们又认为国家是用来调和阶级矛盾的机关，"秩序正是阶级调和，而不是一个阶级对另一个阶级的压迫；抑制冲突就是调和，而不是剥夺被压迫阶级用来推翻压迫者的一定的斗争手段和斗争方式"[1]。虽然考茨基在理论上承认国家是阶级矛盾不可调和的产物，但是他

---

[1] 《列宁选集》第 3 卷，人民出版社 2012 年版，第 114 页。

忘记了被压迫阶级的解放就在于废除统治阶级建立的国家。在列宁看来，这些对国家的本质的认识都是错误的。他十分赞同恩格斯在其《家庭、私有制和国家的起源》一书中对国家本质的看法——"国家是承认：这个社会陷入了不可解决的自我矛盾，分裂为不可调和的对立面而又无力摆脱这些对立面。而为了使这些对立面，这些经济利益互相冲突的阶级，不致在无谓的斗争中把自己和社会消灭，就需要有一种表面上驾于社会之上的力量，这种力量应当缓和冲突，把冲突保持在'秩序'的范围以内；这种从社会中产生但又自居于社会之上并且日益同社会相异化的力量，就是国家"①。列宁认为："这一段话十分清楚地表达了马克思主义关于国家的历史作用和意义这一问题的基本思想。"② 在此基础上，列宁对国家的本质做了更为精练的概括："国家是阶级矛盾不可调和的产物和表现。在阶级矛盾客观上不能调和的地方、时候和条件下，便产生国家。反过来说，国家的存在证明阶级矛盾不可调和。"③ 正是社会中有这种不可调和的矛盾，才形成了与社会日益相异化的力量，即国家。而具体体现这种"异化"的，就是国家政权机构。在恩格斯看来，国家与氏族是两种性质上根本不同的社会关系。氏族是靠血缘来维系的，而国家是按地域划分的。国家产生以后，氏族成员自动的武装组织不再存在。构成国家这种社会权力的，不仅有武装的人，而且也有诸如监狱和强制机关之类的物质附属物，而这些东西以前在氏族社会并不存在。列宁完全赞同恩格斯的观点，并且认为随着资本主义向帝国主义过渡，国家这种从社会中分化出来并且凌驾于社会之上的权力会不断增强，如英、德两国垄断资本主义为争夺世界霸权而发动了第一次世界大战，将世界人民都拖入战争之中。在当今帝国主义时代，国家政权对社会一切力量的吞食已经到了极端的地步。

列宁认为，自古以来国家都是在经济上占统治地位的阶级的国家，是统治阶级用来剥削被压迫阶级的工具。在古代社会，国家是占有奴隶的公民的国家，是用来剥削奴隶的。在中世纪，国家是封建贵族的国家，是用来剥削农奴的。现代代议制国家是资产阶级的国家，是用来剥削雇佣工人的。即使

---

① 《马克思恩格斯文集》第 4 卷，人民出版社 2009 年版，第 189 页。

② 《列宁选集》第 3 卷，人民出版社 2012 年版，第 113—114 页。

③ 《列宁选集》第 3 卷，人民出版社 2012 年版，第 114 页。

在现代民主共和国，国家并没有超越各个阶级利益之上，仍然是资产阶级的国家。"但是这种民主制度始终受到资本主义剥削制度狭窄框子的限制，因此它实质上始终是少数人的即只是有产阶级的、只是富人的民主制度。资本主义社会的自由始终与古希腊共和国的自由即奴隶主的自由大致相同。由于资本主义剥削制度的条件，现代的雇佣奴隶被贫困压得喘不过气，结果都'无暇过问民主'，'无暇过问政治'，大多数居民在通常的平静的局势下都被排斥在社会政治生活之外。"①在恩格斯看来，资本家在民主共和国虽然是间接地但是可以更有效地发挥作用，途径有收买官吏或使政府和资本家结成联盟。列宁认为，在目前最民主的共和国中，帝国主义和银行资本家都已经学会了巧妙地运用这两种维护和实现资本家利益的方法，这是因为民主共和制是资本家实现其利益最好的政治外壳。这又是为什么呢？列宁认为，在民主共和国内，国家人员、机构和政党的任何更换都会保持国家权力的平衡，都不会使资本家的权力发生动摇。

（二）无产阶级必须用暴力才可以打碎资产阶级的国家机器

在《反杜林论》中，恩格斯提出了关于国家灭亡的著名论断："无产阶级将取得国家政权，并且首先把生产资料变为国家财产，但是这样一来，它就消灭了无产阶级的自身，消灭了一切阶级差别和阶级对立，……当国家终于真正成为整个社会的代表时，它就成为多余的了。当不再有需要加以镇压的任何社会阶级的时候，当阶级统治和根源于现代生产无政府状态的生存斗争以及由此产生的极端冲突行动都消失的时候，就不再有什么需要镇压了，也就不再需要国家这种实行镇压的特殊力量了。国家真正作为整个社会的代表所采取的第一个行动，即以社会的名义占有生产资料，同时也是它作为国家所采取的最后一个独立行动。那时，对人的统治将由对物的管理和对生产过程的领导所代替，国家不是被废除的，它是自行消亡的。"②列宁指出，恩格斯这段关于国家消亡的论断，常常被机会主义者做了断章取义甚至是无理歪曲的解释。在他们看来，恩格斯的论断，就是指所有国家包括资产阶级的国家都是自行消亡的，而且这个过程是缓慢的、和平的、平静的，不用经过

---

① 《列宁选集》第3卷，人民出版社2012年版，第189页。
② 《马克思恩格斯文集》第9卷，人民出版社2009年版，第297页。

任何暴力、风暴和革命。列宁认为，这是对马克思主义国家消亡论最流行也是最庸俗的解释，实质上是否认和谋杀革命。机会主义者的解释之所以是错误的，是因为他们没有看到恩格斯所讲的自行消亡的国家是无产阶级社会主义革命后的国家或者半国家，而资产阶级的国家是不会消亡的，必须用无产阶级的暴力革命来将其消灭。资本主义国家是少数资产阶级对亿万人民群众实行镇压的工具，社会主义革命就是以社会的名义来剥夺资产阶级的生产资料，这势必引起资产阶级的激烈反抗。在帝国主义时代，无论是君主制国家还是民主共和制国家，资产阶级的国家机器都会空前地完备和加强起来，这个时候只有通过暴力革命才可以打碎它。"消灭国家，也就是消灭任何有组织有系统的暴力，消灭任何加在人民头上的暴力。"①

列宁还引用恩格斯在《反杜林论》中关于暴力革命的作用的论述来证明：恩格斯不仅认为国家可以自行消亡，还提出要使用暴力革命打碎国家机器。在恩格斯那里，这两种观点都存在，但是这两种说法都有具体的所指，一个针对无产阶级的国家，一个针对资产阶级的国家。这两种看似矛盾的说法，恰恰有机地完整地结合在恩格斯的国家学说中，只是需要我们认真地去区别看待。机会主义者常常无原则或者诡辩式地将二者结合在一起，故意强调前者或者强调后者。在多数情况下，他们是强调国家自行消亡。社会沙文主义和考茨基主义就主要持这种观点。列宁认为，这恰恰是没有对恩格斯的国家学说作出完整准确的理解，只能导致折衷主义而不是辩证法。列宁最后总结了无产阶级暴力革命在打碎资产阶级国家机器中的必要性："资产阶级国家由无产阶级国家（无产阶级专政）代替，不能通过'自行消亡'，根据一般规律，只能通过暴力革命。恩格斯对暴力革命的颂扬同马克思的屡次声明完全符合，这种颂扬决不是'过头话'，决不是夸张，也决不是论战伎俩。必须系统地教育群众这样来认识而且正是这样来认识暴力革命，这就是马克思和恩格斯全部学说的基础。现在占统治地位的社会沙文主义流派和考茨基主义流派对马克思和恩格斯学说的背叛，最突出地表现在这两个流派都把这方面的宣传和鼓动忘记了。"②

---

① 《列宁选集》第3卷，人民出版社2012年版，第216页。
② 《列宁选集》第3卷，人民出版社2012年版，第127—128页。

（三）从资本主义向共产主义过渡，必须坚持无产阶级专政

马克思恩格斯早在《共产党宣言》中就指出，胜利后的无产阶级，"将利用自己的政治统治，一步一步地夺取资产阶级的全部资本，把一切生产工具集中在国家即组织成为统治阶级的无产阶级手里，并且尽可能地增加生产力的总量"①。在列宁看来，马克思恩格斯这里所讲的就是"无产阶级专政"，这是"马克思主义在国家问题上一个最卓越最重要的思想"②。无产阶级还不能废除国家，但是这个国家只是不断消亡的国家。无产阶级需要国家，这是因为既是用它来镇压剥削阶级的反抗，也要用它来领导广大人民群众调整社会主义经济。"国家即武装起来并组织成为统治阶级的无产阶级"③，"民主共和国是走向无产阶级专政的捷径。因为这样的共和国虽然丝毫没有对群众的压迫和阶级斗争但是他必然会使这个斗争扩大、展开。明朗化和尖锐化，以至一旦出现满足被压迫群众的根本利益的可能性，这种可能性就必然通过而且也只有通过无产阶级专政对这些群众的领导得以实现"④。

1852年，马克思在给魏德迈的信中讲了自己对阶级斗争学说的三点新贡献：（1）阶级的存在仅仅同生产发展的一定历史阶段相联系；（2）阶级斗争必然要导致无产阶级专政；（3）这个专政不过是消灭阶级和进入无阶级社会的过渡。列宁认为，马克思的新贡献构成了其国家学说的实质。这是因为仅仅承认阶级斗争还不足以体现出马克思与资产阶级思想家在国家问题上的根本区别，资产阶级某些思想家也承认阶级和阶级斗争的存在。在列宁看来，只有同时承认阶级斗争和无产阶级专政这两点的人，才可以算是真正的马克思主义者。这才是马克思主义者与小资产阶级者的真正区别，可以用这点检验是否真正理解马克思主义。机会主义仅仅在资产阶级关系范围内承认阶级斗争，不承认由资本主义向共产主义过渡的时期也有阶级斗争。在列宁看来，由资本主义社会向共产主义社会转变的过程，绝对不是平稳的、简单的和直接的，必须经过无产阶级专政，只有这条道路才可以粉碎资产阶级的

---

① 《马克思恩格斯文集》第2卷，人民出版社2009年版，第52页。
② 《列宁选集》第3卷，人民出版社2012年版，第129页。
③ 《列宁选集》第3卷，人民出版社2012年版，第167页。
④ 《列宁选集》第3卷，人民出版社2012年版，第173—174页。

反抗。无产阶级专政不是简单地扩大民主，还要剥夺压迫者和剥削者的自由，只有这样才可以最终将人类从被奴役的状态下解放出来。因此，这个时期的国家必须是对无产阶级和一般劳动者实行民主和对资产阶级实行专政，是新型的民主和新型的专政相结合。

（四）要使国家完全消亡，就必须有完全的共产主义

列宁指出，消灭国家是人类社会发展的必然趋势，消灭国家一般来说有两种形式，即暴力革命和自行消亡。由于国家类型不同，所以消灭国家的方式也不同。资产阶级国家是通过暴力革命的方式，无产阶级国家是通过国家自行消亡的方式。

一是通过暴力的方式消灭资产阶级国家，"以无产阶级革命来'消灭'资产阶级国家"[1] 时，通过暴力革命"消灭、摧毁、铲除"的"不是国家，而是'现代国家政权'，'现成国家机器'，首先是官吏和军队"[2]。

二是通过自行消亡的方式来消灭无产阶级国家。"无产阶级国家的消亡，即任何国家的消亡，只能通过'自行消亡'。"[3] 马克思恩格斯认为，共产主义社会不是一蹴而就的，而是必须不断地经历一个发展和完善的过程。在列宁看来，这种认识完全符合辩证法的规律和整个发展理论。

马克思在《哥达纲领批判》中提出未来共产主义社会包括两个阶段：第一阶段和高级阶段。在第一阶段，由于受到发展程度的限制，共产主义在经济方面、道德方面和精神方面还带有刚刚脱胎于其中的资本主义社会的痕迹。在这个阶段，生产资料归全社会所有，每个社会成员为社会完成一份劳动，从社会领取一份标志其工作量的证书，然后再从社会领取其所需要的东西。这表面上看是公平和平等，但是，这在马克思看来，还不是真正的公平和平等，这仍然是资产阶级的法权。这是因为，人们还没有学会无须任何社会法律规范就积极主动地为社会劳动。资本主义生产关系的彻底废除，并不是标志着共产主义的彻底建立。第一阶段的共产主义还不是完全的共产主义。在这个阶段上，共产主义还保留着资产阶级的法权，还需要没有资产阶

① 《列宁选集》第 3 卷，人民出版社 2012 年版，第 124 页。
② 《列宁选集》第 3 卷，人民出版社 2012 年版，第 183 页。
③ 《列宁选集》第 3 卷，人民出版社 2012 年版，第 128 页。

级的"资产阶级国家"。这是因为社会还需要国家这种外在性力量来保护生产资料公有制不受侵蚀，来保护劳动和分配方面的资产阶级平等的法权不受破坏。"在共产主义的'高级'阶段到来以前，社会主义者要求社会和国家对劳动量和消费量实行极严格的监督，不过这种监督应当从剥夺资本家和由工人监督资本家开始，并且不是由官吏的国家而是由武装工人的国家来实行。"① 在这个阶段，整个社会由工人来监督生产和分配，全体公民都成为国家这个大的辛迪加的职员。每个人都在正确的标准下同等地领取报酬。而且，这时的监督和计算是非常简单的，每个普通工人都可以胜任。在这种由大多数人进行的监督下，任何人都不逃避掉监督，整个社会将会成为一个生产和分配的管理处，成为一个平等劳动和分配的工厂。但是，这种国家绝对不是共产主义者最后的理想和终极目的，而只是为了彻底根除资本主义社会中存在的人剥削人的现象。在共产主义社会的发展上，我们也不应该抱有任何空想主义。"其实，无论在自然界或在社会中，实际生活随时随地都使我们看到新事物中有旧的残余。马克思并不是随便把一小块'资产阶级'权利塞到共产主义中去，而是抓住了从资本主义脱胎出来的社会里那种在经济上和政治上不可避免的东西。"② 只有到了共产主义的高级阶段，现代社会不平等最重要的根源——脑力劳动和体力劳动的对立已经消失，劳动已经成为人的第一需要。那时，共产主义社会遵循的分配原则是"各尽所能，按需分配"。劳动生产率已经有极大提高，物质资料已经极大丰富，人们的觉悟也有极大的提高，不会再用狭隘的眼光去斤斤计较，已经开始习惯于遵循公共生活的基本规则。那时，国家才会自然而然消失。

二、延伸阅读

（一）国内外学界关于《国家与革命》的研究

国内研究《国家与革命》开始于 20 世纪 20 年代，新中国成立之后，大致可以划分为两个阶段。一是改革开放之前，人们主要是从革命和阶级斗争

---

① 《列宁选集》第 3 卷，人民出版社 2012 年版，第 198—199 页。
② 《列宁选集》第 3 卷，人民出版社 2012 年版，第 200 页。

的视角来解读这本著作，形成了"国家—革命—专政"的阅读模式。国内学者为了使读者更好地理解这本著作，撰写了许多解读《国家与革命》的专著。二是20世纪80年代以来，面对中国改革开放中提出的经济发展和民主制度建设等问题，中国学者研究列宁思想的重心发生了转移，从先前研究列宁的革命理论转向了有关民主和经济建设的理论。面对改革中的问题，中国学者重新认识到列宁国家学说的意义，逐步思考与中国政治体制改革相关的上层建筑的问题，例如：如何发挥执政党和国家的作用；在市场条件下，我国该如何建设社会主义民主政治等问题。

在列宁看来，国家是阶级矛盾不可调和的产物，是统治阶级剥削广大人民群众的工具。历史上的国家分别是奴隶主、封建主和资产阶级的国家，是少数人内部享有的民主和对大多数人专政的结合。即使是资产阶级民主共和国，也是资产阶级剥削人民群众的工具。无产阶级专政第一次使广大人民群众享有了民主，并且对剥削阶级分子实行了专政，因此是一种新型的民主和新型的专政相结合的产物。这就告诉我们，在改革开放过程中要认清资本主义的实质，尤其要注意国内外各种资产阶级势力和各种敌对势力，因为西方资本主义国家从来没有放弃颠覆我们社会主义制度的企图，因此必须坚持四项基本原则，坚持人民民主专政。实践证明，人民民主专政是以中国的基本国情和实际情况为依据的，是中国特色社会主义政治制度的重要组成部分。我们在推进政治体制改革过程中，不能盲目迷信、照搬西方民主政治体制，认为它就是民主政治的终极形式。我们必须认识到世界上没有抽象的民主和自由，只有具体的、历史的和阶级的民主和自由，必须认清西方国家的资产阶级性质没有改变，他们的三权分立是作为统治阶级的资产阶级内部不同集团和派别之间的利益制衡和权力分工。三权分立虽然可以保证资产阶级内部之间的民主，但是没有一个派别可以保障人民群众的根本利益。我国在社会主义革命以后，人民群众在根本利益上是一致的，不存在根本利益不同的阶级和利益集团。中国特色社会主义民主是由人民民主专政从根本上来予以保障的。因此，我国没有三权分立存在的社会、经济和阶级基础。我们在推进政治体制改革过程中，必须坚持党的领导、人民当家做主和依法治国的统一。

当然，因为立场、视野、方法等的差异，国际国内的学者们对《国家与革命》也提出了一些不同的认识。一些西方"列宁学"学者把它曲解为"无政府主义的纲领"，认为该书中渗透着理想主义甚至乌托邦精神，与列宁的前后思想与行动不一致。针对这一观点，当代西方"列宁学"学者尼尔·哈丁认为，《国家与革命》与列宁的其他作品并不矛盾，该著作不是为未来的社会提供理论指导，而是提供连贯的方针政策，为建立社会主义的现实任务提供理论指导。还有一些学者认为，列宁的政治理论与马克思主义国家学说存在着矛盾之处，并非是一脉相承的关系。比如，美国学者诺曼·莱文就持这种观点，他认为列宁的政治理论存在着"两个理论黑洞：一是他没有对国家和市民社会投入足够的重视，二是他对马克思的治理原则视而不见"①。因为列宁生前无法看到马克思的部分著作，如《黑格尔的法哲学批判》、《詹姆斯·缪勒〈政治经济学原理〉一书摘要》等，从而忽视了国家与市民的区别，忽略了马克思的社会管理理论。此外，也有学者提出，列宁的《国家与革命》存在着对马克思恩格斯关于"打碎旧的国家机器"的严重误读。他们认为，"打碎旧的国家机器"的完整表述是"工人阶级不能简单地掌握现成的国家机器，并运用它来达到自己的目的"②，其原意是打造旧的国家机器，而列宁却认为"打碎旧的国家机器"就是全部破坏、粉碎的意思。对这些错误观点，我们要认真辨析、积极开展理论斗争。

（二）《国家与革命》对毛泽东《新民主主义论》的影响

《国家与革命》是毛泽东读过最早的一本列宁著作，其中阐明的马克思主义国家学说更是对毛泽东思想的形成产生了深远影响。在某种程度上，毛泽东的《新民主主义论》是《国家与革命》在逻辑、文本、文化层面的延续。③

从历史的逻辑上看，《国家与革命》的问世是为了使俄国摆脱国际国内环境的桎梏，在国际上，帝国主义的殖民战争与无产阶级的民族解放运动使得国家成为世界性的课题。在国内，资产阶级临时政府一方面紧紧跟随帝国主义所谓的"护国战争"，另一方面又发起镇压苏维埃政权的七月革命，这使得"俄国向何处去"成为俄国人民必须首先正视的问题。在此基础上，列

---

① ［美］诺曼·莱文：《列宁〈国家与革命〉再讨论》，林浩超译，吴昕炜校，载《武汉大学学报》（人文科学版）2013年第6期，第87页。

② 《马克思恩格斯文集》第3卷，人民出版社2009年版，第151页。

③ 高华梓：《建国前〈国家与革命〉汉译传播的研究——基于中国马克思主义发展史的视角》，中共中央党校博士学位论文，2017年，第98—106页。

宁基于 1905 年俄国革命和 1917 年俄国二月革命的经验，率先提出了以革命解读国家的新思路，这不仅从理论层面回答了"俄国向何处去"的问题，亦即以暴力革命手段推翻资产阶级临时政府，继而建立无产阶级政权，更重要的是从实践层面催生了俄国十月革命以及苏维埃共和国的诞生。相较之下，《新民主主义论》的问世则是历史逻辑的直接生发。从客观层面看，国民党理论家叶青发表《三民主义与社会主义》，鼓吹三民主义可以满足中国的一切要求，中国不需要社会主义了，中国共产党也就没有存在的价值了。面对这种非难，中国共产党不仅要解答一个"中国向何处去"的问题，而且要旗帜鲜明地亮明自己的立场和观点，《新民主主义论》的问世正是因应于此。从主观层面看，毛泽东之所以认定必须在这个关键时刻作出回顾与展望，这归因于中国共产党人在革命实践中的举棋不定。自 1921 年 7 月以来，中国共产党人接连遭遇了两次重大挫折，即大革命的失败和第五次反围剿的失利，究其原因，主要是由于我们既未能举起属于自己的旗帜，又未能形成一套属于自己的革命理论。正是基于这种主客观因素的考量，毛泽东才于 1940 年 1 月写就了《新民主主义论》这一理论名篇，而它既是中国共产党人对以往革命经验的总结，又是中国人民继续前行的指路明灯。概而言之，正是基于相同的问题意识——"国家向何处"，《新民主主义论》和《国家与革命》皆成为历史逻辑的先行者，而唯一不同的是，它们回答的是不同地域、不同时期的时代课题，在此意义上，可以说，它们皆是历史逻辑的同行者。

从文本的层面上看，《国家与革命》主要论述了两个问题，一是国家的阶级本质及其政治职能，二是以暴力革命推翻旧政权，继而建立无产阶级专政的必然性和可能性。这两个问题直接因应了俄国当时的现实逻辑，即如何看待资产阶级临时政府对内对外的政治行为，如何引领革命民众建立无产阶级专政的国家？由此可知，正是基于俄国胶着的政治现实，《国家与革命》这一实践文本才凸显了国家的阶级本质，以及以革命解读国家的基本理路。《国家与革命》在中国传播的过程，也是其原有结构重塑的过程，《新民主主义论》的问世则标志着《国家与革命》原有结构的解体，取而代之的是与中国实践关联的新结构。正是基于中国革命长期以来的经验以及现实发展的脉络，毛泽东摒弃了《国家与革命》所阐释的具体的文本框架，取而代之的是中国在新民主主义革命时期的实践框架，在此，国家的阶级本质退居其后，而其融合只能一跃而上，与之相应，在政治上，它不再是无产阶级专政，而是各革命阶级的联合专政；在经济上，进行减租减息的同时，也允许多种所有制存在；在文化上，让共产主义发挥思想界的引领作用，而非取代作用。在此基础上可以说，《新民主主义论》重构了《国家与革命》，而正是这种基于实践的重构让马克思主义国家学说永葆生机。

从文化的层面上看，作为无产阶级的革命圣经，《国家与革命》呈现的画面坚定、爆裂、深刻，这样一种浓烈的文风，深深植根于俄罗斯的文化，俄罗斯文化既受西方文明的影响，又受东方文明的制约，具有矛盾性、断裂性，这种文化特质影响了列宁的行文风格。此外，《国家与革命》的文风还契合了俄国工人阶级首屈一指的战斗性。如果说《国家与革命》表征出了俄国的文化传统，那么，《新民主主义论》则呈现出了中华传统文化的底色，并与作为主体的农民阶级的文化特质相契合。作为中国的国家和革命的行动指南，《新民主主义论》呈现的画面连续、形象、融合，毛泽东在书中还善于运用设问、比喻、典故等各种修辞手段，从而使革命的理论简单化、生动化和通俗化。在此基础上，可以说，不管是《国家与革命》抑或《新民主主义论》都是不同地域文化的产物，而这种演绎方式更是造就了马克思主义学说的在地化和大众化，从而使马克思主义国家学说在时空流转中不断绽放新的生机。

三、思考题

1. 如何认识列宁的国家观及其现实意义？
2. 如何认识列宁关于国家消亡的思想及其现实意义？

列宁晚年著作导读

1917 年 10 月，列宁领导俄国无产阶级推翻了资产阶级统治，在世界上建立了第一个社会主义国家。如何总结布尔什维克党带领无产阶级"夺取俄国"的革命经验？又如何在经济文化落后的条件下"管理俄国"，实现向社会主义的过渡和开展社会主义建设？这是布尔什维克党亟待解决的主要课题。作为无产阶级的领袖，列宁坚持把马克思主义的立场、观点、方法同俄国实际紧密结合起来，科学总结世界社会主义革命和千百万群众的实践经验，积极探索具有俄国特色的社会主义经济、政治和文化建设道路，撰写了《论粮食税》、《论合作社》、《论战斗唯物主义的意义》、《论我国革命》和《宁肯少些，但要好些》等一系列文章，不仅在新的历史条件下丰富和发展了马克思主义，而且为当代社会主义改革提供了理论指导和源头活水。

一、主要内容

（一）《论粮食税（新政策的意义及其条件）》

正如该文副标题所标示的那样，这是一篇为布尔什维克党在新的历史时期实行新政策进行理论论证的政论性文献。十月革命后，列宁提出了通过对生产、分配的计算与监督直接过渡到社会主义的经济构想。内战爆发后，俄共（布）开始实行以高度集权、行政命令、强制手段为主要特征的"战时共产主义"政策，把全部企业收归国有，在农村实行余粮收集制，由无产阶级国家直接管理产品的生产和分配，取消商品和货币关系，试图通过"直接过渡"的办法实现社会主义。实践表明，这种政策破坏了工农业的正常联系，阻碍了生产发展，导致经济和政治生活出现严重困难。为此，1921 年 3 月，俄共（布）第十次代表大会通过了《关于以实物税代替余粮收集制的报告》

的决议，果断停止"战时共产主义"政策，开始实施新经济政策。为了进一步从理论上阐述这一政策，回答广大干部群众的思想困惑，列宁于 1921 年 4 月撰写《论粮食税》一文，从理论和实践、生产力和生产关系、经济基础和上层建筑相统一的高度，论证了政策转变的客观基础以及新经济政策的内容、意义及条件等问题。

1. 关于过渡时期的经济成分以及发展国家资本主义的必然性

内战结束后，为何必须中止"战时共产主义"政策，实行新经济政策，由余粮收集制转向粮食税？这是当时党内外普遍关注的问题。为了澄清诸多模糊认识，列宁首先摘引了 1918 年发表的《当前的主要任务。论"左派"幼稚性和小资产阶级性》一文关于从资本主义向社会主义过渡的俄国经济成分以及国家资本主义的相关论述，阐述了实行粮食税的客观基础。

列宁分析指出，政策的制定必须要从客观存在的实际出发，特别是要从现有的经济基础出发。十月革命胜利后的俄国正处在向社会主义的过渡时期。就当时的经济成分而言，主要有宗法式的，即在很大程度上是自然的农民经济；小商品生产（包括大多数出卖粮食的农民）；私人资本主义；国家资本主义和社会主义。在这五种经济成分中，占优势的是小商品生产。这就意味着，当时的俄国社会是要在小农经济占优势的社会实现向社会主义的过渡。如何才能实现这一历史性的过渡？列宁具体分析了各种经济成分的特点，认为宗法式的农民经济、小商品生产和私人资本主义是抗拒走社会主义道路的，它们不可能赞同对产品的生产和分配实行全民的计算和监督，其固有的无政府状态也严重制约着社会生产的发展。相比较之下，国家资本主义则"是一个进步。如果国家资本主义在半年左右能在我国建立起来，那将是一个很大的胜利，那将极其可靠地保证社会主义一年以后在我国最终地巩固起来而立于不败之地"[①]。为此，俄国无产阶级政权必须利用国家资本主义来恢复和发展生产，同小私有者的无政府状态作斗争，从而保证通过最可靠的道路实现向社会主义的过渡。

2. 关于粮食税和国家资本主义的若干形式

通过对俄国 1921 年前后国民经济的客观分析，列宁形成了这样的政治判断，即"必须立刻采取迅速的、最坚决的、最紧急的办法来改善农民的生

① 《列宁选集》第 4 卷，人民出版社 2012 年版，第 489 页。

活状况和提高他们的生产力"①，因为只有经过这种办法才能做到既改善工人生活状况，又巩固工农联盟，巩固无产阶级专政。而要做到这些，就非认真改变粮食政策不可，这种改变就是用粮食税来代替余粮收集制，不再征集农民的全部余粮，而是以征税的方式，向农民收缴事先规定限额的粮食和其他农副产品，完税后的余粮和其他农副产品，农民可以自己支配、自由买卖，国家则用工业品去交换。粮食税的基本精神就是要利用一切办法和途径促进商品流转，实行贸易自由，打破工农业之间的堵塞，在大工业无法很快恢复的情况下发展农业和小工业。其实质"是从极度贫困、经济破坏和战争迫使我们所实行的特殊的'战时共产主义'向正常的社会主义的产品交换过渡的一种形式。而正常的社会主义的产品交换，又是从带有小农占人口多数所造成的种种特点的社会主义向共产主义过渡的一种形式"②。

列宁清醒地认识到，实行粮食税，允许自由贸易，小资产阶级和资本主义就会在一定程度上复活，这在千百万小生产存在的条件下是不可避免的。无产阶级政党不是去禁止或堵塞资本主义的发展，而要努力把这一发展纳入国家资本主义的轨道，促进无产阶级专政同国家资本主义的结合和并存，并在不久的将来把国家资本主义变成社会主义。他特别指出："同社会主义比较，资本主义是祸害。但同中世纪制度、同小生产、同小生产者涣散性引起的官僚主义比较，资本主义则是幸福。"③因此，当时的俄国必须充分利用国家资本主义作为小生产和社会主义之间的中间环节，作为提高生产力的手段、途径、方法和方式。当然，在俄国实行国家资本主义，其前提是无产阶级牢牢掌握着政权，牢牢掌握着运输业和大工业，拥有一支千锤百炼、坚强如钢、能够实行管理的先锋队。在文中，列宁还详尽地论述了国家资本主义的诸种形式，即租让制、合作制，国家通过支付商人佣金使他们推销国家货物和收购小生产者的产品，国家把国有企业、产区、土地租借给企业资本家等。

3. 关于反对官僚主义以及向专家和资本家学习

列宁分析指出，由于小生产者的分散性和涣散性，他们的贫困、不开

---

① 《列宁选集》第4卷，人民出版社2012年版，第500页。

② 《列宁选集》第4卷，人民出版社2012年版，第501页。

③ 《列宁选集》第4卷，人民出版社2012年版，第510页。

化，交通的闭塞，文盲现象的存在，缺乏工农业之间的流转，缺乏两者之间的联系和协作，当时的俄国开始滋生官僚主义。为了富有成效地与官僚主义作斗争，就必须非常注意工人和农民的需要以及他们经济建设的积极性、主动性，关心经济的振兴，提高劳动生产率，发展地方上农业和工业之间的流转，实行粮食税。在文章的"结束语"部分，列宁特别提到了发展农业和工业间的流转对克服官僚主义的极端重要性，认为"流转就是贸易自由，就是资本主义。它有助于克服小生产者的涣散性，并且在某种程度上也有助于同官僚主义作斗争。在这一限度内，流转对我们是有利的"①。为了活跃农业和工业之间的流转，必须坚决地发挥地方的首创精神和扩大他们的独立程度。广大共产党员要敢于和善于学习，特别是向那些有知识的专家和有组织大企业经验的资本家学习。为了学习要不惜破费，只要能学到东西就行。聪明的共产党员应该少争论些字眼，多研究些实际经验，不要像鹦鹉学舌那样简单地背诵经典作家的论断而不了解其中的意义，要以实践经验来检验每一个人的学习成绩。

《论粮食税》一文启示我们，执政党对任何政策的制定和完善，必须坚持唯物史观的基本立场、观点和方法，具体分析现阶段的经济成分的多样性特点、生产力的发展水平以及人民群众的文化素质等客观实际，搞清楚国家经济社会发展的具体阶段及其特征，在此基础上才能实现马克思主义基本原理同各国实际的紧密结合，制定出符合客观实际和人民群众需求的科学的路线、方针和政策。

（二）《论战斗唯物主义的意义》

这是一篇著名的哲学文献，在马克思主义哲学发展史中具有重要地位。在革命和建设进程中，列宁始终高度重视哲学的党性原则，突出唯物主义的战斗品格，勇于和善于开展同各种错误思潮的斗争。十月革命胜利后，在俄共（布）领导下，苏维埃建立了专门研究机构，收集、整理和出版马克思恩格斯和列宁的主要著作，在许多大学开设了马克思主义课程，培养理论队伍，创办了一批刊物，加强思想理论宣传和建设。但是创办于1922年初的党刊《在马克思主义旗帜下》却没有明确提出马克思主义者在哲学和社会科

---

① 《列宁选集》第4卷，人民出版社2012年版，第524页。

学领域的战斗任务。列宁认为，作为党刊，必须旗帜鲜明地展开意识形态领域的斗争，坚定不移地揭露和批判当今一切"僧侣主义的有学位的奴仆"，抵制资产阶级思想、唯心主义哲学的侵袭，永不疲倦地进行无神论的宣传和斗争，促使亿万人民群众摆脱愚昧无知状态。为此，他于1922年3月12日撰写了《论战斗唯物主义的意义》这一理论檄文。

1. 共产党员要同党外的彻底唯物主义者结成联盟

列宁开宗明义地指出，为了完成伟大的革命事业，共产党员和党外的彻底的唯物主义者必须结成联盟，包括同"18世纪即资产阶级还是革命阶级时期的资产阶级代表人物结成联盟"，否则"就无异是背叛了马克思主义和唯物主义"①。共产党人作为先进阶级的革命家，在一切重大的革命工作中发挥着先锋队的作用。然而，仅仅依靠共产党人自身并不能顺利地完成各项革命事业。列宁分析指出："如果共产党员（以及所有成功地开始了大革命的革命家）以为单靠革命家的手就能完成革命事业，那将是他们最大最危险的错误之一。恰恰相反，要使任何一件重大的革命工作得到成功，就必须懂得，革命家只能起真正富有生命力的先进阶级的先锋队的作用，必须善于实现这一点。先锋队只有当它不脱离自己领导的群众并真正引导全体群众前进时，才能完成其先锋队的任务。"②因此，在社会主义革命和建设进程中，共产党员必须与自己领导的群众相互结合，建立紧密的联盟。只有这样，才能真正引导全体群众进步，共产党员也才能在其中发挥先锋队的作用，而共产主义建设的伟大事业也才能顺利进行。

在革命胜利后，列宁之所以明确提出要建立共产党员同非党的彻底的唯物主义者的联盟，主要原因是基于对当时俄国社会实际特别是思想实际的全面慎重的考虑。列宁具体分析说，一方面，俄国社会长期受到宗教有神论的影响，即使在革命胜利后，这种影响也广泛存在，因为受到真正俄罗斯式官僚主义的一般环境的压抑，无神论的宣传工作做得非常软弱无力，非常不能令人满意；另一方面，在俄国的社会思想中又存在着以车尔尼雪夫斯基、普列汉诺夫等人为代表的坚实的唯物主义传统，特别是大量存在着非共产党员的无神论者、唯物主义者。这些非党的唯物主义者反对哲学上的反动，反对

---

① 《列宁选集》第4卷，人民出版社2012年版，第650页。
② 《列宁选集》第4卷，人民出版社2012年版，第646页。

各种哲学偏见，特别是坚决反对宗教僧侣主义，他们的思想闪耀出真理的光芒。列宁还具体考察了 18 世纪末战斗无神论者的文献，认为这些文献唤醒了人们的宗教迷梦。因此，为了卓有成效地开展意识形态领域的斗争，俄国无产阶级政党首先必须要把这些文献翻译和出版出来，在人民中间进行广泛的传播，从而"唤起最落后的群众自觉地对待宗教问题，自觉地批判宗教"①。

为了进一步说明同非党的彻底的唯物主义者结成联盟的必要性，列宁具体阐发了马克思主义教育同一切唯物主义教育的相互关系，揭示了思想教育中一个具有普遍意义的论点。他明确指出："一个马克思主义者如果以为，被整个现代社会置于愚昧无知和囿于偏见这种境地的亿万人民群众（特别是农民和手工业者）只有通过纯粹马克思主义的教育这条直路，才能摆脱愚昧状态，那就是最大的而且是最坏的错误。应该向他们提供各种无神论的宣传材料，告诉他们实际生活各个方面的事实，用各种办法接近他们，以引起他们的兴趣，唤醒他们的宗教迷梦，用种种方法从各方面使他们振作起来。"②

根据上述认识，列宁认为，作为党的理论刊物，《在马克思主义旗帜下》必须承担起两个任务：它"首先应该是一个战斗的刊物"，坚定不移地揭露和追击当今一切僧侣主义的有学位的奴仆，突出杂志的战斗性、革命性；"其次，这个杂志应该是一个战斗的无神论的刊物"③。它必须不倦地进行无神论的宣传和斗争，要密切注意用各种文字出版的一切有关文献，把这方面一切多少有些价值的东西翻译出来，这要比那些仅靠转述马克思主义的枯燥无味的文字要"适合千百倍"。

2. 战斗唯物主义者要同现代自然科学家结成联盟

列宁指出："战斗唯物主义为了完成应当进行的工作，除了同没有加入共产党的彻底唯物主义者结成联盟以外，同样重要甚至更重要的是同现代自然科学家结成联盟。"④之所以如此，原因之一在于"这些人倾向于唯物主义，敢于捍卫和宣传唯物主义，反对盛行于所谓'有教养社会'的唯心主义和怀

---

① 《列宁选集》第 4 卷，人民出版社 2012 年版，第 649 页。

② 《列宁选集》第 4 卷，人民出版社 2012 年版，第 648—649 页。

③ 《列宁选集》第 4 卷，人民出版社 2012 年版，第 647—648 页。

④ 《列宁选集》第 4 卷，人民出版社 2012 年版，第 651 页。

疑论的时髦的哲学倾向"①；原因之二在于自然科学领域经历着急剧的变革，提出了一系列重大问题并由此产生了大大小小的反动的哲学流派。这不仅表明自然科学无论如何离不了哲学结论，而且也表明必须要吸收自然科学家参加哲学领域的工作，帮助他们找到自然科学革命所提出的种种哲学问题的解答。"不解决这个任务，战斗唯物主义决不可能是战斗的，也决不可能是唯物主义。"②列宁分析指出，为了同自然科学领域的各种错误思想作斗争，自然科学家应当做一个现代唯物主义者，做一个以马克思为代表的唯物主义的自觉拥护者，做一个辩证唯物主义者。历史和现实的无数事实证明："任何自然科学，任何唯物主义，如果没有坚实的哲学论据，是无法对资产阶级思想的侵袭和资产阶级世界观的复辟坚持斗争的。"③

那么，如何才能做一个辩证唯物主义者？列宁提出，应该特别注意从唯物主义观点出发对黑格尔辩证法作系统研究，也就是研究马克思在《资本论》及各种历史和政治著作中实际运用的辩证法。列宁根据自己学习、研究和运用黑格尔辩证法的实际经验强调指出，要系统掌握黑格尔的辩证法是很困难的一件事，在这过程中难免会犯错误。但是，只有什么事也不做的人才不会犯错误。要学习、研究和运用辩证法，就要在杂志上登载黑格尔的著作的节录，用唯物主义观点加以解释，并举马克思运用辩证法的实例，以及现代史尤其是现代帝国主义战争和革命提供的非常之多的经济关系和政治关系方面辩证法的实例。列宁甚至希望《在马克思主义旗帜下》成为"黑格尔辩证法唯物主义之友协会"。

在文章的最后，列宁提出，马克思主义的杂志必须要勇于和善于同伪科学作斗争。伪科学的布道者高举科学与民主的大旗，实则攻击布尔什维克党和苏维埃政权，为西方的资产阶级民主摇旗呐喊。列宁通过对发表于《经济学家》杂志上的《论战争的影响》一文的剖析，一针见血地揭露和批判了那些所谓的"科学"。列宁认为，俄国无产阶级有本领夺得政权，但是还没有学会利用这个政权。在无产阶级专政的社会主义国家，共产党人在大力进行经济建设的同时，还必须努力巩固政权，建立和发展以马克思主义为指导的

---

① 《列宁选集》第4卷，人民出版社2012年版，第651页。

② 《列宁选集》第4卷，人民出版社2012年版，第651页。

③ 《列宁选集》第4卷，人民出版社2012年版，第651—652页。

社会主义思想文化。

《论战斗唯物主义的意义》一文启示我们，在推进马克思主义哲学时代化、大众化、民族化的进程中，必须敢于揭露和批判各种错误的社会思潮，坚持问题导向，从最广大人民群众的根本需求和思想实际出发，自觉地批判继承人类思想史上的一切优秀文化成果，以现代科学技术的最新成果和生活实践为根基，既有所因循又不断创新，切实解决人民群众的思想困惑，坚定走中国特色社会主义的道路自信、理论自信、制度自信和文化自信。

（三）《论合作社》

自实施新经济政策以来，俄国经济社会得到快速发展。但是，在具体实践中也出现了轻视作为新经济政策主要内容之一的合作社的现象。一些人对合作社注意得不够，没有看到合作化对于俄国经济社会发展所具有的不可估量的意义，不能正确认识俄国合作社的社会性质，也没有找到发展合作社进而促进社会变革的有效途径，在具体实践中不能给予合作社发展以有力的支持。为此，列宁分别于 1923 年 1 月 4 日和 6 日在病榻上口授了《论合作社》一文。在总结新经济政策的实践经验的基础上，集中阐述了合作社的意义、性质、类别以及发展合作社的具体措施等，探索了落后国家建设社会主义的具体路径，提出了有关社会主义建设的一系列重大观点。

1. 关于发展合作社的意义

列宁开宗明义地指出："我们对合作社注意得不够"[1]，"在我国，人们还轻视合作社"[2]。而新经济政策的具体实践证明，合作社无论对于俄国还是世界社会主义建设都具有非常重大的意义。列宁具体分析指出，在世界社会主义发展史上，如何把私人利益和共同利益结合起来是过去许多社会主义者碰到的绊脚石。如罗伯特·欧文等人曾设想通过合作社实现从资本主义向社会主义的过渡，以为只要实行居民合作化就能使阶级敌人变为阶级朋友。他们没有估计到阶级斗争、工人阶级夺取政权、推翻剥削者阶级的统治这样的根本问题，因此他们的和平改造方案只能是一种幻想。而俄国的新经济政策是在已经推翻了剥削者统治的政治基础上展开的具体实践，与旧日合作社工作

---

① 《列宁选集》第 4 卷，人民出版社 2012 年版，第 767 页。

② 《列宁选集》第 4 卷，人民出版社 2012 年版，第 768 页。

者的幻想完全不同。在国家政权掌握在工人阶级手中，绝大部分生产资料掌握在国家手中的前提下，合作社可以成为工农之间、城乡之间结合的纽带，促使无产阶级和千百万小农、极小农结成联盟，保证无产阶级对农民的领导；合作社可以成为私人利益和国家对私人利益检查和监督二者结合的一种有效形式，避免由于新经济政策的实施带来的资本主义在流通领域的复活，找到把私人利益和共同利益结合起来的有效路径；特别是，合作社并不是一种复杂的组织形式，它是缺少文化的俄国农民可以理解和具体操作的简便易行的过渡到新制度的切实有效的方法。因此，合作社是工人阶级带领农民，在工农联盟的基础上走向社会主义的现实途径，它对于落后国家建设社会主义具有巨大的、不可估量的意义。

2. 关于俄国合作社的性质及其发展措施

在具体揭示合作社的伟大意义的基础上，列宁进一步探讨了合作社的性质以及发展的具体措施等问题，根据制度的不同区分了现实生活中不同类型的合作社。

列宁指出，在资本主义国家条件下，合作社是集体的资本主义机构。而在俄国当前的经济现实中，也出现了合作企业的问题，它是将私人资本主义企业同彻底的社会主义类型的企业相连接而出现的第三种企业。判别这种合作企业的性质，需要区分不同情况。在私人资本主义的条件下，合作企业与资本主义企业不同，前者是集体企业，后者是私人企业；在国家资本主义的条件下，合作企业与国家资本主义企业不同，合作企业首先是私人企业，其次是集体企业；而在苏维埃政权条件下，合作企业与私人资本主义企业不同，合作企业是集体企业，但如果它占用的土地和使用的生产资料属于国家即工人阶级，那就与社会主义企业没有区别。正是由于这一点，合作社在工人阶级掌握国家政权和全部生产资料的条件下，"往往是同社会主义完全一致的"[1]，"合作社的发展就等于社会主义的发展"[2]。列宁在这里揭示了合作社在苏维埃政权下的社会主义集体性质，从而清除了发展合作社的思想障碍。

列宁指出，要发展合作社，必须采取一系列有力措施，它们包括：其一，政策上，尤其是财政政策上优待合作社。列宁认为，"任何一种社会制

---

① 《列宁选集》第 4 卷，人民出版社 2012 年版，第 772 页。

② 《列宁选集》第 4 卷，人民出版社 2012 年版，第 773 页。

度，只有在一定阶级的财政支持下才会产生"①。因此要"使它能一般地、经常地享受一定的优待（如银行利息的高低等等），而且要使这种优待成为纯粹资财上的优待。贷给合作社的国家资金，应该比贷给私人企业的多些，即使稍微多一点也好，甚至和给重工业等部门的一样多"②，"在经济、财政、银行方面给合作社以种种优惠"③。其二，探索奖励合作社及其工作者的方式。列宁认为，苏俄已经达到"让所有小农都参加这项建设（即社会主义建设）"的"台阶"却"绝少利用它"。④因此，要采取奖励措施引导农民参加合作社，检查农民参加的自觉性、质量等情况，同时探索出能够帮助合作社、培养文明工作者的方式。其三，提高全体民众的文化水平。列宁指出，虽然合作社简便易行，但农民现有的文化水平也是难以胜任的。为此，必须发展文化教育，促使全体居民文明到能够明白参加合作社的一切好处并积极地参加进去，这需要整整一个历史时代。就参加合作社的全体居民而言，最基本的要求是人人识字、有足够见识、能读书看报。"现在全部问题在于，要善于把我们已经充分表现出来而且取得完全成功的革命气势、革命热情，同（这里我几乎要说）做一个有见识的和能写会算的商人的本领（有了这种本领就足以成为一个优秀的合作社工作者）结合起来。"⑤

3. 关于社会主义的根本看法

既然合作社的发展就等于社会主义的发展，既然发展合作社需要花费一整代的时间提高广大人民群众的文化水平，由此列宁合乎逻辑地得出结论认为：现在"不得不承认我们对社会主义的整个看法根本改变了。这种根本的改变表现在：从前我们是把重心放在而且也应该放在政治斗争、革命、夺取政权等等方面，而现在重心改变了，转到和平的'文化'组织工作上去了"⑥。这段话集中体现了列宁对社会主义革命和建设的根本认识。在他看来，在社会主义革命时期，无产阶级政党的工作重心毫无疑问是致力于通过政治斗争组织群众、带领群众夺取国家政权，推翻剥削者的统治，为此，俄国革命者

① 《列宁选集》第4卷，人民出版社2012年版，第769页。
② 《列宁选集》第4卷，人民出版社2012年版，第769页。
③ 《列宁选集》第4卷，人民出版社2012年版，第770页。
④ 《列宁选集》第4卷，人民出版社2012年版，第768页。
⑤ 《列宁选集》第4卷，人民出版社2012年版，第770页。
⑥ 《列宁选集》第4卷，人民出版社2012年版，第773页。

整整奋斗了几十年。十月革命胜利后，俄国开始转入社会主义现代化建设时期，由于国际和国内、主观和客观、历史和现实等一系列条件的制约，俄国的现代化建设相对于革命而言更不容易，呈现出革命容易建设难的时代特点，因为旧俄国遗留下来的落后的生产力和文化水平，是无法跨越的。列宁曾形象地描绘说：俄国的社会主义建设就像"攀登一座还没有勘察过的非常险峻的高山"，"在这里既没有车辆，也没有道路，什么也没有，根本没有什么早经试验合格的东西！"[①] 为此，布尔什维克党作为俄国的执政党必须充分利用无产阶级掌握政权、国家掌握大部分生产资料这一有利的政治和经济基础，大力发展生产力，提高劳动生产率，这是苏维埃全部工作的中心。合作社作为建立工农联盟的纽带，为俄国发展生产力、提高人民生活水平提供了切实有效的路径，因此必须要大力建设。但是在这过程中，文化的落后、素质的低下又成为发展合作社、文明经商、提高劳动生产率的最大障碍。正是基于这一考虑，列宁得出了要将党和国家的工作重心转移到文化工作上去的判断。

在列宁看来，"和平的'文化'组织工作主要完成两个划时代的任务：一是改造从旧时代接收过来的简直毫无用处的国家机关；二是在农民中进行文化工作，开展文化革命。这种文化工作"就其经济目的来说，就是合作化。要是完全实现了合作化，我们也就在社会主义基地上站稳了脚跟"[②]。但是"没有一场文化革命，要完全合作化是不可能的"[③]，不仅如此，"只要实现了这个文化革命，我们的国家就能成为完全社会主义的国家了"[④]。当然，要实现文化革命是异常困难的，需要"发达的物质资料的生产"、"相当的物质基础"、一定的文化水平等，尤其是要提高人数众多的农民的文化水平，这需要整整一个历史时代。列宁特别提出，在这个历史时代，要善于把革命气势、革命热情同做一个有见识的和能写会算的商人即"文明商人"的本领结合起来，因为有了这种本领就足以成为一个优秀的合作社工作者。而当时的俄国农民距离文明商人还远得很，因为他们"现在是按亚洲方式做买卖，但

---

① 《列宁选集》第 4 卷，人民出版社 2012 年版，第 637—638 页。

② 《列宁选集》第 4 卷，人民出版社 2012 年版，第 773 页。

③ 《列宁选集》第 4 卷，人民出版社 2012 年版，第 773 页。

④ 《列宁选集》第 4 卷，人民出版社 2012 年版，第 774 页。

是要成为一个商人，就得按欧洲方式做买卖"①。为此，布尔什维克党要加倍努力、不懈奋斗。

《论合作社》一文的发表，标志着以列宁为代表的布尔什维克党人在社会主义建设的问题上，明确了以合作社为主要枢纽，逐步确立社会主义经济在多种经济成分中的主体地位，引导千百万农民走上社会主义的建设道路。它启示我们，为了在落后的物质文化基础上实现向社会主义的过渡，必须寻找一种适合本国国情的合作社形式。其基本特点是联合者自主经营且与商品市场密切联系，善于利用商品货币关系和市场机制，而且其社会性质是社会主义的。合作社的发展具有艰巨性、长期性和曲折性的特点，在推行的过程中要遵循自愿原则，要努力为发展合作社奠定坚实的物质技术基础和精神文化基础，使它成为广大农民感到简便易行、乐于接受的走上社会主义建设道路的桥梁。

（四）《论我国革命（评尼·苏汉诺夫的札记）》

十月革命胜利后，国内外对其评价出现尖锐分歧。十月革命是一场"悲剧"、一种"错误"还是马克思主义的胜利？是历史发展的偶然还是必然？形成一场世界性的大争论。1922 年年底和 1923 年年初，在病床上的列宁阅读了苏汉诺夫的《革命札记》第三、四卷，并在 1923 年 1 月 16、17 日，分两次口述了《论我国革命》一文。在文中，列宁将马克思主义哲学与世界历史实际、俄国国情结合起来，科学总结了十月革命的新鲜经验，从一般和特殊，偶然和必然，经济、政治和文化辩证统一的理论视角，阐述了俄国革命的历史必然性和合理性，对第二国际和孟什维克代表人物否定俄国革命的论调进行了坚决斗争，是列宁晚年病重期间所撰写的一篇重要哲学论文。

1. 世界历史发展是一般性和特殊性的辩证统一

一开篇，列宁即以嘲讽的口气揭露了考茨基、苏汉诺夫等人在革命和历史发展问题上的迂腐之气。在伯恩施坦和考茨基等人看来，按照马克思的"经济分析"的方法，在经济和文化十分落后的俄国通过革命建立起来的只能是一个注定要夭折的"早产儿"；而俄国学者苏汉诺夫也在《革命札记》一书中指责列宁缺乏对俄国社会主义革命的客观经济基础的分析，抛弃了马

---

① 《列宁选集》第 4 卷，人民出版社 2012 年版，第 770 页。

克思的经济分析的传统，认为在世界社会主义革命尚未来临之前，俄国不可能凭一己之力实现社会主义革命的胜利。列宁分析指出，这些人自称是马克思主义者，但是他们却一点也不理解"马克思主义中有决定意义的东西，即马克思主义的革命辩证法"①，他们完全不理解马克思说的"在革命时刻要有极大的灵活性"的直接指示。列宁认为，要对俄国革命的历史必然性和时代价值作出科学分析，就必须从哲学世界观和方法论的高度入手，运用马克思主义唯物辩证法这一活的灵魂。

在人类认识史中，马克思恩格斯第一次揭示了社会发展的客观规律，并探讨了人类走向社会主义的一般规律。但是他们对自己在西欧发现的历史进程的价值，从来都持十分谨慎的态度，强调各个国家和民族在实现历史发展的一般规律时，应坚持一般和特殊的辩证统一，立足自己的特殊性，具体问题具体分析。考茨基、苏汉诺夫等人虽然承认历史发展的客观规律性，认为社会主义革命需要具备一定的客观经济前提，但是他们学究气十足，只是满足于空谈"一般规律"，把一些理论教条背得烂熟，用简单、机械的进化观点看待历史发展，忽视了历史发展的特殊性。受这种形而上学方法的影响，自然就得出结论认为俄国"还没有成长到实行社会主义的地步"，"俄国的生产力还没有发展到可以实行社会主义的高度"。列宁认为，考茨基、苏汉诺夫等人提出的"俄国还没有实行社会主义的客观的经济前提"的论点，在西欧社会民主党发展时期是无可争辩的，在当时也是很有益处的。但是他们却把这一论点变成了万古不变的金科玉律，"他们根本不相信任何这样的看法：世界历史发展的一般规律，不仅丝毫不排斥个别发展阶段在发展的形式或顺序上表现出特殊性，反而是以此为前提的"②。列宁的这一论述，既肯定了世界历史发展的一般规律性，又特别强调规律的一般性要通过各个国家和民族的特殊性表现出来，要以个别发展阶段在发展形式上的特殊性为前提。因此，要实现世界历史发展的一般规律，就必须更多地研究各个国家和民族的特殊性，而不是把西欧各国的革命道路当作固定不变的教条。只有这样，才是真正坚持了马克思的革命辩证法。

2. 俄国革命是历史必然性和唯物辩证法的胜利

---

① 《列宁选集》第4卷，人民出版社2012年版，第775页。

② 《列宁选集》第4卷，人民出版社2012年版，第776页。

　　列宁认为，运用马克思的唯物辩证法考察俄国革命的历史进程，可以发现，这场革命所走的道路不同于欧洲其他国家，它是同第一次帝国主义世界大战相联系的，是同帝国主义时代俄国的具体特点密切相关的。这种特殊性决定了它的新特征，同时又体现了世界历史发展的一般规律，俄国走上社会主义道路具有历史的必然性，是唯物辩证法的胜利。

　　首先，俄国革命"是和第一次帝国主义世界大战相联系的革命。这样的革命势必表现出一些新的特征"①。第一次世界大战是一场前所未有的战争，它在一定程度上改变了世界各国以及各阶级之间的原有关系。即使在战争之后，最富有国家的资产阶级也没有能够调整好国家之间、阶级之间的相互关系。特别是战争使得广大人民群众身处毫无出路的处境之中，他们只能奋起反抗，挺身而出，开展积极的斗争，这种斗争"至少获得某种机会去为自己争得进一步发展文明的并不十分寻常的条件"②。就此而言，俄国革命具有历史必然性。其次，俄国的特殊性决定了革命的必然性。列宁分析指出，俄国是个介于文明国家和初次被这场战争最终卷入文明之列的整个东方各国之间的国家，所以俄国可能表现出而且势必表现出某些特殊性。在革命之前，它是一个军事封建帝国主义国家，是帝国主义时代各种矛盾的集合点，是欧洲的火药桶，也因此成为整个帝国主义链条中最薄弱的环节，革命的客观条件较为成熟。不仅如此，俄国资产阶级的力量非常软弱，而无产阶级政党则表现出了理论和实践上的成熟性，加上帝国主义战争造成的革命形势，因此，"像俄国这样的国家，开始社会主义革命，自然要比先进国家容易得多"③。俄国的这些特殊性使得俄国革命表现出了与西欧各国革命的不同特点，革命的实质是用与西欧其他一切国家不同的方法来创造发展文明的根本前提。但是，这些特殊性并没有超越和改变世界发展的总路线。俄国没有经过资本主义充分发展阶段走上社会主义道路，这是世界历史发展中的一般性和特殊性、民族性和世界性的辩证统一，对其他国家的革命具有重大的指导意义。它表明，一个国家的社会发展愈来愈取决于该国人民对世界历史进程的自觉把握。最后，东方其他国家的革命会比俄国革命带有更多的特殊性。列宁指

---

① 《列宁选集》第4卷，人民出版社2012年版，第776页。

② 《列宁选集》第4卷，人民出版社2012年版，第777页。

③ 《列宁全集》第37卷，人民出版社1986年版，第372页。

出，不仅俄国的特殊性使得俄国革命不同于西欧各国的革命，而且在那些人口众多、社会情况极其复杂的东方各国，它们所具有的特殊性更多更新，因此这些国家的革命就带有更为丰富多样的特征。

3. 俄国革命是"用与西欧其他一切国家不同的方法来创造发展文明的根本前提"①

列宁认为，在帝国主义时代，无产阶级面临着革命与建设的双重任务。十月革命使社会主义从理论变为现实，接踵而来就要解决在经济文化落后的俄国如何更好地通向社会主义和建设社会主义的问题。在马克思主义看来，社会主义是比资本主义更优越、更发达、更文明的社会，而"建立社会主义需要有一定的文化水平"②，"为了建立社会主义就需要文明"③。但是，当时的俄国是一个生产力落后、文盲充斥的国家，在这样的基础上是无法建成社会主义的。那么，如何才能通向社会主义和建设社会主义？如何才能更好地促进生产发展和文化建设？列宁认为，俄国的特殊性决定它需要采取与西欧其他一切国家不同的方法，也就是首先用革命的手段，建立工农政权和苏维埃制度，驱逐地主和资本家，为发展生产、提高文明水平创造前提条件，在这基础上开始走向社会主义。当然，这是一项非常艰巨而漫长的任务，更加需要立足俄国国情，把马克思主义同俄国的具体实际紧密结合起来，逐渐实现马克思主义的俄国化。"新经济政策"的实践探索以及晚年关于社会主义建设的理论反思，标志着列宁及其领导的布尔什维克党在如何通向社会主义和如何建设社会主义的问题上取得了重大的成果，为落后国家的社会主义革命和建设留下了宝贵的财富。

《论我国革命》一文启示我们，在错综复杂的历史进程中，一定要遵循历史辩证法，坚持矛盾分析，不断探索历史的复杂性。随着苏东的解体，十月革命后列宁曾经遭遇的问题再一次被世人尖锐地提出，十月革命是历史的必然还是历史的误会？是人类的灾难还是社会主义的胜利？历史辩证法告诉我们，历史的客观规律并不表现为"纯粹的一般"，历史进程取决于具体的历史环境，因此必须要具体问题具体分析。俄国十月革命具备了相对比较成

---

① 《列宁选集》第 4 卷，人民出版社 2012 年版，第 777 页。

② 《列宁选集》第 4 卷，人民出版社 2012 年版，第 777 页。

③ 《列宁选集》第 4 卷，人民出版社 2012 年版，第 778 页。

熟的客观条件和主观条件，这些条件促使俄国实现了一定程度上的跳跃式发展。但是，正如列宁所说，在经济文化落后的国家，社会主义实践将是"开始容易，继续困难"。如何在夺取俄国的基础上管理俄国、发展俄国，这个任务不仅重要，而且更为艰巨，必须要创造性地把马克思主义基本原理同本国的具体实际紧密结合起来，不断探索社会主义现代化的建设道路。

（五）《宁肯少些，但要好些》

作为苏维埃政权的缔造者，晚年的列宁十分关心党和国家政治制度的改革问题，因为它直接关系到"在我国这种小农和极小农的生产条件下，在我国这种经济破坏的情况下，我们能不能支持到西欧资本主义国家发展到社会主义的那一天"[①]，关系到党的巩固和发展，关系到国家的公共权力是否能够永远为人民服务而避免官僚化。为此，自1922年12月23日至1923年3月2日，病床上的列宁连续口授了《给代表大会的信》、《我们怎样改组工农检查院（向党的第十二次代表大会提出的建议）》以及《宁肯少些，但要好些》等一组文章，提出了关于党和国家政治制度改革的一系列重要意见和建议，创造性地回答了改革党和国家政治制度的原则、措施、方法、意义等诸多重大问题。

1. 关于改革国家机关的原则

文章开篇，列宁即开宗明义地提出了提高质量这一改革国家机关的根本原则。他指出："在改善我们国家机关的问题上，我认为工农检查院不应当追求数量和急于求成。直到现在，我们还很少考虑和关心我们国家机关的质量，所以，理所当然应该关心特别认真地提高它的质量，把具有真正现代素质的人才，即同西欧优秀人才相比并不逊色的人才集中到工农检查院里来。"[②] 列宁具体分析说：一方面，要勇敢地承认"我们国家机关的情况，即使不令人厌恶，至少也非常可悲"[③]，他甚至认为"再没有比我们工农检查院这个机关办得更糟的机关了"[④]，因此必须首先认真考虑怎样来克服它的缺

---

① 《列宁选集》第4卷，人民出版社2012年版，第795页。
② 《列宁选集》第4卷，人民出版社2012年版，第784页。
③ 《列宁选集》第4卷，人民出版社2012年版，第784页。
④ 《列宁选集》第4卷，人民出版社2012年版，第787页。

点；另一方面，要清醒地看到，"这里最有害的就是急躁。最有害的，就是自以为我们总还懂得一点什么，或者总还有不少人能用来建立真正新的机关，名副其实是社会主义的、苏维埃的机关"①。列宁分析指出，包括国家机关在内的任何政治制度都有与其相适应的文化、习惯等相配套，因此消灭旧制度的缺点需要同克服旧文化的弊端相适应，而新制度的建立和完善更需要与高水平的文化、高素质的人才相匹配。然而，当时的俄国用来建立国家机关的只有两种人，一种是一心为社会主义奋斗的工人，但是他们缺乏建立优秀机关所必需的文化修养；另一种受过教育和训练的人，但他们又少得可怜。培育这样的人才需要整整一代人的时间，因此，"在国家机关问题上，根据过去的经验我们现在也应当得出这样的结论：最好慢一些"②，"我们应该遵守一条准则：宁可数量少些，但要质量高些"③。很显然，列宁这里所说的"数量"和"质量"不仅指的是国家机关的机构，更指的是组成机构的人员。

2. 关于改革国家机关的措施

为了提高国家机关及其工作人员的质量，列宁在文中以工农检查院的改革为例，从多个角度提出了具体的设想。根据机构定位，工农检查院作为一个重要的人民委员部是改善国家机关的工具，但它"现在没有丝毫威信"④。对它的改革需要从以下几方面入手：

其一，学习、学习、再学习。由于国家机关工作质量的提高直接取决于相关人员的文化素质、能力水平，因此列宁指出："为了革新我们的国家机关，我们一定要给自己提出这样的任务：第一是学习，第二是学习，第三还是学习，然后是检查，使我们学到的东西真正深入血肉，真正地完全地成为生活的组成部分，而不是学而不用，或只会讲些时髦的词句。"⑤首先是要向书本学习，从经验中学习。为此，列宁提出要通过"发征稿启事，争取写出两本或更多的关于组织一般劳动、特别是管理方面的劳动的教科书"⑥，供大家学习。要研究中央监察委员会或工农检查院同事们所取得极其辉煌胜利的

① 《列宁选集》第4卷，人民出版社2012年版，第785页。
② 《列宁选集》第4卷，人民出版社2012年版，第784页。
③ 《列宁选集》第4卷，人民出版社2012年版，第786页。
④ 《列宁选集》第4卷，人民出版社2012年版，第787页。
⑤ 《列宁选集》第4卷，人民出版社2012年版，第786页。
⑥ 《列宁选集》第4卷，人民出版社2012年版，第789页。

奇案录，甚至可以学习他们"某种半玩笑式的手法，某种巧计，某种花招或诸如此类的东西"①；其次是要向国外学习，派几个有学问的切实可靠的人到德国或英国去搜集图书和研究相关问题，学习借鉴他们的先进管理经验；最后，同业务工作结合起来学习。列宁分析指出："有些人怀疑：把学习和业务结合起来是否合适？我觉得不但合适，而且应该。"②只有这样才能提升工农检查院工作人员展开监督工作的本领，在改革各项关系的同时，破除因循守旧的官僚习气。

其二，严格考核、培训工农检查院的职员。列宁认为，要提高工农检查院的工作质量，就要将真正具有现代素质的人才，即同西欧优秀人才相比并不逊色的人才集中进来。为此，必须用完全特殊的办法，经过极其严格的考核来挑选职员。其中，对于吸收进来的工人共产党员，应该对其进行长期的培养以使其更好地掌握工作方法和胜任工作任务；对于作为助手的秘书人员，任用之前必须再三审查；对于要破例立刻委派为工农检查院职员的公职人员，要符合几名共产党员联名推荐、通过国家机关的有关考试、能够紧密配合工作等条件。同时，成立一个委员会来草拟工农检查院职员候选人和中央监察委员会委员候选人的考试初步纲要，成立一个筹备委员会来物色中央监察委员会委员的候选人，以便将具有多种素质和不同优点的人集中到该机构中。

其三，合并党的监察机关与苏维埃的监察机关。列宁认为，十月革命以来相关制度的运行实践证明，应该把党的机关和苏维埃机关结合起来，这样才能提高机关的工作效率，克服苏维埃官僚和党官僚。在布尔什维克党执政的过程中，政治局始终保留着从党的角度讨论一系列重大问题的传统，积累了许多好的经验。苏维埃机关和党的机关的这种灵活的结合，成为政策的巨大力量的泉源。例如，外交人民委员部从一开始就将两者结合起来并且这种结合也产生了极大的好处。而工农检查院本来就是为一切国家机关而设的，其活动应毫无例外地涉及所有一切国家机构，无一例外。对于活动范围这样广，又需要活动方式非常灵活的机关，必须要用特殊的形式把党的监察机关和苏维埃的监察机关合并起来，这种结合是顺利工作的唯一保证。

---

① 《列宁选集》第4卷，人民出版社2012年版，第791页。
② 《列宁选集》第4卷，人民出版社2012年版，第793页。

3.关于改革国家机关的意义

为什么在十月革命胜利不久，改革国家机关的任务就开始凸显出来？对于这一问题，列宁从国际与国内、历史和现实、经济和政治等多个角度进行了较为全面深入的分析。他指出，在苏维埃共和国内，社会制度是以工人和农民这两个阶级的合作为基础的，共和国的命运归根到底将取决于农民群众是和工人阶级一道走，忠实于工人阶级的联盟，还是让新资产阶级把他们和工人拆开，使他们和工人分裂。从当时的国内现实看，通过摧毁资本主义工业、中世纪设施、地主的土地占有制以及其他革命工作成果，俄国的小农、极小农愿意跟着工人阶级一道走，但是依靠这种信任并不容易支撑到社会主义革命在比较发达的国家中取得胜利。特别是，由于国际资本主义列强的干预和破坏，导致俄国的新制度没有能够大踏步地前进，以充分发挥出社会主义制度的巨大优越性并极大地巩固工农联盟；由于现有的国家机关实质上是从旧制度继承下来的，在短时期内，在战争、饥饿等条件下，没有条件进行彻底的改造，于是不可避免地出现了愈趋严重的党官僚和苏维埃官僚的问题，党的建设本身也因为制度体制不健全存在着分裂的危险。由此，列宁向全党发出警告："现在，我们面临这样一个问题：在我国这种小农和极小农的生产条件下，在我国这种经济破坏的情况下，我们能不能支持到西欧资本主义国家发展到社会主义的那一天呢？"[1] 在这样的形势下，必须不断致力于革新我们的国家机关，"应当努力建成这样一个国家，在这个国家里工人能够保持他们对农民的领导，保持农民对他们的信任，并通过大力节约把自己社会关系中任何浪费现象的任何痕迹铲除干净"[2]。只要通过改革国家机关，保持工人阶级对农民的领导，就能够"从一匹马上跨到另一匹马上，就是说，从农民的、庄稼汉的、穷苦的马上，从指望破产的农民国家实行节约的马上，跨到无产阶级所寻求的而且不能不寻求的马上，跨到大机器工业、电气化、沃尔霍夫水电站工程等等的马上"[3]，从而把国家机关建立在大机器工业的基础之上，建立在不断提高文化水平和能力素质的劳动者的基础之上。列宁指出，这就是

---

① 《列宁选集》第4卷，人民出版社2012年版，第795页。
② 《列宁选集》第4卷，人民出版社2012年版，第797页。
③ 《列宁选集》第4卷，人民出版社2012年版，第797页。

现阶段布尔什维克党的总计划，而关于工农检查院的改革正是同这一总计划密切相连的。

《宁肯少些，但要好些》一文启示我们，任何制度体制的建立决不能凭空而生，社会主义革命胜利后产生的国家政权同样继承了以往旧制度的诸多特点，这是由一系列主客观条件所决定的。随着实践的不断发展，党和国家的制度体制安排也需要相应地作出改善、调整甚至变更以更好地适应新的发展需求。实践永无止境，制度和体制的改革也永无止境。同时又必须清醒地认识到，制度和体制改革是一项漫长而艰巨的工程，要以适应国情和提高质量为根本准则，不能急于求成、急躁冒进。

二、延伸阅读

以《论粮食税》、《论合作社》、《论战斗唯物主义的意义》、《论我国革命》和《宁肯少些，但要好些》为主，包括《新经济政策和政治教育委员会的任务》、《论黄金在目前和社会主义完全胜利后的作用》、《政论家札记》、《给代表大会的信》、《关于民族或"自治化"问题》、《日记摘录》、《我们怎样改组工农检查院》等文章在内的列宁晚年著作，是当代国际国内列宁思想研究中的前沿和重大问题。自文章发表以来，先后进行过三次历史性的大论战。第一次是 20 世纪二三十年代，争论焦点是苏维埃俄国应该走什么道路以及如何走等问题，当时的苏共领导人斯大林、托洛茨基、布哈林等人围绕集体化、工业化等问题展开了激烈的争论，并对列宁晚年著作的思想作了不同的解读；第二次是 20 世纪五六十年代，从苏共二十大开始，列宁晚年著作的思想被当作批判斯大林个人崇拜的理论武器；第三次是 20 世纪 80 年代后，为了在理论和实践层面深化对世界社会主义改革的认识，学者们开始重新探寻列宁晚年著作的思想深蕴和现实价值问题，形成了一大批较有影响的论著和文章。其中的著作主要包括：杨承训、余大章的《新经济政策理论体系——论列宁对社会主义经济的再认识》，商德文等编的《列宁的新经济政策学说》，沈志华的《历史的启示——苏联新经济时期农村经济（1921—1930)》、《新经济政策与苏联农业社会化道路》，王东的《改革之路的真正源头》、《系统改革论——列宁遗嘱，苏联模式，中国道路》，俞良早的《列宁后期思想探要》，高继文的《新经济政策理论研究》，黄立茀、马龙闪等著的《新经济政策时期的苏联社会》，郑异凡的《新经济政策的俄国》等。这些论著从不同角度挖掘、梳理和提炼了列宁晚年著作中包含的经济建设、政治建设、文化建设和党的建设等方面的重要思想，从理论和实际、历史和现实相统一的角度探讨了列宁晚年著作的时代背景、主要内涵、精神实质、基本特征、思想方法、时代价值等一系列重大问题，深化了对列宁晚年著作的认识。

当然，不可否认的是，在如何认识列宁晚年著作的问题上，也存在着各种各样的倾向和思潮。如一些西方学者就认为，列宁的晚年著作缺乏一以贯之的系统理论，缺乏哲学支撑；列宁晚年的政策实践和理论思考背离了十月革命的理想目标；列宁的晚年著作表明他是一个"机会主义狂"，他的一些设想仅仅是权宜之计，是为了满足个人的权力之争；列宁晚年的建设道路与斯大林时期形成的苏联模式有着不可分割的内在联系；如此等等。这表明，如何把握列宁晚年著作的精神实质和时代价值仍然是一个极为重大的理论课题。为此，既需要深入历史，精研原著，客观再现当时俄国和列宁所遭遇的时代课题，所展开的思想逻辑，所作出的路径选择，又需要面向当代、面向世界、面向未来，不断地再认识列宁晚年提出的问题、解决的问题和遗留的问题，在对经典的不断的再认识中积极回应时代提出的新课题。为此，首先需要明确的是，列宁晚年著作所要解决的基本问题是什么？这是判断列宁晚年著作的思想实质、时代价值的理论基础。如果说，十月革命解决了如何"夺取俄国"的问题，那么在列宁看来，继之而来的就是巩固政权和"管理俄国"的课题。相比"夺取俄国"而言，"管理俄国"的使命更艰巨、更漫长。建设和管理的具体实践使列宁清醒地认识到，与马克思恩格斯当年的设想不同，俄国不是在资本主义充分发展的基础上实现向社会主义的过渡，而是在经济文化落后、资本主义缺乏充分发展的小农国家中，首先运用暴力革命的政治手段夺取政权，解决了"夺取俄国"的问题。因此，接踵而至的就是要在经济文化落后的小农国家解决如何向社会主义过渡、怎样建设社会主义的问题，这是列宁晚年全部理论和实践活动的中心，也构成了列宁晚年著作的逻辑主题。

围绕这一中心问题，列宁的晚年著作构成了一个主题突出、内容丰富、方法科学的有机整体。就世界观和方法论层面而言，它始终坚持马克思主义的人民立场，坚定贯彻马克思主义的党性原则，倡导发扬"战斗唯物主义"

的革命品质，强调一切从变化了的客观实际出发，具体问题具体分析，致力于实现马克思主义基本原理和本国具体实际的紧密结合，通过创造性地实践、制定和落实体现人民根本意愿，符合客观实际，遵循现代化发展规律的路线、方针和政策。就俄国的经济和社会建设而言，它立足俄国多种经济成分并存而小农经济占主导的具体实际，深刻总结了"战时共产主义"政策的经验教训，充分借鉴了世界现代化建设的一般经验，不失时机地实现了工作重心的转移，积极推行"新经济政策"，变"直接过渡"为"迂回过渡"，发展商品经济，鼓励自由贸易，加强农业和工业之间的流转，建立合作社，发展国家资本主义，强调利用物质刺激、精神激励等各种手段充分调动每一个劳动者个体的生产积极性，提高劳动生产率，形成了落后国家建设社会主义的经济战略构想。就俄国的政治和党的建设而言，它始终强调坚持党的领导和无产阶级专政的重要性，始终坚持人民当家做主的根本原则，提出并实施了包括改革苏维埃机关、克服官僚主义、发展社会主义民主、加强工农检查监督等内容的政治建设的战略构想。强调党和国家的制度体制安排既要注重结构性问题，特别是党的机构和政府机构的关系问题，注意克服形形色色的官僚主义现象；也要关注顺序和节奏问题，不能急于求成、急躁冒进，要以适应国情和提高质量为根本准则。政治体制改革要与文化建设相配套，通过不断的学习提高各级机关工作人员的素质和能力；要与现代化经济建设相配套，在大机器工业和社会化生产的基础上不断完善党和国家的制度和体制，并反过来促进经济、社会和文化的发展。就俄国的思想文化建设而言，它赋予文化革命以极为重要的地位，强调俄国的经济和政治建设必须要建立在文化发展的基础之上。他一再重申，广大干部群众要学习学习再学习，尽快扫除文盲现象，只有在充分学习和借鉴人类一切优秀文化成果的基础上才能建设社会主义和共产主义；要善于学习，包括向资本家学习经商的本领，学会按欧洲方式做买卖，要在同实践的紧密结合中学习，做到融会贯通；要加强思想理论战线的建设，善于做一个战斗的唯物主义者，勇于开展同各种错误思潮的斗争，大力加强共产主义道德建设，培育社会主义新人，提高广大人民群众的精神文化水平，形成了关于社会主义文化建设的战略构想。对于上述经济、政治、文化建设等层面的战略设计，国内有学者将其称为"建设社会主义道路的列宁构想"，认为它包含三个相互支撑的理论支点，即国家调节下的新型市场经济，无产阶级政党领导下的新型民主政治，马克思主义指导下的新型文明建设①。

作为整体的关于落后国家建设社会主义的列宁构想，应该说还只是初具雏形，它针对当时俄国的中心问题提出了粗线条的解决思路、政策设计，还没有能够在理论上系统深入地回答时代课题，也缺乏实践层面上全面彻底的贯彻落实，故此也遗留下了众多的问题。面对一个需要漫长的历史时代才能解决的异常困难且极为复杂的历史课题，列宁已经很好地完成了作为历史人物所承担的历史使命。他的所思所行，为当代社会主义改革和现代化建设提供了科学的方法论指引，成为后来世界社会主义改革的历史源头和理论渊源。正如邓小平所言："社会主义究竟是个什么样子，苏联搞了很多年，也并没有完全搞清楚。可能列宁的思路比较好，搞了个新经济政策，但是后来苏联的模式僵化了。"②当前，中国特色社会主义进入了新时代，社会越发展，我们面临的矛盾不是越来越少，而是越来越多；不是越来越简单，而是越来越复杂，在经济、政治、文化、社会和生态等各个领域，我们面临着一系列结构性的、长期性的、艰巨性的复杂矛盾。分析和解决这些矛盾，需要向列宁学习，坚持马克思主义的世界观和方法论，在不断面向实践、面向未来、面向世界的过程中创造性地探索建设社会主义的具体道路，发展 21 世纪的马克思主义，推进社会的全面进步。

三、思考题

1. 如何认识新经济政策的具体内容和精神实质？

2. 如何把握列宁"两个联盟"的思想及其对我国意识形态建设的启示？

3. 如何理解列宁合作社思想的提出背景、具体内涵及时代价值？

4. 如何认识俄国十月革命的历史必然性与合理性？

5. 列宁改革国家机关的理论对我国深化政治体制改革有何启示？

---

① 参见王东：《系统改革论——列宁遗嘱，苏联模式，中国道路》，吉林人民出版社 2014 年版。

② 《邓小平文选》第三卷，人民出版社 1993 年版，第 139 页。

《实践论》导读

　　《实践论》创作于 1937 年 7 月，是毛泽东系统阐述马克思主义认识论的著作。在这部著作中，毛泽东紧密结合中国革命的经验，系统阐释了实践在人类认识过程中的重要地位和作用，并具体分析了人类认识发展的辩证过程，科学揭示了认识运动的总规律，即主观与客观、理论与实际的具体的历史的统一。基于此，毛泽东揭露了当时中国共产党内主观主义，特别是教条主义错误的认识论的根源，丰富和发展了马克思主义的认识论。

一、主要内容

　　《实践论》的副标题是"论认识和实践的关系——知和行的关系"，这也是整部著作的主要线索与理论主旨。毛泽东以认识与实践、知与行的具体的历史的统一为基本内核，对马克思主义认识论作了精要的解读，并揭示了它在具体革命实践中的重要作用。

（一）关于实践在认识过程中的地位与作用

　　列宁曾强调："生活、实践的观点，应该是认识论的首要的和基本的观点。"[①] 19 世纪前叶，马克思恩格斯第一次把科学的实践观引入自己的哲学体系，创立了马克思主义的科学世界观方法论，实现了人类认识史上的伟大变革。他们把自己称作"实践的唯物主义者"，突出马克思主义哲学的实践性特征。

　　文章开篇，毛泽东就对实践的内容和形式作出了完整的概括。毛泽东指出："马克思主义者认为人类的生产活动是最基本的实践活动，是决定其他

---

① 《列宁全集》第 18 卷，人民出版社 2017 年版，第 144 页。

一切活动的东西。"① 同时，他补充道："人的社会实践，不限于生产活动一种形式，还有多种其他的形式，阶级斗争，政治生活，科学和艺术的活动，总之社会实际生活的一切领域都是社会的人所参加的。"② 这就是说，社会实践的内容是极其丰富的，领域是非常广泛的，形式是多种多样的。这其中，尤以阶级斗争最引人深思，因为在阶级社会中，任何一种认识都被"打上阶级的烙印"③。毛泽东的这个判断，揭示了社会实践最重要的内容，使实践作为哲学基本概念的内涵更加丰富、深刻和具体。

紧接着，毛泽东从四个方面着重讨论了实践和认识之间的关系。

首先，实践是认识的基本来源。毛泽东指出，人的认识主要依赖于物质的生产活动，具体表现在两个方面：其一，在对自然的认识上，在生产活动中，人们逐渐地了解自然的现象、自然的性质、自然的规律性、人和自然的关系，这些认识，离开生产活动是不可能得到的。其二，在对人自身（即社会）的认识上，人们通过在生产活动中形成一定的生产关系，从事生产活动，以解决人类物质生活问题，从而形成了对人和人之间关系的认识。从这两方面看，都说明实践是人的认识发展的基本来源。

其次，实践是认识发展的根本动力。毛泽东指出，人类社会的生产活动是一步一步地由低级向高级发展，因此，人们的认识，不论是对于自然界方面，还是对于社会方面，也都是一步又一步地由低级向高级发展，即由浅入深、由片面到全面的发展。例如，在很长的历史时期内，大家对于历史本身的理解都很片面，这一方面是由于剥削阶级的偏见经常歪曲历史，另一方面则由于生产规模的狭小限制了人们的眼界。因而，只有伴随生产力高速发展，也就是在大工业和近代无产阶级出现的时代，人们才能够对于社会历史的发展作出全面的认识。而这一认识的结果，正是马克思主义的科学。

再次，实践是检验认识的真理性的标准。毛泽东强调，人们要想得到工作的胜利，即得到预想的结果，一定要使自己的思想符合客观世界的运动规律，否则就会在实践中失败。人们经过失败之后，也就从失败中取得教训，改正自己的思想使之适合于外界的规律性，人们就能变失败为胜利，所谓

---

① 《毛泽东选集》第一卷，人民出版社 1991 年版，第 282 页。

② 《毛泽东选集》第一卷，人民出版社 1991 年版，第 283 页。

③ 《毛泽东选集》第一卷，人民出版社 1991 年版，第 283 页。

"失败乃成功之母"、"吃一堑长一智",就是这个道理。因而,他指出:"辩证唯物论的认识论把实践提到第一的地位,认为人的认识一点也不能离开实践,排斥一切否认实践重要性、使认识离开实践的错误理论。"① 也就是说,检验认识或理论是否是真理,不是依据主观上觉得如何,而是依据客观上的实践结果而定。因此,真理的标准只能是社会的实践。

最后,毛泽东在后文详细论述认识发展的过程中,又强调了一点:实践是认识发展的最终目的。马克思在《关于费尔巴哈的提纲》中指出:"哲学家们只是用不同的方式解释世界,问题在于改变世界。"② 毛泽东也认为:"马克思主义的哲学认为十分重要的问题,不在于懂得了客观世界的规律性,因而能够解释世界,而在于拿了这种对于客观规律性的认识去能动地改造世界。"③ 可以说,改变世界,既是人类认识的最终目的,也是马克思主义哲学的最终目的。如果有了正确的理论,只是把它空谈一阵,束之高阁,并不实行,那么再好的理论也是镜中花、水中月,没有实际意义。而马克思主义之所以看重理论,"正是,也仅仅是,它能够指导行动。"④

当然,毛泽东同志在强调社会实践的重要性的同时,并没有否认学习书本和接受间接知识的重要性,关键在于要正确认识和处理间接经验和直接经验的关系,即"知"和"亲知"的关系。正如毛泽东所言:"秀才不出门,全知天下事……在技术发达的现代虽然可以实现这句话,然而真正亲知的是天下实践着的人。"⑤

(二)关于人类认识发展的辩证过程

通过对实践和认识之间关系的深入考察,毛泽东继而论述了人类认识发展的辩证过程,即在社会实践的基础上,从感性认识上升到理性认识,从理性认识回到革命实践,这就是认识过程的两个阶段、两次能动的飞跃("突变"⑥)。在此基础上,通过实践与认识的多次反复、彼此推进,最终实

① 《毛泽东选集》第一卷,人民出版社1991年版,第284页。
② 《马克思恩格斯文集》第1卷,人民出版社2009年版,第502页。
③ 《毛泽东选集》第一卷,人民出版社1991年版,第292页。
④ 《毛泽东选集》第一卷,人民出版社1991年版,第292页。
⑤ 《毛泽东选集》第一卷,人民出版社1991年版,第287页。
⑥ 《毛泽东选集》第一卷,人民出版社1991年版,第285页。

现认识的逐渐完善。

1. 从感性认识到理性认识的飞跃

毛泽东用较多的篇幅说明感性认识和理性认识及其辩证统一关系，并继而阐发了认识过程的第一次飞跃。所谓感性认识，是对于事物的片面的、现象的和外部联系的认识，属于感觉和印象的阶段。① 所谓理性认识，是对于事物全体的、本质的、内部联系的认识，属于概念、判断和推理的阶段。② 感性认识是认识的低级阶段，理性认识是认识的高级阶段，二者在实践的基础上统一起来。这其中包含两个方面：

一方面，理性认识依赖于感性认识。这就启示我们：无论人要认识什么事物，除了同那个事物接触，是没有其他办法的。例如，毛泽东指出，人们不能在封建社会就预知资本主义的规律，也不能在资本主义预知未来社会的规律。③ 因为超越时代的东西无法感知，也就无法认识。毛泽东在此还讽刺那些"知识里手"，自以为读了几本书就是天下第一，其实他们没有认识到感性认识与直接经验的重要性，不懂得"不入虎穴焉得虎子"的道理。相同的道理，毛泽东又用无产阶级对资产阶级的认识，中国人民对帝国主义的认识，作战指挥对战争规律的认识等案例④ 做了说明。归根结底，毛泽东强调："理性的东西所以靠得住，正是由于它来源于感性，否则理性的东西就成了无源之水，无本之木，而只是主观自生的靠不住的东西了。"⑤

另一方面，感性认识又有待于发展到理性认识。感性认识虽然是人们对世界的最初认识，但并不是最准确的认识，反而在很多时候是靠不住的。因而，在现实生活中，我们才有这样的体验："感觉到了的东西，我们不能立刻理解它，只有理解了的东西才更深刻地感觉它。"⑥ 反之，如果有人陷入感性认识中无法进步，那就是犯了"经验论"的错误，因为他们没有看到感性认识虽然是真实的，但也是表面的、片面的，没有反映事物的本质，有待发展到理性认识。在此基础上，毛泽东指出实现由感性认识到理性认识的飞

---

① 《毛泽东选集》第一卷，人民出版社 1991 年版，第 285 页。
② 《毛泽东选集》第一卷，人民出版社 1991 年版，第 285—286 页。
③ 《毛泽东选集》第一卷，人民出版社 1991 年版，第 286 页。
④ 《毛泽东选集》第一卷，人民出版社 1991 年版，第 288—289 页。
⑤ 《毛泽东选集》第一卷，人民出版社 1991 年版，第 290 页。
⑥ 《毛泽东选集》第一卷，人民出版社 1991 年版，第 286 页。

跃必须具备两个基本条件：一是感觉的材料十分丰富和合于实际，而不是零碎不全或某种错觉；二是必须经过思考作用，将丰富和感觉材料加以去粗取精、去伪存真、由此及彼、由表及里的改造制作工夫。① 从感性认识到理性认识，人们逐步认识到了客观事物的内部矛盾，把握客观事物的规律性，也就实现了第一个飞跃。

2. 从理性认识到革命实践的飞跃

毛泽东特别强调理性认识回到革命实践，即认识过程的第二次飞跃的伟大意义。他认为，在实践基础上从感性认识能动地发展理性认识，是认识过程的第一个飞跃。但是，"辩证唯物论的认识运动，如果只到理性认识为止，那末还只说到问题的一半。而且对于马克思主义的哲学说来，还只说到非十分重要的那一半。"②"认识的能动作用，不但表现于从感性的认识到理性的认识之能动的飞跃，更重要的还须表现于从理性的认识到革命的实践这一个飞跃。"③

从认识过程上看，理性认识并不是认识过程的完成，它必须回归社会实践。这也就解释了，许多自然科学理论、社会科学理论，包括马克思主义理论，它们之所以被称为真理，不但在于科学家们创立了这些学说，更在于它们能够被后来的科学实践和革命实践所证明。从认识目的上看，认识世界的目的是改造世界，理性认识只有回到改造世界的实践中去，才能够达到指导人们能动地改造世界的实践活动的最终目的，并且只有回到实践中去才能得到检验和发展。

毛泽东指出，人类认识的历史告诉我们，许多理论的真理性是不完全的，必须经过实践的检验而纠正其错误。所以，从理性认识到革命实践的飞跃，既是理论指导实践的过程，也是在实践中检验理论和发展理论的过程，是整个认识过程的继续。正是在这个意义上，毛泽东同志认为认识过程的第二次飞跃比第一次飞跃更重要，意义更伟大。

3. 认识过程的多次反复和无限发展

认识从实践中来，又到实践中去，如果能够在实践中达到预期的结果，

---

① 《毛泽东选集》第一卷，人民出版社 1991 年版，第 291 页。

② 《毛泽东选集》第一卷，人民出版社 1991 年版，第 292 页。

③ 《毛泽东选集》第一卷，人民出版社 1991 年版，第 292 页。

那么对这一具体过程的认识运动就算完成了。但是，一般说来，要获得对一个具体事物的正确认识，往往需要经过由实践到认识，又由认识到实践多次的反复才能达到。这是一条非常重要的认识规律。

为什么人的认识必须要经过反复不断的修正？这里有两层含义。

第一，人们在认识的过程中，常常受到来自许多方面的限制。其中，主要受到客观事物发展过程的客观条件和人的认识能力、知识水平、价值诉求等主观条件的限制。毛泽东指出："在这种情形之下，由于实践中发现前所未料的情况，因而部分地改变思想、理论、计划、方案的事是常有的，全部地改变的事也是有的。即是说，原定的思想、理论、计划、方案，部分地或全部地不合于实际，部分错了或全部错了的事，都是有的。许多时候须反复失败过多次，才能纠正错误的认识……"① 因而，要获得一种正确的认识，往往需经过由实践到认识、由认识到实践的多次反复，在反复中经过成功和失败的比较，不断总结经验，纠正错误，坚持真理，最后才可能得到。

第二，事物本身是发展变化的，因而人的认识也应该不断地发展变化，以适应客观实际。正如毛泽东所言："当某一客观过程已经从某一发展阶段向另一发展阶段推移转变的时候，须得善于使自己和参加革命的一切人员在主观认识上也跟着推移转变，即是要使新的革命任务和新的工作方案的提出，适合于新的情况的变化。"② 在此，毛泽东还重点谈到了两种错误倾向：即"右倾"和"左倾"。所谓"右倾"，就是思想落后于实际，人的认识没有跟上客观世界的发展变化，具体表现为行动保守、畏首畏尾、投降主义、机会主义；所谓"左倾"，就是思想超过了实际，人的认识成为幻想，缺乏现实根基，具体表现为空谈理论、行事激进、冒险主义、教条主义。这两种错误倾向具有相同的特征，就是主观和客观相分裂、认识和实践相脱离，都是违背马克思主义认识论的，因而必须被坚决反对、深刻批判。

（三）关于人类认识发展的总过程和总规律

在马克思主义者看来，任何真理都是相对性与绝对性的统一、现实性与可能性的统一，更是具体的与历史的统一。

---

① 《毛泽东选集》第一卷，人民出版社1991年版，第294页。
② 《毛泽东选集》第一卷，人民出版社1991年版，第294页。

对此，毛泽东给出了直接表述："在绝对的总的宇宙发展过程中，各个具体过程的发展都是相对的，因而在绝对真理的长河中，人们对于在各个一定发展阶段上的具体过程的认识只具有相对的真理性。无数相对的真理之总和，就是绝对的真理。客观过程的发展是充满着矛盾和斗争的发展，人的认识运动的发展也是充满着矛盾和斗争的发展。……客观现实世界的变化运动永远没有完结，人们在实践中对于真理的认识也就永远没有完结。"[①]这正是马克思主义的真理观，真理是主观对客观事物的本质及其规律的正确认识，它绝非一成不变的确定结论，而是一个辩证运动着的、不断发展的过程。

回到现实，真理是一个发展的过程，而人类追求真理的实践，正是无产阶级政党改造世界、改造自我的革命活动。毛泽东指出，通过追求真理，无产阶级要勇于改造客观世界——推翻世界和中国的黑暗面，把它们转变过来成为前所未有的光明世界；通过追求真理，无产阶级还要善于改造主观世界——改造自己的认识水平，提升自己的革命能力，实现最终的彻底解放。当"全人类都自觉地改造自己和改造世界的时候，那就是世界的共产主义时代"[②]，这也就是人的认识水平发展的最高阶段了。

在《实践论》的篇末，毛泽东用十分简洁明晰的语言，科学地揭示了人类认识发展的总过程和总规律，同时也是对整篇文章深刻而简练的总结，即"通过实践而发现真理，又通过实践而证实真理和发展真理。从感性认识而能动地发展到理性认识，又从理性认识而能动地指导革命实践，改造主观世界和客观世界。实践、认识、再实践、再认识，这种形式，循环往复以至无穷，而实践和认识之每一循环的内容，都比较地进到了高一级的程度。这就是辩证唯物论的全部认识论，这就是辩证唯物论的知行统一观"[③]。

---

① 《毛泽东选集》第一卷，人民出版社 1991 年版，第 295—296 页。

② 《毛泽东选集》第一卷，人民出版社 1991 年版，第 296 页。

③ 《毛泽东选集》第一卷，人民出版社 1991 年版，第 296—297 页。

二、延伸阅读

（一）写作背景

中国共产党从 1921 年成立到 1937 年抗日战争爆发，经历了第一次国内革命战争和土地革命战争。在这段革命历史进程中，革命道路艰难而曲折，既有成功的经验，也有失败的教训。而在诸多经验教训中，最根本的是能否从中国实际出发，结合自己的具体实践经验，创造性地运用马克思主义，找到适合中国实际的革命道路和革命方法，这是关系到中国革命事业兴衰成败的关键所在。可是，教条主义者把马克思主义教条化，把共产国际决议和苏联经验神圣化，无视中国的具体国情和中国革命的实践，"唯上"、"唯书"，生吞活剥马克思主义著作中的只言片语，动辄搬用"国际指示"借以吓人。王明就是这种教条主义的主要代表人物。在教条主义盛行的同时，党内还存在着经验主义倾向。教条主义和经验主义，是主观主义的两种不同表现形式。主观主义，特别是教条主义曾经使中国革命遭受极大损失。

因此，1935 年 10 月中央红军长征到达陕北后，以毛泽东同志为代表的中国共产党人，面对中国革命正处于由国内战争向抗日战争转变，国内外各种矛盾纷繁复杂，斗争尖锐曲折的局面，集中精力来研究中国革命的实际，探索中国革命发展的规律，以便把马克思主义与中国革命实际相结合，开创中国式的革命道路。1936 年 5 月 8 日，毛泽东在中央政治局扩大会议上提出办一所红军大学来培养大批干部以适应形势发展的需要，同年下半年，中央创办抗日红军大学，并于次年 1 月改为中国人民抗日军事政治大学。后来，毛泽东受抗大邀请，讲授哲学课程，直到卢沟桥事变爆发才被迫中止。

在讲授过程中，毛泽东先根据理论框架整理讲授思路，撰写了讲课提纲，并在讲授现场结合具体事例做了发散与创造，而后总政治部的同志将讲授记录稿整理出来，交由毛泽东审改，最后以"辩证法唯物论（讲授提纲）"为题在 1938 年广州出版的《抗战大学》杂志上发表。《辩证法唯物论（讲授提纲）》的内容包含了"两论"的初稿（其中的两节），同时也囊括了一些其他内容。在新中国成立以前，这个提纲的各种形式，包括完整版、节选版、片段版曾在不同刊物上反复刊发，影响十分广泛。

新中国成立以后，《实践论》曾于 1950 年 12 月 29 日在《人民日报》全文发表。而后毛泽东在把"两论"初稿编入《毛泽东选集》时对其进行了少量修改，主要是文字上的润饰，以至于在题解中都没有交代。与此同时，《实践论》也得到了苏联及其他国家的马克思主义学者的高度评价。苏共中央机关报为《实践论》在苏联的发表专门配发了编辑部的文章，称赞毛泽东全面地考察了辩证唯物论的认识论，并论证和发展了每一个原理，最后还将部分内容写进了他们编的哲学教科书。

（二）《实践论》的理论资源与学术传承

《实践论》讨论的是哲学认识论问题，而且又蕴含着其世界观前提。这部著作是毛泽东汇聚各路理论资源的集大成作品，因而也体现着深刻的学术传承。

第一，批判继承了中国传统文化中的"知行论"思想。

在中国哲学体系中，"知"与"行"是一对重要的范畴。《尚书·说命中》最早提到"知之非艰，行之惟艰"。《左传·昭公十年》提到"非知之实难，将在行之"，这是从知行的难易程度分析二者的关系，肯定了知易行难，贵在行动、难在行动。宋明以来，程朱理学对知行关系作了进一步分析。程颐把"知"分为"闻见之知"和"德性之知"，认为只有先知，才能行得。朱熹则提出了知先行后、行重知轻、知行相须。朱熹所谓的"知"是对自己心中固有的"理"的认识，"行"是行其所知，即以所知之"理"来指导自己的行动。朱熹注意到知行二者的互相依赖关系，提出"知行并进"、"知行常相须"、"知行不相离"、"知行互相发"、"知行并列"等观点。明儒王阳明提出的"知行合一"思想是中国哲学史上的重要突破，他强调知中有行，行中有知，既倡导学习与立志，又倡导学以致用，崇尚实践。王阳明"知行合一"思想的内涵有两个部分：一方面要"知行本体合一"，就是说知与行本来就是合一的；另一方面要"知行工夫合一"，是指在认识事物与自我的过程中要让知与行同时"用功"，做到知行相互统一。而后，明末清初的王夫之在王阳明"知行合一"的基础上提出"行先知后"说，体现了一种朴素的唯物主义。而后的颜元、孙中山等人都对这个问题做过阐发。

毛泽东在《实践论》中并没直接讲到中国哲学史上的知行问题，但本质上还是在这一经典问题域内展开的，因此他将《实践论》的副标题命名为"论认识和实践的关系——知和行的关系"。只是毛泽东站在了马克思主义的视角，用"实践"对传统知行问题本身的思想狭隘之处进行了超越。

第二，继承发展了马克思主义的经典实践哲学。

马克思恩格斯在总结无产阶级革命斗争经验和当代自然科学、社会科学成果的基础上，特别是在批判地改造了黑格尔的唯心辩证法和费尔巴哈唯物主义基础上，创立了辩证的历史的唯物主义。这是人类哲学史上的一个空前大革命。

马克思恩格斯的哲学革命绝不是把黑格尔的辩证法和费尔巴哈的唯物主义简单地相加从而形成辩证的唯物主义。他们进行哲学革命的核心之点是在对资本主义社会的劳动异化批判过程中创立了科学的实践观，把劳动看作是人的本质，把物质生产看成是决定整个社会生活的基础，克服了旧唯物主义的直观性。马克思在1845年春写的《关于费尔巴哈的提纲》是对科学实践观的深刻阐述，提出了"哲学家们只是用不同的方式解释世界，而问题在于改变世界"的著名论断。

由于革命事业的需要，马克思恩格斯在创立自己的学说时研究的重点是历史唯物主义。到19世纪70年代后，马克思继续致力于政治经济学的研究，恩格斯侧重于对自然辩证法的研究。而后，列宁和当时的一些苏联学者针对当时流行的马赫主义和新有神论，试图从原理高度对马克思主义哲学进行体系化，借以提升其解释力与战斗力。列宁在《唯物主义和经验批判主义》等著作中对哲学的基本问题、真理的客观性、绝对性和相对性、实践观点等马克思主义认识论首要的基本的观点都做了非常详尽的阐述。

毛泽东在《实践论》中体现的革命精神、理论原则与马克思列宁主义的经典思想一脉相承，同时又创造性地从宏观上系统地、明晰地、深刻地揭示了人类认识运动的基本规律，完成了对列宁的认识辩证途径的说明与发展。正是因为对实践哲学的坚守，毛泽东才将这部哲学认识论的著作命名为"实践论"而非"认识论"，以强调实践对于人类认识规律的重要作用。

第三，吸收整合了当时苏联以及国内学者的最新研究成果。

十月革命胜利后，在列宁和斯大林的领导下，苏联理论界对马克思主义哲学展开了全面的研究，并产生了一批马克思主义哲学著作。其中具有重大影响和代表性的主要有：《辩证法唯物论教程》（西洛可夫、爱森堡等合著），《辩证唯物论与历史唯物论》（上下册）（米丁等著），《新哲学大纲》（米定、拉里察维基等著）。我国学术界习惯称这三本著作为"苏联30年代哲学教科书"。与此同时，毛泽东从20世纪20年代初开始，就一直与国内学界的很多学者保持联系，也对当时国内最先进的理论成果非常重视。如艾思奇的《大众哲学》，毛泽东曾评价它"真正是通俗的而又有价值"①的代表性著作。毛泽东《实践论》最后对认识根本规律的概括就源于《大众哲学》。

实际上，在延安时期，毛泽东看得最多的就是哲学，批注最多的哲学著作有《辩证法唯物论教程》、《辩证唯物论与历史唯物论》、《哲学与生活》、《社会学大纲》、《辩证唯物论与历史唯物论》、《哲学选辑》、《辩证法唯物论教程》、《思想方法论》，等等。毛泽东在读哲学书的过程中，许多地方画了竖线、横线、斜线、浪线、三角、方框、问号和圈、点、勾、叉等各种符号；有的是用红铅笔圈画的，有的是用蓝铅笔圈画的，有的是用黑铅笔圈画的；最长的一段批注有1200多字。毛泽东系统地研读了大量哲学著作，在理论上迈上了一个很大的台阶。这一时期的学习经历为他在抗大讲哲学、写作"两论"做了理论准备。

然而，毛泽东并未停留于对于这些理论的简单复述，而是在结合具体革命实践的基础上，作出了大量的理论创新。具体表现为四个方面：

其一，在讨论认识过程的两次飞跃时，毛泽东打破了之前很多学者的思维定势，并没有将两次飞跃仅仅看作是一个过程的两个相继阶段，而是强调从理性认识回到社会实践的第二个飞跃是更重要的飞跃，以此区分了两个飞跃之间的层次、重要性以及相应的难易关系。

其二，在讨论认识过程的多次往复时，毛泽东指出受限于主观能力与客观实际，原定的认识总是不完善的，许多时候需反复失败过多次，才能纠正错误的认识，揭示了认识是能动性和受动性相统一的崭新理论。这个观点是苏联哲学教科书中根本没有的，因为它是毛泽东总结中国革命所遭受的多次挫折和失败，多次使党内正确路线遭错误路线的干扰之历史教训而提炼出来的。从理论渊源上看，它也许受恩格斯《反杜林论》中有关观点的启发，但根本上说，却是毛泽东在新的社会实践条件下揭示了认识论中的一个新领域。

其三，在讨论马克思主义真理论时，《实践论》从真理的相对性和绝对

---

① 毛泽东：《致叶剑英、刘鼎》（1936年10月22日），《毛泽东书信选集》，人民出版社1983年版，第80页。

性关系出发，指出人的认识是不断深化、人在实践中对于真理的认识永不会完结。进而要求我们要实现主观和客观、理论和实践、知和行的"具体的历史的"统一。这里毛泽东强调"具体"与"历史"，其实是将历史唯物主义的原则贯彻到了认识论问题中，真正体现了马克思主义哲学的整体性特征，并以此反对一切离开具体历史的"左"的或右的错误思想，在理论上和政治上将这个问题提升到了新的高度。

其四，在讨论认识的经验基础问题时，毛泽东一方面强调亲身参加变革现实对于认识的重要意义，亦即一切真知都是从直接经验发源的；另一方面，还提出了"间接经验"的概念，认为人的多数知识都是间接经验的传承，并不否认间接经验的现实意义。这个把人的知识分为直接经验和间接经验两个部分的观点，在苏联哲学教科书中也是没有的，这也在一定程度上丰富了唯物主义经验论的认识论内容。

其五，在讨论"实践"的概念范畴时，大多数学者都将研究重点放在"生产"之上，对"其他"活动较少关注，而毛泽东在《实践论》中不仅讨论了阶级斗争、政治生活、科学活动等实践形式，还增添了艺术活动，并在讲到"物质生活"、"政治生活"对认识的影响时增加了"文化生活"。这在一定程度上也拓展了马克思主义实践概念的外延。

（三）《实践论》与党的群众路线

毛泽东哲学思想是马克思主义哲学在中国的运用和发展，它的形成以毛泽东的《实践论》和《矛盾论》为标志。"两论"第一次为党的思想路线提供了哲学论证。正是在这个基础上，党的思想路线才有了以后的进一步发展、完善和在党内的确立。

其中，《实践论》所揭示的人类认识规律，与党的群众路线有着十分紧密的关系。同时，毛泽东一生强调要使马克思主义哲学真正成为中国无产阶级和人民群众认识世界和改造世界的锐利思想武器，因此还身体力行地做马克思主义哲学的发展和普及工作。

其一，毛泽东坚持哲学应该通俗化，即运用通俗易懂的概念、语言来表达深刻的哲学原理。毛泽东历来反对从书本到书本的研究哲学。他强调讲认识论要联系具体工作，要从生活现实来讲对立统一，要从人民群众的生动实践来研究唯物史观，要写"活"哲学，不要写"死"哲学，要写实际的哲学，这样才会有读者；而书本式的哲学难懂，老百姓是不喜欢这样的东西的。为此，他曾给李达（中共党的一大宣传部部长）去信，对李达哲学通俗化的工作给予热情的鼓励。毛泽东所写的哲学著作就是一个好的示范，他所使用的许多语言至今仍为广大人民群众在日常生活和工作中经常使用，如"实事求是""本本主义""一分为二"，等等，这些生动的通俗的语言，表达了很深刻的哲学思想，使人一听到这些语言就能联想到其中的哲学含义，这就为马克思主义哲学中国化打下了深厚的文化基础。

其二，毛泽东认为哲学必须群众化，即把哲学普及到群众中去，为广大干部群众所掌握。"让哲学从哲学家的书本里和课堂上解放出来，变为群众手里的锐利武器。"[①] 这是毛泽东的一句名言。他总是强调，写哲学书不要使人望而生畏，不要把哲学看得那么神秘。他反复讲，领导干部应该学哲学，也能够学哲学。他自己也是到处讲哲学，在党的各种会议上，在同人的谈话中，在为党中央起草的一些文件中，他都经常谈哲学问题，要求人们重视哲学学习，注重哲学问题研究。陈云曾回忆，延安时期，毛泽东三次给他讲过要学哲学，事后他把自己学习的体会和收获概括为："学习哲学，可以使人开窍；学好哲学，终身受用"[②]。

从这个意义上，毛泽东哲学思想的认识论就是中国革命的实践论，就是党的群众路线。

于是，毛泽东把马克思主义认识论和党的群众路线相统一，科学地阐明了"从实践到认识，从认识到实践"同"从群众中来，到群众中去"这两个过程的一致性。这是毛泽东对马克思主义哲学的一个独创性贡献。他说："在我党的一切实际工作中，凡属正确的领导，必须是从群众中来，到群众中去。这就是说，将群众的意见（分散的无系统的意见）集中起来（经过研究，化为集中的系统的意见），又到群众中去作宣传解释，化为群众的意见，使群众坚持下去，见之于行动，并在群众行动中考验这些意见是否正确。然后再从群众中集中起来，再到群众中坚持下去。如此无限循环，一次比一次地更正确、更生动、更丰富。这就是马克思主义的认识论。"[③] 这段话体现了

---

① 《毛泽东文集》第八卷，人民出版社 1999 年版，第 323 页。

② 《陈云文选》第三卷，人民出版社 1995 年版，第 362 页。

③ 《毛泽东选集》第三卷，人民出版社 1991 年版，第 899 页。

党的群众路线的领导方法和工作方法与马克思主义认识论是一致的。它表明：群众是社会实践的主体，也是认识的主体。"从群众中来"，是在实践的基础上从感性认识能动地飞跃到理性认识，就是将群众分散的不系统的意见，化为集中系统的意见；"到群众中去"，是理性认识能动地飞跃到实践，是将集中起来的正确意见，化为群众的自觉行动，并在实践中检验这些意见是否正确。坚持不断地"从群众中来，到群众中去"，从认识上说也就是实践、认识、再实践、再认识，循环往复，以至无穷。

为了更有效地贯彻和落实党的群众路线，毛泽东创立了一整套调查研究的理论和方法。他一贯反对那种不做调查研究，喜欢凭主观发表议论、凭主观制定工作方法的错误做法。认为"离开实际调查就要产生唯心的阶级估量和唯心的工作指导，那么，它的结果，不是机会主义，便是盲动主义"[1]。无论什么人，不管你担任什么职务，"没有调查，没有发言权"[2]。那么，进行调查研究应抱什么样的态度？首先，必须树立实事求是的态度。其次，要向人民群众学习，"没有满腔的热忱，没有眼睛向下的决心，没有求知的渴望，没有放下臭架子、甘当小学生的精神，是一定不能做，也一定做不好的"[3]。最后，调查研究"是长期的。今天需要我们调查，将来我们的儿子、孙子，也要作调查，然后，才能不断的认识新的事物，获得新的知识"[4]。

为了提升党员干部的群众路线能力，毛泽东还尤其重视在党内开展学习教育活动。毛泽东深知，中国共产党的党员成分以农民居多，"惟党员理论常识太低，须赶急进行教育。"[5]1941年8月，尽管抗日战争的战事十分繁忙，但中共中央仍决定成立中央理论研究组，毛泽东亲自任组长，他规定："关于理论方面，暂时以研究思想方法为主"[6]。毛泽东认为，无产阶级政党作为革命的领导者和组织者，不但要善于正确地提出革命任务，而且还要善于解决完成革命任务的正确的方法。方法犹如过河的桥和船，不解决桥和船的问题，过河就是一句空话。不解决方法问题，任务的完成也只能是瞎说一顿。

---

① 《毛泽东选集》第一卷，人民出版社1991年第2版，第112页。
② 《毛泽东选集》第一卷，人民出版社1991年第2版，第109页。
③ 《毛泽东选集》第三卷，人民出版社1991年第2版，第790页。
④ 《毛泽东农村调查文集》，人民出版社1982年版，第21页。
⑤ 《毛泽东书信选集》，中央文献出版社2003年版，第26页。
⑥ 《毛泽东书信选集》，中央文献出版社2003年版，第171页。

在毛泽东的一生中，他始终致力于把辩证唯物主义和历史唯物主义的基本原理创造性地化为党的领导方法和工作方法，尤其是从领导方法和工作方法上给党的各个时期特别是革命转折时期指明正确的方向和途径，而且善于从方法论上不断总结革命斗争的历史经验，提高党的领导艺术和战斗水平。

三、思考题

1. 如何理解毛泽东在《实践论》中提出的认识过程的两次飞跃。

2. 如何理解毛泽东在《实践论》中提出的"改造客观世界，也改造自己的主观世界"的观点。

《矛盾论》导读

　　《矛盾论》是毛泽东同志集中论述唯物辩证法的著作，特别是完整而严谨地阐述了对立统一规律及其在辩证法体系中的核心地位。如果说《实践论》是从认识论的角度论证了马克思列宁主义普遍原理必须同中国革命具体实践相结合的基本原则，那么，《矛盾论》则是从辩证法的角度再次论证了这个基本原则。《实践论》、《矛盾论》不仅为确立党的正确思想路线、统一和提高全党的思想理论水平，为夺取抗日战争和整个中国革命的胜利奠定了坚实的理论基础，而且在理论上极大地丰富和发展了马克思主义的辩证法和认识论。因此，《实践论》和《矛盾论》的问世，标志着毛泽东哲学思想的成熟。

一、主要内容

　　《矛盾论》分8个部分：导言、两种宇宙观、矛盾的普遍性、矛盾的特殊性、主要的矛盾和主要的矛盾方面、矛盾诸方面的同一性和斗争性、对抗在矛盾中的地位、结论。

　　毛泽东同志开宗明义提出："事物的矛盾法则，即对立统一的法则，是唯物辩证法的最根本的法则。"[①]列宁常称这个法则为辩证法的本质、辩证法的核心。因为，"矛盾"概念可以说是最复杂的哲学概念之一，在研究这个问题的时候，必然会涉及很多方面，并且触及很多哲学问题。如果将"矛盾"的问题弄清楚了，也就从根本上理解唯物辩证法；如果这个问题没弄清楚，就势必会引发很多政治路线方面的错误。毛泽东特别强调，我们现在的哲学研究工作"应当以扫除教条主义思想为主要的目标"[②]。

[①]　《毛泽东选集》第一卷，人民出版社1991年版，第299页。

[②]　《毛泽东选集》第一卷，人民出版社1991年版，第299页。

（一）唯物辩证法和形而上学是两种根本对立的宇宙观

在马克思主义哲学发展史上，马克思、恩格斯、列宁都尝试着概括辩证法和形而上学之间的关系。恩格斯在《反杜林论》中将其概括为"两种思维方式"的对立，并用形象的语言描述其基本特征；列宁在《哲学笔记》中将其概括为"两种发展观"的对立，并初步揭示其对立的根源。毛泽东则从更高的层面将其概括为"两种宇宙观"的对立，并系统地论述了二者对立的根源，描述各自的思维特征。

毛泽东指出，在人类的认识史上，从来就有关于宇宙发展法则的两种见解，一种是形而上学的见解，一种是辩证法的见解，形成了互相对立的两种宇宙观。

所谓形而上学的宇宙观，中国古代称之为"玄学"，就是"用孤立的、静止的和片面的观点去看世界。这种宇宙观这种宇宙观把世界一切事物，一切事物的形态和种类，都看成是永远彼此孤立和永远不变化的"①。如果说有变化，也只是数量的增减和场所的变更。而这种增减和变化的原因，不在事物的内部而在事物的外部，即由于外力的推动。因此，他们不能解释事物的质的多样性，不能解释一种质变为他种质的现象。这种观点通常与"天不变、道亦不变"的思想相联系，能够维护阶级统治的稳定，因而受到统治阶级的拥护。

与此相反，辩证法的宇宙观则主张，"从事物的内部、从一事物对他事物的关系去研究事物的发展，即把事物的发展看做是事物内部的必然的自己的运动，而每一事物的运动都和它的周围其他事物互相联系着和互相影响着"②。在辩证的宇宙观看来，事物发展的根本原因不是在事物的外部而是在事物的内部，在于事物内部的矛盾性。任何事物内部都有这种矛盾性，因此引起了事物的运动和发展。事物内部的这种矛盾性是事物发展的根本原因，事物及其相互联系和影响则是事物发展的第二位原因。这就是说，唯物辩证法的基本观点是主张用联系的、发展的和全面的观点去观察一切事物。毛泽东同志结合中国革命的实际情况特别强调："唯物辩证法认为外因

---

① 《毛泽东选集》第一卷，人民出版社 1991 年版，第 300 页。
② 《毛泽东选集》第一卷，人民出版社 1991 年版，第 301 页。

是变化的条件，内因是变化的根据，外因通过内因而起作用。"① 这样就有力地反对了形而上学的机械唯物论和庸俗进化论的外因论，揭示出两种宇宙观对立的实质和斗争的焦点，在于是否承认事物内部的矛盾是事物发展的根本动力。

毛泽东指出，辩证法的观点其实历史悠久，但古代的辩证法由于其发展不完善，后来被形而上学的阶级观点所取代，直到近代人类社会革命运动的普遍兴起，这种崇尚发展与变化、批判与变革的宇宙观才重新回到了人类视野，并且经由马克思主义者的改造，成就了一个伟大的理论。

（二）共性和个性的道理是关于事物矛盾问题的精髓

毛泽东认为，学习辩证法的目的"就是教导人们要善于去观察和分析各种事物的矛盾的运动"②。基于这样的一个目的，他重点研究了矛盾的普遍性和特殊性问题，特别是花费大量笔墨论述了矛盾的特殊性问题。

1. 关于矛盾的普遍性

对于矛盾的普遍性，毛泽东指出其有两方面的意义，其一是说，矛盾存在于一切事物的发展过程中；其二是说，每一事物的发展过程中存在着自始至终的矛盾运动。这就是说，矛盾无处不在，无时不在，即"没有什么事物是不包含矛盾的，没有矛盾就没有世界"③。反过来看，恰恰是由于矛盾无处不在、无时不在，意味着人们无须刻意地避免矛盾或回避矛盾，矛盾一停止，生命即停止，事物也就不能发展了。毛泽东指出，德波林学派的一个重大错误，就在于否定矛盾的普遍性，认为矛盾是事物发展到一定阶段才出现的。他深刻批评道："他们不知道世界上的每一差异中就已经包含着矛盾，差异就是矛盾。"④ 对于这个问题，马克思本人则起到了模范作用，《资本论》中马克思对于资本主义社会的批判，恰恰是以这个社会中最简单、最普遍的矛盾现象——商品交换为起点，并以此揭露了整个社会的矛盾的根源。因而，毛泽东指出，正确地掌握这个矛盾方法，对于正确分析中国革命的历史

---

① 《毛泽东选集》第一卷，人民出版社 1991 年版，第 302 页。

② 《毛泽东选集》第一卷，人民出版社 1991 年版，第 304 页。

③ 《毛泽东选集》第一卷，人民出版社 1991 年版，第 305 页。

④ 《毛泽东选集》第一卷，人民出版社 1991 年版，第 307 页。

和现状，并推断革命的未来，都是十分重要的。

2.关于矛盾的特殊性

相对于矛盾的普遍性，毛泽东花费更多的笔墨去讨论矛盾的特殊性问题，并且作出了非常精彩的阐述。总的来看，毛泽东依据事物发展的复杂性、阶段性、多样性特点，系统描述了矛盾特殊性的五种基本情形：（1）各个物质运动形式的矛盾；（2）各个运动形式在各个发展过程中的矛盾；（3）各个发展过程的矛盾的各方面；（4）各个发展过程在其各个发展阶段上的矛盾；（5）各个发展阶段上的矛盾的各方面。① 对于矛盾特殊性的分析，核心在于具体问题具体分析。

第一，各个物质运动形式之间的矛盾具有特殊性，这种特殊性构成一事物区别于其他事物的本质。他指出，认识事物内部矛盾的特殊性是科学地认识事物和正确地解决矛盾的基础。首先，矛盾的特殊性决定了事物的差异性本质，也就是一个东西是它自身而不是其他东西的原因。任何事物内部都包含着自身特殊的矛盾，这种矛盾构成了"一事物区别于他事物的特殊的本质"②。所以，只有认识矛盾的特殊性，才能确定真正区别于他物的地方，才能发现事物运动发展的特殊原因或根据，找到解决矛盾的正确方法。就人类认识运动的秩序来说，"总是由认识个别的和特殊的事物，逐步地扩大到认识一般的事物。人们总是首先认识了许多不同事物的特殊的本质，然后才有可能更进一步地进行概括工作，认识诸种事物的共同的本质。当着人们已经认识了这种共同的本质以后，就以这种共同的认识为指导，继续地向着尚未研究过的或者尚未深入地研究过的各种具体的事物进行研究，找出其特殊的本质，这样才可以补充、丰富和发展这种共同的本质的认识，而使这种共同的本质的认识不致变成枯槁的和僵死的东西。"③ 人有两种认识的过程：一个是由特殊到一般，一种是由一般到特殊。人类的认识总是这样循环往复地进行的，而每一次的循环（只要是严格地按照科学的方法）都可能使人类的认识提高一步，使人类的认识不断地深化。毛泽东的这个概括，高度体现了认识的辩证法和认识的唯物论的有机统一。

---

① 《毛泽东选集》第一卷，人民出版社1991年版，第317页。
② 《毛泽东选集》第一卷，人民出版社1991年版，第309页。
③ 《毛泽东选集》第一卷，人民出版社1991年版，第309—310页。

第二，各个运动形式在各个发展过程中的矛盾具有特殊性，对于不同质的矛盾要用不同的方法去解决。所谓不同质的矛盾，就是特殊的矛盾，即区别不同发展阶段的事物的内在规定性或差异性。既然矛盾的特殊性不同，证明事物的内在根据就不同，因而解决问题的方法也必然不同，这就必须要求以不同的方法来解决不同的矛盾。而教条主义者们恰恰在这里犯了一个错误，"他们不了解诸种革命情况的区别，因而也不了解应当用不同的方法去解决不同的矛盾，而只是千篇一律地使用一种自以为不可改变的公式到处硬套，这就只能使革命遭受挫折，或者将本来做得好的事情弄得很坏"[1]。在这里，毛泽东从唯物辩证法的高度上对教条主义的错误进行了深刻批判。

第三，各个发展过程中的矛盾各方面具有特殊性，只有从矛盾的各个方面着手研究，才有可能了解事物的总体。所谓了解矛盾的各个方面，就是了解它们各占何种地位，各有何种形式，以及两者之间互相依存又互相矛盾的关系。毛泽东举例说，作为中国共产党人，不仅要了解自身，也要了解敌人，更要了解敌我之间、敌人之间、自身之中的复杂情况，才有可能对革命成功作出判断。有的时候，如果连自己的敌人都搞不清楚，也就不可能正确认识自身的真实情况。用列宁的话说，这就是马克思主义最本质的东西，是马克思主义的活的灵魂——具体地分析具体的情况。[2] 进而，毛泽东要求我们在研究问题时，忌带主观性、片面性和表面性，这与中国古人讲的"知己知彼"、"兼听则明"是相同的道理。

第四，各个发展过程在其各个发展阶段上的矛盾具有特殊性。例如，在资本主义的发展史上，早期的自由竞争阶段与后来的帝国主义阶段，其矛盾情况就存在很大的不同，因而也就有了不同的理论认识，而列宁主义就是这种与时俱进的认识成果。[3] 同样，在中国民主革命史上，早期的资产阶级领导革命阶段和现在的无产阶级领导革命阶段，区别也很明显，正确认识两个阶段内在的矛盾变化，对我们更好地把握革命工作全局是十分重要的。

第五，各个发展阶段上的矛盾的各方面具有特殊性。毛泽东延续上面的例子，在中国民主革命史上，从国民党的一面看，其经历了朝气蓬勃、走

---

① 《毛泽东选集》第一卷，人民出版社 1991 年版，第 311 页。

② 《毛泽东选集》第一卷，人民出版社 1991 年版，第 312 页。

③ 《毛泽东选集》第一卷，人民出版社 1991 年版，第 314 页。

向反动、联共抗日的转变，这一过程，是由国民党方面的矛盾特殊性所决定的；而从共产党的一面看，其经历了懵懂探索、曲折发展、走向成熟的转变，其背后的矛盾变化，以及它与国民党之间的特殊的相互关系，成为推动这一历史进程的直接动力。毛泽东指出，如果不去研究这些矛盾方面的特点，也就不能了解两党各自和其他方面的关系，更不能了解两党之间的相互关系了。

3. 矛盾的普遍性与特殊性的统一

毛泽东在分别研究了矛盾的普遍性和特殊性以后，进一步论证了二者的辩证关系。矛盾的普遍性和矛盾的特殊性的关系，就是矛盾的绝对性和相对性的关系，就是矛盾的共性和个性的关系。

首先，矛盾的普遍性和特殊性是相互联系的，即矛盾的普遍性、共性寓于矛盾的特殊性、个性之中，绝对的东西存在于相对的东西之中，两者不可分割地联系在一起。没有离开个别的一般，也没有脱离一般的个别。其次，矛盾的普遍性和特殊性又是相互区别的，即矛盾的共性只概括了矛盾的个性中共同的、本质的东西，并非个别的全部内容和特点都包括在共性之中；个别总是比一般具体、丰富，一般则比个别普遍、深刻。最后，矛盾的普遍性和特殊性在一定条件下可以相互转化，即随着时间和空间的变化，共性可能转化为个性，个性也可以转化为共性。

毛泽东十分重视矛盾的普遍性和特殊性相互关系的原理。他认为："这一共性个性、绝对相对的道理，是关于事物矛盾的问题的精髓，不懂得它，就等于抛弃了辩证法。"① 这就是说，理解共性和个性关系的道理，是把握对立统一规律乃至整个辩证法的关键所在；同时也只有理解这个道理，才能把握科学的思想方法和工作方法的精神实质。教条主义和经验主义的错误恰恰在于背离了这一基本原理，割裂了矛盾的普遍性和特殊性的关系，因而都抛弃了辩证法。

（三）善于抓住主要矛盾，集中精力解决主要矛盾

在矛盾特殊性的问题中，还包括两个重要情形，即主要矛盾和矛盾的主要方面。

---

① 《毛泽东选集》第一卷，人民出版社1991年版，第320页。

毛泽东在深入分析中国社会错综复杂的矛盾体系的基础上，不但明确提出作为哲学范畴的主要矛盾和矛盾的主要方面，而且详细论证了主要矛盾和次要矛盾、矛盾的主要方面和次要方面的区别、联系和转化的相互关系，说明研究这些问题的重要意义。

1. 关于主要矛盾

毛泽东指出，在复杂的事物发展过程中存在许多矛盾，其中必有一种矛盾起着主要的、领导的、决定的作用，由于它的存在和发展，规定或影响着其他矛盾的存在和发展。这个矛盾就是主要矛盾。而其他矛盾则处于次要和服从的地位，这就是非主要矛盾。抓住了主要矛盾，就可以带动全局，其他矛盾就比较容易解决。抓不到主要矛盾，就如堕烟海，找不到中心，也就找不到解决问题的正确方法。所以，在复杂的现实生活中，要善于抓住主要矛盾，集中精力解决主要矛盾，这是无产阶级政党制定正确的战略策略的一个重要原则。

当然，强调抓主要矛盾，并不是说可以忽略非主要矛盾。按照辩证法的观点，主要矛盾和非主要矛盾相互联系、相互影响、相互制约。主要矛盾的存在和发展固然规定和影响着非主要矛盾的存在和发展，但是，恰当地适时地解决好非主要矛盾，也有利于主要矛盾的解决。所以，在集中力量解决主要矛盾的同时，必须适当考虑次要矛盾。

毛泽东同志还指出，矛盾的地位不是固定不变的，主要矛盾和非主要矛盾在一定条件下可以相互转化。一种情况是，原来的主要矛盾解决了或基本解决了，而次要矛盾上升为主要矛盾；另一种情况是，原来的主要矛盾虽未解决，但由于条件的变化而下降为次要矛盾的地位，其他矛盾则上升为主要矛盾。这两种情况都使事物发展过程呈现出阶段性。因此，无产阶级政党在领导革命和建设的过程中，必须清醒地估计主要矛盾的变化，并且根据这种变化而坚定地实现工作中心的转移。

2. 关于矛盾的主要方面

毛泽东指出，在各种矛盾之中，不论是主要的或次要的，矛盾着的两个方面，都存在地位上的差异。矛盾着的两方面中，必有一方面是主要的，另一方面是次要的。其主要的方面，即所谓矛盾起主导作用的方面。事物的性质，主要地是由取得支配地位的矛盾的主要方面所规定的。

然而这种情形不是固定的，矛盾的主要和非主要的方面互相转化着，事物的性质也就随之起变化。在矛盾发展的一定过程或一定阶段上，主要方面属于甲方，非主要方面属于乙方；到了另一发展阶段或另一发展过程时，就互易其位置，这是依靠事物发展中矛盾双方斗争的力量的增减程度来决定的。

矛盾双方面相互斗争，争取"主要"的过程，在现实生活中就表现为"新旧交替"或"新陈代谢"。依据事物本身的性质和条件，事物的内部都有其新旧两个方面的矛盾，形成一系列的曲折的斗争。斗争的结果，新的方面由小变大，上升为支配的地位；旧的方面则由大变小，逐步归于灭亡。而当一新的方面对于旧的方面取得支配地位的时候，旧事物的性质就变化为新事物的性质。由此可见，事物的性质主要地是由取得支配地位的矛盾的主要方面所规定的。取得支配地位的矛盾的主要方面起了变化，事物的性质也就随着起变化。

毛泽东认为，恰恰是主要矛盾和矛盾的主要方面的不断变化，才让世界上出现了千差万别的万物与各不相同的发展，才出现了"具体"的东西。因此，在研究矛盾特殊性时，应该重点从这两个情形出发去具体地理解矛盾本身，进而找到解决矛盾的具体方法。这种方法论也要求我们要反对平衡论、均衡论，更要对机械唯物论的观点保持警惕①，坚持辩证的唯物主义原则。

（四）矛盾的同一性和斗争性的关系

关于矛盾的同一性和斗争性问题，马克思、恩格斯特别是列宁都有一些重要论述，20世纪30年代的苏联教科书对这个问题也作过一些研究。毛泽东同志在《矛盾论》中引用了他们的一些观点，并结合中国革命的实践经验，具体阐述了这一基本原理。

首先，毛泽东明确概括了矛盾同一性的科学含义。他指出："同一性、统一性、一致性、互相渗透、互相贯通、互相依赖（或依存）、互相联结或互相合作，这些不同的名词都是一个意思，说的是如下两种情形：第一、事物发展过程中的每一种矛盾的两个方面，各以和它对立着的方面为自己存在的前提，双方共处于一个统一体中；第二、矛盾着的双方，依据一定的条

---

① 《毛泽东选集》第一卷，人民出版社1991年版，第325页。

件，各向着其相反的方面转化。"①毛泽东列举了大量人们日常生活中经常遇到的现象，如生与死、上与下、福与祸、顺利与困难、地主与佃农、无产阶级和资产阶级等，详细说明了矛盾的同一性及其两个方面的内涵。同时，毛泽东特别重视对矛盾双方互相依存的条件的研究，指出唯物辩证法所讲的矛盾是现实的、具体的矛盾，所说的转化也是现实的、具体的转化，它们都是在一定条件下构成的。离开一定的条件，就不可能成为现实的、具体的矛盾。他指出："一切矛盾着的东西，互相联系着，不但在一定条件之下共处于一个统一体中，而且在一定条件之下互相转化，这就是矛盾的同一性的全部意义。"②这样就把矛盾同一性的思想奠定在坚实的唯物论基础之上。

继而，毛泽东讨论了矛盾的斗争性问题，以及矛盾同一性和斗争性的关系，并指出二者是同时存在、紧密结合的矛盾的两种本质属性。毛泽东指出："矛盾的斗争贯串于过程的始终，并使一过程向着他过程转化，矛盾的斗争无所不在，所以说矛盾的斗争性是无条件的、绝对的。"③矛盾的同一性和斗争性的区别在于：同一性是有条件的、相对的，斗争性是无条件的、绝对的；二者的联系在于：绝对的斗争性存在于相对的同一性之中，没有斗争性就没有同一性。毛泽东认为，事物所呈现的相对静止状态和显著运动状态是由事物内部包含的矛盾互相斗争所引起的。当事物的运动处在相对静止状态时，只是数量上的变化，而没有性质的变化，所以呈现出好似静止的面貌。当事物的运动处在显著运动状态时，事物的性质发生变化，便显现出显著变化的面貌。事物在发展过程中，总是不断地由相对静止状态转化为显著运动状态，而矛盾斗争则存在于两种状态中，并通过显著的运动状态而解决矛盾。因此，有条件的相对的同一性和无条件的绝对的斗争性相结合，构成一切事物的矛盾运动。

与此同时，毛泽东还把对抗作为矛盾斗争性中的一种表现形式专门进行分析。他说："对抗是矛盾斗争的一种形式，而不是矛盾斗争的一切形式。"④这个判断包含两层意思：其一，肯定了对抗的相对合理性。毛泽东认为，在

---

① 《毛泽东选集》第一卷，人民出版社 1991 年版，第 327 页。
② 《毛泽东选集》第一卷，人民出版社 1991 年版，第 330 页。
③ 《毛泽东选集》第一卷，人民出版社 1991 年版，第 333 页。
④ 《毛泽东选集》第一卷，人民出版社 1991 年版，第 334 页。

阶级社会中，革命和革命战争是不可避免的，否则就不能完成社会发展的飞跃，因而共产党人必须揭露反动派所谓社会革命是不必要的和不可能的宣传，使人民懂得，这不但是完全必要的，而且是完全可能的。其二，否定了对抗的教条主义理解。毛泽东着重强调，我们必须具体地研究各种矛盾的情况，不应当将上面所说的公式不适当地套在一切事物的身上，矛盾和斗争是普遍的、绝对的，但是解决矛盾的方法则因矛盾性质不同而不相同。因而，要正确理解对抗和矛盾之间的关系，并在工作中适当调整，例如对于党内有些同志思想错误的问题，如果坚持过火的斗争，显然是不适当的，又例如列宁所言，在社会主义下，对抗虽然消灭了，但矛盾依然存在。①

在《矛盾论》的篇末，毛泽东回归主旨，强调"事物矛盾的法则，即对立统一的法则，是自然和社会的根本法则，因而也是思维的根本法则。……它对于人类的认识史是一个大革命"②。他阐述了矛盾普遍性和特殊性的关系，特别强调认识和把握矛盾的特殊性和相对性，进而指出了共产党人掌握矛盾规律的方法论意义，即"如果我们经过研究真正懂得了上述这些要点，我们就能够击破违反马克思列宁主义基本原则的不利于我们的革命事业的那些教条主义的思想；也能够使有经验的同志们整理自己的经验，使之带上原则性，而避免重复经验主义的错误。这些，就是我们研究矛盾法则的一些简单的结论"③。

二、延伸阅读

（一）写作背景

在 20 世纪 20 年代末和 30 年代初，在中国共产党内以王明为代表的教条主义者，极力把马克思主义教条化，把共产国际决议和苏联经验神圣化，反对把马克思列宁主义与中国革命具体实践相结合，拒绝对中国社会的实际情况作深入细致的调查研究，否认具体地分析中国社会各种复杂矛盾及其特

---

① 《毛泽东选集》第一卷，人民出版社 1991 年版，第 336 页。
② 《毛泽东选集》第一卷，人民出版社 1991 年版，第 336 页。
③ 《毛泽东选集》第一卷，人民出版社 1991 年版，第 336 页。

点的必要性，根本抛弃了具体问题具体分析这个马克思主义的活的灵魂。他们生吞活剥马克思主义经典著作中的只言片语，并当作千篇一律不可改变的公式到处硬套，不懂得中国社会发展的特殊性，不懂得不同质的矛盾必须用不同质的方法去解决，结果使中国革命几乎陷入绝境。

1937 年 7 月抗日战争全面爆发，中国社会处于历史转折的紧急关头，国内外各种矛盾纷繁复杂，斗争尖锐曲折。有中华民族与日本帝国主义以及其他帝国主义国家之间的民族矛盾，有无产阶级和人民大众与汉奸亲日派之间的阶级矛盾，有抗日民族统一战线内部各个阶级之间的矛盾，还有日本帝国主义与美英等帝国主义国家之间的矛盾。面对这样一个空前错综复杂的政治形势，要求我们党必须对中国社会状况作出全新的分析，对中国革命的基本问题作出全新的判断，以便制定出适应革命形势发展要求的正确的路线方针和政策，领导全国人民去夺取抗日战争的伟大胜利。要完成这样一个历史使命，就要求全党必须真正树立马克思主义的世界观方法论，克服党内长期存在着的严重的主观主义，特别是教条主义，从中国社会的实际出发，认识和把握中国社会矛盾的特殊性。正是基于这样一种客观要求，毛泽东同志写作了《辩证法唯物论（讲授提纲）》，并于 1937 年七八月间到延安抗日军事政治大学讲授。

《矛盾论》是其中一个部分，原题目为《矛盾统一法则》。1952 年 4 月 1 日在《人民日报》正式发表时改名为"矛盾论"。

（二）毛泽东对《矛盾论》作出的修改

与《实践论》不同，毛泽东认为《矛盾论》的初稿还有一定的改进余地，因而花费大量精力对其进行了多次修改。正是因为《矛盾论》修改较大，需要较长时间，所以未能同《实践论》一起收入 1951 年出版的《毛泽东选集》第一卷，而是编入 1952 年出版的第二卷，到后来重印《毛泽东选集》才从第二卷移入第一卷。也正因为作者对《矛盾论》初稿作了较大的修改，《毛泽东选集》编辑者特意在题解中标明："在收入《毛泽东选集》的时候，作者作了部分的补充、删节和修改。"

《矛盾论》初稿原来的标题是"矛盾统一法则"，约 25000 多字。修改时删去了近 7000 字，增加了 6000 字左右。修改后的稿子约 24000 字。初稿除了引言和结论之外，还有七个部分。毛泽东主要作出的调整如下：

1. 删去了初稿的整个第 2 节"形式论理学的同一律与辩证法的矛盾律"。在 20 世纪 30 年代，苏联哲学界曾一度把形式论理学（即形式逻辑）等同于形而上学，认为形式论理学是资产阶级的理论，是一切反动理论的方法论，对形式论理学进行了批判。苏联哲学界的这种观点也影响到中国哲学界。所以，毛泽东在讲了两种发展观的对立后，紧接着讲了形式论理学的同一律与辩证法的矛盾律的对立。把形式论理学等同于形而上学，这无疑是错误的。修改时删去是很自然的。当然，"形式论理学"这一部分还是存在着一些其他重要观点，这些合理的、正确的思想在修改时被吸收到其他部分了。

2. 删去了初稿中的大量例子。《矛盾论》毕竟是毛泽东当年讲课的讲稿，在讲课时这些例子很有必要，但是新中国成立以后再版作品，有些例子就不合时宜了。例如，在修改同一性和斗争性这一部分时，作者删去了正规战与游击战，战争中的进与退、攻与守、迁与直、兵力的集中与分散，统一战线中各党派和阶级间的统一性和独立性，民主与自由，民主与专政，爱国主义与国际主义，共产主义与三民主义等之间具有同一性的具体例子，大量精简了文字。

3. 第 1 节的标题原为"两种发展观"，修改时改为"两种宇宙观"，并加上现在这一节的倒数第二大段："辩证法的宇宙观，不论在中国，在欧洲，在古代就产生了。……这个理论一经传到中国来，就在中国思想界引起了极大的变化"。

4. 第 2 节"矛盾普遍性"原来的结尾是这样写的："好，我们不用读桐城派的古文义法了。列宁告诉了我们更好的义法，这就是马克思主义的科学研究法。"作者在修改时改为："中国共产党人必须学会这个方法，才能正确地分析中国革命的历史和现状，并推断革命的将来。"明确指出了学习唯物辩证法的根本目的和意义。

5. 第 3 节"矛盾特殊性"。毛泽东增加了从特殊到一般、又从一般到特殊的人类认识运动的正常秩序的这一大整段。在论述矛盾普遍性与特殊性的关系时，作者增加了"由于事物范围的极其广大，发展的无限性……当着马克思把资本主义社会这一切矛盾的特殊性解剖出来之后，同时也就更进一步地、更充分地、更完全地把一般阶级社会中这个生产力和生产关系的矛盾的普遍性阐发出来了"这一整段，以及下面的"由于特殊的事物是和普遍的事物联结的，……普遍性即存在于特殊性之中，……我们必须以教条主义的失败为鉴戒，学会这种研究态度，舍此没有第二种研究法"。这两大段的增加，进一步具体地说明了矛盾普遍性和特殊性的辩证关系。

6.第4节"主要的矛盾和主要的矛盾方面"，在修改"主要的矛盾方面"时，毛泽东明确地提出了"事物的性质，主要地是由取得支配地位的矛盾的主要方面所规定的"。此外，还增加了新陈代谢是宇宙间普遍的永远不可抵抗的规律这一整段。

7.第5节"矛盾诸方面的同一性和斗争性"，作者在说明了列宁关于对立面不是死的、凝固的，而是生动的、有条件的、可变动的、互相转化的之后，增添了这样一段文字："这种情况，反映在人们的思想里，就成了马克思主义的唯物辩证法的宇宙观。……共产党人的任务就在于揭露反动派和形而上学的错误思想，宣传事物的本来的辩证法，促进事物的转化，达到革命的目的"。并进一步明确指出："科学地反映现实变化的同一性的，就是马克思主义的辩证法。"

8.第6节"对抗在矛盾中的地位"，这一部分几乎全部重写。在新的段落中，毛泽东明确了几个观点：第一，"在阶级社会中，革命和革命战争是不可避免的……"；第二，"斗争的形式，则因矛盾的性质不同而不相同……"；第三，对抗性矛盾与非对抗性矛盾在一定条件下可以互相转化。

9.在《矛盾论》的初稿中，作者既没有明确提出对教条主义的批评，也没有明确提出对经验主义的批评。在修改时，作者在引言中则明确指出："我们现在的哲学研究工作，应当以扫除教条主义思想为主要的目标。"正文对党内教条主义进行猛烈的抨击达七处之多。

10.除了上述的删减和补充外，毛泽东还对原稿进行了大量润色和修正，使得思想表达得更准确、更全面。限于篇幅，这里不再举例。

综上所述，《毛泽东选集》在收录《矛盾论》时，作者不仅在文字上进行了润色，而且在内容上作了较大的删节、补充和修改。经过精心加工和修改后的《矛盾论》，吸收了自抗大讲课以来的新经验，增添了新思想，在内容上比初稿有了进一步的丰富和发展。

（三）《矛盾论》的理论资源与学术传承

《矛盾论》是马克思主义哲学与中国革命实践和中国古代辩证法相结合的产物，丰富和发展了马克思主义辩证法。

1. 继承和发展了马克思主义的辩证法

《矛盾论》是一部讨论马克思主义方法论的著作，它的论述主题就是辩证法体系中的对立统一法则。众所周知，辩证法在马克思主义体系中的重要性是毋庸置疑的，马克思和恩格斯毕生的理论工作，都可以说是运用唯物主义辩证法来回答社会历史、自然科学、哲学以及工人阶级的政治和革命等重大问题，这也是他们最重要的理论贡献。马克思把唯物辩证法运用于政治经济学的研究，无可辩驳地揭示了资本主义生产关系的产生、发展以及必然灭亡的过程，生动地展现了资本主义社会的矛盾运动。恩格斯在《反杜林论》、《费尔巴哈和德国古典哲学的终结》等著作中，叙述了马克思主义科学世界观的主要内容，阐明了哲学基本问题和认识论的基本观点，并明确提出了唯物辩证法的一般特征和辩证法三个基本规律的客观性和普遍性。

列宁也十分重视辩证法，十分重视黑格尔的逻辑学，并且把唯物辩证法看成是贯穿马克思恩格斯全部著作和通信的一根红线。他在批评把马克思主义变为一种片面的、畸形的、僵死的教条的错误时指出："辩证法即关于包罗万象和充满矛盾的历史发展的学说"①，是"马克思主义的活的灵魂"②。列宁不仅认真研究过黑格尔的逻辑学著作，对马克思恩格斯关于辩证法的运用了然于心，他自己也对辩证法问题有过深刻的反思，并且最早提出对立统一规律是辩证法的核心的观点。后来苏联学者编撰哲学教科书，也都很重视列宁的思想，并力图以俄国革命和建设的实践经验对对立统一规律进行说明和论证。这些教科书在阐述对立统一规律时，提出了内因与外因、矛盾特殊性、主要矛盾和主要矛盾方面、不同质的矛盾用不同质的方法解决等新概念、新思想，丰富和发展了唯物辩证法。

然而，由于矛盾问题本身的复杂性，苏联教科书在处理这个问题时也留下了很多遗憾，不仅论证素材安排零乱，体系本身也不够严谨，对一些重要的概念虽然提出来了，但仅仅蜻蜓点水，未能进一步展开论证。所以，苏联20世纪30年代的哲学教科书亦未能完成列宁提出的对辩证法的核心——对立统一规律进行"说明和发展"的任务，它只是为完成这一任务作了最初的尝试和准备。

---

① 《列宁全集》第20卷，人民出版社2017年版，第84页。

② 《列宁全集》第39卷，人民出版社2017年版，第7页。

与此相反，毛泽东的《矛盾论》则在综合前人成果基础上提出了较为完整的矛盾学说体系。它首先从宇宙观的高度阐明了辩证法与形而上学的根本对立，说明对立统一规律在辩证法中的地位和作用。紧接着讲矛盾的普遍性，说明矛盾分析方法的意义。其次讲矛盾特殊性、主要矛盾和矛盾的主要方面，阐明怎样具体分析矛盾，找到正确解决矛盾的方法。随后深入分析矛盾对立面之间又同一又斗争的关系。最后讲矛盾的对抗性与非对抗性，说明矛盾的性质不同，解决矛盾的方式也不同。《矛盾论》的这种结构与安排，对矛盾理论的层层深入分析，反映了人们认识矛盾、解决矛盾的客观辩证过程，体现了辩证法、认识论和逻辑学的一致性。《矛盾论》的各节之间有着严密的内在的逻辑联系，它把对立统一学说的丰富内容组成了一个完整的科学理论体系。在当时而言，《矛盾论》无疑是最为完整的理论体系，在今天看来，它仍有其相当的合理性。

此外，毛泽东对辩证法的基本理论层面还作出了大量开创性的思考。

其一，从宇宙观的高度比较辩证法与形而上学。一般而言，多数学者只是把唯物论与唯心论的对立看作是两种宇宙观的对立，而把辩证法与形而上学的对立只看作是两种思维方法的对立。例如，列宁对这个问题使用的是两种发展观的对立。在 1937 年的版本中，毛泽东最初也是用"两种发展观"作为第一节的标题，但在 1951 年修订《矛盾论》时则改为"两种宇宙观"。可以说，把辩证法与形而上学看作是贯穿整个人类认识史的两种基本对立的宇宙观，是一个非常大胆却又具有开创性意义的论断，这个观点实际上对马克思主义最为核心的世界观作出了巨大的推进。

其二，毛泽东提出"矛盾的普遍性和矛盾的特殊性的关系，就是矛盾的共性和个性的关系……这一共性个性、绝对相对的道理，是关于事物矛盾的问题的精髓"①。苏联哲学教科书根据列宁的有关思想，虽然也指出了对立统一规律是客观世界和人类认识的最普遍法则，客观事物的过程自始至终存在着矛盾运动，但都未提炼出"矛盾的普遍性"概念，对矛盾的普遍性与特殊性的关系，即共性与个性的关系问题更未曾涉及，它们只是提出要认识矛盾的特殊点的必要性问题。《矛盾论》对矛盾普遍性的阐述和对矛盾特殊性诸情形的剖析，是在对苏联哲学教科书的有关论述加以系统化之后，并根据中

---

① 《毛泽东选集》第一卷，人民出版社 1991 年版，第 320 页。

国革命过程中的矛盾分析而形成的新观点。它提出的矛盾特殊性和普遍性，即共性和个性、绝对和相对的道理，是关于事物矛盾问题的精髓的论点，丰富和发展了列宁关于一般与个别的辩证法思想。

其三，毛泽东提出了"主要矛盾和矛盾的主要方面"以及矛盾主次关系和主次方面之间会不断变化的观点。实际上，之前的苏联教科书虽然提出了主要矛盾和矛盾的主导方面的理论，但却未能对之展开论述。《矛盾论》则紧紧扣住这一论点，结合中国革命过程中此长彼消、旋转变化的剧烈现实社会矛盾，从理论上加以透彻的发挥。同时，《矛盾论》还指出矛盾的诸方面及其发展也是不平衡的，其中必有一方面是主要的，事物的性质主要是由取得支配地位的矛盾的主要方面所规定的，一旦矛盾的主要和非主要的方面互相转化，事物的性质也就随着起变化。《矛盾论》中的这些阐述确实比苏联哲学教科书中有关矛盾的论述更为精辟和完整。

其四，也是最为重要的，《矛盾论》既是中国既往革命战争经验的哲学总结，又是尔后中国革命和建设的科学指导。毛泽东的辩证法思想绝不是空洞的理论，而是能够转变成物质力量的思想武器。在《矛盾论》后，毛泽东写的《论待久战》、《新民主主义论》、《目前抗日统一战线中的策略问题》、《论政策》、《关于领导方法的若干问题》、《十大军事原则》、《论十大关系》、《关于正确处理人民内部矛盾的问题》等论著，他的军事辩证法、统一战线中的辩证法、党的建设中的辩证法、社会主义社会的矛盾学说和领导方法和工作方法等，都是《矛盾论》在新的条件下不同领域中的具体的运用、证明和发展。其中，《论十大关系》和《关于正确处理人民内部矛盾的问题》堪称社会主义时期的"矛盾论"，至今仍有其重大的现实意义。

2.批判和继承了中国传统文化中的辩证法思想

毛泽东之所以能够从"宇宙观"的高度考察辩证法、考察矛盾，一方面，是由于他能够准确把握马克思主义的精髓，并在哲学基础问题上有所突破；另一方面，也是由于在中国人的文化血脉中，一直以来都是从矛盾的视角理解世界、理解人生的，这背后体现的其实是中西文化之间的固有差异。这本身也体现着毛泽东对中国传统文化中的辩证法思想的批判性继承。

与西方古代哲学一样，中国先秦时期同样有着丰富的、自发的、朴素的辩证法思想。早在《易经》中，古人就采用观物取象的方法，从人们生活中经常接触的自然界中选取八种东西作为说明产生世界上其他事物的根源，这就是"八卦"。在这八种物质中天与地、雷与风、水与火、山与泽都是对立的，而天地又是最根本的一对。天地为父母，产生雷、风、水、火、山、泽六个子女。《易经》从复杂的自然现象和社会现象中抽象出阴、阳两个基本范畴，认为阴阳相互交感而产生万物，推动事物的运动变化。《易传》进一步发挥了这一思想，并认为一切都是在不断变化的，而"易"就是关于不断变化、不断日新的道理。而后老子"引易入道"，《道德经》全书共81章，五千余言，竟出现80余对两两相对的概念，以此为基础，他提出对立的事物和概念是互相依存、互相转化的。这其中，战争是社会矛盾最激烈的运动形式。因此，中国古代朴素的辩证法思想在《孙子兵法》中也有所反映。该书总结了春秋战国时期长期的作战经验，认识到战争不是孤立的现象。它认为要取得战争的胜利必须具备统治者与人民的意志一致、有利的天时、有利的地利、好的指挥官和好的纪律这样五个条件，并提出了战争过程中存在的诸如敌我、强弱、多寡、怯勇、攻守、进退、久速、迂直、奇正、劳逸、治乱、虚实、动静等矛盾，这些矛盾着的对立不仅互相依存，而且在一定条件下可以互相转化。对孙子的唯物辩证法思想，毛泽东在《矛盾论》和《中国革命战争的战略问题》中给予很高的评价。

《易经》及《易传》、《老子》、《孙子兵法》等所包含的辩证法思想，尽管有其时代和阶级的局限，还是直观的、朴素的，还存在着各种缺陷，但它们都是我们古代哲学智慧的结晶，对后来哲学思想的发展和中国人民的思维方式产生了极大的影响。在我国发展过程中，虽然"天不变，道亦不变"的形而上学占统治地位。但辩证法思想却从未中断过，并随着社会的发展而不断丰富发展，包括王安石、张载、王夫之等人都对矛盾问题有着很深刻的认识。

毫无疑问，中国哲学史上丰富的辩证法思想和中华民族传统的辩证思维方式对毛泽东产生了深刻的影响。美国记者斯诺在《西行漫记》中说，毛泽东是一个精通中国旧学的有成就的学者，他博览群书，对哲学和历史有深入的研究。[①]斯诺在1937年写的这些话并非是溢美之句，毛泽东同志在青年时代就喜爱哲学，与同学一起成立研究哲学小组。同时，他学识渊博，熟谙中国古代文化典籍，对中国传统思想达到了运用自如的地步。周

---

① 斯诺：《西行漫记》，董乐山译，东方出版社2010年版，第74页。

恩来后来也评价他："毛主席开始很喜欢读古书，现在做文章、讲话常常运用历史经验教训，运用得最熟练。"[①]在《矛盾论》原版的"两种发展观"部分，毛泽东就指出"天不变，道亦不变"的思想，借董仲舒的名言批判"曾经长期地为腐朽了的封建统治阶级服务"。在"矛盾特殊性"中毛泽东引用了孙子的"知己知彼，百战不殆"、魏徵的"兼听则明，偏信则暗"的名言和《水浒传》里宋公明三打祝家庄的故事来说明分析矛盾时切忌主观性、片面性和表面性的重要性。在论到矛盾普遍性和特殊性的相互关系时，毛泽东用苏东坡《前赤壁赋》的"自其变者而观之，则天地曾不能一瞬"来说明矛盾的特殊性、相对性；用"自其不变者而观之，则物与我皆无尽"来说明矛盾的普遍性、绝对性。在谈道"共性个性的道理是矛盾学说的精髓"时，毛泽东在原稿中就说："古人所谓闻道，以今观之，就是闻这个矛盾之道"。

总之，毛泽东的《矛盾论》是马克思主义唯物辩证法、中国革命的经验和中华民族矛盾学说的精华三者的融合创新，从而将中国古代辩证法提高到一个崭新的阶段。

（四）《矛盾论》在战争中的实践和应用

武装斗争是中国革命的主要形式。马克思主义与中国具体实际相结合，最重要的是与中国革命战争相结合。可以说，把辩证法娴熟应用于中国革命战争，是毛泽东的大手笔。在八年抗日战争和三年解放战争中，毛泽东运筹帷幄，攻无不克，战无不胜。他在《中国革命战争的战略问题》（1936 年 12 月）一书中指出："我们的战争是革命的战争，我们的革命战争是在中国这个半殖民地的半封建的国度里进行的。因此，我们不但要研究一般战争的规律，还要研究特殊的革命战争的规律，还要研究更加特殊的中国革命战争的规律。"[②]在《论持久战》（1938 年 5 月）中，毛泽东立足于中国现实，运用马克思主义辩证法，系统分析了中日战争的本质、特征与规律，预见了中日战争的形态和过程，完整阐述了持久战理论，为抗日战争的战略战术原则提供了科学依据，体现了毛泽东极具洞见的军事思想。

---

① 《周恩来选集》上卷，人民出版社 1980 年版，第 333 页。
② 《毛泽东选集》第一卷，人民出版社 1991 年版，第 171 页。

1. 驳斥"亡国论"与"速胜论"

在抗日战争中，中日两国是一对复杂的矛盾体，矛盾双方之间表现出激烈的对抗性。中日两国看似综合实力悬殊，优劣特征明显，战斗力差距巨大，但是毛泽东并未从僵化静止的角度去看待这个问题，反而从辩证角度看到中日战争的发展趋势。

毛泽东指出，日本是一个强大的帝国主义国家，它的军力、经济力和政治组织力非常强大，这也是日本的基本优势。然而，日本国小人稀，其人力、军力、财力、物力均感缺乏，经不起长期的战争。战争非但没有让日本国力增强，反而让它日渐衰弱，濒临崩溃边缘。再加上日本得到国际法西斯国家的援助，站到了国际社会的对立面，日本的外援优势也将丧失殆尽。反观中国，毛泽东认为中国是一个半殖民地半封建的国家，在军力、经济力和政治组织力方面不如敌人。然而，中国又是一个很大的国家，地大、物博、人多、兵多，能够坚持长期的战争。此外，中国近百年的解放运动积累至今，虽遭遇了严重挫折，却也锻炼了中国人民。中国战争的进步性产生了中国战争的正义性，因而也就能唤起全国的团结，激起敌国人民的同情，争取世界多数国家的援助。总之，中日两国的情况是：敌强我弱、敌退步我进步、敌野蛮我正义、敌寡助我多助。

依据对事物发展趋势的准确判断，毛泽东系统反驳了当时盛行的"亡国论"和"速胜论"。毛泽东认为，"亡国论"错在仅仅看到了敌强我弱一个矛盾，并把它夸大起来作为全部问题的论据，而忽略了其他的矛盾。中国正处于历史上的进步时代，中国不仅有了资产阶级和无产阶级，更有了已经觉悟和正在觉悟的广大人民，有了共产党，有了中国红军，有了数十年革命的传统经验。这些经验是团结抗日取得胜利的重要基础。中国本身、日本内部、国际环境都和过去不同，"亡国论"用僵化片面的视角看问题，必然会得到错误的结论。对于"速胜论"，毛泽东认为，它错在无视了敌强我弱这个基本矛盾，一叶障目，不见泰山，自以为是。总之，他们没有勇气承认敌强我弱这件事实。

因此，毛泽东提出必须要在客观事实的基础上安排我们的中心工作。他指出，我们一定要承认中国还是有亡国的危险的，因此，我们的中心任务也正是实现解放而避免亡国。如果想要逆转战局，实现矛盾对立面的转换，必须把握住三个方面：中国的进步、敌人的困难、世界的援助。没有一定的条件,"速胜"只能存在于头脑之中,客观上是不存在的,只是幻想和假道理。

2. 提出"持久战"的战争预见

通过对中日双方各因素相互关系的全面分析,毛泽东指出,敌强我弱是一个基本事实。虽然从长远的角度看,敌方的优势渐弱,劣势渐显,我方的优势渐强,劣势逐步被纠正或弥补,我方必取得最终的胜利。但就当前局势而言,中日两国的差距的确非常悬殊。具体来说,敌方的优势条件还在发挥作用,而其劣势条件还没有造成决定性的影响,因而总体上,日军还是在局势中占优。而中国的实力之弱,表现在军事、经济、政治、文化等各方面,虽在之前取得了一些进步,但距离实现战局逆转还差得很远。这一切,注定了战争不能速胜,而只能是持久战。

因而,毛泽东指出,既然中日之间的战争是长时间的,最后的胜利又是中国的,那么这场持久战的发展历程就可以划分为三个阶段。

第一阶段是日本进攻,中国防御。在此阶段,日本主要进攻中国几个大城市,形成据点,并占领重要的交通线路,形成战略联络体系。由于中国军队的抵抗,日本敌力不足的弱势逐渐显现,势必停止战略进攻,转入保守占领阶段。但从另一个角度看,中国地大物博、资源人口丰富,这些损失不足以给中国造成质的打击,反而激起了中国社会各界的抗日情绪,促成了统一战线的形成,再加上苏联的外围援助,中国的军力和士气都是进步的、不断上升的。

第二个阶段是战略相持阶段,它既是整个战争最艰难的时期,也是扭转整个战局的关键时期。在此阶段,日军会暂缓战线的深入,一边休养生息,一边大肆破坏中国统一战线,乱我军心。而我军则齐心一致,绝不动摇地坚持战争,把统一战线扩大和巩固起来,排除一切悲观主义和妥协论,熬过这一段艰难的路程。长此以往,日本在中国的掠夺不足以支撑战争消耗,而日本国内又经济衰退,资金缺乏,因而在物质上逐步瓦解;而广大的游击战争和人民抗日运动又助涨了日军的思乡厌战心理,因而从精神上瓦解了日军。因此,中国必能在此阶段中获得转弱为强的力量。

第三个阶段是中国反攻、日本退却的阶段,也是将失去的土地收复回来的阶段。日军形势低迷,面临内忧外患而无计可施,继而转向无目的的阵地防御,甚至逐步开始战略撤退。而中国军队则要收复失地,主要依靠的是中国在战争之中积蓄着和不断生长着的力量,以及国际力量和敌国内部变化的援助。到了这一阶段末尾，敌我力量对比在强弱程度上和优劣程度上将会发生根本性的变化，我方必将取得最终的胜利。

3. 不同阶段的战术设计

"持久战"是我军制定战略战术的一般方针，而在具体战略战术设计上，则要根据"持久战"的不同阶段特征灵活应变。对此，毛泽东认为，在第一和第二阶段即敌之进攻和保守阶段中，应该是战略防御中的战役和战斗的进攻战，战略持久中的战役和战斗的速决战，战略内线中的战役和战斗的外线作战。在第三阶段中，应该是战略的反攻战。

毛泽东的总体思路是扬长避短。在第一阶段，由于敌强我弱，日军采取进攻的速决战，而我军则采取防御的持久战加以应对，因而应以运动战为主，游击战和阵地战为辅。在第二阶段，日军少兵临大国，内线脆弱，我军可拉长战线，分散敌人兵力，再逐一歼灭，逐渐积累自身优势，因而应以游击战为主，以运动战和阵地战为辅。这样来看，我方是进攻，敌方是防御；我方是多兵处外线，敌方是少兵处内线；我方是速决，敌方虽企图持久待援，但不能由他作主。因此，敌军方面，强者就变成了弱者，优势就变成了劣势；我军方面反之，弱者变成了强者，劣势变成了优势。在第三阶段，敌我形势已经发生变化，正是实行反攻驱敌出国的时机，因而要以运动战为主，阵地战和游击战为辅。

在此基础上，毛泽东指出，在整个战争中，运动战是主要的，游击战是辅助的，说的是解决战争的命运，主要是依靠正规战，尤其是其中的运动战，游击战不能担负这种解决战争命运的主要的责任。但这不是说游击战在抗日战争中的战略地位不重要。游击战的战略作用有两方面：一是辅助正规战，二是把自己也变为正规战。毛泽东明确指出，在长期和残酷的战争中，游击战争将表现出很大的威力，实在是非同小可的事业。八路军的方针是："基本的是游击战，但不放松有利条件下的运动战。"[1]这个方针是完全正确的，反对这个方针的人的观点是不正确的。正是由于运动战和游击战（而不是阵地战）是适合中国的主要战争形式，也就决定了抗日战争既是一场消耗战，又是一场歼灭战。毛泽东认为，受制于客观因素，我军无法通过直接歼灭或单纯消耗的方式消灭敌军，而只能采用消耗和歼灭相统一的方式。战

[1]《毛泽东选集》第二卷，人民出版社1991年版，第500页。

役的歼灭战是达到战略的消耗战之目的的手段，在这点上说，歼灭战就是消耗战。

三、思考题

1. 如何理解毛泽东在《矛盾论》中提出的"共性个性、绝对相对的道理，是关于事物矛盾的问题的精髓，不懂得它，就等于抛弃了辩证法"的论断。

2. 如何理解在《矛盾论》中，毛泽东关于矛盾特殊性的五个方面的论述。

《论十大关系》《关于正确处理人民内部矛盾的问题》导读

　　《论十大关系》和《关于正确处理人民内部矛盾的问题》，写于1956年和1957年。这个时期恰恰是中国经过三大改造之后，社会主义制度基本确立的关键时期，在我们党和国家的历史上具有特殊的历史地位和意义。经过"一五"计划一段时间的实践和对斯大林逝世以后苏联政局变化情况的观察分析，毛泽东强调要坚持独立自主，调查研究，摸清国情，把马克思列宁主义的基本原理同中国革命和建设的实际结合起来，制定中国自己的路线、方针、政策。

　　从1956年2月起，毛泽东用一个半月时间听取了中央34个经济部门的工作汇报。同年4月25日，毛泽东在有各省市自治区党委书记参加的政治局扩大会议上，作了关于"十大关系"的报告，接着又在5月2日最高国务会议上的讲话中作了进一步的阐述。报告的重点是经济建设问题，同时也包括与经济建设有关的一些重要问题，报告系统翔实地回答了中国社会主义建设应遵循的基本方针。"《论十大关系》提出以后，八大政治报告的起草工作就确定以这个报告的精神为指导思想"[1]，八大之后的1957年2月27日，毛泽东在最高国务会议上发表《关于正确处理人民内部矛盾的问题》的讲话，宣布：随着生产资料私有制的社会主义改造基本完成，革命时期大规模的急风暴雨式的群众阶级斗争已经基本结束，正确处理人民内部矛盾已成为我国政治生活的主题。"毛泽东在这篇具有重大理论和实践意义的著作中，深入研究社会主义社会的矛盾问题，形成一套系统的关于社会主义内部不同性质矛盾及其处理这些矛盾的理论，是党的八大路线的继续和发展。"[2]

---

① 《中国共产党历史》第二卷（1949—1978），中共党史出版社2011年版，第391页。

② 《中国共产党历史》第二卷（1949—1978），中共党史出版社2011年版，第428页。

一、主要内容

(一)《论十大关系》的基本思想

以苏为鉴,根据中国自己的情况和经验来探索自己的社会主义道路,是贯穿《论十大关系》的基本思想。众所周知,中国的社会主义建设是在没有经验和理论准备不充分的情况下开始的,在许多方面照搬苏联。到 1956 年时,第一个五年计划已经进行了近三年半,总体上很成功,但也存在许多问题。

实际上,早在 1955 年年底,毛泽东就在中央领导集体的范围内提出过"以苏为鉴",走中国自己的路的问题。在此时间内,苏共二十大召开,赫鲁晓夫在会上作秘密报告批评斯大林的错误,暴露了苏联社会主义建设中的一些错误和问题,如片面注重重工业,忽视农业和轻工业,造成国民经济各部门发展很不平衡;对农民的生产收益的关注不足,挫伤了农民的生产积极性;等等。苏联社会主义建设中的问题,不能不引起我们的深思,也更加引起了毛泽东的高度关注。所以他在《论十大关系》中开头就说:"特别值得注意的是,最近苏联方面暴露了他们在建设社会主义过程中的一些缺点和错误,他们走过的弯路,你还想走?过去我们就是鉴于他们的经验教训,少走了一些弯路,现在当然更要引以为戒。"① 以后,他又在党的几次重要的会议上反复强调:"我为什么讲十大关系?十大关系的基本观点就是同苏联比较,除了苏联办法以外,是否还可以找到别的办法,能比苏联、东欧各国搞得更快更好。"②"一九五六年四月的《论十大关系》,开始提出我们自己的建设路线,原则和苏联相同,但方法有所不同,有我们自己的一套内容。"③

从内容看,全文可分为四个部分。

第一部分是总论,介绍《论十大关系》思想形成的直接原因,指出调动国内外一切积极因素为社会主义事业服务是处理十大关系应遵循的基本方针。

---

① 《毛泽东文集》第七卷,人民出版社 1999 年版,第 23 页。
② 《毛泽东年谱》(1949—1976)第 2 卷,中央文献出版社 2002 年版,第 353 页。
③ 《毛泽东文集》第七卷,人民出版社 1999 年版,第 369—370 页。

关于《论十大关系》形成的缘由，毛泽东开篇即予以说明："最近几个月，中央政治局听了中央工业、农业、运输业、商业、财政等三十四个部门的工作汇报，从中看到一些有关社会主义建设和社会主义改造的问题。综合起来，一共有十个问题，也就是十大关系。"①

关于处理十大关系的指导思想，毛泽东明确强调，要"围绕着一个基本方针，就是要把国内外一切积极因素调动起来，为社会主义事业服务"。他说："过去为了结束帝国主义、封建主义和官僚资本主义的统治，为了人民民主革命的胜利，我们就实行了调动一切积极因素的方针。现在为了进行社会主义革命，建设社会主义国家，同样也实行这个方针。"②

毛泽东还对什么是国内外的积极因素作了明确的界定："在国内，工人和农民是基本力量。中间势力是可以争取的力量。反动势力虽是一种消极因素，但是我们仍然要作好工作，尽量争取化消极因素为积极因素。在国际上，一切可以团结的力量都要团结，不中立的可以争取为中立，反动的也可以分化和利用。"③

第二部分主要论述五个方面的经济关系，提出中国社会主义经济建设的若干新的指导方针。

《论十大关系》重点讨论经济问题，同时也包括同经济建设密切相关的国家政治生活中的一些重大问题。毛泽东把这些问题，概括成十大关系：重工业和轻工业、农业的关系；沿海工业和内地工业的关系；经济建设和国防建设的关系；国家、生产单位和生产者个人的关系；中央和地方的关系；汉族和少数民族的关系；党和非党的关系；革命和反革命的关系；是非关系；中国和外国的关系。这十大关系不是平列的，而又有重点。"在十大关系中，工业和农业，沿海和内地，中央和地方，国家、集体和个人，国防建设和经济建设，这五条是主要的。"④

关于重工业和轻工业、农业的关系，毛泽东强调："重工业是我国建设的重点。必须优先发展生产资料的生产，这是已经定了的。但是决不可以因

---

① 《毛泽东文集》第七卷，人民出版社 1999 年版，第 23 页。

② 《毛泽东文集》第七卷，人民出版社 1999 年版，第 23 页。

③ 《毛泽东文集》第七卷，人民出版社 1999 年版，第 23—24 页。

④ 《毛泽东文集》第七卷，人民出版社 1999 年版，第 370 页。

此忽视生活资料尤其是粮食的生产。"① 他认为，在处理重工业和轻工业、农业的关系上，"我们没有犯原则性的错误。我们比苏联和一些东欧国家作得好些"②。毛泽东指出，从长远观点来看，多发展一些农业、轻工业"会使重工业发展得多些和快些，而且由于保障了人民生活的需要，会使它发展的基础更加稳固"③。

关于沿海工业和内地工业的关系，毛泽东认为"在这两者的关系问题上，我们也没有犯大的错误"。但是，由于历史上形成的一种不合理的状况，"我国全部轻工业和重工业，都有约百分之七十在沿海，只有百分之三十在内地"。因此，"为了平衡工业发展的布局，内地工业必须大力发展"④。毛泽东强调："新的工业大部分应当摆在内地，使工业布局逐步平衡，并且利于备战，这是毫无疑义的。但是沿海也可以建立一些新的厂矿，有些也可以是大型的"，"好好地利用和发展沿海的工业老底子，可以使我们更有力量来发展和支持内地工业"⑤。

关于经济建设和国防建设的关系，毛泽东指出，要加强国防，"一定要首先加强经济建设"。他认为："第一个五年计划期间，军政费用占国家预算全部支出的百分之三十。这个比重太大了。"毛泽东看来，"可靠的办法就是把军政费用降到一个适当的比例，增加经济建设费用。只有经济建设发展得更快了，国防建设才能够有更大的进步"⑥。他强调，"降低军政费用的比重，多搞经济建设"，"这是战略方针的问题"⑦。

关于国家、生产单位和生产者个人的关系，毛泽东指出："国家和工厂、合作社的关系，工厂、合作社和生产者个人的关系，这两种关系都要处理好。为此，就不能只顾一头，必须兼顾国家、集体和个人三个方面。"⑧ 他说，苏联的办法把农民挖得很苦。他们采取所谓义务交售制等项办法，把农

---

① 《毛泽东文集》第七卷，人民出版社 1999 年版，第 24 页。
② 《毛泽东文集》第七卷，人民出版社 1999 年版，第 24 页。
③ 《毛泽东文集》第七卷，人民出版社 1999 年版，第 25 页。
④ 《毛泽东文集》第七卷，人民出版社 1999 年版，第 25 页。
⑤ 《毛泽东文集》第七卷，人民出版社 1999 年版，第 26 页。
⑥ 《毛泽东文集》第七卷，人民出版社 1999 年版，第 26 页。
⑦ 《毛泽东文集》第七卷，人民出版社 1999 年版，第 27 页。
⑧ 《毛泽东文集》第七卷，人民出版社 1999 年版，第 28 页。

民生产的东西拿走太多，给的代价又极低。他们这样来积累资金，使农民的生产积极性受到极大的损害。"鉴于苏联在这个问题上犯了严重错误，我们必须更多地注意处理好国家同农民的关系。"①

关于中央和地方的关系，毛泽东强调，"这对于我们这样的大国大党是一个十分重要的问题"。他指出："应当在巩固中央统一领导的前提下，扩大一点地方的权力，给地方更多的独立性，让地方办更多的事情。"②他说，这对我们建设强大的社会主义国家比较有利。我们的国家这样大，人口这样多，情况这样复杂，有中央和地方两个积极性，比只有一个积极性好得多。毛泽东认为苏联的弊端就是"把什么都集中到中央，把地方卡得死死的，一点机动权也没有"③。"我们要统一，也要特殊。为了建设一个强大的社会主义国家，必须有中央的强有力的统一领导，必须有全国的统一计划和统一纪律，破坏这种必要的统一，是不允许的。同时，又必须充分发挥地方的积极性，各地都要有适合当地情况的特殊。"④

第三部分着重论述五个方面的政治关系，提出中国社会主义民主政治建设和思想文化建设的新的指导方针。

第一个方面的政治关系是汉族和少数民族的关系。毛泽东认为，"对于汉族和少数民族的关系，我们的政策是比较稳当的"⑤。我国是一个多民族国家，各民族在中国的历史上都作出过贡献。所以，无论对干部和人民群众，"都要广泛地持久地进行无产阶级的民族政策教育"。他说，"在苏联，俄罗斯民族同少数民族的关系很不正常，我们应当接受这个教训"，"必须搞好汉族和少数民族的关系，巩固各民族的团结，来共同努力于建设伟大的社会主义祖国"⑥。

第二个方面的政治关系是党和非党的关系。毛泽东强调，共产党和民主党派都是历史上发生的，要长期共存，互相监督。"在抗日反蒋斗争中形成的以民族资产阶级及其知识分子为主的许多民主党派，现在还继续存在……

---

① 《毛泽东文集》第七卷，人民出版社 1999 年版，第 30 页。
② 《毛泽东文集》第七卷，人民出版社 1999 年版，第 32 页。
③ 《毛泽东文集》第七卷，人民出版社 1999 年版，第 31 页。
④ 《毛泽东文集》第七卷，人民出版社 1999 年版，第 32 页。
⑤ 《毛泽东文集》第七卷，人民出版社 1999 年版，第 33 页。
⑥ 《毛泽东文集》第七卷，人民出版社 1999 年版，第 34 页。

我们有意识地留下民主党派……这对党，对人民，对社会主义比较有利。"①

第三个方面的政治关系是革命和反革命的关系。毛泽东强调了四点：第一点，应当肯定，一九五一年和一九五二年那一次镇压反革命是必须的。第二点，应当肯定，现在还有反革命，但是已经大为减少。第三点，今后社会上的镇反，要少捉少杀。第四点，机关、学校、部队里面清查反革命，要坚持在延安开始的一条，就是一个不杀，大部不捉。

第四个方面的政治关系是是非关系。毛泽东强调，"党内党外都要分清是非"。他认为，如何对待犯了错误的人，这是一个重要的问题。正确的态度应当是，对于犯错误的同志，采取"惩前毖后，治病救人"的方针，帮助他们改正错误，允许他们继续革命。毛泽东还特别指出，对于犯了错误的同志，有人说要看他们改不改。"单是看还不行，还要帮助他们改。这就是说，一要看，二要帮。人是要帮助的，没有犯错误的人要帮助，犯了错误的人更要帮助。"②

第五个方面的政治关系是中国和外国的关系。毛泽东指出，"每个民族都有它的长处"，因此，我们的方针是，"一切民族、一切国家的长处都要学，政治、经济、科学、技术、文学、艺术的一切真正好的东西都要学。但是，必须有分析有批判地学，不能盲目地学，不能一切照抄，机械搬用。他们的短处、缺点，当然不要学"③。他还强调，要坚决抵制和批判"外国资产阶级的一切腐败制度和思想作风"，但是，"这并不妨碍我们去学习资本主义国家的先进的科学技术和企业管理方法中合乎科学的方面"④。

最后一部分是全文的总结。毛泽东指出，他所讲的"这十种关系，都是矛盾"。世界是由矛盾组成的。没有矛盾就没有世界。我们的任务，是要正确处理这些矛盾。"我们一定要努力把党内党外、国内国外的一切积极的因素，直接的、间接的积极因素，全部调动起来，把我国建设成为一个强大的社会主义国家。"⑤

---

① 《毛泽东文集》第七卷，人民出版社1999年版，第35页。
② 《毛泽东文集》第七卷，人民出版社1999年版，第40页。
③ 《毛泽东文集》第七卷，人民出版社1999年版，第41页。
④ 《毛泽东文集》第七卷，人民出版社1999年版，第43页。
⑤ 《毛泽东文集》第七卷，人民出版社1999年版，第44页。

（二）《关于正确处理人民内部矛盾的问题》的基本思想

本文是毛泽东在最高国务会议第十一次（扩大）会议上的讲话。后来毛泽东根据原始记录加以整理，作了若干补充，于 1957 年 6 月 19 日在《人民日报》发表。《关于正确处理人民内部矛盾的问题》虽然也"说到敌我矛盾的问题，但是重点是讨论人民内部的矛盾问题"①。全文分为十二个小题目，内容十分丰富，大致可归纳为五个方面的问题，即关于社会主义社会的基本矛盾及其特点、关于两类不同性质的社会矛盾、关于矛盾性质的转化、关于正确处理人民内部矛盾的原则和方针、正确处理人民内部矛盾的目的，等等。可以说，这篇讲话在马克思主义思想史上第一次系统地阐述了社会主义社会的基本矛盾，形成了完整的、科学的社会主义社会基本矛盾学说。

第一，关于社会主义社会的基本矛盾及其特点。毛泽东运用唯物辩证法的对立统一规律，坚持以辩证的、发展的观点观察社会主义社会，把社会主义放在整个人类历史发展过程中加以考察，明确指出矛盾仍然是社会主义社会发展的动力，社会主义社会基本矛盾仍然是生产力和生产关系、经济基础和上层建筑之间的矛盾。毛泽东指出："在社会主义社会中，基本的矛盾仍然是生产关系和生产力之间的矛盾，上层建筑和经济基础之间的矛盾。不过社会主义社会的这些矛盾，同旧社会的生产关系和生产力的矛盾、上层建筑和经济基础的矛盾，具有根本不同的性质和情况罢了。"②社会主义社会基本矛盾的特点是既相适应又相矛盾，适应是总体的、长久的，不适应则是局部的、暂时的。矛盾不断出现，又不断解决，就是事物发展的辩证规律。"许多人不承认社会主义社会还有矛盾，因而使得他们在社会矛盾面前缩手缩脚，处于被动地位；不懂得在不断地正确处理和解决矛盾的过程中，将会使社会主义社会内部的统一和团结日益巩固。"③

第二，关于两类不同性质的社会矛盾。社会主义社会的基本矛盾反映到人与人的关系问题上，就表现为两类不同性质的社会矛盾，这就是敌我之间的矛盾和人民内部的矛盾。毛泽东说："所谓人民内部的矛盾，包括工人阶

---

① 《毛泽东文集》第七卷，人民出版社 1999 年版，第 204 页。
② 《毛泽东文集》第七卷，人民出版社 1999 年版，第 214 页。
③ 《毛泽东文集》第七卷，人民出版社 1999 年版，第 213 页。

级内部的矛盾，农民阶级内部的矛盾，知识分子内部的矛盾，工农两个阶级之间的矛盾，工人、农民同知识分子之间的矛盾，工人阶级和其他劳动人民同民族资产阶级之间的矛盾，民族资产阶级内部的矛盾，等等。"① 毛泽东认为，在社会主义条件下人民内部矛盾是大量的，在社会矛盾中占有主要的地位，因而必须把正确处理人民内部矛盾作为国家政治生活的主题。这是毛泽东关于两类矛盾学说的核心，它反映了社会主义条件下两类社会矛盾的一个重要特点。社会主义社会中存在着敌我之间和人民内部之间的矛盾，简单地说，前者是分清敌我的问题，后者是分清是非的问题。这是性质不同的两类社会矛盾。毛泽东指出："我们历来就主张，在人民民主专政下面，解决敌我之间的和人民内部的这两类不同性质的矛盾，采用专政和民主这样两种不同的方法。"②

第三，关于矛盾性质的转化。毛泽东在指明正确认识和区分两类不同性质的矛盾是正确处理这些矛盾的前提条件的同时，进而指出，两类矛盾虽然有明确的严格的界限，但也不是凝固不变的，而是在一定条件下也会互相转化的。他还深刻地指出，非对抗性的矛盾在一定条件下也可以向对抗性的矛盾转化。在一般情况下，"人民内部的矛盾不是对抗性的。但是如果处理得不适当，麻痹大意，也可能发生对抗"③，例如匈牙利事件表现出的那样。因而，要善于创造条件，使矛盾的性质向着有利于人民的方向转化；要坚持用民主的、说服的方法处理人民内部矛盾，防止矛盾向着不利于人民的方向转化。

第四，关于正确处理人民内部矛盾的原则和方针。毛泽东指出，正确处理人民内部矛盾，必须采取民主的方法，说服教育的方法。他还提出了正确处理政治思想、经济、党派、民族、科学文化等方面问题的一系列具体方针。在思想领域实行"团结——批评——团结"的方针，对待人民内部的思想问题，对待精神世界的问题，用简单的方法去处理，不但不会收效，而且非常有害。凡属于思想性质的问题，凡属于人民内部的争论问题，只能用民主的方法去解决，只能用讨论的方法、批评的方法和说服教育的方法去解

① 《毛泽东文集》第七卷，人民出版社 1999 年版，第 205 页。
② 《毛泽东文集》第七卷，人民出版社 1999 年版，第 211—212 页。
③ 《毛泽东文集》第七卷，人民出版社 1999 年版，第 211 页。

决，而不能用强制的、压服的方法去解决。在经济工作中实行统筹兼顾、适当安排的方针。在共产党和各民主党派的关系上，实行长期共存、互相监督的方针。在少数民族问题上，坚持民族团结。在科学文化工作中，实行百花齐放、百家争鸣的方针。他还提出了六条不能违反的政治标准，其中最重要的是社会主义道路和共产党的领导。这六条标准是实行百花齐放、百家争鸣方针的政治基础，是鉴别人们言论行动是否正确，判断是香花还是毒草的标准，也是区别人民内部矛盾和敌我矛盾的标准。

第五，关于正确处理人民内部矛盾的目的。正确处理人民内部矛盾的根本目的就是调动一切积极因素，建设强大的社会主义国家。"在这个时候，我们提出划分敌我和人民内部两类矛盾的界限，提出正确处理人民内部矛盾的问题，以便团结全国各族人民进行一场新的战争——向自然界开战，发展我们的经济，发展我们的文化，使全体人民比较顺利地走过目前的过渡时期，巩固我们的新制度，建设我们的新国家。"① 着眼于调动一切积极因素，团结一切可能团结的人，正确处理人民内部的各类关系和各种矛盾，有利于造成一个又有集中又有民主，又有纪律又有自由，又有统一意志又有个人心情舒畅、生动活泼，那样一种政治局面，尽可能地将消极因素转变成积极因素，为建设社会主义社会这个伟大的事业服务。

二、延伸阅读

（一）《论十大关系》对苏联模式的反思

苏联社会主义经济模式是在20世纪二三十年代苏联实行"一五"、"二五"计划中逐步形成的，是在国际形势日益恶化、新的世界大战日益逼近，严重威胁社会主义苏联的生存的历史背景下形成的，是在马克思和恩格斯的有关社会主义设想的基础上形成的。其主要特点是：（1）在社会主义经济建设方面，实行了以社会主义制度的生存为前提，以重工业包括国防工业优先发展为核心的高速赶超型经济发展战略。（2）在经济制度上，消灭了生产资料的私有制，建立了社会主义公有制，并实行与之相适应的单一的按劳分配制

---

① 《毛泽东文集》第七卷，人民出版社1999年版，第211页。

度。（3）在经济管理体制上，实行由国家行政手段调节的高度集中统一的计划经济体制，并在运行机制上排斥商品生产和市场机制。这一模式在20世纪30年代世界经济危机和第二次世界大战中显示出资本主义经济制度无法比拟的优越性。

我国在向社会主义过渡的"一化三改"和实施"一五"计划过程中，照搬了苏联经济模式的一些东西。这对于有效地集中财力、物力和人力进行重点项目建设，对发展国民经济实行计划管理，保证国民经济按比例发展，保证市场稳定和人民物质文化生活水平的提高曾起到积极的作用。但是，随着社会主义改造的基本完成和经济建设规模的迅速扩大，这种模式的弊端就越来越多地暴露出来：（1）所有制结构过于单一，难以适应我国社会生产力发展的不平衡、多层次状况，在一定程度上拖了生产力发展的后腿；（2）在经济管理工作中，中央集中过多，国家统得过死，压抑和限制了地方企业的积极性和机动性；（3）在经济运行中忽视商品生产和市场的调节作用，既影响了流通又影响了生产；（4）在分配上存在着重积累轻消费的现象，影响了劳动者的积极性。这些都影响了社会主义制度优越性的发挥。

1956年苏共二十大召开，赫鲁晓夫对斯大林的总结批判充分暴露了苏联模式的弊端。毛泽东"以苏为鉴"的思想更加明确了，如何避免苏联走过的弯路和如何突破苏联模式的问题便提上了共产党的议程。毛泽东在《论十大关系》中指出："最近苏联方面暴露了他们在建设社会主义过程中的一些缺点和错误，他们走过的弯路，你们还想走?"[①]提醒我们在建设社会主义中要引以为戒。毛泽东从中国实际出发，深入调查研究，提出了独立探索中国式社会主义建设道路的任务，初步分析了中国社会主义革命和建设的十个涉及全局的重大关系，为搞清楚社会主义社会发展规律开了一个具有深远意义的好头。就此而言，《论十大关系》奠定了当代中国改革开放和建设中国特色社会主义伟大事业最初的理论和政策基础。

特别值得我们领会的是，毛泽东体现在《论十大关系》中的辩证法智慧和辩证思维。在这里，毛泽东紧紧抓住社会主义建设中的主要矛盾和矛盾的主要方面，确定党的工作重点。毛泽东从中国国情和建设的实际出发，在抓住重点工作的同时又十分重视非重点工作，即把非重点工作提高到有助于重

---

① 《毛泽东文集》第七卷，人民出版社1999年版，第23页。

点工作更好解决的高度上加以认识和处置。辩证地处理主要矛盾和次要矛盾、矛盾的主要方面和非主要方面的关系。毛泽东在《矛盾论》中曾强调指出，矛盾的对立面在一定条件下的互相联结、互相贯通、互相渗透、互相依赖。把这种对立面之间相互联结和转化的思想运用到实际工作中，正确处理重点和非重点，用抓好非重点来促进重点的更好解决，是毛泽东的方法论思想的一个发展。《论十大关系》在这方面为我们提供了一个范例，是非常值得我们认真研究和学习的。

当然，我们也应看到，毛泽东探索有别于苏联的经济模式是在 20 世纪 50 年代初中期的历史条件下进行的，当时对建设社会主义理论和实践的认识不可能像今天这样充分和深刻，因而这种探索难免带有很大的局限性。众所周知，苏联体制的最大弊端在于没有处理好国家计划与市场调节、社会主义与市场经济的关系。毛泽东本人对这个问题并没有明确清醒的认识，虽然他也意识到应该充分发挥地方和生产单位以及个人的积极性，但在国家宏观政策层面对经济依然是管得太死、统得太多。还应该看到，《论十大关系》所针对的十大矛盾，的确是当时国家面临的亟待解决的突出问题，但最根本的还是体制问题。《论十大关系》所阐述的十大关系涉及中国社会主义经济、政治等方方面面，问题的解决需要相应的体制、机制加以保证，但在实际操作过程中却缺少相应的机制建设。作为历史唯物主义者，我们不应过分苛求一位探索者，因为探索真理终究比占有真理更可贵。无论如何，毛泽东毕竟迈出了探索的第一步，不论是经验还是教训，都是一笔宝贵的思想财富。我们不能忘记毛泽东的艰辛探索，毕竟，"以毛泽东的《论十大关系》和党的八大为标志，这个探索有了一个良好的开端"①。

（二）《论十大关系》与党的八大

在中国共产党的历史上，八大是一个具有里程碑意义的重要会议。如前所述，"《论十大关系》提出以后，八大政治报告的起草工作就确定以这个报告的精神为指导思想"②，八大的政治报告、决议中不同程度上吸收了《论十大关系》的基本精神和主要观点。毛泽东在修改八大政治报告稿时指出："不

---

① 《中国共产党历史》第二卷（1949—1978），中共党史出版社 2011 年版，第 375 页。
② 《中国共产党历史》第二卷（1949—1978），中共党史出版社 2011 年版，第 391 页。

可能设想，社会主义制度在各国的具体发展过程和表现形式只能有一个千篇一律的格式。我国是一个东方国家，又是一个大国。因此我国不但在民主革命的过程中有自己的许多特点，在社会主义改造和社会主义建设的过程中也带有自己的许多特点，而且在将来建成社会主义社会以后还会继续存在自己的许多特点。"[1]

在政治上，八大正确分析了国内形势和主要矛盾的变化，提出了党的工作重心转向经济建设的根本任务。在党的七届二中全会上，毛泽东指出，中国革命在全国胜利并且解决了土地问题以后，中国还存在着两种基本的矛盾：一是国内的，即工人阶级和资产阶级的矛盾；二是国外的，即中国和帝国主义国家的矛盾。新中国成立以后，经过民主改革和社会主义改造，国内形势和主要矛盾发生了重大变化。八大正确地分析了这些变化，指出：由于社会主义改造已经取得决定性的胜利，我国无产阶级同资产阶级之间的矛盾已经基本上解决，几千年来的阶级剥削制度的历史已经基本上结束，社会主义制度已经基本上建立。我们国内的主要矛盾，已经是人民对于建立先进的工业国的要求同落后的农业国的现实之间的矛盾，已经是人民对于经济文化迅速发展的需要同当前经济文化不能满足人民需要的状况之间的矛盾。党和人民当前的主要任务，就是要集中力量来解决这个矛盾，把我国尽快地从落后的农业国变为先进的工业国。把党的工作重心转移到领导社会主义经济建设上来。

在经济上，八大总结了"一五"期间的实践和反对冒进的经验，提出了既反对保守又反对冒进，在综合平衡中稳步前进的经济建设方针。大会要求，根据需要和可能，合理地规定国民经济的发展速度，把计划放在既积极又稳妥可靠的基础上，以保证国民经济比较均衡地发展。八大实际上考虑了中国社会主义现代化的发展战略：第一步，用三个"五年计划"的时间初步实现工业化；第二步，再用几十年时间接近或赶上发达资本主义国家。

在思想文化上，八大确认"百花齐放、百家争鸣"为繁荣科学和文化艺术工作的指导方针，反对用行政的方法对科学和艺术实行强制和专断。1956年4月28日，毛泽东在中央政治局扩大会议的总结讲话中指出："艺术问题上的百花齐放，学术问题上的百家争鸣，我看应该成为我们的方针。""讲学

---

[1] 《建国以来毛泽东文稿》第6册，中央文献出版社1992年版，第143页。

术，这种学术可以，那种学术也可以讲，不要拿一种学术压倒一切。你如果是真理，信的人势必就会越多。"5月2日，在最高国务会议第七次会议上，毛泽东正式宣布了"百花齐放、百家争鸣"的方针。他说："现在春天来了嘛，一百种花都让它开放，不要只让几种花开放，还有几种花不让它开放，这就叫百花齐放。百家争鸣，是说春秋战国时代，有许多学派，诸子百家，大家自由争论。现在我们也需要这个。……只有反革命议论不让发表，这是人民民主专政。……在中华人民共和国宪法范围之内，各种学术思想，正确的、错误的，让他们去说，不去干涉他们。"①

在党的建设上，八大分析了中国共产党历史方位的重大变化，提出了加强执政党建设的历史任务。随着新民主主义革命的胜利，中国共产党成为执政党，在国家政治经济文化生活中居于领导地位。鉴于苏联等社会主义国家共产党的历史教训和中国共产党在工作中存在的缺点，毛泽东在七届二中全会上提出的党即将面临的执政考验成为现实，加强新形势下党的建设成为迫切任务。八大提出，党的建设的基本任务是坚持理论联系实际、实事求是的原则，将马克思列宁主义的普遍真理同中国革命的具体实践密切结合，反对主观主义、官僚主义和宗派主义，提高全党的马克思列宁主义水平。要贯彻执行党的群众路线，清醒认识由于党成为执政党，脱离群众的危险和危害都比以前大大增强，因此，必须在全体干部和党员中反复进行全心全意为人民服务的教育；要坚持党的集体领导原则，健全党的民主集中制，加强对党的组织和党员的监督，反对个人崇拜，发扬和扩大党内民主。

总之，以《论十大关系》为指导思想的八大，制定了一条正确的政治路线，它所提出的许多具有前瞻性和创造性的方针和设想，既反映了中国共产党对探索建设社会主义的自觉和自信，也体现了这种探索的重要经验和重大成果。

（三）波匈事件与《关于正确处理人民内部矛盾的问题》

1956 年是中国社会的深刻变化之年。这年的 6 月和 10 月，波兰波兹南事件和匈牙利事件相继发生。波兰和匈牙利所发生的事件，要从这一年苏共二十次代表大会说起。当赫鲁晓夫在"秘密报告"中对斯大林的错误进行揭

---

① 《毛泽东年谱》（1949—1976）第 2 卷，中央文献出版社 2002 年版，第 574—75 页。

露后，东欧国家的人民要求其领导人纠正过去的错误，为冤假错案进行平反昭雪，出现了要求摆脱"斯大林模式"、要求摆脱苏联控制的社会情绪。随后，在波兰和匈牙利出现了大的社会动荡。同时，国内的社会主义改造引发的一些社会矛盾也逐渐显露，出现了一些社会风潮。

毛泽东高度关注事态的发展，称这一年是多事之秋，各种思想继续暴露出来，希望同志们注意。对于发生"多事之秋"的深层次原因，毛泽东进行了分析和研究，他主要从人民内部矛盾和阶级斗争两个方面加以认识。在11月4日的政治局常委扩大会上，毛泽东说："波匈事件应使我们更好地考虑中国的问题。苏共二十大有个好处，就是揭开盖子，解放思想，使人们不再认为苏联所做的一切都是绝对真理，不可改变，一定要照办。我们要自己开动脑筋，解决本国革命和建设的实际问题。……根据波匈事件的教训，好好总结一下社会主义究竟如何搞法。矛盾总是有的，如何处理这些矛盾，就成为我们需要认真研究的问题。"[①] 由此，毛泽东对社会主义国家正确处理人民内部矛盾问题的认识更加深化。逐步形成了这一思想的理论体系。特别是毛泽东从波匈事件发生的原因中，感受到新一代苏共领导人虽然一方面在批判斯大林的错误，另一方面又在继续重犯大国沙文主义的错误。这就更加坚定了他与之斗争的信念，坚定了他独立自主地走中国式社会主义道路的决心。1956年12月29日，在毛泽东主持撰写并亲自修改的《再论无产阶级专政的历史经验》中，第一次从国际共运的范围上公开提出了两类矛盾问题。这种对两类矛盾的分析尽管是从国际问题和国际矛盾而提出来的，但实际上已经初步形成了对社会主义社会矛盾客观分析的思想。这一思想随后在毛泽东1957年2月27日最高国务会议第十一次（扩大）会议上的讲话（即后来整理出来的《关于正确处理人民内部矛盾的问题》一文）中作了系统的阐发，并构筑起一个较为完整的社会主义国家正确处理人民内部矛盾的理论体系。

《关于正确处理人民内部矛盾的问题》首先强调社会主义社会中存在着两类不同性质的社会矛盾，强调正确认识和处理人民内部矛盾是社会主义社会政治生活的主题。文章集中表达了这样一个思想：在社会主义社会中，尽管人民已经当家做主，但人民内部也有种种利益和认识上的矛盾，包括人民政府与人民群众之间的矛盾，这些矛盾处理不当，就会影响人民的团结，从

---

① 《毛泽东年谱》(1949—1976) 第3卷，中央文献出版社2002年版，第23页。

而破坏社会主义民主。斯大林的错误，波匈事件的发生，国内出现的罢工、罢课等事情，都与没有正确处理好人民内部矛盾有关。关于正确处理人民内部矛盾的方法和原则，毛泽东指出，人民内部矛盾在一般情况下，不是对抗性的矛盾，解决的方法只能是民主的原则和"团结—批评—团结"的公式。在毛泽东看来，社会主义社会仍然存在生产关系同生产力的矛盾、上层建筑同经济基础的矛盾，在国内外各种因素的相互作用下，这些矛盾表现在人们的社会关系上，形成了人民内部矛盾和敌我矛盾两类不同性质的矛盾，斯大林的严重错误之一就是混淆了敌我矛盾和人民内部矛盾，用对付敌人的办法来对待人民。苏共二十大也是混淆了敌我矛盾和人民内部矛盾，全盘否定斯大林，丢掉了列宁和斯大林这两把"刀子"，为否定十月革命开了门。受斯大林错误和苏共二十大错误的影响。"东欧一些国家的基本问题是阶级斗争没有搞好，那么多反革命没有搞掉，没有在阶级斗争中分清敌我，分清是非，分清唯心论和唯物论。"[1]

同时，面对国内社会风潮中暴露出的矛盾，毛泽东深感在开始进入社会主义社会、全党和全国工作重点转向经济文化建设的时候，教育党员干部学会搞经济建设和学会正确处理人民内部矛盾的重要性，他强调指出，以后凡是人民内部的事情，都要用整风的方法，用批评和自我批评的方法来解决，而不是用武力来解决。结合波匈事件的教训，他告诫全党：我们一定要警惕，不要滋长官僚主义作风，不要形成一个脱离人民群众的贵族阶层。谁犯了官僚主义，不去解决群众的问题，骂群众，压群众，总是不改，群众就有理由把他革掉。

关于正确处理人民内部矛盾的问题，不仅在毛泽东哲学思想发展史上占有重要地位，而且在马克思主义哲学思想发展史上也占有重要地位，是一部具有里程碑意义的著作。其理论贡献在于：首次对我国社会主义社会的基本矛盾的状况及其表现作出了较为全面地揭示和描述，并在此基础上，在肯定党的八大确定的基本方向的同时，进一步明确地提出：在生产资料所有制方面的社会主义改造基本完成以后，党的根本任务"已经由解放生产力变为在新的生产关系下面保护和发展生产力"，正确处理人民内部矛盾已经成为国家政治生活的"总题目"和主题，并且该文对这一"总题目"作了初步的

---

[1]《毛泽东年谱》(1949—1976)第3卷，中央文献出版社2002年版，第34页。

和较为系统的回答。可以说,《关于正确处理人民内部矛盾的问题》构成了探索符合中国国情的中国特色社会主义道路的理论源头,为探索中国特色社会主义道路奠定了重要的哲学理论基石,从而也为我们今天建设新时代中国特色社会主义提供了重要的理论基础。在社会主义市场经济条件下,处理人民内部矛盾必须有新思路和新办法。但是,毛泽东当年所提出的许多基本方针在今天还是适用的。这些基本方针包括:处理人民内部是非矛盾的"团结——批评——团结"的方针,处理人民内部利益矛盾的"统筹兼顾、全面安排"的方针,指导我国艺术和科学发展的"百花齐放、百家争鸣"的方针,处理中国共产党同各民主党派关系的"长期共存、互相监督"的方针,以及处理人民内部矛盾的"调动一切积极因素"的总方针。

因此,《关于正确处理人民内部矛盾的问题》一文,不仅在马克思主义发展史上具有划时代的地位,它第一次创立了关于社会主义社会矛盾的学说,代表了当时国际国内对社会主义社会矛盾问题的最高认识水平;而且对解决改革开放和现代化建设时期的人民内部矛盾具有极为重大的现实意义。它启示我们,科学的判断社会主要矛盾是处理人民内部矛盾的前提,妥善协调社会利益关系是正确处理人民内部矛盾的关键,加强民主和法治建设则是正确处理人民内部矛盾的制度保障。

三、思考题

1. 试述《论十大关系》的主要内容。
2. 《论十大关系》有何重大意义和启示?
3. 《关于正确处理人民内部矛盾的问题》对辩证法理论的新发展是什么?
4. 为什么说正确处理人民内部矛盾是社会主义国家政治生活的主题?
5. 如何正确处理人民内部矛盾?